21世纪法学系列教材

刑事法系列

国际刑事实体法原论

王　新　著

图书在版编目(CIP)数据

国际刑事实体法原论/王新著. —北京:北京大学出版社,2011.3
(21 世纪法学系列教材)
ISBN 978 - 7 - 301 - 16795 - 3

Ⅰ. ①国… Ⅱ. ①王… Ⅲ. ①国际刑法 - 高等学校 - 教材
Ⅳ. ①D997.9

中国版本图书馆 CIP 数据核字(2011)第 027500 号

书　　　名:国际刑事实体法原论
著作责任者:王　新　著
责 任 编 辑:王　晶
标 准 书 号:ISBN 978 - 7 - 301 - 16795 - 3/D·2806
出 版 发 行:北京大学出版社
地　　　址:北京市海淀区成府路 205 号　100871
网　　　址:http://www.pup.cn　电子邮箱:law@ pup.pku.edu.cn
电　　　话:邮购部 62752015　发行部 62750672　编辑部 62752027
　　　　　　出版部 62754962
印　　刷　者:北京宏伟双华印刷有限公司
经　销　者:新华书店
　　　　　　730 毫米×980 毫米　16 开本　20 印张　386 千字
　　　　　　2011 年 3 月第 1 版　2011 年 3 月第 1 次印刷
定　　　价:38.00 元

未经许可,不得以任何方式复制或抄袭本书之部分或全部内容。
版权所有,侵权必究
举报电话:010 - 62752024　电子邮箱:fd@ pup.pku.edu.cn

作者简介

王　新　男,1966年7月出生,江苏镇江人。1986年、1992年和1995年在北京大学法律系分别获法学学士、硕士和博士学位,2005年在加拿大麦吉尔大学获得法学硕士(LL.M.)学位。1995年至今,在北京大学法学院任教,现为北京大学法学院教授、博士生导师,兼任北京市昌平区人民检察院副检察长。主要研究领域为:中国刑法、外国刑法、国际刑法、金融犯罪。独著《金融刑法导论》、《金融诈骗及对策》,主编《基层检察实践探究》,参著《案例刑法学》、《中国刑法论》、《刑法学概论》、《金融犯罪研究》等,合译《犯罪学》(加罗法洛著),在《中外法学》、《政法论坛》等核心期刊发表论文三十余篇。

目 录

第1章　国际刑法的历史演进脉络 (1)
1.1　萌芽期:以海盗罪和战争罪为肇始 (1)
1.2　前期实践:第一次世界大战之后的审判 (3)
1.3　诞生:纽伦堡审判和东京审判 (5)
1.4　低迷期:国际刑事审判活动的缺失 (8)
1.5　复兴:联合国特设国际刑事法庭的建立 (10)
1.5.1　前南斯拉夫国际刑事法庭 (10)
1.5.2　卢旺达国际刑事法庭 (13)
1.5.3　两个联合国特设国际刑事法庭的意义 (16)
1.6　里程碑:《国际刑事法院规约》的通过 (17)
1.6.1　"起步"期(1947年—1949年) (18)
1.6.2　两个机构双轨并行的起草期(1950年—1954年) (18)
1.6.3　被"捆绑"的搁置期(1955年—1989年):"冷战"下的必然 (20)
1.6.4　被"拾起"的时期(1989年—1994年):国际法委员会的三个稿本 (21)
1.6.5　"冲刺"期(1994年—1998年):两个特别委员会的工作 (23)
1.6.6　"撞线"期(1998年6月—7月):罗马外交会议 (25)

第2章　国际刑法的渊源和特征 (28)
2.1　国际刑法的渊源 (28)
2.1.1　递进式法律渊源的底蕴考察:内涵与外延的界定 (28)
2.1.2　有约束力的国际刑法渊源 (33)
2.1.3　说服力意义上的国际刑法渊源 (38)
2.2　国际刑法的特征 (39)
2.2.1　国际法与国内刑事法的集结性 (40)
2.2.2　刑事实体法和程序法的一体化 (41)
2.2.3　调整国际刑事法律关系 (44)
2.3　国际刑法的价值取向 (47)

第3章　国际刑法的体系性位置 (50)
3.1　共识的立场:国际刑法的客观存在性 (50)
3.2　附属说:"门户"之争 (51)

3.2.1 国际法学者:国际刑法是国际法的一个分支 …………………… (52)
3.2.2 刑法学者:国际刑法是国内刑法的组成部分 …………………… (53)
3.3 独立说:"分家"主张 ……………………………………………………… (53)
3.4 现实的选择:少争"门户",多谈"整合" ………………………………… (54)

第4章 国际刑法的一般原则 …………………………………………… (58)
4.1 合法性(罪刑法定)原则 ………………………………………………… (58)
　　4.1.1 合法性原则概述 ………………………………………………… (58)
　　4.1.2 国际刑法中合法性原则的产生和确立 ………………………… (60)
　　4.1.3 国际刑法中合法性原则的特性分析 …………………………… (67)
4.2 个人刑事责任原则 ……………………………………………………… (72)
　　4.2.1 个人刑事责任原则在国际刑法中的发展进程 ………………… (72)
　　4.2.2 自然人在国际刑法中承担刑事责任的情形 …………………… (76)
　　4.2.3 法人刑事责任在国际刑法的实践与舍弃 ……………………… (81)
4.3 官方身份不免责原则 …………………………………………………… (84)
　　4.3.1 官方身份不免责原则的确立和意义 …………………………… (85)
　　4.3.2 官方身份不免责原则的国际审判实践 ………………………… (88)
4.4 上级责任原则 …………………………………………………………… (91)
　　4.4.1 上级责任原则的内涵和确立 …………………………………… (91)
　　4.4.2 上级责任原则的国际审判实践 ………………………………… (96)
　　4.4.3 上级责任的成立条件 …………………………………………… (99)
4.5 执行命令不免责原则 ………………………………………………… (105)
　　4.5.1 绝对责任的表现:《纽伦堡宪章》模式 ………………………… (105)
　　4.5.2 有条件的绝对责任:《罗马规约》的妥协规定 ………………… (108)

第5章 国际刑事责任的实现与排除 …………………………………… (111)
5.1 刑罚:国际刑事责任的实现方式 ……………………………………… (111)
　　5.1.1 《纽伦堡宪章》的刑罚规定 …………………………………… (112)
　　5.1.2 前南和卢旺达国际刑事法庭的刑罚适用 …………………… (112)
　　5.1.3 《罗马规约》的刑罚模式选择 ………………………………… (114)
5.2 国际刑事责任的排除事由 …………………………………………… (117)
　　5.2.1 无刑事责任能力人 …………………………………………… (117)
　　5.2.2 醉态 …………………………………………………………… (119)
　　5.2.3 自我防卫 ……………………………………………………… (120)
　　5.2.4 被胁迫 ………………………………………………………… (122)
　　5.2.5 事实错误或法律错误 ………………………………………… (124)

第6章 国际犯罪概述 ········· (127)

6.1 国际犯罪的概念与特征 ········· (127)
6.1.1 定义扫描:界定国际犯罪概念的范式 ········· (127)
6.1.2 综述:国际犯罪的特征 ········· (129)

6.2 国际犯罪的类型学划分 ········· (130)
6.2.1 分类对象的选取:国际犯罪的范围之争 ········· (130)
6.2.2 基态的厘清:划分国际犯罪的标准以及组合类别 ········· (132)

6.3 国际核心罪行:国际刑事法院管辖的罪行 ········· (135)
6.3.1 国际核心罪行的妥协性筛定 ········· (135)
6.3.2 题域的界分:国际核心罪行与国际犯罪之关系 ········· (137)

第7章 灭绝种族罪 ········· (139)

7.1 灭绝种族罪的国际立法进程 ········· (139)
7.1.1 语义阐释和源起 ········· (139)
7.1.2 蓝本:《防止及惩治灭绝种族罪公约》 ········· (140)
7.1.3 再现:前南和卢旺达国际刑事法庭规约 ········· (142)
7.1.4 争议中的沿袭:《罗马规约》 ········· (142)

7.2 里程碑式的国际审判:阿卡耶苏案 ········· (144)
7.2.1 案件概览 ········· (145)
7.2.2 界定:受保护团体 ········· (146)
7.2.3 诠释:客观和主观构成要素 ········· (147)

7.3 灭绝种族罪的构成要件 ········· (149)
7.3.1 犯罪对象:四类特定的受保护团体 ········· (149)
7.3.2 危害行为:五种类型 ········· (151)
7.3.3 危害心理:特殊故意 ········· (153)

第8章 危害人类罪 ········· (156)

8.1 惩治危害人类罪的历史脉络 ········· (156)
8.1.1 追溯危害人类罪 ········· (156)
8.1.2 审判先河:纽伦堡和东京审判 ········· (157)
8.1.3 承袭和发展:前南和卢旺达国际刑事法庭规约 ········· (159)
8.1.4 争议中的继续拓展:《罗马规约》 ········· (160)

8.2 危害人类罪的一般构成要件 ········· (163)
8.2.1 攻击对象:任何平民人口 ········· (163)
8.2.2 攻击:与政策的关联性 ········· (164)
8.2.3 攻击的选择性要件:广泛性或者有系统性 ········· (165)

8.2.4　心理要件：明知攻击行为的广泛背景 …………………………（167）
　8.3　危害人类罪的行为态样 ………………………………………………（167）
　　8.3.1　谋杀 ……………………………………………………………（168）
　　8.3.2　灭绝 ……………………………………………………………（168）
　　8.3.3　奴役 ……………………………………………………………（170）
　　8.3.4　驱逐出境或强行迁移人口 ……………………………………（171）
　　8.3.5　监禁或以其他方式严重剥夺人身自由 ………………………（172）
　　8.3.6　酷刑 ……………………………………………………………（173）
　　8.3.7　性暴力行为 ……………………………………………………（174）
　　8.3.8　迫害 ……………………………………………………………（177）
　　8.3.9　强迫人员失踪 …………………………………………………（178）
　　8.3.10　种族隔离罪 ……………………………………………………（180）
　　8.3.11　其他不人道行为 ………………………………………………（182）

第9章　战争罪 …………………………………………………………（184）
　9.1　惩治战争罪的国际历程 ………………………………………………（184）
　　9.1.1　国际法中惩治战争罪的法律体系 ……………………………（184）
　　9.1.2　两次世界大战之后惩治战争罪的实践 ………………………（186）
　　9.1.3　适用和突破：前南和卢旺达国际刑事法庭 …………………（187）
　　9.1.4　《罗马规约》关于战争罪的繁缛规定 …………………………（188）
　9.2　国际武装冲突中的战争罪形态（一）…………………………………（192）
　　9.2.1　故意杀害 ………………………………………………………（193）
　　9.2.2　酷刑、不人道待遇和生物学实验 ……………………………（193）
　　9.2.3　故意造成重大痛苦 ……………………………………………（195）
　　9.2.4　破坏和侵占财产 ………………………………………………（196）
　　9.2.5　强迫在敌方部队中服役 ………………………………………（196）
　　9.2.6　剥夺公允审判的权利 …………………………………………（197）
　　9.2.7　非法驱逐出境、迁徙或非法禁闭 ……………………………（197）
　　9.2.8　劫持人质 ………………………………………………………（198）
　9.3　国际武装冲突中的战争罪形态（二）…………………………………（199）
　　9.3.1　指令攻击平民 …………………………………………………（200）
　　9.3.2　指令攻击民用物体 ……………………………………………（200）
　　9.3.3　指令攻击与人道主义援助或维持和平行动有关的人员和物体 …（201）
　　9.3.4　攻击造成过分的附带伤亡或破坏 ……………………………（201）
　　9.3.5　攻击不设防地方 ………………………………………………（202）

- 9.3.6 杀伤失去战斗力的人员 (203)
- 9.3.7 不当使用旗帜、制服或特殊标志 (203)
- 9.3.8 驱逐或迁移平民人口 (204)
- 9.3.9 指令攻击受保护物体 (205)
- 9.3.10 残伤肢体、非法医学或科学实验 (206)
- 9.3.11 背信弃义的杀伤 (206)
- 9.3.12 宣告决不纳降 (208)
- 9.3.13 摧毁或没收敌方财产 (208)
- 9.3.14 剥夺敌方国民的权利和诉讼权 (208)
- 9.3.15 强迫参加军事行动 (209)
- 9.3.16 抢劫城镇或地方 (209)
- 9.3.17 使用毒物或有毒武器 (210)
- 9.3.18 使用违禁气体、液体、物质或器件 (210)
- 9.3.19 使用违禁子弹 (210)
- 9.3.20 使用其他违禁的武器、射弹、装备或战争方法 (211)
- 9.3.21 损害个人尊严 (212)
- 9.3.22 性暴力 (212)
- 9.3.23 利用被保护人作为掩护 (213)
- 9.3.24 指令攻击使用《日内瓦公约》所订特殊标志的物体和人员 (214)
- 9.3.25 以断绝粮食作为战争方法 (215)
- 9.3.26 征募或利用儿童 (215)

9.4 非国际武装冲突中的战争罪形态（一） (216)
- 9.4.1 对生命与人身施以暴力 (217)
- 9.4.2 损害个人尊严 (218)
- 9.4.3 劫持人质 (218)
- 9.4.4 未经正当程序径行判刑或处决 (218)

9.5 非国际武装冲突中的战争罪形态（二） (219)
- 9.5.1 指令攻击平民 (220)
- 9.5.2 指令攻击使用《日内瓦公约》所订特殊标志的物体或人员 (220)
- 9.5.3 指令攻击与人道主义援助或维持和平行动有关的人员或物体 (220)
- 9.5.4 指令攻击受保护物体 (220)
- 9.5.5 抢劫城镇或地方 (221)
- 9.5.6 性暴力 (221)
- 9.5.7 征募或利用儿童 (221)
- 9.5.8 下令迁移平民 (222)

9.5.9 背信弃义的杀伤 …………………………………………………（222）
9.5.10 宣告决不纳降 ……………………………………………………（223）
9.5.11 残伤肢体、非法医学或科学实验 ………………………………（223）
9.5.12 摧毁或没收敌方财产 ……………………………………………（223）

参考文献 ……………………………………………………………………（225）
附录1 国际刑事法院罗马规约 ……………………………………………（231）
附录2 犯罪要件 ……………………………………………………………（277）
索引 …………………………………………………………………………（303）

第1章 国际刑法的历史演进脉络

从历史发展的大视野观察,国际刑法在某一时期的出现和变迁依附于重大国际性事件的发生,其并没有脱离其所处的特定国际关系和历史背景,它实际上是国际刑事调查、审判活动以及国际社会制定涉及国际刑法规范的法律文件之演进史。从总体发展脉络上考察,国际刑法的历史演进过程是沿着"萌芽→前期实践→诞生→低迷→复兴→里程碑式高潮"的曲线发展。

1.1 萌芽期:以海盗罪和战争罪为肇始

> 海盗一直被认为是逐出法外之人,一种"违反人类的罪行者"。按照国际法,海盗行为使海盗丧失了其本国的保护,因而丧失其国家属性;而且他的船舶,或者飞机,虽然过去可能具有悬挂某一国家旗帜的权利,但现在也丧失了这种权利。国际法上的海盗行为是一种"国际罪行";海盗被认为是一切国家的敌人,他可以被"落入其管辖权的任何国家"加以法办。[①]
>
> ——《奥本海国际法》

从历史渊源考察,国际社会关于国际犯罪的认识肇始于17、18世纪的海盗行为。海盗是一种公认的古老的国际犯罪。随着海上贸易的发展,出现了以抢劫商船财物为生的海盗,并且日趋猖獗,对国际贸易的危害极大。为了惩治海盗行为,西方各国尤其是受害国陆续制定大量的相关法律,逐渐形成了关于海盗罪的国际习惯法体系,开始将海盗作为国际问题处理。[②] 基于海盗是"全人类的敌人"(hostes humani generis)之共识,自从17世纪以来,习惯国际法将海盗视为一种国际犯罪,并且海盗罪一直被视为一种习惯和公约的国际犯罪。[③] 具体而言,自1841年开始,国际社会制定了一系列可适用于海盗行为的国际性法律文件。例如,在英、法等九国代表于1937年9月14日在瑞士

[①] 〔英〕詹宁斯、瓦茨修订:《奥本海国际法》(第一卷,第2分册),王铁崖等译,中国大百科全书出版社1998年版,第174页。

[②] 参见黄立:《我国刑法与国际刑法的衔接——以海盗罪为研究样本》,载于《法学杂志》2009年第4期。

[③] 参见〔美〕M.谢里夫·巴西奥尼:《国际刑法的渊源与内涵——理论体系》,王秀梅译,法律出版社2003年版,第120页。

尼翁签订的《尼翁协定》(Nyon Arrangement)中,以国际条约的方式将海盗纳入国际犯罪的范畴,从而使得海盗被确定为国际社会最早认同的一种国际犯罪类型。

与海盗罪相比较,战争罪的出现则较晚。大约在19世纪下半叶,战争罪被国际法确认并且予以追究。与海盗罪一样,随着战争中犯罪行为的应受国际谴责的特征逐渐显现,这促进了国际社会关于"集体责任"(Collective Responsibility)理念的构成,使得国际社会认识到有必要通过法律手段来惩治该行为。① 据此,从1854年至1998年,共有71个相关国际性法律文件规定了战争罪,从而使得在所有国际犯罪种类中,与战争罪相关的具体文件数量最多,涵盖了广泛的禁止性规定和规范,违反这些文件应受到起诉和惩罚以及其他刑罚性处罚。可以说,在国际刑法历史上的稳定可靠记录中,一直记载着对犯有战争罪的行为人之起诉和惩罚。② 这清楚地显示出国际社会惩治战争罪的共识和努力。

从审判实践上考察,对犯有国际犯罪的行为人予以审判的活动可以追溯到1474年。在当时,神圣罗马帝国成立了由来自奥地利、德国、瑞士以及阿尔萨斯的28名法官所组成的特别法庭(*Ad Hoc* Tribunal),审理了彼得·冯·哈根巴赫(Peter Von Hagenbuch)在军事占领区准许其军队实施强奸、谋杀和掠夺平民财产的行为,并因这种行为违反了"上帝和人道法"(Laws of God and Man)而被认定为有罪,并且被判处死刑。③ 该审判是国际公认的第一起关于指挥官承担刑事责任的审判实践。④ 从实质上看,自1474年起,尽管神圣罗马帝国已成为徒具虚名的政治组合,但组成特别法庭的几个国家在名义上还隶属于罗马帝国的版图,不属于真正意义上的独立国家,其所组成的特别法庭不可能具有现代国际刑事法庭的性质,审判所依据的法律也不是规范意义的国际刑法,因此,该项审判属于具有一定涉外因素的国内刑事法庭审判,并不是严格意义的现代国际审判,但这在一定意义上也彰显国际刑事审判的"小荷才露尖尖角"。

---

① 参见朱文奇:《国际刑法》,中国人民大学出版社2007年版,第48—50页。
② 参见〔美〕M.谢里夫·巴西奥尼:《国际刑法的渊源与内涵——理论体系》,王秀梅译,法律出版社2003年版,第90页。
③ M. Cherif Bassiouni, "The Times Has Come For an International Criminal Court", *Indiana International and Comparative Law Review*, Spring 1991.
④ Edoardo Greppi, "The Evolution of Individual Criminal Responsibility under International Law", *International Review of the Red Cross*, No. 835, October 30, 1999, pp. 531—553.

1.2 前期实践：第一次世界大战之后的审判

协约国以及参战各国公开控告德国霍亨索伦王朝的前皇帝威廉二世，他犯有违反国际道德和国际条约神圣性的严重罪行。为此，兹设立一个特别法庭，以便审判该被告人，并保证他的基本辩护权。该法庭以法官五人组成之，美英法意与日本各派一人。①

——《凡尔赛条约》第 227 条

在第一次世界大战结束之后，胜利方协约国的代表与战败方德国在 1919 年举行的巴黎和会上，经过多方的大量妥协之后，最终于 6 月 28 日签署了《协约国与德国之间的和平条约》（简称《凡尔赛条约》）(Treaty of Versailles)。鉴于战争所带来的巨大灾难，为了满足人们惩罚战争罪犯的正义需求，该条约规定成立一个政府间委员会——"关于战争发起者的责任与惩罚违反战争法规和惯例的行为之委员会"(The Commission on the Responsibility of the Authors of the War and on the Enforcement of Penalties for Violations of the Laws and Customs of War)，授权其对德国皇帝威廉二世(Kaiser Wilhelm Ⅱ)犯有违反国际道德和国际条约神圣性的严重罪行进行调查和报告，同时对其他违反战争法规和战争惯例的德国军事人员予以调查和提出报告，以便对他们进行起诉。另外，该委员会还依据 1899 年制定于海牙的《陆战法规与惯例公约》前言，寻求以危害人类罪起诉那些于 1915 年在土耳其境内大规模杀害亚美尼亚人的土耳其官员以及其他个人。这是现代国际刑法意义上的第一个正式的国际刑事调查委员会。

经过广泛的调查，该委员会于 1920 年提出一份列有 895 名应受指控的战争嫌疑犯名单，供协约国军事法庭进行正式的国际刑事审判。然而，由于德国皇帝威廉二世逃往其表兄是君主的荷兰避难，虽然协约国对荷兰拒绝引渡的做法予以谴责，但也不愿意创设以一项新的国际犯罪指控国家元首的先例，并没有对德国皇帝接受审判作出更大的努力，其结果导致威廉二世最终逃脱了审判，终老于荷兰，《凡尔赛条约》中最主要的第 227 条关于审判德国皇帝的规定并没有得到实施。② 另外，在 1921 年，鉴于大量逮捕和审判列在名单上的战争嫌疑犯有可能导致当时德国政府的垮台，作为妥协，协约国就不再寻求根据《凡尔赛条约》

---

① 参见：《凡尔赛条约》，载于《国际条约集》(1917—1923)，世界知识出版社 1961 年版，第 157 页。
② 参见王世洲主编：《现代国际刑法学原理》，中国人民公安大学出版社 2009 年版，第 26—27 页。

第228条①建立协约国军事法庭,只是要求德国自行地对数量有限的战争嫌疑犯予以审判,最终协约国只将列入895名应受指控名单中的45名战争嫌疑犯的材料提交给德国总检察官。为了回应协约国的要求,德国在通过一项执行《凡尔赛条约》规定的国内法律基础上,又通过新的立法,以便德国最高法院根据国内法审判被告人。然而,德国总检察官只决定向最高法院起诉12人。② 最终,从1921年5月至1923年,位于莱比锡的德国最高法院对9个案件作出判决,史称"莱比锡审判"。随着协约国失去兴趣,其他所有的审判也相应地停止。由于"莱比锡审判"的法律基础是德国国内刑法,在最终定罪的很少数案件中,德国最高法院适用的是《帝国刑法典》中的各种犯罪定义,因此莱比锡审判不过是"表演性的审判",所取得的成果相应地就很贫乏,其对国际刑法的发展仅仅具有间接的影响。③

从第一次世界大战结束之后的国际审判实践来看,它在观念上体现了国际社会惩治严重危害人类和平与安全的罪犯之强烈愿望。但是,由于当时国际关系的复杂因素,当时主要大国的政治领导人更关心确保欧洲的未来和平,政治考量最终压倒正义追求,协约国通过起诉和处罚那些违反国际人道主义法的战犯以追求正义的政治意愿已经几乎消融,使得协约国最初设想的国际审判活动没有成为现实,无果而终。④ 在国际和国内政治的祭坛上,"莱比锡审判"是牺牲正义的例子。《凡尔赛条约》中对违法者进行审判和处罚的承诺,从来没有得到遵守。⑤ 然而,《凡尔赛条约》是第一部明确承认个人刑事责任的国际条约,这在国际法中提供一项基础性工作,从而克服了国际刑法曾经面临的一个重要障碍:在国际法中建立刑事规范首先要求承认个人是国际法的主体,而在古典国际法中,国家是唯一的主体,并不包括个人在内。⑥ 这对第二次世界大战之后国际刑法的真正诞生和发展奠定了前期的实践基础。

---

① 该条规定:德国政府承认协约国及其参战国有权在军事法庭审判违反战争法规和战争惯例的被告。如果被判有罪,对其应当处以法律规定的刑罚。此规定适用于德国或其同盟地区审判中的任何诉讼程序或起诉。
② 参见王世洲主编:《现代国际刑法学原理》,中国人民公安大学出版社2009年版,第27页。
③ 参见〔德〕格哈德·韦勒:《国际刑法学原理》,王世洲译,商务印书馆2009年版,第15页。
④ 对于第一次世界大战结束之后的国际刑事司法体系,著名的国际刑法学家M.谢里夫·巴西奥尼将其界定为"Handicapped International Criminal Justice System"。参见:M. Cherif Bassiouni, "World War I: The War to End all Wars, and the Birth of a Handicapped International Criminal Justice System", 33 DENY. J. INT'L L. & POL'Y(2002).
⑤ 参见〔美〕M.谢里夫·巴西奥尼:《国际刑法导论》,赵秉志、王文华等译,法律出版社2006年版,第340—341页。
⑥ 参见〔德〕格哈德·韦勒:《国际刑法学原理》,王世洲译,商务印书馆2009年版,第12—15页。

1.3 诞生:纽伦堡审判和东京审判

> 为了审判和惩处欧洲轴心国首要战犯而设立的法庭,有权对为欧洲轴心国的利益而犯有下列罪行的所有人员进行审判和惩处,而不论其为个人或为某一组织或集团的成员。
>
> ——《纽伦堡国际军事法庭宪章》,第6条第1段

> 本法庭有权审判和惩罚被控以个人身份或团体成员身份犯有各种罪行包括危害和平的远东战争罪犯。
>
> ——《远东国际军事法庭宪章》,第5条第1段

第二次世界大战临近结束时,关于如何处理德国纳粹分子在战争中的野蛮行径以及严重践踏人类尊严和文明的暴行,在同盟国内部引起激烈争论。在美国和法国的强力推动下,倡导通过建立国际军事法庭进行审判的建议获得认可。1942年1月,同盟国在英国伦敦的圣詹姆斯宫召开会议,并且通过了《圣詹姆斯宣言》(Declaration of St. James),宣布通过司法途径惩治战争罪犯。这是建立欧洲国际军事法庭的序曲。1943年10月25日,同盟国成立了由17国组成的"联合国家战争罪行委员会"(The United Nations War Crimes Commission)。同年10月30日,美国、原苏联、英国等三国在莫斯科共同签署《关于希特勒分子对其所犯罪行责任问题的宣言》,规定战后将把战犯遣送回其实施暴行的国家,由他们所曾迫害的人民予以惩处。后来在1945年的雅尔塔会议和波茨坦会议的公报中,再次确认必须审讯和惩处一切战争罪犯。在第二次世界大战结束后,鉴于战争和违反国际人道主义行为的残暴结果,在1945年8月8日,同盟国中的美国、法国、英国和原苏联等四个主要国家的代表在伦敦签订了《关于起诉和惩罚欧洲轴心国首要战争罪犯的协定》(Agreement for the Prosecution and Punishment of Major War Criminals of the European Axis)(简称《伦敦协定》),以便创设一个国际军事法庭,对犯有最为严重罪行的战争罪犯进行审判。[①] 在纽伦堡审判结束之前,又有17个国家签署了该协定。作为《伦敦协定》的重要附件,《纽伦堡国际军事法庭宪章》(Charter of the International Military Tribunal at Nuremberg)(简称《纽伦堡宪章》)也相应地被共同签订,成为国际军事法庭进行审判所依据的法律基础。据此,有学者认为:纽伦堡审判是"代表了21个政府——占整个文

---

① 《伦敦协定》第1条规定:"依照德国管制委员会的决定,应建立国际军事法庭以便对战犯进行审判,对其所犯罪行不存在特定的地域性,不论其作为个人或者作为组织或集团成员的身份。"

明人类压倒多数——的智慧、正义感和意志的法律来执法审判"。①《纽伦堡宪章》共有30条,明确规定了设置国际军事法庭的目的、法庭的机构和权利、管辖权、一般准则、审判程序、刑罚等一系列问题,其中第1条规定:为了贯彻《伦敦协定》,公正、迅速地审判和惩罚欧洲轴心国的首要战争罪犯,应设立一个国际军事法庭。

尽管《纽伦堡宪章》受到辩护方和批评者认为其是溯及既往的法律文件等一系列法律方面的责难,纽伦堡审判的奠基人在当时国际法极其薄弱、没有赖以依据的现成规则和任何可以遵循的先例之情形下,为了证实纳粹当局所犯的重大历史罪行,借以建立世界新秩序,达到控制侵略战争、确保人类持久和平以及保护国际人权的目的,通过对法律进行扩大性解释以及寻求法律与道义之间的平衡,解决了最主要的法律难题及其面临的困境。② 在此基础上,形成了国际军事法庭赖以起诉和审判的《纽伦堡宪章》中的灵魂条款——第6条的规定。其具体内容如下③:

依照本宪章第1条所称的协定,为了审判和惩处欧洲轴心国首要战犯而设立的法庭,有权对为欧洲轴心国的利益而犯有下列罪行的所有人员进行审判和惩处,而不论其为个人或为某一组织或集团的成员。

对下列表现为犯罪的各种行为,或其中的任何一种行为,法庭均有权进行审判和惩处。犯有此类罪行者均应负个人责任:

(1) 危害和平罪(Crimes against Peace):系指策划、准备、发动或进行侵略战争或违反国际条约、协定或保证的战争,或为实现上述行为而参与共同计划或共谋;

(2) 战争罪(War Crimes):系指违反战争法规或战争惯例的罪行。这种违反行为包括但不限于:屠杀或虐待占领区平民,或以奴隶劳动为目的、或为其他任何某种目的而将平民从被占领区或在被占领区内放逐,屠杀或虐待战俘或海上人员,杀害人质,掠夺公私财产,恣意破坏城镇乡村,或任何非属军事必要而进行破坏;

(3) 危害人类罪(Crimes against Humanity):系指在战争爆发以前或在战争期间对平民进行的屠杀、灭绝、奴役、放逐或其他非人道行为,或借口政治、种族或宗教的理由而实施的属于法庭有权受理的业已构成犯罪或与犯罪有关的迫害行为,不管该行为是否触犯进行此类活动的所在国的法律。

---

① 〔德〕P. A. 施泰尼格尔:《纽伦堡审判》(上卷),王昭仁等译,商务印书馆1985年版,第86页。
② 参见朱淑丽:《纽伦堡审判面临的困境及其解决》,载于《华东政法学院学报》2006年第3期。
③ See Gabrielle Kirk McDonald & Olivia Swaak-Goldman ed., *Substantive and Procedural Aspects of International Criminal Law: the Experience of International and National Courts* (Volume II, Part 1, Documents and Cases), Kluwer Law International, 2000, p.62.

> 凡参与拟订或执行旨在犯有上述罪行之一的共同计划或共谋(Common Plan or Conspiracy)的领导者、组织者、发起者和同谋者,他们对为执行此类计划而犯罪的任何个人的一切行为均负有责任。

关于《纽伦堡宪章》的历史意义,它被认为是国际刑法的诞生证书,它是第一次在国际法中实际上确认个人具有刑事责任,这个立场是革命性的。该宪章所确立的原则不仅适用于纽伦堡审判,而且适用于东京审判,在现今已经被承认为习惯国际法,成为实体国际刑法的核心①,从而为现代国际刑法的真正诞生奠定了基石,直接推动了国际刑法的发展。

为了保证纽伦堡国际军事法庭审判的顺利进行,同盟国吸取了第一次世界大战之后不能成功起诉战争罪犯的教训,事先就精心准备好起诉工作,也很细致地准备其他必要的活动。② 此外,政治意愿、充足的资源、对领土的控制、德国军事和文职人员制度的性质等因素结合起来,使得纽伦堡审判能够有效地进行。③ 从1945年11月20日至1946年10月1日,以《纽伦堡宪章》作为起诉和审判的法律基础,共有24名德国战犯被正式起诉到纽伦堡国际军事法庭,其中只有21人受到实际审判。在最终的判决中,有12人被判处死刑④,3人被判处终身监禁,3人被宣告无罪,其余的人被判处10年至20年的监禁刑,包括"盖世太保"、"党卫队"在内的4个团体被宣告为犯罪组织。

继纽伦堡审判之后,东京审判是第二次世界大战之后的第二次国际审判大实践。1946年1月19日,远东盟军最高统帅麦克阿瑟将军代表"远东委员会"(The Far Eastern Commission)发布特别公告,宣布成立远东国际军事法庭。在发布通告的当天,颁布了《远东国际军事法庭宪章》(Charter of the International Military Tribunal for the Far East),共计5章17条。该宪章的第1条规定:

> 为了公正、迅速地审判和惩罚远东的首要战争罪犯,兹设立远东国际军事法庭。本法庭的固定地址定于东京。

根据宪章的规定,远东国际军事法庭由中国、原苏联、美国、英国、澳大利亚、加拿大、法国、荷兰、新西兰、印度和菲律宾等11国各派一名法官组成。在《远东国际军事法庭宪章》中,第5条是核心条款,规定远东国际军事法庭有权对犯有危害和平罪、战争罪和危害人类罪的远东地区所有战犯进行审判和惩处。该

---

① 参见〔德〕格哈德·韦勒:《国际刑法学原理》,王世洲译,商务印书馆2009年版,第16—17页。
② 同上书,第17页。
③ 参见〔美〕M. 谢里夫·巴西奥尼:《国际刑法导论》,赵秉志、王文华等译,法律出版社2006年版,第349页。
④ 戈林(Göring)作为纳粹德国的第二号人物,被纽伦堡国际军事法庭判定为"仅次于希特勒而集全体被告罪恶活动之大成的人物"。他被纽伦堡国际军事法庭宣判犯有危害和平罪、策划战争罪、战争罪和危害人类罪,判处绞刑。在执行绞刑前,戈林在纽伦堡服毒自杀。

条的内容与《纽伦堡宪章》中的第6条规定基本上相同,只是在几个措词上有所删减。

依据《远东国际军事法庭宪章》,隶属远东盟军最高统帅部的国际检察局起诉了28名被告人①,指控他们自1928年1月至1945年9月期间犯有危害和平罪、战争罪和危害人类罪。由于3名被告人已死亡或丧失行为能力,从1946年5月3日至1948年12月23日,远东国际军事法庭实际审判25名被告人,最终宣布判处东条英机、松井石根、坂垣征四郎、土肥原贤二等7人绞刑,荒木贞夫等16人被判处终身监禁,判处东乡茂德20年有期徒刑,重光葵被判处7年有期徒刑。

纽伦堡审判是人类历史上第一次对犯有危害和平罪、战争罪和危害人类罪的领导者、组织者、煽动者和计划执行者进行的国际刑事审判,开创了个人承担国际刑事责任的先例,为之后国际社会进行国际刑事审判提供可借鉴的模式,为现代国际刑法的诞生和发展奠定了基石。《纽伦堡宪章》和以其为法律基础的审判活动,以创新的方法创制了新的国际法原则,被称为"纽伦堡原则",迅即为国际社会普遍地接受。1946年12月11日,第1届联合国大会第55次全体会议通过关于《确认纽伦堡宪章所认定的国际法原则》的第95号决议,肯定《纽伦堡宪章》所认定的国际法原则和该法庭所做的判决,并且要求根据此次会议决议案而设立的"国际法编纂委员会"(Committee on the Codification of International Law)特别注重在国际刑法中,将《纽伦堡宪章》和该法庭的判决所认定的原则予以制立。② 东京审判略晚于纽伦堡审判,但其审判所依据的法律基础《远东国际军事法庭宪章》是以《纽伦堡宪章》为蓝本的,它与纽伦堡审判一起,共同形成第二次世界大战后国际关系和国际法发展史上的大事,不仅满足了战后国际社会惩罚战犯与期盼和平的追求,而且在国际社会的共同意识上也获得成功。

1.4 低迷期:国际刑事审判活动的缺失

现代国际刑法的诞生,是与第二次世界大战之后特定的国际关系紧密相联的,可以说当时国际社会应对已发国际性历史事件的共识直接推动了国际刑法

---

① 在被告人的选择上,政治层面的考虑发挥了重要作用。鉴于长久以来天皇在日本的特殊地位及其对日本民众的影响,远东盟军最高统帅部考虑到起诉裕仁天皇会使日本失去稳定,所以没有将裕仁天皇作为战争罪犯起诉,以确保盟军占领和控制日本。实际上,从1945年9月开始,远东盟军最高统帅部共发出4次逮捕令,确定118名日本要人为战犯,其中71人为甲级战犯。

② 参见:U. N. Doc. A/RES/95(I)(1946)。在1947年11月21日,第2届联合国大会第123次全体会议通过了关于《纽伦堡宪章及法庭判决中所确认原则之编订问题》的第177号决议,决定将《纽伦堡宪章》和该法庭判决中所确认的国际法原则之编订工作托付给国际法委员会,并且指令其在拟定的《危害人类和平与安全治罪法》中,应叙明《纽伦堡宪章》和该法庭判决中所确认的国际法原则在该法典草案内所处的地位。参见:U. N. Doc. A/RES/177(II)(1947)。

的诞生和发展。自纽伦堡审判和东京审判之后,国际社会进入"冷战"时期,政治因素开始凌驾于司法审判之上。在20世纪50年代至90年代期间,尽管发生了许多严重违反国际人道主义法的武装冲突事件,但是"冷战"时期的特定国际关系导致国际社会缺乏共同的价值观、目标和方式,无法达成一致的应对决议,基本上没有进行任何国际性的刑事审判活动,所以国际刑法的发展随之陷入低迷期。在另一方面,自1947年以来,根据联合国的相关决议,国际法委员会以及某些特别委员会一直不懈地起草《危害人类和平与安全治罪法》草案和国际刑事法院规约,这为1998年通过《国际刑事法院规约》奠定了前期准备的法律基础。

在国际刑法陷入低迷的四十多年中,国际社会关注的焦点逐渐从纽伦堡审判所确认的危害和平罪、战争罪和危害人类罪等国际犯罪类型转向其他新型的国际犯罪,诸如灭绝种族罪、国际恐怖主义犯罪、非法贩运毒品罪等。以国际恐怖主义犯罪为例:为了遏制和预防个人或小规模组织针对民用航空器、机场、受国际保护的人员、海上航运、海面平台等实施的劫持航空器、破坏航空器、攻击机场、劫持人质、攻击船只或海上固定平台、实施恐怖爆炸以及制造塑料炸弹、核武器和其他的大规模杀伤性武器等恐怖行为,在一系列的国际公约[①]中,联合国及其专属机构已经确认了所有缔约国都认可的具体恐怖行为。根据这些公约的要求,缔约国必须采取必要的立法,以确保在国内法律制度中对上述罪行给予严厉的惩罚。相应地,许多国家和地区就将公约中涉及国际刑法的某些规定移植或者体现到国内法律中,并且据此进行国内刑事审判,这在一定程度上也促进了国际刑法的发展。

自1990年"冷战"结束以来,当国际社会再次出现严重违反国际人道主义法的重大历史事件时,面对国际社会的强烈要求,联合国开始逐渐对发生在世界各地的严重违反国际人道主义法的行为作出反应,沉寂已久的联合国和平执行机制被激活,国际刑法的发展随之逐渐走出低谷。

[①] 这些反恐怖主义的国际公约包括:(1)《公海公约》(1958年);(2)《关于在航空器内的犯罪和犯有某些其他行为的公约》(1963年)(简称《东京公约》);(3)《关于制止非法劫持航空器的公约》(1971年)(简称《海牙公约》);(4)《关于制止危害民用航空安全的非法行为的公约》(1971年)(简称《蒙特利尔公约》);(5)《关于防止和惩处侵害应受国际保护人员包括外交代表的罪行的公约》(1973年);(6)《反对劫持人质国际公约》(1979年);(7)《核材料实物保护公约》(1980年);(8)《联合国海洋法公约》(1982年);(9)《制止在为国际民用航空服务的机场上的非法暴力行为的议定书,作为"关于制止危害民用航空安全的非法行为的公约"的补充》(1988年)(简称《蒙特利尔公约补充议定书》);(10)《禁止危害航海安全的非法行为公约》(1988年);(11)《禁止危害大陆架固定平台安全的非法行为议定书》(1988年);(12)《关于在可塑炸药中添加识别剂以便侦测的公约》(1991年);(13)《关于联合国及有关人员安全的公约》(1994年)。

1.5 复兴:联合国特设国际刑事法庭的建立

> (安理会)决定设立一个国际法庭来起诉应对1991年以来在前南斯拉夫境内所犯的严重违反国际人道主义法行为的负责人。
> ——联合国安理会第808(1993)号决议第1段

> 卢旺达国际刑事法庭有权根据本规约各条款,起诉应对1994年1月1日至1994年12月31日期间在卢旺达境内的灭绝种族和其他严重违反国际人道主义法行为的负责者和为邻国境内灭绝种族和其他这类违法行为负责的卢旺达公民。
> ——《卢旺达国际刑事法庭规约》第1条

1991年以来,随着前南斯拉夫社会主义联邦共和国的解体,在前南斯拉夫境内发生了严重违反国际人道主义法的武装冲突。1994年,在卢旺达境内的内战中,也出现了灭绝种族和严重违反国际人道主义法的事件。为了应对这些国际事件,联合国依据《联合国宪章》第七章"对于和平之威胁、和平之破坏及侵略行为之应付办法"[1]的规定,作出有关决议而建立了两个特设国际刑事法庭,从而在国际刑法低迷了四十多年后,激发了国际刑法的复兴。

1.5.1 前南斯拉夫国际刑事法庭

鉴于联合国安理会极度震惊于源源不断的关于在前南斯拉夫境内普遍发生的违反国际人道主义法行为之报道,1992年8月13日,联合国安理会第3106次会议通过第771号决议,强烈谴责包括"种族清洗"(Ethnic Cleansing)[2]在内的任何违反国际人道主义法的行为,要求前南斯拉夫武装冲突各方必须遵守国际人道主义法,立即停止实施所有违反国际人道主义法的行为,同时呼吁世界各国以及国际人道主义组织向联合国安理会提交前南斯拉夫境内发生的严重违反各项《日内瓦公约》和其他违反国际人道主义法行为的资料。[3]

---

[1] 《联合国宪章》第七章共有13个条文,是以武力之外的办法和平解决国际争端、甚至以军事举动维持或者恢复和平的基础条款,也是联合国采取集体强制行动的法律基础。其中第七章的首条第39条决定着适用全部第七章的基本条件,其明确规定:"安全理事会应断定任何和平之威胁、和平之破坏或侵略行为之是否存在,并应作出决议或根据第41条以及第42条的规定采取措施,以维持或者恢复国际和平与安全。"

[2] "种族清洗"一词最早见于前南斯拉夫的报纸,主张在科索沃地区建立一个种族干净的地区。联合国在最初的文件上使用该词时,都带着引号,以表明是引用之义。之后,联合国文件逐渐删除引号,表示联合国已接受该术语。

[3] 参见:U.N. Doc. S/RES/771(1992)。

1992年10月6日,联合国安理会第3119次会议通过了<u>第780号决议</u>,要求联合国秘书长作为紧急事项设立一个公正的专家委员会,以审查和分析根据第771(1992)号决议和本决议而提出的资料、专家委员会通过自行调查或努力而可能取得的其他人士或团体根据第771(1992)号决议提出的其他资料,以便对在前南斯拉夫境内发生的严重违反各项《日内瓦公约》和其他违反国际人道主义法行为的证据作出结论,并向秘书长提供。①

1993年2月23日,在审议专家委员会提交的临时报告之后,联合国安理会第3175次会议通过<u>第808号决议</u>,表示深信在前南斯拉夫的特殊情况下,设立一个国际法庭,有利于制止在前南斯拉夫境内普遍发生的违反国际人道主义法的行为和对行为负责人绳之以法,并有助于恢复与维持和平,同时在注意到有关国际机构的委员会、有关国家的法学家委员会关于设立一个特设国际法庭的报告和建议后,决定设立一个国际法庭来起诉对自1991年以来在前南斯拉夫境内实施的严重违反国际人道主义法行为的应负责之人员。该决议还要求秘书长尽可能地在60日内就建立一个特设国际法庭的事宜向安理会提交报告。② 1993年5月3日,联合国秘书长提交了《根据安理会第808(1993)号决议第2段所提出的秘书长报告》③,其中包括国际法庭规约草案以及对各个条款的系统说明。

在1993年5月25日,联合国安理会第3217次会议一致通过了关于成立特设国际法庭的<u>第827号决议</u>,并且通过了秘书长报告所附的《前南斯拉夫国际刑事法庭规约》(Statute of the International Criminal Tribunal for the Former Yugoslavia,以下简称《前南国际法庭规约》)。④ 据此,作为联合国安全理事会的附属机构之一,前南斯拉夫国际刑事法庭(International Criminal Tribunal for the Former Yugoslavia,ICTY,以下简称"前南国际法庭")在荷兰的海牙正式成立,包括法庭(由两个初审分庭和一个上诉分庭组成)、检察官办公室(包括起诉部、调查部及信息证据部)以及秘书处(分为秘书处主任办公室、司法服务部与行政服务部)等三个组织机构。这是自第二次世界大战之后的纽伦堡审判和东京审判以来,联合国第一次设立国际刑事法庭,以期审判在武装冲突中严重违反国际人道主义法的有关责任人员。

根据《前南国际法庭规约》第1条的规定,前南国际法庭有权按照规约的规定,起诉和审判对自1991年以来在前南斯拉夫境内所犯的严重违反国际人道主

---

① 参见:U.N. Doc. S/RES/780(1992)。
② 参见:U.N. Doc. S/RES/808(1993)。
③ 该报告的英文全称为:*Report of the Secretary-General Pursuant to Paragraph 2 of Security Council Resolution 808(1993)*,U.N. Doc. S/25704(1993)。
④ 参见:U.N. Doc. S/RES/827(1993)。

义法行为的应负责之人员。同时,依据《前南国际法庭规约》第 2 条至第 5 条所列举的罪行,前南国际法庭所管辖的罪行包括以下四种类型:(1) 严重违反 1949 年各项《日内瓦公约》①的行为(Grave Breaches of the Geneva Conventions of 1949),包括:故意杀害;酷刑或不人道待遇,包括生物学实验;故意使身体或健康遭受重大痛苦或严重伤害;无军事必要而以非法和横蛮的方式,大规模地破坏与占用财产;强迫战俘或平民在敌对国的军队中服务;故意剥夺战俘或平民应享有的公民和合法审讯的权利;将平民非法驱逐出境或移送或非法拘禁;劫持平民作人质。②(2) 违反战争法规或惯例的行为(Violations of the Laws or Customs of War),包括但不以此为限:使用有毒武器或其他武器,以造成不必要的痛苦;无军事必要而肆意摧毁或破坏城市、城镇和村庄;以任何手段攻击或轰击不设防的城镇、村庄、住所和建筑物;夺取、摧毁或故意损坏专用于宗教、慈善事业和教育、艺术和科学的机构、历史文物和艺术以及科学作品;掠夺公私财产。③(3) 灭绝种族罪(Genocide),是指蓄意全部或部分地消灭某一民族、人种、种族或宗教团体,实施下列行为之一:杀害该团体的成员;致使该团体的成员在身体或精神上遭受严重伤害;故意使该团体处于某种生活状态下,以毁灭其全部或局部的生命;强制施行办法以防止该团体内的生育;强迫转移该团体的儿童至另一团体。④(4) 危害人类罪(Crimes against Humanity),是指在国际或国内武装冲突中,针对平民实施以下行为之一:谋杀;灭绝;奴役;驱逐出境;监禁;酷刑;强奸;基于政治、种族、宗教原因而进行迫害;其他不人道行为。⑤

关于个人刑事责任方面,《前南国际法庭规约》第 7 条第 1 款和第 2 款规定:

> 凡计划、教唆、命令、实施或者协助煽动他人计划、准备或进行本《规约》第 2 条至第 5 条所列举的罪行的人,应当为该项犯罪负个人责任。任何被告人的官职,不论是国家元首、政府首脑或政府负责官员,不得免除该被告的刑事责任,也不得减轻刑罚。

由此可见,对于前南国际法庭管辖权范围内实施的犯罪类型,《前南国际法庭规约》确立了包括国家元首在内的个人刑事责任。另外,前南国际法庭对于

---

① 1949 年 8 月 12 日各项《日内瓦公约》包括以下四个公约:《改善战地武装部队伤者病者境遇的日内瓦公约》(日内瓦第一公约);《改善海上武装部队伤者病者及遇船难者境遇的日内瓦公约》(日内瓦第二公约);《关于战俘待遇的日内瓦公约》(日内瓦第三公约);《关于战时保护平民的日内瓦公约》(日内瓦第四公约)。
② 参见:International Tribunal for the Prosecution of Persons Responsible for Serious Violations of International Humanitarian Law Committed in the Territory of the Former Yugoslavia since 1991: *Updated Statute of the International Criminal Tribunal for the Former Yugoslavia*, September 2008, Article 2。
③ 同上,Article 3。
④ 同上,Article 4。
⑤ 同上,Article 5。

违反国际人道主义法的冲突双方都有管辖权,这与纽伦堡审判和东京审判认为只由冲突一方承担刑事责任的原则有所不同。

自第一名被告人于 1995 年 4 月 24 日被移交前南国际法庭以来,截至 2004 年 5 月 5 日,在大约九年的期间内,国际法庭共对 17 个案件的 35 名被告人进行终审判决,其中 17 名被告人认罪。① 另据统计,截止到 2010 年 10 月 26 日,前南国际法庭共起诉了 161 名被告人,已经审结 124 名被告人,具体情况如下:12 人被宣告无罪,63 人已经被判刑(4 人等待移送,25 人已经被移送,31 人正在服刑,3 人在服刑时死亡),13 人被转为国内司法管辖;另外,有 20 人被撤销起诉,10 人在移送国际刑事法庭之前死亡,6 人在移送国际法庭之后死亡,其中包括在 2006 年 3 月 11 日去世的前南斯拉夫联盟共和国总统米洛舍维奇(Milošević)。此外,尚有 16 个案件的 37 名被告人处于诉讼程序阶段,其中有 4 案 14 人处于上诉审,9 案 18 人处于初审,1 案 3 人处于复审前的程序,还包括在逃的两名被告姆拉迪奇(Mladić)和哈季奇(Hadžić)。② 自前南国际法庭运作以来,其成果远远超过任何其他国际法院或混合法院,无论是在审判的人数,还是在对国际刑事法的贡献方面都是如此,这表明前南国际法庭致力于迅速完成其任务。可以说,该国际法庭是至今所建立的第一个,也是最成功的国际刑事机构。③ 在政治层面上,前南国际法庭对前南地区的和平与民族和解发挥了积极作用,对国际刑法的发展也产生深远的影响,并且对其后建立的卢旺达国际刑事法庭以及常设的国际刑事法院都有重要的参考价值。

1.5.2 卢旺达国际刑事法庭

1994 年 4 月 6 日,身为胡图族的卢旺达总统哈比亚利马纳因座机被击落而身亡。这一事件立即引发了卢旺达国内以胡图族为主的军队对图西族的大屠杀。在当年 4 月至 7 月期间,隶属胡图族或者图西族的种族身份成为人们生存或死亡的证书,结果导致大约 50 万到 100 万平民的死亡,其中有 75% 的图西族人被屠杀,几乎相当于犹太人死于第二次世界大战期间大屠杀人数的 3 倍。④

---

① Theodor Meron, President of the ICTFY: *Letter dated 21 May 2004 from the President of the International Tribunal for the Prosecution of Persons Responsible for Serious Violations of International Humanitarian Law Committed in the Territory of the Former Yugoslavia since 1991*, addressed to the President of the Security Council, U. N. Doc. S/2004/420, 24 May 2004, para. 2.

② 参见:http://www.icty.org/x/file/Cases/keyfigures/key_figures_101026_en.pdf。最后访问于 2010 年 12 月 8 日。

③ 参见《前南斯拉夫问题国际法庭庭长帕特里克·鲁滨逊法官根据安全理事会第 1534(2004)号决议第 6 段提交安理会的评估意见和报告》,U. N. Doc. S/2009/252,2009 年 5 月 18 日,第 40 段、第 56 段。

④ Daphna Shraga & Ralph Zacklin, "The International Criminal Tribunal for Rwanda", *European Journal of International Law*, Vol. 7, 1996, pp. 501—502.

鉴于史无前例的大屠杀之残暴程度,应卢旺达联合政府代表的强烈要求,1994年7月1日,联合国安理会第3400次会议通过<u>第935号决议</u>,再次表示严重关切关于在卢旺达境内已发生的有计划、普遍和公然违反国际人道主义法的行为,包括灭绝种族行为,要求秘书长作为紧急事项,设立一个公正的专家委员会,审查和分析根据本决议提交的资料以及专家委员会通过其本身的调查或其他人士或机构的努力所可能取得的进一步资料,以便就卢旺达境内严重违反国际人道主义法的行为,包括可能发生的灭绝种族行为的证据,向秘书长提出结论。[①]

在1994年11月8日,根据卢旺达政府的请求,联合国安理会第3453次会议通过<u>第955号决议</u>,断定在卢旺达境内广泛发生的灭绝种族和其他有计划的、公然违反国际人道主义法的行为对国际和平与安全仍然构成威胁,为了制止这种罪行,相信设立国际法庭来起诉应对违法行为负责的人员将有助于确保遏止并切实纠正上述违法行为,并有助于民族和解以及恢复和维持和平的进程,故决定设立卢旺达国际刑事法庭(International Criminal Tribunal for Rwanda,ICTR),旨在专为起诉应对1994年1月1日至1994年12月31日期间在卢旺达境内灭绝种族和其他严重违反国际人道主义法行为的负责者和应对这一期间在邻国境内种族灭绝和其他这类违法行为负责的卢旺达公民。[②] 同时,《卢旺达国际刑事法庭规约》(Statute of the International Criminal Tribunal for Rwanda)作为该决议的附件也相应地被通过。

依据《卢旺达国际刑事法庭规约》第2条至第4条所列举的罪行,卢旺达国际刑事法庭所管辖的罪行包括以下三种类型:(1)灭绝种族罪(Genocide),是指蓄意全部或局部消灭某一民族、人种、种族或宗教团体,犯有下列行为之一:杀害该团体的成员;致使该团体的成员在身体上或精神上遭受严重伤害;故意使该团体处于某种生活状况下,以毁灭其全部或局部的生命;强制施行办法,意图防止该团体内的生育;强迫转移该团体的儿童至另一团体。[③](2)危害人类罪(Crimes against Humanity),是指出于民族、政治、人种、种族或宗教原因,在广泛的或有计划的攻击平民中实施以下行为之一:谋杀;灭绝;奴役;驱逐出境;监禁;酷刑;强奸;基于政治、种族、宗教原因而进行迫害;其他不人道行为。[④](3)违

---

① 参见:U. N. Doc. S/RES/935(1994)。
② 参见:U. N. Doc. S/RES/955(1994)。
③ 参见:联合国安理会第955(1994)号决议的附件,《卢旺达国际刑事法庭规约》,第2条。
④ 同上,第3条。

反各项《日内瓦公约》的共同第3条①和《第二附加议定书》②的行为(Violations of Article 3 Common to the Geneva Conventions and of Additional Protocol II),包括但不限于下列行为:强暴对待人的生命、健康以及身体或精神福祉,特别是谋杀以及诸如拷打、截肢或任何形式的体罚等酷刑;集体处罚;劫持人质;恐怖主义行为;残害人性尊严,特别是羞辱和贬损、强奸、迫良为娼以及任何形式的粗鄙攻击;劫掠;事先未经正规组成的提供文明人所承认且不可或缺的司法保证的法院审判而径行宣判和执行刑罚;威胁要犯下上述的任何行为。③

与《前南国际法庭规约》所管辖的犯罪相比,灭绝种族罪和危害人类罪也属于卢旺达国际刑事法庭所管辖的罪行范围。然而,灭绝种族罪在《卢旺达国际刑事法庭规约》被列为第1项的犯罪,这是基于卢旺达国际刑事法庭成立的背景与卢旺达国内的种族大屠杀紧密相联,所以《卢旺达国际刑事法庭规约》据此彰显对灭绝种族行为负责者的惩罚。从这个意义上讲,卢旺达国际刑事法庭又被称作"灭绝种族罪法庭"(Genocide Tribunal)。④ 同时,关于危害人类罪的内涵,尽管两个特设国际法庭规约对于针对平民所实施的九种具体行为方式的表述完全相同,但《卢旺达国际刑事法庭规约》强调了实施危害行为的歧视性理由:"出于民族、政治、人种、种族或宗教原因",而《前南国际法庭规约》侧重于实施危害行为的时空特征是在国际武装冲突中。另外,由于卢旺达境内发生的武装冲突属于国内性质,而严重违反1949年各项《日内瓦公约》的行为以及违反战争法规或惯例的行为均属于违反调整国际武装冲突的范畴,所以以上两种前南国际法庭所管辖的犯罪就没有纳入卢旺达国际刑事法庭所管辖的罪行范围,其所管辖的第三种犯罪类型只能是在<u>非国际性武装冲突</u>中发生的罪行,这是两个联合国特设国际刑事法庭规约之间最大的区别点之一。这也从侧面表明卢旺

---

① 1949年8月12日各项《日内瓦公约》的共同第3条的内容是:"在缔约国之领土内发生<u>非国际性武装冲突</u>之场合,冲突之各方最低限度应遵守下列规定:(一)不实际参加战事之人员,包括放下武器之武装部队人员及因病、伤、拘留、或其他原因而失去战斗力之人员在内,在一切情况下应予以人道待遇,不得基于种族、肤色、宗教或信仰、性别、出身或财力或其他类似标准而有所歧视。因此,对于上述人员,不论何时何地,不得有下列行为:(1)对生命与人身施以暴力,特别如各种谋杀、残伤肢体、虐待或酷刑;(2)作为人质;(3)损害个人尊严,特别如侮辱与降低身份的待遇;(4)未经具有文明人类所认为必需之司法保障的正规组织之法庭之宣判,而遽行判罪及执行死刑。(二)伤者、病者应予收集与照顾。公正的人道团体,如红十字国际委员会,得向冲突之各方提供服务。冲突之各方应进而努力,以特别协议之方式,使本公约之其他规定得全部或部分发生效力。上述规定之适用不影响冲突各方之法律地位。"参见白桂梅、李红云:《国际法参考资料》,北京大学出版社2002年版,第263—264页。
② 该《第二附加议定书》的全称是:《1949年8月12日日内瓦四公约关于保护非国际性武装冲突受害者的附加议定书》(1977年6月8日)。相对地有,同日通过的《第一附加议定书》全称是:《1949年8月12日日内瓦四公约关于保护国际性武装冲突受害者的附加议定书》(1977年6月8日)。
③ 参见:联合国安理会第955(1994)号决议的附件,《卢旺达国际刑事法庭规约》,第4条。
④ Kithure Kindiki, "Contribution of the International Criminal for Rwanda to the Development of International Humanitarian Law", *Zambia Law Journal*, Vol. 33, 2001, p.40.

达国际刑事法庭是历史上首次被授权审判在非国际性武装冲突中所犯罪行的国际刑事法庭,突破以往国际刑事法庭只管辖国际武装冲突中的罪行之限制,意味着国际战争法也可以适用于国内战争的调整,这从理论和实践上开辟国际刑事法发展的新领域。

对于卢旺达国际刑事法庭管辖权范围内实施的犯罪类型,《卢旺达国际刑事法庭规约》第6条确立了包括国家元首在内的个人刑事责任。若仔细对比《卢旺达国际刑事法庭规约》第6条与《前南国际法庭规约》第7条的规定,可以看出两个法庭规约关于个人刑事责任的规定是基本相同的,这表明"《卢旺达国际刑事法庭规约》……是将《前南国际法庭规约》作了根据卢旺达情形的修改……"[①]另外,关于卢旺达国际刑事法庭与前南国际法庭的紧密相联性,也表现在法庭的内部组织机构上:两个国际法庭共用一个检察官长和上诉庭。这种机构上的联系是为了确保法律途径的统一,也是为了资源使用的经济性和有效性。[②]

自1996年5月第一批被告被押解到阿鲁沙[③]后,卢旺达国际刑事法庭自1997年1月开始第一次审理,截至2003年底,共作出11项判决,涉及13名被告:其中12人被定罪,1人无罪释放。[④] 另据权威统计,截至2009年5月4日,卢旺达国际刑事法庭作出35项判决,涉及44名被告;等待宣判的案件有5起,涉14名被告;等待审判的被告有6名。此外,还有13名被告在逃。[⑤]

1.5.3 两个联合国特设国际刑事法庭的意义

如前所述,设立纽伦堡和远东国际军事法庭的基础是第二次世界大战后战胜国的协定和通告,而且两个国际法庭均带有"军事"的字样。与此形成鲜明对比的是,为了维持国际和平与恢复国际安全,前南国际法庭和卢旺达国际刑事法庭是联合国安理会依据《联合国宪章》第七章的规定,并根据有关安理会决议而成立的特设国际刑事法庭(*Ad Hoc* International Criminal Tribunal),在性质上属于安理会认为其行使职务所必需的附属机构,因此更具有普遍性、时效性和强制力,这有利于国际社会及时、有效地处理在紧急历史条件下发生的严重违反国际

---

① 参见:*Report of the Secretary-General Pursuant to Paragraph 5 of Security Council Resolution 955 (1994)*, U.N. Doc. S/1995/134(1995), para.9。
② 同上,第9段。
③ 卢旺达国际刑事法庭的审判分庭设立在坦桑尼亚的阿鲁沙,上诉分庭设在海牙。
④ Erik Møse, President of the ICTR: *Completion Strategy of the International Criminal Tribunal for Rwanda*, U.N. Doc. S/2003/946, 6 October 2003, para. 3.
⑤ Dennis Byron, President of the ICTR: *Letter dated 14 May 2009 from the President of the International Criminal Tribunal for Rwanda addressed to the President of the Security Council*, U.N. Doc. S/2009/247, 14 May 2009, Annex 1 (A), Annex 1 (B), Annex 2 and Annex 4.

人道主义法的行为。

在对国际刑法发展的贡献方面,前南国际法庭和卢旺达国际刑事法庭持续和系统地发展了国际法中的国际犯罪类型和认定。尽管两个特设国际刑事法庭大量沿用《纽伦堡宪章》的一般原则和规定,但是在其所管辖的战争罪、灭绝种族罪和危害人类罪等犯罪类型的定义方面,根据新的形势衍生出许多构成要素,例如发展了《纽伦堡宪章》关于要求危害人类罪的时空特征必须是"在战争爆发以前或在战争期间"之限定、突破了纽伦堡国际军事法庭只审理国际性武装冲突中的罪行之限制等。再例如,前南国际法庭在审理"塔迪奇"(Tadic)案中,对于某一被国际法禁止的行为是否应被起诉和惩治的问题,提出以下判断标准:第一,该违法行为必须违反某一特定国际人道主义法规则。第二,所违反的国际人道主义法规则必须具有习惯法的性质。如果该规则属于条约法,则应当满足该条约的适用条件。第三,违法行为必须是"严重的",即该行为必须违反保护重要价值的规则,并且必将对受害者造成严重的后果。第四,不论是在条约法下,还是在习惯法下,违反该规则的行为都会导致个人刑事责任。① 这些均为建立常设的国际刑事法院和制定《国际刑事法院规约》提供了许多有益的经验。

1.6 里程碑:《国际刑事法院规约》的通过

从历史渊源考察,关于国际社会创立常设国际刑事法院的设想,可以追溯到1937年。在当时,国际社会试图对恐怖主义达成一个共同的概念。为了阐释和惩治恐怖主义行为,国际联盟(League of Nations)专门制定了《预防和惩治恐怖主义公约》(Convention for the Prevention and Punishment of Terrorism)。② 为了实施该公约,国际联盟还制定了《创立国际刑事法院的公约》(Convention for the Creation of an International Criminal Court),其中规定国际刑事法院是一个常设的机构,负责审理被控犯有《预防和惩治恐怖主义公约》所指罪行的行为人。③ 然而,由于这些公约没有得到足够的签字国批准,并没有生效和付诸于实施,国际社会建立国际刑事法院的尝试也就没有实现。

在第二次世界大战之后,纽伦堡审判和东京审判以国际军事法庭的形式对战争罪犯进行了成功审判,这再次激发了联合国设立一个常设国际刑事法院以审判国际法上某种犯罪案件的构想。此后,国际社会在联合国的主持下,不断地

---

① 参见:*Prosecutor v. Dusko Tadic*, ICTY, Jurisdiction Appeal Decision of 2 October 1995, Case No. IT-94-1-AR72, para. 95。

② 参见:League of Nations, Doc. C.547. M.384. 1937 V(1938)。

③ 参见:League of Nations, *Convention for the Creation of an International Criminal Court*, opened for signature at Geneva, Nov. 16, 1937, League of Nations O. J. Spec. in Supp. No.156(1938)。

进行着创立常设国际刑事法院的努力,并且最终于1998年7月通过《国际刑事法院规约》。这具体表现在联合国以时间为顺序通过的一系列决议,以及国际法委员会、一些特别委员会据此编纂国际刑事法院规约的活动之中。

1.6.1 "起步"期(1947年—1949年)

在1947年的第177号决议和第519号决议中,第2届联合国大会授权国际法委员会(International Law Commission)①编订《纽伦堡宪章》和该法庭判决中所确认的国际法原则,并且指令其在准备拟定的《危害人类和平与安全治罪法》草案中,应明确指出其与《纽伦堡宪章》和该法庭判决中所确认的国际法原则相一致的地方。② 在两年之后,按照以上决议,国际法委员会开始履行联合国大会的授权任务,成立了一个分委员会,并且任命让·斯皮罗普洛斯先生为特别报告人,以便起草《危害人类和平与安全治罪法》(Code of Offenses against the Peace and Security of Mankind③,以下简称《治罪法》)。在1950年,特别报告人完成了第一份报告。

1948年12月9日,第3届联合国大会第179次全体会议通过了关于《防止及惩治灭绝种族罪公约》(Convention on the Prevention and Punishment of the Crime of Genocide)的第260号决议,认为灭绝种族行为殃祸人类至为惨烈,深信国际合作实属必要,故在该公约第1条规定灭绝种族行为是国际法上的一种罪行,并且在第6条规定:凡被控犯有灭绝种族罪者,应交由行为发生地国家的主管法院,或缔约国接受其管辖权的国际刑事法庭审理。同时,在该决议中,联合国大会认为在国际社会的发展中,设立一个国际司法机构以审判国际法上某种犯罪案件的需要日趋显著,故要求国际法委员会:

> 研究宜否及可否设立国际司法机构,以审判被控犯灭绝种族罪者,或被控犯各种国际条约授权该机构管辖之他种罪行之人。④

1.6.2 两个机构双轨并行的起草期(1950年—1954年)

如前所述,国际法委员会在被联合国授权起草《治罪法》之后,在1949年,任命一位特别报告人起草《治罪法》草案。与此同时,国际法委员会又将起草《国际刑事法院规约》草案的任务交付给另外一位特别报告员。在1950年3

---

① "国际法委员会"的前身是"国际法编纂委员会"。1946年12月11日,在联合国第95号决议中,设立了国际法编纂委员会,并且要求其特别注重在国际刑法中,将《纽伦堡宪章》和该法庭的判决所认定的国际法原则予以编订。参见:U.N. Doc. A/RES/95(I)(1946)。
② 参见:U.N. Doc. A/RES/177(II)(1947);U.N. Doc. A/RES/519(II)(1947)。
③ 参见:International Law Commission, *Report of the International Law Commission*, U.N. Doc. A/CNA/25(1950)。
④ 参见:U.N. Doc. A/RES/260(III)(1948)。

月,该报告员向国际法委员会提交了第一份报告,认为应当有一部实体刑法典补充国际刑事法院规约。① 据此,在1950年,为了研究国际刑事法院的进一步发展,国际法委员会又任命了一位特别报告员。② 由此可见,国际法委员会在起草《国际刑事法院规约》以及《治罪法》草案时,从一开始就是有意识地分头进行。该情形与符合逻辑和合理的起草方针恰好相反,这部分是出于政治上的考量,后来又因为国际法委员会1991年的《治罪法》草案没有很好地被接收而持续下去。③

在国际法委员会进行起草工作的同时,为了起草一份旨在设立国际刑事法院的公约,在1950年,联合国大会设立了"国际刑事法院管辖委员会"(Committee on International Criminal Court Jurisdiction),其由17个国家的代表组成,任务就是以起草国际刑事法院规约为目的。该委员会于1951年起草了第一个规约草案文本④,俗称"1951年规约草案"。在对该草案的各种讨论中,各方面均认为其在政治上显得早熟。⑤ 经过修改,在1953年,授权被扩大的委员会⑥提交了规约草案内容有很大变化的修订文本⑦,俗称"1953年修订的规约草案"。

与此同时,在1954年,国际法委员会在起草《治罪法》草案方面取得较大的进展,通过了包括5个条文、列举13种国际罪行的《治罪法》草案文本,并于同年将其载在国际法委员会第6届会议工作报告书的第三章中,提交联合国大会讨论。⑧ 1954年12月4日,第9届联合国大会第504次全体会议在审议《治罪法》草案时,考虑到草案引起若干与确立侵略定义密切相关的问题,鉴于大会已决定设立一个特设委员会以确立侵略定义问题并且制定侵略定义的草案⑨,所以大会决定先搁置《治罪法》草案的审议,直至确立侵略定义问题特设委员会提

---

① 参见:International Law Commission, *Report of the International Law Commission on Question of International Criminal Jurisdiction*, U.N. GAOR, 5th Sess., U.N. Doc. A/CN.4/15(1950)。

② 参见:International Law Commission, *Report of the International Law Commission*, U.N. GAOR, 5th Sess., U.N. A/CN.4/20(1950)。

③ 参见〔美〕M.谢里夫·巴西奥尼:《国际刑法导论》,赵秉志、王文华等译,法律出版社2006年版,第373页的正文和脚注。

④ 参见:*Report of the Committee on International Criminal Court Jurisdiction*, U.N. GAOR, 7th Sess., Supp. No.11, U.N. Doc. A/2136(1952)。

⑤ 参见:International Law Commission, *Report of the Sixth Committee*, UN. GAOR, 7th Sess., U.N. Doc. A/2275(1952)。

⑥ 由于1950年成立的"国际刑事法院管辖委员会"的授权后来被扩大,成员也发生了变化,故其称谓被更名为"国际刑事管辖委员会"(Committee on International Criminal Jurisdiction)。

⑦ 参见:*Report of the Committee on International Criminal Jurisdiction*, U.N. GAOR, 7th Sess., Supp. No.12, U.N. Doc. A/26645(1954)。

⑧ 参见:International Law Commission, *Third Report Relating to a Draft Code of Offenses against the Peace and Security of Mankind*, U.N. GAOR, 6th Sess., U.N. Doc. A/CN.4/85(1954)。

⑨ 1954年12月4日,第9届联合国大会第504次全体会议通过了关于《确立侵略之定义问题》的第895号决议,决定设立一个由19个国家(包括当时为联合国会员国的台湾地区)组成的特设委员会,要求其向第11届联合国大会提交详细报告书并附以侵略定义的草案。参见:U.N. Doc. A/RES/895(IX)(1954)。

出报告书。①

1954年12月14日,第9届联合国大会第512次全体会议在审议"1953年修订的规约草案"时,考虑到确立侵略定义问题、《治罪法》草案与国际刑事管辖问题间的关系,鉴于大会已新设一个确立侵略定义问题特设委员会制定侵略定义的草案,同时鉴于大会已决定将《治罪法》草案暂缓到特设委员会提出报告书后审议,故大会通过了关于《国际刑事管辖》的第898号决议,决定推迟"1953年修订的规约草案"的审议,直至大会审查确立侵略定义问题特设委员会的报告书并且再度审查《治罪法》草案之后。② 于是,《国际刑事法院规约》的制定工作就被搁置着,等待着联合国大会对《侵略定义》以及《治罪法》草案的先后审议。

1.6.3 被"捆绑"的搁置期(1955年—1989年):"冷战"下的必然

自1954年年底被联合国授权以来,确立侵略定义问题特设委员会就着手制定侵略定义的草案,并且于1956年提交了报告书。1957年11月29日,第12届联合国大会第724次全体会议通过了关于《确立侵略之定义问题》的第1181号决议,决定请秘书长征求新会员国对此问题的意见,并重新请求各会员国提出意见,在适当时机时将确立侵略之定义问题列入不早于第14届大会的临时议程。③ 同年12月11日,联合国大会第727次全体会议分别通过两个决议,决定将《治罪法》草案问题和国际刑事管辖问题延至大会再度处理确立侵略之定义问题时再行审议。④ 由此可见,由于当时国际社会处于"冷战"的国际关系中,联合国再次把《国际刑事法院规约》和《治罪法》草案的制定工作"捆绑"在侵略定义的确立问题上,从而搁置对它们的审议。

在近二十年之后,1974年12月14日,在审议了侵略定义问题特别委员会于1974年3月至4月通过的《侵略定义》草案之后,第29届联合国大会第2319次全体会议认为《侵略定义》的通过将对国际和平与安全的加强作出贡献,故通过了关于《侵略定义》的第3314号决议,并且将包括8个条文的《侵略定义》列为决议的附件。⑤

按照联合国大会先前的有关决议,1974年年底侵略定义的最终完成理应使《治罪法》与《国际刑事法院规约》的制定工作出现转机。然而,从1975年开始,联合国大会并没有把先前搁置的两个草案制定工作列入议题。直到1981年12

---

① 参见:U. N. Doc. A/RES/897(IX)(1954)。
② 参见:U. N. Doc. A/RES/898(IX)(1954)。
③ 参见:U. N. Doc. A/RES/1181(XII)(1957)。
④ 参见:U. N. Doc. A/RES/1186(XII)(1957) and U. N. Doc. A/RES/1187(XII)(1957)。
⑤ 参见:U. N. Doc. A/RES/3314(XXIX)(1974)。

月,联合国大会才要求国际法委员会恢复《治罪法》的起草工作。① 1982年,国际法委员会第34届会议任命杜杜·锡阿姆先生为特别报告员,并且提交了关于《治罪法》的第一份报告书。② 直到1996年7月5日,国际法委员会第2454次会议鼓掌通过了《治罪法》③草案,共2个部分20个条文:第一部分是"一般规定";第二部分是"危害人类和平与安全罪行",包括侵略罪行、灭绝种族罪行、危害人类罪行、危害联合国人员和有关人员罪行、战争罪行等5个条文。

1.6.4 被"拾起"的时期(1989年—1994年):国际法委员会的三个稿本

在《国际刑事法院规约》的制定工作被"捆绑"而搁置了三十多年后,因与打击跨国毒品非法贩运的提议相联系而被重新"拾起"。1988年12月,联合国通过《禁止非法贩运麻醉药品和精神药物公约》。为回应特立尼达和多巴哥关于联合国应建立一个专门的国际刑事法院对国际毒品贩运犯罪行使管辖权之提议,1989年12月4日,第44届联合国大会第72次全体会议通过了关于《从事跨国界非法贩运麻醉药品和其他跨国犯罪活动的个人和实体的国际刑事责任:建立一个对这类罪行有司法权的国际刑事法庭》的第39号决议,要求国际法委员会在审议《治罪法》项目时,讨论设立国际刑事法庭或其他国际刑事审判机构问题,而这种机构应对被指控犯下可能为这类法典规定的恶行的人,包括从事跨国界非法贩运麻醉药品的人具有管辖权,并且在联合国第45届会议审查国际法委员会的报告时审议设立一个国际刑事法庭或其他国际刑事审判机构问题。④

按照以上联合国决议的要求和议程表,国际法委员会第42届会议在1990年完成工作报告,其中关于国际刑事管辖的内容并没有局限于非法贩运麻醉药品问题。1990年12月,第45届联合国大会在审议了该报告后,赞赏国际法委员会所完成的工作,并且要求其继续关于国际刑事管辖问题的工作。⑤ 据此,国际法委员会从1989年联合国对其关于非法贩运麻醉药品问题的有限制授权出发,进而扩大到开始制定一部综合的国际刑事法院规约。在1992年,国际法委员会完成工作报告,并且在标题为《治罪法草案》的报告第二章中专门论述关于

---

① 参见:U. N. Doc. A/RES/36/106(1981)。
② 参见:International Law Commission, *Report of the International Law Commission on the Work of its 35th Session*, U. N. GAOR, 38th Sess. , Supp. No. 10, U. N. Doc. A/38/10(1983)。
③ 在1987年,联合国大会第42/151号决议同意国际法委员会的建议,将《治罪法》的名称标题修改为《危害人类和平与安全罪行法》(Code of Crimes against the Peace and Security of Mankind)。参见:International Law Commission, *Report of the International Law Commission*, U. N. GAOR, 40th Sess. , Supp. No. 10, U. N. Doc. A/43/10(1988)。
④ 参见:U. N. Doc. A/RES/44/39(1989)。
⑤ 参见:U. N. Doc. A/RES/45/10(1990)。

国际刑事管辖问题,还在附件中列有关于国际刑事法院规约的初步报告①,俗称"1992年规约报告"。

从1992年起,联合国安理会极度关注在前南斯拉夫境内普遍发生的违反国际人道主义法的行为,并且通过一系列决议,决定设立一个特设国际刑事法庭对前南境内发生的违反国际人道主义法的行为负责人予以审判。在此背景下,1992年11月25日,第47届联合国大会第73次全体会议在审议了国际法委员会的报告后,赞赏报告中关于国际刑事管辖问题的章节,故通过了第33号决议,在肯定国际法委员会所完成工作的同时,要求国际法委员会继续关于此问题的工作,从下届会议起作为优先事项进行拟定国际刑事法院规约的项目,起草一份规约,并向第48届联合国大会提出进度报告,还敦请各国向秘书长提交对国际刑事管辖问题的书面评论。②

根据联合国大会的上述决议之要求,国际法委员会迅速和高效率地开始起草工作。在1993年5月至7月,国际法委员会制定出一份关于《国际刑事法院规约》的综合草案③,俗称"1993年规约综合草案",而且在第六委员会经过了建设性辩论。1993年12月9日,第48届联合国大会第73次全体会议在审议了国际法委员会第45届会议工作报告后,通过了第31号决议,肯定国际法委员会在标题为《治罪法草案》的报告第二章中专门讨论国际刑事法院规约草案的问题,赞赏国际法委员会在制定《国际刑事法院规约》草案方面取得的进展,要求其作为优先事项继续关于此问题的工作,并且在参考第六委员会辩论中所表达的各种意见和从各国收到的书面评论之基础上,尽可能地详细制定一份规约草案。④

根据联合国1993年第31号决议的要求,在1994年,国际法委员会对"1993年规约综合草案"进行了修订,并且在其第46届会议上通过了《国际刑事法院规约》草案(俗称"1994年修订的规约草案"),同时建议召开国际全权代表会议来研究规约草案和缔结一项设立国际刑事法院的公约。⑤ 按照议程,国际法委员会将包括上述内容和建议的第46届会议工作报告提交联合国大会审议。由于当时国际法委员会正在起草的《治罪法》草案中已经对国际犯罪作出定义,故在"1994年修订的规约草案"中集中规定了国际刑事法院的组织和程序问题,只是简单列举了国际刑事法院应管辖的罪行,并没有涉及罪行的实体定义问题。

---

① 参见:International Law Commission, *Report of the International Law Commission on the Work of its 44th Session*, 4 May-24 July 1992, U.N. GAOR, 47th Sess., Supp. No.10, U.N. Doc. A/47/10(1992)。

② 参见:U.N. Doc. A/RES/47/33(1992)。

③ 参见:International Law Commission, *Revised Report of the Working Group on the Draft Statute for an International Criminal Court*, ILC, 45th Sess., May 3—July 23, 1993, A/CN.4/L.490(1993)。

④ 参见:U.N. Doc. A/RES/48/31(1993)。

⑤ 参见:International Law Commission, *Report of the International Law Commission*, 46th Sess., May 2—July 22, 1994, U.N. GAOR, 49th Sess., Supp. No.10, U.N. Doc. A/49/10(1994), para.90—91。

1.6.5 "冲刺"期(1994年—1998年):两个特别委员会的工作

在1994年11月,卢旺达国际刑事法庭成立。① 在联合国安理会成功设立前南和卢旺达两个特设国际刑事法庭并且获得世界各国普遍支持的鼓舞下,1994年12月9日,第49届联合国大会第84次全体会议在审议了国际法委员会第46届会议的工作报告后,通过了《设立国际刑事法院》的第53号决议,大会深为赞赏意大利政府愿意担任设立国际刑事法院的会议之东道国,决定设立一个开放给联合国所有会员国或各专门机构所有成员参加的特设委员会(Ad Hoc Committee),以审查国际法委员会拟订的"1994年修订的规约草案"所引起的主要实质性问题和行政问题,并根据审查结果审议召开国际全权代表会议的各种安排,同时决定将题为"设立国际刑事法院"的项目列入第50届大会会议临时议程,以便研究特设委员会的报告和各国提出的书面评论意见,并就召开国际全权代表会议来缔结设立国际刑事法院的公约等问题作出决定。② 至此,国际法委员会起草《国际刑事法院规约》的"接力棒"交接给了联合国设立的特别委员会。

在国际社会普遍关心设立国际刑事法院的国际大气候下,为审议"1994年修订的规约草案"所引起的各项问题,1995年4月和8月,根据联合国第53(1994)号决议而成立的"设立国际刑事法院问题特设委员会"(The Ad Hoc Committee on the Establishment of an International Criminal Court,以下简称"特设委员会")在联合国总部分别召开了两次会议,并且在1995年9月制定出一份"报告",包括四个部分的内容和2个附件。然而,在该"报告"中,由于参加特设委员会的国家对于国际法委员会拟订的"1994年修订的规约草案"所引起的主要实质性问题和行政问题依然持有不同的看法,也没有对召开国际全权代表会议的事宜形成一致的意见,故特设委员会只提出审议问题的指导方针,并没有起草一份新版的规约草案,认为处理各项问题的最有效方法是将进一步的讨论与草拟规约案文的工作相结合,编制出国际刑事法院公约的综合案文(consolidated text),由全权代表会议审议。③ 需要特别指出的是,该"报告"在论述关于管辖权的问题时,详细说明了规约应包括的罪行和各种具体罪行问题,认为选定了罪行

---

① 卢旺达国际刑事法庭的成立,为加速建立常设的国际刑事法院起到极大的推动作用。卢旺达国际刑事法庭的成立打破了前南国际刑事法庭是个别情况个别处理的界限,从而成为新的例外。过多的"例外"导致人们更趋向于建立一个常设性的国际刑事法院审理国际犯罪。另外,特设刑事法庭的设立,增加了联合国安理会的"诉累",于是愈发倾向于不再设立类似的特设法庭,赞同建立常设的国际刑事法院。参见洪永红:《论卢旺达国际刑事法庭对国际刑法发展的贡献》,载于《河北法学》2007年第1期。

② 参见:U. N. Doc. A/RES/49/53(1994)。

③ 参见:The Ad Hoc Committee on the Establishment of an International Criminal Court, Report of the Ad Hoc Committee on the Establishment of an International Criminal Court, G. A., 50th Sess., Supp. No. 22, A/50/22(1995), para. 257。

后才可界定未来的法院应发挥的作用,如果规约只罗列罪行而不界定罪行,则不能满足合法性原则,故建议应明确说明每一种罪行的构成要素,避免模棱两可,以确保被告人的权利完全受到尊重。① 同时,"报告"还对灭绝种族罪、侵略罪、严重违反适用于武装冲突的法规和惯例、危害人类罪、基于条约的罪行等具体罪行的定义进行说明。从一定意义上说,特设委员会的"报告"突破了自 1949 年以来双轨并行制定《国际刑事法院规约》与《治罪法》而互不交叉的局面。从此时起,人们已经达成一个共识:《国际刑事法院规约》应是一个综合案文,它不仅应包括关于国际刑事法院的组成、程序等组织法和程序法的内容,也应包含国际刑事法院所管辖罪行的定义等实体法的内容。

1995 年 12 月 11 日,第 50 届联合国大会第 87 次全体会议在审议了特设委员会提交的"报告"之后,通过了《设立国际刑事法院》的第 46 号决议,大会高度赞赏意大利政府再次愿意担任设立国际刑事法院的会议之东道国,决定设立一个开放给联合国所有会员国或各专门机构或国际原子能机构所有成员参加的筹备委员会,进一步讨论国际法委员会拟订的"1994 年修订的规约草案"所引起的主要实质性问题和行政问题,并在考虑到会议期间所表示的各种不同意见的情况下起草案文,以期制定广泛可以被接受的设立国际刑事法院的公约综合案文,作为朝向召开全权代表会议加以审议的下一个步骤;同时,还决定筹备委员会的工作应以国际法委员会拟订的规约草案作为基础,并应考虑到特设委员会的报告、各国提出的关于国际刑事法院规约草案的书面评论意见和其他有关组织提出的意见。②

根据联合国大会第 46(1995) 号决议的明确授权和要求,在 1996 年 3 月至 4 月以及 8 月,"设立国际刑事法院问题筹备委员会"(The Preparatory Committee on the Establishment of an International Criminal Court,以下简称"筹备委员会")分别在联合国总部举行了两次会议,开始在"1994 年修订的规约草案"的基础上准备设立国际刑事法院公约的综合案文。然而,由于参加筹备委员会的国家和地区对规约草案中主要的实质性问题和行政问题仍有争论,筹备委员会未能按照联合国决议的要求制定出一份规约的综合案文,只能以汇编的形式,将其提交给第 51 届联合国大会审议的报告分为两卷③:第一卷是筹备委员会两次会议的记录,在结论部分建议联合国大会重申筹备委员会的任务并且授权其继续工作;第二卷是"提案汇编"(Compilation of Proposals),汇载着国际法委员会的"1994

---

① 参见:The Ad Hoc Committee on the Establishment of an International Criminal Court, *Report of the Ad Hoc Committee on the Establishment of an International Criminal Court*, G. A., 50th Sess., Supp. No. 22, A/50/22(1995), para. 56—57。

② 参见:U. N. Doc. A/RES/50/46(1995)。

③ 参见:The Preparatory Committee on the Establishment of an International Criminal Court, *Report of the Preparatory Committee on the Establishment of an International Criminal Court*, Vol. I & II, G. A., 51st Sess., Supp. No. 22, A/51/22(1996)。

年修订的规约草案"、各代表团已提出的书面提案、筹备委员会主席所拟定的修正提案、各个非正式小组所拟定的综合案文。

在1996年12月17日,第51届联合国大会第88次全体会议在审议了筹备委员会提交的包括所载的各项建议之报告后,通过了《设立国际刑事法院》的第207号决议,大会表示注意到筹备委员会深知国际社会对设立国际刑事法院的决心,赞赏其在履行任务方面取得的进展,决定重申筹备委员会的任务,并指示它继续进行工作,明确地要求筹备委员会在1997年2月11日至21日、8月4日至15日、12月1日至12日以及1998年3月16日至4月3日期间举行四次会议,以完成起草可以得到广泛接受的公约综合案文,同时决定于1998年举行全权代表外交会议,以期最后拟定和通过设立国际刑事法院的公约。[①]

鉴于联合国大会第207(1996)号决议的十分明确之议程要求,在1997年,筹备委员会如期地于2月、8月和12月分别召开了三次会议,开始制定一份可以得到广泛接受并且能提交外交会议的公约综合案文。1997年12月15日,第52届联合国大会第72次全体会议通过了《设立国际刑事法院》的第160号决议,要求筹备委员会继续按照大会第207(1996)号决议进行工作,并在其各届会议结束时,向全权代表会议转递它按照其任务规定拟订的关于设立国际刑事法院的公约草案,同时非常感谢意大利政府关于担任联合国设立国际刑事法院的全权代表外交会议东道国的提议,明确地决定于1998年6月15日至7月17日在罗马举行全权代表会议,以期最后拟定和通过设立国际刑事法院的公约。[②]

1998年3月16日至4月3日,筹备委员会按照联合国大会第207(1996)号和第160(1997)号决议的议程要求,如期地举行了任期的最后一次会议,最终完成通过了包括116个条文的《国际刑事法院规约(草案)》[③]、《最后文件草稿》、《外交大会临时程序规则》以及《组织工作草案》等文件,并且同意提交给2个月后在罗马召开的全权代表会议审议。

综上所述,自从联合国设立的特别委员会在1994年接手《国际刑事法院规约》的起草任务后,"特设委员会"与"筹备委员会"起草文本的工作流程可以简要地概括为:报告(1995年)→汇编(1996年)→最终草案(1998年)。

1.6.6 "撞线"期(1998年6月—7月):罗马外交会议

1998年6月15日,按照联合国大会第160(1997)号决议所确定的议程表,

---

① 参见:U. N. Doc. A/RES/51/207(1996)。
② 参见:U. N. Doc. A/RES/52/160(1997)。
③ 参见:The Preparatory Committee on the Establishment of an International Criminal Court, *Report of the Preparatory Committee on the Establishment of an International Criminal Court*, Addendum, U. N. Doc. A/CONF.183/2/Add.1(14 April 1998)。

联合国设立国际刑事法院全权代表外交会议(United Nations Diplomatic Conference of Plenipotentiaries on the Establishment of an International Criminal Court)如期在罗马举行,161个国家和地区的代表、17个国际组织和250多个非政府组织参加了会议。

在外交会议开始后,由于筹备委员会提交给大会审议的《国际刑事法院规约(草案)》的复杂性和大多数参会国家代表对草案的不熟悉,一些国家出于自己立场对规约中诸如侵略罪的定义、法院的管辖权范围、法院与联合国的关系、检察官的权力等某些关键问题存在分歧,会议对规约草案的磋商进程十分缓慢,在一些重大问题上陷入僵局,这就导致以协商一致同意的方式来通过规约的期望落空。经过外交会议全体委员会、工作组会议和代表团双边磋商的艰辛努力,最终在大会闭会的当天以投票表决的方式通过了《国际刑事法院规约》(Statute of the International Criminal Court,以下简称为《罗马规约》)。[1] 在参加罗马外交会议代表团的最后无记名投票表决中,120个代表团投票赞成,美国[2]、中国[3]、以色列、伊拉克、卡塔尔、也门和利比亚等7国投票反对规约的通过,还有21个

---

[1] 关于罗马外交会议审议和通过《国际刑事法院规约》的艰辛过程(甚至有许多代表团相信需要召开罗马二次会议来通过规约),请参见时任罗马全权代表外交会议全体委员会三位主席之一的M.谢里夫·巴西奥尼的《国际刑法导论》(赵秉志、王文华等译,法律出版社2006年版,第392—413页)。

[2] 关于美国在罗马大会上投反对票的理由,美国陈述为:它不能接受规约规定的管辖权概念以及对非缔约国公民的管辖。同时,美国认为:关于侵略罪定义的任何规定,都应当考虑到它在绝大多数情况下并不是一个个人行为,而是与侵略战争并存。由于安理会负有维护世界和平与安全的义务,规约也必须承认安理会在侵略罪认定方面的作用,任何缔约国都不能贬损安理会依照联合国宪章所拥有的权力。

[3] 中国对《罗马规约》投反对票的理由,主要有以下五个方面:第一,我国不能接受《罗马规约》所规定的国际刑事法院的普遍管辖权,认为这种管辖权不是以国家自愿接受法院管辖为基础,而是在不经国家同意的情况下对非缔约国的义务作出的规定,这违背了国家主权原则,也不符合《维也纳条约法公约》的规定。第二,对将国内武装冲突中的战争罪纳入法院的普遍管辖有严重保留,认为法制健全的国家有能力惩处国内武装冲突中的战争罪,在惩治这类犯罪方面比国际刑事法院具有明显的优势。同时,目前《罗马规约》有关国内武装冲突中的战争罪的定义,超出了习惯国际法,甚至超越了《日内瓦公约第二附加议定书》的规定。第三,对《罗马规约》中有关安理会作用的规定持保留意见。目前国际社会对侵略罪的定义还没有达成一致认识,为防止因政治上的原因滥诉,在具体追究个人刑事责任之前应当由安理会首先判定是否存在侵略行为,但是《罗马规约》没有对安理会根据联合国宪章对侵略行为进行判定的权力予以明确规定。另外,《罗马规约》对安理会为维持国际和平与安全履行职能而要求法院中止运作,只规定了12个月的期限,这明显不利于安理会履行联合国宪章所赋予的职能。第四,对检察官的自行调查权有严重保留,认为《罗马规约》对检察官自行调查权缺乏必要的制衡,授予预审庭以制约检察官的主动行动的权力还不够,容易造成不负责任的滥诉。关于《罗马规约》所规定的检察官自行调查权,不仅赋予个人、非政府组织、各种机构指控国家公务员和军人的权利,同时也使检察官或者法院因权力过大而可能成为干涉国家内政的工具。第五,对危害人类罪的定义持保留立场。中国政府认为根据习惯国际法,危害人类罪应发生在战时或与战时有关的非常时期。从目前已有的成文法来看,一些国际法律文件均明确规定此罪适用于战时。然而,《罗马规约》的最后定稿,在危害人类罪的定义中删去了"战时"这一重要标准,同时在危害人类罪的具体行为类型上,又列举许多人权法的内容,远远超过了习惯国际法和现有的成文法,这与国际社会建立国际刑事法院以惩治最严重的国际犯罪之宗旨相背离。由于《罗马规约》明确规定缔约国不得对规约有任何形式的保留,鉴于我国政府对上述五个方面有所保留,故不能成为《罗马规约》的缔约国。参见:《王光亚谈〈国际刑事法院规约〉》,载于《法制日报》1998年7月29日,第4版。

国家弃权。在1998年7月18日,规约在罗马开放以供签署。

根据《罗马规约》第126条的规定,规约应在第60份批准书、接受书、核准书或加入书交存联合国秘书长之日起60天后的第一个月份第一天开始生效。截至2002年4月11日,共有66个国家批准规约,因此,在2002年7月1日,《罗马规约》正式生效。对此,时任联合国秘书长的科菲·安南通过其发言人发表声明,对《罗马规约》正式生效表示欢迎,认为规约的生效是一个历史性时刻,能够对犯罪分子起到威慑作用,有助于防止将来出现严重的暴行,从而在国际关系中确立了法治的中心地位。[①]

[①] 参见国际刑事法院官方网站:www.un.org/law.icc/general/overview.htm,最后访问于2010年12月8日。

第 2 章　国际刑法的渊源和特征

2.1　国际刑法的渊源

回溯国际刑法演进的历史,国际刑法实质上是适应国际社会惩治严重国际犯罪的需求和共识而形成,又是国际社会通过国际条约、习惯国际法和一般法律原则等方式确立的有效国际刑事法律规范。从一定意义上说,回溯国际刑法演进的历史,就是考察国际社会通过何种方式确立具有法律约束力的国际刑法规范之过程,或者考察国际刑法的原则和规范第一次出现的地方。概而言之,这实际上是国际刑法的渊源所论及的问题。

2.1.1　递进式法律渊源的底蕴考察:内涵与外延的界定

法律渊源是个多义词,可以从不同角度来理解。若界定的标准不同,则依此划分的形式和结论就会存在差异。在法理学上,法律的渊源一般是指效力渊源,即根据法的效力来源而划分法的不同形式。效力意义上的法律渊源又可以分为两种:一种是有约束力的法律渊源;另一种是说服力意义上的法律渊源,即虽无约束力但有参考作用的法律渊源。此外,还可以对法律渊源作出其他的分类和解释。例如,形式意义的法律渊源是指法律取得法律理论和效力的来源;相对应的,实质意义的法律渊源是指法律取得真实而非效力的渊源。①

在国际法上,一般认为国际法的渊源主要有两个:国际条约和国际习惯。许多国际法学者认为,尽管1945年的《国际法院规约》第38条规定了国际法院审理案件时所应适用的法律,并没有提及国际法的渊源,但它是对国际法渊源的权威说明。② 该条款规定如下:

一、法院对于陈诉各项争端,应依国际法裁判之,裁判时应适用:
1. 不论普通或特别国际协约,确立诉讼当事国明白承认之规条者;
2. 国际习惯,作为通例之证明而经接受为法律者;
3. 一般法律原则为文明各国所承认者;
4. 在第59条规定③之下,司法判例及各国权威最高之公法学家学说,

---

① 参见沈宗灵主编:《法理学》,高等教育出版社1994年版,第303—304页。
② 参见王铁崖主编、魏敏副主编:《国际法》,法律出版社1981年版,第26页。
③ 《国际法院规约》第59条规定:"法院之裁判除对于当事国及本案外,无拘束力。"

作为确立法律原则之辅助资料者。

二、前项规定不妨碍法院经当事国同意本着"公允及善良"原则裁判案件之权。①

根据《国际法院规约》第 38 条的规定,国际法学者一般认为,国际条约、国际习惯和一般法律原则是国际法的主要渊源,司法判例和国际公法学家学说是国际法的辅助性渊源。同时,虽然国际组织的决议,特别是联合国的某类决议不是国际法的直接渊源,但可以与司法判例和国际公法家学说并列,成为国际法的辅助性渊源。②

从国际刑法演进的历史中,可以看出国际刑法是以国际法为"母体"发展起来的,它与国际法存在非常紧密的联系。具体而言,国际法通过国际条约、习惯国际法和一般法律原则确立了国际犯罪、刑罚、刑事责任的鉴别要素和执行模式,不断解决程序和执行方式方面的问题,并且延伸和涵盖了刑事管辖权理论和范围,以及历史上完全属于国内刑法总则部分范畴的某些刑事责任要素。③ 那么,是否就能够把国际法的渊源套用到国际刑法的渊源上呢?这需要我们结合国际刑法渊源的内涵予以辩证的分析。

首先,从逻辑种属关系来看,国际法的渊源与国际刑法渊源之间是包含与被包含的关系。因此,隶属于国际法渊源的国际条约、国际习惯、一般法律原则、司法判例、国际公法家学说以及国际组织的决议,都不是必然可以构成国际刑法的渊源。只有具有刑事特性的国际法渊源,才有可能成为国际刑法渊源。④ 这是国际法的渊源递缩地成为国际刑法渊源的必要条件。因此,我们必须避免泛化国际刑法渊源的倾向,不能不加区分地将国际法的渊源简单地"移植"到国际刑法之中。

其次,从实质意义的法律渊源出发,国际刑法之所以产生、存在和发展,就是基于国际社会通过惩治特别严重的国际犯罪,以维护国际社会的共同利益之需求和共识。在具有法律约束力的国际刑法规范的形成方式上,国际社会是通过普遍承认的国际条约、国际习惯和一般法律原则的方式予以确立的。例如,作为国际刑法的属物事由,国际犯罪基本上源于国际公约的渊源。⑤ 即使海盗罪、战争罪等早期的国际犯罪源于习惯国际法的领域,后来也已以国际条约的方式纳

---

① 参见王铁崖、田如萱编:《国际法资料选编》,法律出版社 1982 年版,第 985 页。
② 参见王铁崖主编、魏敏副主编:《国际法》,法律出版社 1981 年版,第 27—35 页。
③ 参见〔美〕M. 谢里夫·巴西奥尼:《国际刑法的渊源与内涵——理论体系》,王秀梅译,法律出版社 2003 年版,第 8 页。
④ M. Cherif Bassiouni et al., *International Criminal Law*, Volume I, Transnational Publishers, 1986, pp.3—4.
⑤ 参见〔美〕M. 谢里夫·巴西奥尼:《国际刑法的渊源与内涵——理论体系》,王秀梅译,法律出版社 2003 年版,第 45 页。

入国际犯罪的范畴。第二次世界大战之后,通过纽伦堡审判和东京审判,确立了危害和平罪、战争罪和危害人类罪等国际犯罪类型以及一些国际法原则,并且以联合国大会决议的形式为国际社会普遍地接受。《前南国际法庭规约》和《卢旺达国际刑事法庭规约》不仅再次将战争罪和危害人类罪付诸于国际刑事审判,而且将灭绝种族罪纳入国际犯罪的类型,从理论和实践上开辟国际刑事法发展的新领域。《罗马规约》更是以国际公约的形式,确定了国际刑事法院所管辖的四种核心的国际犯罪以及在审判案件时可以适用的法律。因此,从效力意义上的法律渊源考察,国际刑法的渊源与国际法的渊源紧密地交织在一起,国际法的渊源是国际刑法渊源的基础。

再次,国际法的渊源又不完全等同于国际刑法的渊源,这是由国际刑法的特殊性所决定的。国际刑法的渊源与国际法的渊源之区别主要表现在属人事由上。具体而言,国际法的责任主体是国家和政府间组织,而国际刑法的责任主体是个人。《国际法院规约》第 34 条规定:"在法院得为当事国者,限于国家。"据此,国际法院的管辖范围是国家间的法律冲突。同时,国际法渊源体现了国际法学科的特性,它的基本前提是平等的主权国家之间的共识,反映了国家主权原则和调整国家与国家、国家与国际社会的多重关系与利益需要之间的微妙平衡关系。因此,国际法的渊源并不完全符合国际刑法的具体要求,这是基于国际刑法的主体是个人。在性质上,国家主权的原则与刑事有责性相互排斥。① 因此,在国际刑法的产生过程中,曾经面临的一个主要障碍就是古典国际法认为国家是唯一的主体,并不包括个人,而在国际法中建立刑事规范的首要前提,是要求承认个人是国际法的主体。② 通过以《纽伦堡宪章》和《远东国际军事法庭宪章》为法律依据进行的纽伦堡审判和东京审判,个人在国际法中第一次被认为具有国际犯罪的刑事责任,这为国际刑法的真正诞生和发展奠定了基石,并且逐步被确认为习惯国际法,反映在前南和卢旺达国际刑事法庭的规约和审判活动中,最终被明确地写入《罗马规约》。

最后,国际刑法的渊源还与国内刑事法之间存在密切的联系。关于国际刑法的其他渊源,是与国内刑法中的国际成分的发展有关。在某些方面,这些发展是重合的,很难严格区分出它们各自最初的法律渊源,它们在内在功能上是互补的。例如,国际法通过一般法律原则所确立的国际刑法总则,包括刑事责任要素和免责因素的内容,是国际刑法的重要组成部分。从广义的法律渊源考察,它们

---

① 参见〔美〕M.谢里夫·巴西奥尼:《国际刑法导论》,赵秉志、王文华等译,法律出版社 2006 年版,第 11、55 页。
② 参见〔德〕格哈德·韦勒:《国际刑法学原理》,王世洲译,商务印书馆 2009 年版,第 12 页。

虽然是国际法的渊源,但却来源于国内法律制度。① 《罗马规约》在第三编"刑法的一般原则"中,对于国际刑法总则的规定吸纳了世界上大多数国家国内刑事法的一般原则。再例如,作为国际刑法的另一组成部分的国际刑法执行制度,除了无须通过国家或任何其他法律机关而由国际司法机构适用的"直接执行制度"之外,"间接执行制度"也是国际刑法执行的普遍方式,但其依赖于有关国家的自愿合作。尽管《罗马规约》确立了一种综合体制,但是国际刑事法院的执行机制还依赖于国家之间的六种刑事合作方式,即引渡、司法协助或者合作、刑事诉讼程序的移转、被判刑人的移交、查封和没收财产、外国刑事判决的承认,并且通过国家法律制度予以实现。② 由此可见,从国际刑法的原则和规范第一次出现的地方予以动态地追溯,国际刑法的渊源还深深打上了国内刑事法的烙印。也正是从说服力意义上的法律渊源考察,国内外有学者认为:国际刑法包括源于国内法律制度的法律渊源。③ 然而,若以法理学上关于效力意义上的法律渊源之划分形式为标准,特别是从有约束力的法律渊源考察,国内刑事法就不能成为国际刑法的渊源。这是因为:虽然国际刑法总则来源于国内刑事法的一般原则,国际刑法执行制度的实现也需要国家的自愿合作,但国内法律制度在效能上只是具有参考作用的国际刑法渊源,如果不通过国际条约、国际习惯等形式而为国际社会普遍地承认,则其不能成为具有法律约束力的国际刑法规范。也正是基于此,《罗马规约》第21条第1款第3项在规定国际刑事法院所适用的法律时,认为可以适用源于从国内法中得出的一般法律原则,但这些原则不得违反本规约、国际法和国际承认的规范和标准。简而言之,若采用的法律渊源之标准不同,则关于国内刑事法能否成为国际刑法渊源的答案就截然不同。由于国际刑法的渊源侧重于有约束力的法律渊源,因此国内刑事法不应成为国际刑法的渊源之一,应该将其划入说服力意义上的国际刑法渊源。

综上所述,国际刑法的渊源是依附于国际法而产生和发展起来的,两者存在着天然的血缘联系而无法割断,据此,我们不应剥离国际刑法渊源的底蕴而抽象地考察之。同时,从逻辑种属关系和国际刑法的特殊性出发,我们不应把国际法的渊源简单地套用到国际刑法的渊源上,还需要在认识到国际刑法渊源的多元性、特殊性、复杂的相互关系之基础上,在明确法律渊源的界定标准以及国际法渊源的外延之中,进一步甄别出符合国际刑法的内涵之渊源。

据此,以有约束力的法律渊源为标准,国际法的主要渊源,即国际条约、国际

---

① 参见〔美〕M. 谢里夫·巴西奥尼:《国际刑法导论》,赵秉志、王文华等译,法律出版社2006年版,第8—9页。
② 参见〔美〕M. 谢里夫·巴西奥尼:《国际刑法的渊源与内涵——理论体系》,王秀梅译,法律出版社2003年版,第12—13页。
③ 参见:同上书,第1页;贾宇:《国际刑法学》,中国政法大学出版社2004年版,第13页。

习惯和一般法律原则中涉及国际刑事规范的内容,应被认为是国际刑法的渊源。与此相对应,对于涉及国际刑事规范的国际法之辅助性渊源,则要区别情形予以筛选。具体而言,对于司法判例和国际公法家学说,它们对国际刑事规范和国际刑事审判活动并无法律约束力,只具有参考作用,因此属于说服力意义上的国际刑法渊源。至于联合国决议,则要区别其规定的内容来考察:对于联合国利用决议的形式明确地规定国际刑法的原则、规则和制度之决议,则具有直接的法律约束力,可以将其认为是有约束力的国际刑法渊源;对于那些联合国只提出建议或者针对议程等具体事项而作出的决议,由于它们对国际刑法的原则、制度的实体内容并没有产生实质性的影响,也不具有法律约束力,因而属于说服力意义上的国际刑法渊源。另外,国内刑事法也属于国际刑法的说服力意义上的渊源。

关于国际刑法渊源的内涵与外延之界定,我们还可以通过《罗马规约》第21条的规定予以印证。作为国际社会设立国际刑事法院的基本法律文件,《罗马规约》的性质和地位要高于一般的国际条约,它是国际刑事法院审判案件时应适用的最具权威的法律规范。在一定意义上说,如果认为《国际法院规约》第38条是对国际法渊源的权威说明,《罗马规约》第21条则是对国际刑法渊源的权威认定。该条款是关于"适用的法律"的内容,规定如下:

第21条 适用的法律(Applicable Law)

(一)本法院应适用的法律依次为:

1. 首先,适用本规约、《犯罪要件》和本法院的《程序和证据规则》;

2. 其次,视情况适用可予适用的条约及国际法原则和规则,包括武装冲突国际法规确定的原则;

3. 无法适用上述法律时,适用本法院从世界各法系的国内法,包括适当时从通常对该犯罪行使管辖权的国家的国内法中得出的一般法律原则,但这些原则不得违反本规约、国际法和国际承认的规范和标准。

(二)本法院可以适用其以前的裁判所阐释的法律原则和规则。

(三)依照本条适用和解释法律,必须符合国际承认的人权,而且不得根据第七条第三款所界定的性别、年龄、种族、肤色、语言、宗教或信仰、政见或其他见解、民族本源、族裔、社会出身、财富、出生或其他身份等作出任何不利区别。

根据上述规定,可以看出国际刑事法院适用的法律包括:优先适用《罗马规约》、《犯罪要件》和《程序和证据规则》;其次适用国际条约、国际法原则和规则;再次适用源于从国内法中得出的一般法律原则;最后适用先前判决所阐述和解释的法律原则和规则。同时,强调适用法律的限制条件是"必须符合国际承认的人权"。尽管《罗马规约》第21条没有提及国际习惯,但是其次适用的"国际法原则和规则,包括武装冲突国际法规确定的原则"之中,则涉及习惯国际法的内容,这将在下面的内容中予以详细论述。

2.1.2 有约束力的国际刑法渊源

如前所述,国际条约、国际习惯和涉及国际刑事规范的一般法律原则是国际法的主要渊源形式,由于它们对国际刑事规范和国际刑事审判活动具有法律约束力,应被认为是有约束力的国际刑法渊源。另外,对于涉及国际刑法的原则、规则和制度的联合国决议,也应认为是有约束力的国际刑法渊源。

2.1.2.1 国际条约

国际条约是指国家及其他国际法主体之间所缔结的、以国际法为准并确定其相互关系中的权利和义务的一种国际书面协议,其表现的名称种类主要有:条约、公约、协定、议定书、宪章、盟约、规约、宣言等。① 国际法律规范主要是通过国际条约来制定和认可,因此,国际条约是国际法的最主要渊源,也是认定国际刑法渊源的基础性源头。

如前所述,在纷繁众多的国际条约中甄别出的国际刑法渊源,必须符合国际刑法的内涵和特征。在国际条约中鉴别国际刑法条约必须依靠归纳分析的方法,据此才能确定一个特殊条约是否应被视为国际刑法的一部分。② 著名国际刑法学家巴西奥尼教授在对1815年至2000年期间涉及28种国际犯罪的281个国际条约进行归纳分析的实证基础之上,概括出国际刑法条约的以下十个特征:(1) 对构成国际犯罪、国际法上的犯罪或者犯罪的禁止性行为明示或者默示的认可;(2) 通过设定禁止、防止、起诉、惩罚或者类似的义务,对某行为的刑事性默示认可;(3) 禁止性行为的犯罪化;(4) 起诉的义务或者权利;(5) 惩罚禁止性行为的义务或者权利;(6) 引渡的义务或者权利;(7) 在起诉或者惩罚方面合作的义务或者权利(包含司法协助);(8) 确立刑事管辖的基础;(9) 提及建立具有刑事法特征的国际刑事法院或者法庭;(10) 对上级命令不允许抗辩。在理想的状态下,各种国际刑法公约都应包含所有的十个刑法特征,但是事实显然并非如此。由于以上十个刑法特征的决定性,只要在特定公约中存在其中任何一个特征,都可将其视为国际刑法的一部分。③ 这是以形式意义上的标准,对是否涉及国际刑法的国际条约予以划分和归类。

---

① 参见王铁崖主编、魏敏副主编:《国际法》,法律出版社1981年版,第319—327页。
② 参见[美]M.谢里夫·巴西奥尼:《国际刑法的渊源与内涵——理论体系》,王秀梅译,法律出版社2003年版,第46页。
③ 参见[美]M.谢里夫·巴西奥尼:《国际刑法导论》,赵秉志、王文华等译,法律出版社2006年版,第101—104页;以及[美]M.谢里夫·巴西奥尼:《国际刑法的渊源与内涵——理论体系》,王秀梅译,法律出版社2003年版,第61页。需要说明的是,在后一本书中,巴西奥尼教授是在对1815年至1996年期间涉及25种国际犯罪的274个国际条约进行归纳分析的。

以是否专门规定国际刑法规范为标准,我们还可以将国际条约划分为以下两类:第一类是专门规定国际刑法规范的国际条约,例如《纽伦堡宪章》、《远东国际军事法庭宪章》、《防止及惩治灭绝种族罪公约》、《关于在航空器内的犯罪和犯有某些其他行为的公约》、《关于制止非法劫持航空器的公约》、《关于制止危害民用航空安全的非法行为的公约》、《关于防止和惩处侵害受国际保护的人员包括外交代表的罪行的公约》、《反对劫持人质国际公约》、《核材料实物保护公约》、《禁止酷刑和其他形式的残忍、不人道或有辱人格待遇或处罚公约》、《禁止非法贩运麻醉药品和精神药物公约》、《罗马规约》、《制止向恐怖主义提供资助的国际公约》、《联合国打击跨国有组织犯罪公约》等;第二类是包含了某些国际刑法规范内容的国际条约,诸如1949年四项《日内瓦公约》、1977年两项日内瓦公约附加议定书等。

在《罗马规约》生效之前,国际条约对于国际刑法的影响力较弱,国际习惯在国际刑法中发挥着决定性的作用。自从《罗马规约》这个多边国际条约生效后,它是国际刑法的中心渊源。[①]《罗马规约》对四个核心国际犯罪的定义、国际刑事法院管辖权的范围、刑事责任原则、刑罚和诉讼程序等方面作出了具体规定,是国际刑事法院审判的最重要法律依据。此外,《犯罪要件》、《程序和证据规则》作为《罗马规约》的补充性法律规范,对国际刑事法院在审判实践中适用的实体问题、具体程序规则和证据规则作出详尽的规定。因此,作为国际刑法规范中最重要的国际条约,《罗马规约》、《犯罪要件》和《程序和证据规则》对国际刑事法院以及所有成员国均具有法律约束力。在一般情况下,国际刑事法院应该首先适用它们。

2.1.2.2 国际习惯

国际习惯是国际法最古老、最原始的渊源,是各国重复类似的行为而具有法律约束力的结果。尽管存有很多的多边国际公约,国际习惯在一般的国际法内容中还占有较大部分。另外,包括国际条约在内的其他国际法渊源,往往还要通过国际习惯这个渊源而起作用。国际习惯由两个要素构成:一是"物质因素",即各国重复的类似行为;二是"心理因素",即被各国认为具有法律约束力。[②] 为了证明各国重复的类似行为是否被各国认为具有法律约束力,可以从以下三个方面的资料去找证据:(1)国家间的各种外交文书;(2)国际机构的决议和判决等;(3)国内立法、司法、行政方面的各种有关文件等。只有从国际实践的有关资料中找到一项原则、规则或制度已被各国承认为具有法律约束力的充分证据,

---

① 参见〔德〕格哈德·韦勒:《国际刑法学原理》,王世洲译,商务印书馆2009年版,第57—61页。
② 参见王铁崖主编、魏敏副主编:《国际法》,法律出版社1981年版,第28—29页。

才能被确立为国际习惯。①

国际习惯也是最早的国际刑法渊源,海盗罪、战争罪等国际犯罪就是源于习惯国际法的范畴。从国际习惯与国际条约的互动关系来看,国际习惯是国际条约的基础,国际条约则是国际习惯的编纂,也是对国际习惯的发展。② 除了一些被国际条约所规定的国际刑法原则逐步被确认为习惯国际法,国际习惯也成为国际刑事审判机构所适用的法律来源之一。例如,联合国秘书长在发表对《前南国际法庭规约》的评论时,不仅强调合法性原则,还认为:

> 国际法庭应适用毫无疑问已成为习惯法部分的国际人道法原则,以避免就某些公约的拘束力而言,只对一部分缔约国、而非对所有国家都起作用的问题出现。③

在《罗马规约》生效之后,国际条约已经成为国际刑法的首要渊源。然而,国际条约仅适用于各缔约国,而国际习惯则适用于整个国际社会,因此,在涉及国际刑法规范的国际条约大为增加的现在,国际习惯作为国际刑法的渊源,依然占有重要的地位。例如,国际刑事法庭经常需要借助于国际习惯和国际法的一般原则,以便对国际条约中的规定进行澄清,或者对国际条约中的空白进行填补。事实上,为了证明有的规则已成为国际刑法上的一般性原则,也需要对国际习惯的引用进行解释。④ 在国际刑事调查和审判活动中,国际习惯作为国际刑法的渊源也发挥着重要的作用,这正如1994年卢旺达专家委员会在提交联合国安理会的报告中所指出的:虽然卢旺达不是1949年各项《日内瓦公约》的缔约国,但是已被全球广泛认可的各项《日内瓦公约》的共同第3条的规定已经成为约束非公约缔约国的习惯国际法部分,并同样非常合乎情理地获得了绝对法的地位。⑤

在《罗马规约》第21条关于国际刑事法院适用的法律规定中,没有明确地列出国际习惯的术语,但是一般认为,在第21条第1款第2项所规定的"国际法原则和规则"之中,显然包括习惯国际法规则。⑥ 至于武装冲突国际法规确定的原则,主要是指1949年四项《日内瓦公约》、1977年两项日内瓦公约附加议定书等,也包括一些为全球广泛认可的国际习惯规则。这在《前南国际法庭规约》和

---

① 参见王献枢主编:《国际法》,中国政法大学出版社1984年版,第25—26页。
② 参见张潇剑:《国际强行法论》,北京大学出版社1995年版,第72页。
③ 参见: Report of the Secretary-General Pursuant to Paragraph 2 of Security Council Resolution 808 (1993), U.N. Doc. S/25704(1993), para.37。
④ 参见朱文奇:《国际刑法》,中国人民大学出版社2007年版,第23页。
⑤ 参见王秀梅:《前南国际法庭的管辖——兼及与卢旺达国际法庭管辖的比较》,载于赵秉志主编:《刑法论丛》(第3卷),法律出版社1999年版。
⑥ 参见高燕平:《国际刑事法院》,世界知识出版社1999年版,第186页。

《卢旺达国际刑事法庭规约》规定的特设国际刑事法庭所管辖的罪行定义中已被确认。

2.1.2.3 一般法律原则

关于对一般法律原则的理解,在国际法上是有争议的。尽管各国法律体系很不相同,甚至在性质上完全不同,但是它们之间毕竟还有一些相同的原则,因此,通常认为,一般法律原则是指为各国法律体系中所包含的共同的原则。① 事实上,作为国际法渊源的一般法律原则是为数不多的,在国际法院和国际仲裁法庭的实践中也很少适用一般法律原则,因此,一般法律原则在国际法上并不占有重要地位。② 与国际条约和国际习惯相比较,它属于次要的国际法渊源。

在国际刑法中,一般法律原则也是构成国际刑法的渊源之一。《罗马规约》在第三编"刑法的一般原则"中,就吸纳了世界上大多数国家国内刑事法的一般原则,诸如合法性原则、无罪推定原则、正当程序原则、被告人享有辩护权原则、一事不再理原则等。所有这些国际刑法原则的形成,都是从国内刑事法向国际刑法逐渐转化的结果,并且通过国际刑事调查、起诉和审判活动而被融进国际刑法体系之中。例如,前南国际法庭在审判"塞利比希"(Celebici)案中,就提及了合法性原则,法庭认为在世界主要刑事审判制度中,该原则都被公认为刑事法的根本性原则。另外,在审理"富伦基亚"(Furundzija)案时,前南国际法庭对国际条约和判例法进行了充分的研究,以确定在习惯国际法中是否已存在关于强奸定义的规定。法庭在充分研究许多国家的国内法后,认为:不同国家对性侵犯具体犯罪行为的构成要件存有很大的分歧,但是一个关于"强奸"罪行的普遍性定义是存在的。因此,在方法上,前南国际法庭主要是运用寻找一个国际刑事或国际法上的一般原则之方法。该方法也被前南国际法庭用于审理其他的案件中,认为前南国际法庭应按次序利用下述的法律渊源:习惯国际法规则;国际刑法的一般性原则;世界主要法律体系制度中的刑法一般性原则;与国际司法正义的基本要求相一致的法律一般性原则。③

关于一般法律原则在国际刑事法院的适用,《罗马规约》第 21 条第 1 款第 3 项予以认可,明确规定:国际刑事法院在无法适用《罗马规约》、《犯罪要件》和《程序和证据规则》以及国际条约、国际法原则和规则时,可以适用本法院从世界各法系的国内法中得出的一般法律原则。同时,鉴于未经各国承认的一般法律原则不能成为国际法的渊源,故《罗马规约》在确认国际刑事法院可以适用一般法律原则的同时,也对其赋予了限制性的条件,即所适用的一般法律原则"不

---

① 参见王铁崖主编、魏敏副主编:《国际法》,法律出版社 1981 年版,第 30—31 页。
② 参见:同上书,第 32 页。
③ 转引自朱文奇:《国际刑法》,中国人民大学出版社 2007 年版,第 25—27 页。

得违反本规约、国际法和国际承认的规范和标准"。

2.1.2.4 具有直接法律约束力的联合国决议

《国际法院规约》制定于1945年,由于当时的国际组织还没有发展到一定程度,因而未能使它们的决议在国际法的形成中发挥一定的作用,故《国际法院规约》第38条没有将国际组织的决议列为国际法的渊源。随着联合国的成立和在处理国际关系事务中的作用日益显著,联合国大会的决议不仅对投票赞成的会员国有一定的拘束力,而且在国际关系中还具有一定的普遍意义。同时,它的一些决议所包含的宣言可能全部或者部分地反映着现有的或者正在形成中的国际法原则、规则和规章、制度。因此,虽然联合国的某类决议不是国际法的直接渊源,但可以与司法判例和国际公法家学说并列,成为确定法律原则的补充资料,而且就其国际性来说,应该位于司法判例和国际公法家学说之上。[①]

关于联合国大会决议的效力,有着不同的认识。根据《联合国宪章》的规定,联合国大会的职权是讨论和建议,因而除了有关组织问题和财政问题的决议之外,其通过的决议是属于建议的性质,并不具有法律约束力。然而,从决议的目的和内容来看,联合国通过的某类决议是要宣示国际法原则、规则和规章、制度,在决议中也包含了一些法律原则的宣言。[②] 因此,尽管联合国大会的决议一般不具有法律约束力,但是有一些具有法律约束力的决议已经超越了辅助性国际法渊源的性质。

回溯国际刑法的演进历史,从1946年第1届联合国大会通过的关于《确认纽伦堡宪章所认定的国际法原则》的决议,到1992年之后联合国安理会通过一系列决议关注在前南斯拉夫和卢旺达境内普遍发生的违反国际人道主义法行为,以及决定设立两个特设国际刑事法庭和通过法庭规约;特别是在制定《国际刑事法院规约》的漫长过程中,联合国大会更是利用决议的形式来决定议程和工作办法等具体事项、设立和授权特别委员会以及通过某些法律文件等内容,从而为《国际刑事法院规约》的最终通过铺平了道路。由此可见,联合国决议在国际刑法的发展过程中发挥着重要的作用。

从联合国通过的涉及国际刑法问题的决议之目的和内容来看,可以分为两类:第一类是直接规定和宣示国际刑法原则、规则和规章、制度的决议,其具有直接的法律约束力;第二类是涉及议程和工作办法等具体事项、设立和授权特别委员会等内容的决议,其不具有直接的法律约束力。以有约束力的法律渊源为标准来划分,第一类联合国决议属于国际刑法的直接渊源,对国际刑事审判活动具有直接的法律约束力;而第二类则属于说服力意义上的国际刑法渊源,是确定和

[①] 参见王铁崖主编、魏敏副主编:《国际法》,法律出版社1981年版,第34—35页。
[②] 参见:同上书,第34页。

适用国际刑法规范的辅助性资料。

具体而言,具有直接法律约束力的联合国决议包括:(1) 1946年12月11日第1届联合国大会通过的关于《确认纽伦堡宪章所认定的国际法原则》的第95号决议;(2) 1963年11月20日第18届联合国大会通过的《消除一切形式种族歧视宣言》的第1904号决议;(3) 1973年12月3日第28届联合国大会通过的《关于侦查、逮捕、引渡和惩治战争罪犯和危害人类罪犯的国际合作原则》的第3074号决议;(4) 1974年12月14日第29届联合国大会通过的关于《侵略定义》的第3314号决议,其中将《侵略定义》列为决议的附件;(5) 1993年5月25日联合国安理会第3217次会议通过的秘书长报告所附的《前南斯拉夫国际刑事法庭规约》的第827号决议;(6) 1994年11月8日联合国安理会第3453次会议通过的附有《卢旺达国际刑事法庭规约》的第955号决议。

2.1.3 说服力意义上的国际刑法渊源

以对国际刑事规范和国际刑事审判活动的法律约束力为标准,司法判例和国际公法家学说只具有参考作用,并不具有法律约束力,属于说服力意义上的国际刑法渊源。至于提出建议或者针对议程等具体事项而作出的联合国决议,对国际刑法并没有产生法律约束力,也应被认为是说服力意义上的国际刑法渊源。

2.1.3.1 没有直接法律约束力的联合国决议

如前所述,联合国决议能否成为国际刑法的有约束力的渊源,需要考察它们是否对国际刑事审判活动具有法律约束力。在国际刑法的发展过程中,联合国还通过了大量决议,以便解决议程和工作办法等具体事项以及设立和授权特别委员会等问题。例如,1954年12月14日第9届联合国大会通过的关于《国际刑事管辖》的第898号决议,决定推迟对国际刑事法院规约的审议;从1994年至1997年,第49届至第52届联合国大会分别通过的《设立国际刑事法院》的第53(1994)号、第46(1995)号、第207(1996)号、第160(1997)号决议等。这些决议对国际刑事审判活动并不具有直接的法律约束力,只是有助于推进具有直接法律约束力的国际刑法规范的形成和发展。

2.1.3.2 司法判例

在国际法上,司法判例包括国际司法判例和国内司法判例。国际司法判例不直接表现为国际法,但却有助于国际法原则、规则和规章、制度的确定,因此,国际司法判例不是国际法的直接渊源,而是辅助性渊源。[①] 在国际刑法中,司法判例主要体现为纽伦堡国际军事法庭、远东国际军事法庭、前南国际法庭、卢旺达国际刑事法庭以及国际刑事法院所作出的判例。它们在国际刑事审判活动中

---

① 参见王铁崖主编、魏敏副主编:《国际法》,法律出版社1981年版,第32—33页。

被援用,以阐释某项法律原则或规则是否存在,是确定国际刑法原则和规则的补助资料。例如,卢旺达国际刑事法庭的判决虽不具有"先例"作用,但对国际刑事审判影响很大。卢旺达国际刑事法庭建立于前南国际法庭之后,但由于它勇于创新,法官遇到新问题时常常依据法律确信进行判决。因而,前南国际法庭有时引用卢旺达国际刑事法庭的判决,在某些情况下,卢旺达国际刑事法庭的判决也可以视作国际法的第二渊源。①

需要指出的是,在《罗马规约》第21条第2款中规定了国际刑事法院的司法判例可以成为所适用的法律渊源,但强调适用的对象是依据以前的裁判所阐释的法律原则和规则,即对于司法判例必须经过必要的认证、阐述或者确定过程,并且据此得出法律原则和规则,而不是简单地照搬适用司法判例,这是对司法判例在国际刑事法院适用时的严格限制。另外,根据该条的法律用语,国际刑事法院是可以,而不是必须适用其以前的裁判。从严格意义上说,《罗马规约》第21条第2款的规定明确拒绝了英美普通法系中普遍适用的遵循先例原则,国际刑事法院以前的裁判并不具有作为先例的效果。②

2.1.3.3 国际公法家学说

国际公法家学说在国际法的发展中经常被引用,有助于确定国际法原则、规则和规章、制度,也出现在各种国际文件和国际判例中。③ 然而,国际刑法的进程不是受传统学说的影响,而是受到集中了国家利益的紧急事件和国际社会承认的价值的影响。国际刑法的学说发展是国际刑法演进的结果,而不是国际刑法形成的渊源。④ 另外,国际公法家学说与世界上大多数法律制度所认可的合法性原则相违背⑤,因此,应该将其划入说服力意义上的国际刑法渊源。

2.2 国际刑法的特征

从国际刑法的演进历程可见,现代国际刑法自第二次世界大战之后诞生,直至《罗马规约》的通过,一直处于国际法与国内刑事法的集结、刑事实体法与程序法规范的并行与交错发展之中,主要是为了调整以国际犯罪为惩治对象的国际刑事法律关系,这均反映出国际刑法的特征。

---

① 转引自洪永红:《论卢旺达国际刑事法庭对国际刑法发展的贡献》,载于《河北法学》2007年第1期。
② 参见〔德〕格哈德·韦勒:《国际刑法学原理》,王世洲译,商务印书馆2009年版,第70页。
③ 参见王铁崖主编、魏敏副主编:《国际法》,法律出版社1981年版,第33—34页。
④ 参见〔美〕M.谢里夫·巴西奥尼:《国际刑法导论》,赵秉志、王文华等译,法律出版社2006年版,第16页。
⑤ 参见〔美〕M.谢里夫·巴西奥尼:《国际刑法的渊源与内涵——理论体系》,王秀梅译,法律出版社2003年版,第1页。

2.2.1 国际法与国内刑事法的集结性

如前所述,国际刑法的渊源与国内刑法中的国际成分之发展有关,其与国内刑事法之间存在密切的联系。国际法是一个与国内法不同的特殊法律体系,但由于国内法的制定者是国家,而国际法也是由国家参与制订的,这两个法律体系存在互相渗透和互相补充的密切联系。① 从纵向关系考察,国内社会及其法律制度形成在前,国际社会及其法律制度发展在后,这种历史联系使国际法承袭了部分国内法的有益经验及一般性规则。从横向关系考察,国内事务与国际事务彼此交叉和相互渗透,这对国际法与国内法在适用范围上无疑产生重要影响。② 具体到国际刑法,国内刑法产生较早,到现代已基本形成比较完善的刑法理论和制度,它对国际刑法的产生与发展有着重要的影响。国际社会到目前为止尚不存在一个专门执行国际刑法和惩罚国际犯罪的独立的刑事司法体系,在目前的发展阶段还缺乏有效的直接实施机制,因此,国际刑法的强制实施在很大程度上有赖于各个主权国家间的刑事合作。即使在国际刑事法院成立之后,考虑到法院资源的有限性,国际刑法的有效实施在很大程度上还需要国内刑法的合作。③ 因此,国际社会对大部分国际犯罪分子的惩处需要依靠有关国家的司法系统进行,这就要求在处理国际犯罪案件时,需要结合国内法和国际公约的规定去寻找依据。

从国际刑事司法实践来看,关于实现国际犯罪刑事责任的途径,目前只有国际刑事法庭管辖和国内法院管辖两种模式。由于通过国际刑事法庭管辖模式来实现国际犯罪的刑事责任,还存在以下困难:一是国际法庭的管辖权如何与国家的主权协调的问题;二是如何提高打击国际犯罪的效率问题;三是国际公约关于国际犯罪的规定,往往只规定罪名,没有规定相应的刑罚处罚,这就使得国际犯罪的刑事责任难以得到实现。从这个意义上讲,国内法院管辖模式在实现国际犯罪的刑事责任方面有其天然的优势。④ 据此,在追究国际犯罪行为人的刑事责任时,应将国际法和国内法的相关规定有机结合起来,才能使国际公约中的有关规定得到贯彻实施,最大限度地使国际犯罪的行为人受到惩处。

著名国际刑法学家巴西奥尼教授在以国际刑法的组成部分来论述国际刑法的渊源时,认为国际刑法的每个组成部分都来自一个或多个法律学科及其分支,包括国际法、国内刑法、比较刑法与程序法以及国际与地区人权法。在具体论证

---

① 参见王铁崖主编、魏敏副主编:《国际法》,法律出版社1981年版,第44页。
② 参见陶凯元:《国际法与国内法关系的再认识——凯尔森国际法学思想述评》,载于《暨南学报(哲社版)》1999年第1期。
③ 参见马呈元:《论国际刑法的性质》,载于《法学家》2000年第6期。
④ 参见黄芳:《国际犯罪的国内立法导论》,载于《法学评论》2000年第2期。

"法律的不同渊源及其在国际刑法组成部分中的适用"时,巴西奥尼教授将国际刑法的组成部分划分为七个方面的内容,认为:第一部分之国际刑法的分论(属物原则)、第二部分之国际刑事责任和属人原则的基础,是由国际法建立的,并且被派生于国家法律制度的一般法律原则所补充;对于第三部分之国际刑法的总论(包括刑事责任的要素和免除刑事责任的因素),虽然通过一般法律原则建立,却来源于国家法律制度;第四部分之国际刑法的程序部分,具有多种渊源,其中的国际和地区人权法中的规则和标准也适用于国家刑事程序;第五部分之国际刑法的制裁部分,在因国家刑事程序引起时,法庭所在国的法律就左右着该程序的进展,国际建立的司法机构也要受相关的国家刑罚标准的制约;对于第六部分之国际司法机构宣告的刑罚执行内容,依然要受执行国的法律约束;至于第七部分之国际刑法执行的内容,则体现在大量具有国际法和国内法上的多种渊源之国际刑事合作的模式中。① 若仔细剖析国际刑法以上的七个组成内容,可以看出:第一部分和第二部分来源于相对"纯正的"国际法渊源,国内法只是对一般法律原则发挥了补充作用,而其他五个部分的内容均直接含有国内法的渊源,国内法甚至决定或约束了国际刑法某部分内容的进行。据此分析,巴西奥尼教授认为:在某种程度上,国际法的刑事方面内容与国家刑法起着相互促进的作用,这有助于国际法与国家刑事司法制度在实体与程序规范方面的协调发展。国际刑法的不同要素互相交织或互相联系的事实,并不能消除其各自的法律特点。这些组成要素和它们的渊源学科之间的联系无法被割断,因此,国际刑法就被打上这些渊源学科的特点之印记。② 概而言之,从国际刑法与国际法、国内法的互动关系来看,国际刑法的本质属性反映了国家之间的具体合作形式,因此,从一定意义上说,如果缺乏国际法与国内刑事法的集结形式,国际刑法将失去其有效的实现方式。

2.2.2 刑事实体法和程序法的一体化

在法理学上,实体法和程序法是以法律规定的内容不同为标准而对法律所作的一种分类。实体法一般是指规定主要权利和义务(或职权和职责)的法律,而程序法一般是指保证权利和义务得以实施的程序的法律。③ 从涉及国际刑法的规范性文件来看,既包括涉及国际犯罪的种类、定义、构成要素、刑事责任原则、法律基本原则、刑罚等实体法内容,也包含国际司法机构的组成、审判程序、证据规则、执行方式等涉及组织法、程序法、执行法的内容。这具体表现在国际

---

① 参见〔美〕M.谢里夫·巴西奥尼:《国际刑法导论》,赵秉志、王文华等译,法律出版社 2006 年版,第 9—10 页。
② 参见:同上书,第 6、45 页。
③ 参见沈宗灵主编:《法理学》,高等教育出版社 1994 年版,第 319—320 页。

社会已经设立的五个国际刑事机构的宪章和规约中：

第一，《纽伦堡宪章》不仅规定了欧洲国际军事法庭所管辖的罪行、定义、被告人的刑事责任、属人管辖原则、刑罚等实体法内容，还同时规定了诸如法庭的组织、对被告人的公正审判、法庭的权力和审判程序、判决等程序性的内容。由于《纽伦堡宪章》是由美国、英国、法国和原苏联等四个国家主导通过的，在关于诉讼程序制度的设计上就混合了英美普通法系的对抗制诉讼程序、法国大陆法系的控辩制诉讼程序以及原苏联新型的社会主义司法制度。[①] 这开创了国际刑法规范的实体法和程序法的一体化之先河。《远东国际军事法庭宪章》是以《纽伦堡宪章》为蓝本制定的，在其内容上同样兼有实体法和程序法的规定。相对而言，远东国际军事法庭更加注重公正审判，因此，根据《远东国际军事法庭宪章》第7条[②]的规定，远东国际军事法庭专门制定了《程序规则》，涉及通知、送达、证人、笔录、宣誓等程序内容。辩护机构的庞大和辩护律师的众多，也是东京审判与纽伦堡审判的一个重大差别。[③] 我们也应该看到，虽然《纽伦堡宪章》和《远东国际军事法庭宪章》中包含了程序法的内容，却没有证据规则，程序规则也是少之又少。这种缺失往往是人为的结果而不是出于工作的疏漏，这是基于两个国际军事法庭是由政治首领和外交官建构的，并非是由国际法、比较刑事法及程序法的专家们建立，从而导致人们忽视了国际军事法庭中的程序规则和证据规则。因此，从整体意义和部分意义上来讲，基于政治因素考虑的公正机制往往没有建立程序和证据规则。[④] 另外，出于政治考虑，为了尽快地审判战争罪犯，两个国际军事法庭宪章均授权法庭把审判工作严格地限制于迅速审理起诉书所提出的各项问题，并且采取严格措施以避免任何足以造成不必要拖延审判的行为，驳回一切与本案无关的问题、申明和陈述。[⑤]《纽伦堡宪章》第12条还允许法庭对被告人缺席审理。

第二，在实体法方面，20世纪90年代通过的《前南国际法庭规约》和《卢旺达国际刑事法庭规约》均规定法庭所管辖的国际犯罪种类、定义、属人管辖、属地管辖、个人刑事责任、处罚等内容。基于当时国际社会日益重视对个人在刑事诉讼中的国际保护，《前南国际法庭规约》和《卢旺达国际刑事法庭规约》在规约的程序法内容上有着很大的发展。例如，《纽伦堡宪章》和《远东国际军事法庭

---

① M. Cherif Bassiouni, *Introduction to International Criminal Law*, Transnational Publishers, 2003, p. 407.
② 《远东国际军事法庭宪章》第7条是关于"程序规则"的规定："本法庭有权制定及修改符合本宪章基本规定之诉讼程序规则。"
③ 参见梅汝璈：《远东国际军事法庭》，法律出版社1988年版，第86页。
④ 参见〔美〕M.谢里夫·巴西奥尼：《国际刑法导论》，赵秉志、王文华等译，法律出版社2006年版，第497—498页。
⑤ 分别参见：《纽伦堡宪章》第18条和《远东国际军事法庭宪章》第12条。

宪章》均没有规定设立上诉庭,而《前南国际法庭规约》和《卢旺达国际刑事法庭规约》都规定国际法庭的组成包括一个上诉分庭,并且不允许对被告人缺席审判,详细列举了被告人享有的诉讼权利,还新增了一罪不二审、上诉程序、复审程序、判决的执行、合作与司法援助等典型的诉讼程序的内容。另外,与纽伦堡和远东国际军事法庭的法官在审理过程中可以随时创设程序和证据规则形成鲜明对比的是,前南国际法庭和卢旺达国际法庭的法官则需要在适用前公布这些规则。有鉴于此,联合国安理会为了缓解这项任务所产生的压力,就分别在这两个特设国际法庭规约的条款[①]中,将程序和证据规则的制定任务留给了特设法庭的法官,这实际上是授予两个特设法庭的法官以准立法权。从实践操作的意义上来讲,这与世界主要法系的规则相悖,因为它没有遵守立法权和司法权相分离的原则。[②]

第三,《罗马规约》是目前最具权威的国际刑法规范文件,它与《犯罪要件》、《程序和证据规则》是一套由实体法和程序法组成的法律规范之合体。具体而言,在实体法方面,《罗马规约》在第二编规定了法院所管辖的灭绝种族罪、危害人类罪和战争罪的定义、补充规定和管辖机制等内容[③],在第三编对诸如合法性、个人刑事责任等刑法的一般原则予以规定,在第七编"刑罚"中对适用的刑罚种类、量刑等问题作出规定。[④] 同时,为了方便解释和适用国际刑事法院所管辖各罪的要件,作为《罗马规约》实体法内容的辅助性规范,《犯罪要件》对灭绝种族罪、危害人类罪、战争罪中各种行为形态的构成要素进行了详细的阐释,从而导致每一种具体的危害行为都具有独立个罪之意。在程序法方面,《罗马规

---

① 分别参见:《前南国际法庭规约》第15条和《卢旺达国际刑事法庭规约》第14条。
② 参见〔美〕M.谢里夫·巴西奥尼:《国际刑法导论》,赵秉志、王文华等译,法律出版社2006年版,第498—499页。
③ 需要指出的是,根据《罗马规约》第5条的规定,侵略罪也属于国际刑事法院所管辖的四种犯罪类型之一。然而,由于对侵略罪定义的认识分歧很大,无法在罗马外交大会上达成共识。为了使《罗马规约》不因此而未被通过,只能在《罗马规约》中打破第6条至第8条列举灭绝种族罪、危害人类罪、战争罪的定义之立法逻辑,先不规定侵略罪的定义,转而由"建立国际刑事法院预备委员会"在《罗马规约》通过之后去准备关于侵略罪的提案,包括罪行定义、犯罪要件、国际刑事法院对侵略罪行使管辖权的条件,然后将提案呈至缔约国大会审议,以形成能够被接受的关于《罗马规约》中包含的侵略罪规定,其效力及于缔约国。参见:U.N. Doc. A/Conf.183/9(1998), Annex I (F)。
④ 在制定《罗马规约》实体法的内容时,出现了许多争议性较大的难题。例如,第8条"战争罪"是最难起草的条款,这主要是因为美国、英国、法国希望避免自己的军事维和行动以及类似行动中的武装人员免受对其不当行为进行指控的危险;第二编的起草者也没有解决关于灭绝种族罪、危害人类罪和战争罪之法定要件的重叠问题;第三编关于刑事责任的一般原则涉及不同法律概念协调一致的问题,这是规约中最难的技术部分,而且也是比较刑法学家最有可能进行批判之处。需要说明的是,《罗马规约》是在外交大会上通过的,其起草在本质上是外交应用的过程和结果,公认任何一种选择都有其自身的缺陷,因此,外交实用主义表现在规约的很多条文中,导致一些条文不为许多国家法律体系的立法方法所简单地接受。参见〔美〕M.谢里夫·巴西奥尼:《国际刑法导论》,赵秉志、王文华等译,法律出版社2006年版,第408—410页。

约》在第四编、第五编和第六编中,分别规定了法院的组成和行政管理、调查和起诉、审判的程序。这三编从第 34 条至第 76 条有关程序问题的规定包含着庞大的内容,对抗式和控诉式程序贯穿其实质及大量的具体条文,是真正的不同法律程序的集合体,与许多国家关于刑事诉讼程序法典的全面详尽编纂相同。① 同时,《罗马规约》在第八编、第九编和第十编中,用了大量的条文(第 81 条至第 111 条)对上诉和改判、国际合作和司法协助、执行等内容予以详细的规定。另外,《程序和证据规则》作为《罗马规约》的补充文件,共设立了 225 个规则,对国际刑事法院在审判实践中适用的具体程序规则和证据规则予以详尽的阐释。从统计数据上看,《罗马规约》共有 13 编 128 个条文,涉及程序法的内容就有 74 条,约占 60%的比例。这是因为"国际正当程序"已被前南国际刑事法庭和卢旺达国际刑事法庭所认可,并适用于它们的规约之中,也在这两个特设国际法庭各自的判例中被阐述运用。基于"国际正当程序"的发展趋势并且成为法律的基本原则,《罗马规约》也相应地在其涉及程序法的内容上予以反映。②

从以上规范意义的分析,可以看出:国际刑法的实体法和程序法一体化是客观存在的事实现象,这是由国际刑法所处的国际关系、调整的国际刑事法律关系以及国际刑法的渊源所决定的。基于国际刑法至今尚未形成诸如内刑法一样的"直接执行模式",它只能在规定一些刑事实体规范的同时,更加注重于解决保证这些实体规范实现的程序问题,在职能上扮演着"刑事冲突法"的角色,因此,国际刑法不可能是纯粹的实体法。另外,作为国际刑法渊源之一,国际条约就既含有实体法,也包括程序法,故我国有的学者称国际刑法是"诸法合体"的法律部门。③

2.2.3 调整国际刑事法律关系

法律关系是法理学中的一个重要概念和范畴,是指根据法律规范产生的、以主体之间的权利与义务关系的形式表现出来的特殊的社会关系。法律关系是由法派生出来的现象,法律规范是法律关系产生、变更和消灭的依据。④ 如前所述,国际刑法规范的实体法和程序法一体化是客观现象,这也意味着存在国际刑事法律关系的前提。在国际刑法学上,我国也有学者提出了关于国际刑事法律关系的思路。例如,张智辉研究员认为:国际刑法是调整国际社会与实施国际犯罪行为的主体之间关系的法律,是各个主权国家联合构成国际刑事法律关系的

---

① 参见〔美〕M.谢里夫·巴西奥尼:《国际刑法导论》,赵秉志、王文华等译,法律出版社 2006 年版,第 411 页。
② 参见:同上书,第 500 页。
③ 参见贾宇:《国际刑法学》,中国政法大学出版社 2004 年版,第 12 页。
④ 参见沈宗灵主编:《法理学》,高等教育出版社 1994 年版,第 372—375 页。

一方主体而与国际犯罪的主体相对抗。① 贾宇教授也认为:国际刑法之所以包括实体法、程序法等方面的内容,是由国际刑法所调整的国际刑事法律关系以及国际刑法的形式渊源决定的,而国际刑事法律关系既包括定罪处刑的法律关系,也包括如何定罪处刑的程序法律关系。② 那么,国际刑事法律关系的概念能否成立呢?这需要我们结合法理学关于法律关系的界定以及国际刑法的内涵予以考证。

2.2.3.1 国际刑事法律关系的主体:国际社会与国际犯罪行为人

法律关系是主体之间的联系。法律关系的主体是法律关系的参加者,是指法律关系中权利的享受者和义务的承担者。③ 在国际刑法规范中,国际社会为一方主体,而国际犯罪的行为人是另一方主体。具体而言,国际社会已经成为一个共识的概念,例如,《奥本海国际法》就指出:"国际法律秩序适用于整个由国家组成的国际社会,并且在这个意义上具有普遍的性质。"④ 目前,国际社会的组织化程度大为提高。为了惩治特别严重的国际犯罪,以维护国际社会的共同利益,国际社会为此而设立一个独立的常设国际刑事法院,与联合国系统建立关系,对整个国际社会关注的最严重犯罪具有管辖权。⑤

在国际法理论界,关于个人的国际法主体地位问题是一个有争议的问题。从世界范围来看,大多数国际法学者支持,或者至少不反对个人在诸如国际人权保护、惩治国际犯罪等领域具有国际法主体地位。第一次世界大战以来,随着国际人权法、国际刑法的发展,包含规定个人权利、义务或个人刑事责任条款的条约日益增多。国家是国际法的基本主体,但这并不排斥个人在国际刑法领域具有主体地位。⑥ 纽伦堡和远东国际军事法庭则通过自己的国际审判活动,首次确立了国际刑法中的个人刑事责任原则,前南国际法庭和卢旺达国际刑事法庭的审判实践延续和强化了这一原则。《罗马规约》的通过,标志着国际社会在对严重的国际犯罪的惩治、国际刑事司法制度的组织、个人刑事责任、国际刑事司法合作等方面实现了历史性突破,其在第25条专门规定了"个人刑事责任":法院对自然人具有管辖权;实施法院管辖权内犯罪的人,应依照规约的规定承担个人责任,并受到处罚。

2.2.3.2 国际刑事法律关系的客体:国际犯罪行为

法律关系的客体是指权利主体的权利与义务指向的对象,违法者在法律规

---

① 参见张智辉:《国际刑法通论》(增补本),中国政法大学出版社1999年版,第2页。
② 参见贾宇:《国际刑法学》,中国政法大学出版社2004年版,第12页。
③ 参见沈宗灵主编:《法理学》,高等教育出版社1994年版,第382页。
④ 〔英〕詹宁斯、瓦茨修订:《奥本海国际法》(第一卷,第1分册),王铁崖等译,中国大百科全书出版社1995年版,第50页。
⑤ 参见:《罗马规约》,序言。
⑥ 参见马呈元:《论国际刑法的性质》,载于《法学家》2000年第6期。

定的范围内承担法律责任的行为结果是法律关系的客体。① 从目前国际刑法规范所规定的内容来看，其通过确立法律义务的方式，从刑事特性上明确规定了禁止、起诉和惩处的国际犯罪行为，而且体现在具体的国际刑事调查和审判活动中。因此，国际刑法的属物事由是危害国际社会共同利益的国际犯罪，这在一定程度上也表明国际刑法的规制对象和国际刑事法律关系的客体是国际犯罪行为。关于国际犯罪的概念、特征和类型，请参见本书第 6 章。

2.2.3.3 国际刑事法律关系的内容：权利与义务

国际刑法是国际社会为了适应惩治严重危害国际社会共同利益的犯罪之共识应运而生的，它反映的是各国的协调意志，体现着对国际社会普遍的价值观念和道德诉求的保护。因此，从本质属性上看，国际刑事法律关系属于保护性法律关系。所谓保护性法律关系，是以法律关系的产生依据是否适用法律制裁为标准而对法律关系予以的一种分类形式，是指在主体的权利与义务不能正常实现的情况下通过法律制裁而形成的法律关系，它是在违法行为的基础上产生的，其内容中的权利与义务以国家要求违法者接受法律制裁的权力和违法者对违法行为承担法律责任的义务表现出来。② 现代国际实践充分表明，灭绝种族罪、危害人类罪、战争罪、侵略罪等严重的国际罪行给人类带来了深重的灾难，直接威胁国际和平与安全，并严重阻碍世界各国人民的人权和基本自由的实现。国际刑法正是通过打击国际犯罪的方式，直接保护人类社会的整体利益。因此，国际刑法调整的是由于国际犯罪所引起的由国家组成的国际社会与犯罪个人之间的法律关系，其目的是通过惩治国际犯罪来维护国际社会的共同利益。③ 基于权利与义务的一致性，在国际刑事法律关系中，国际社会有权对国际犯罪的行为人实施法律制裁，同时又有义务使这种制裁在国际刑法规范内进行，并且保证被告人的合法诉讼权利；国际犯罪的行为人有义务承担刑事责任，同时也有权要求国际社会对其制裁必须在法定的范围进行，而且享有辩护等基本的诉讼权利。《罗马规约》的规定则全面地反映了国际刑事法律关系的基本内容。

综上所述，从理论本身的简洁性以及国际刑法涉及的诸多内容考虑，笔者认为：国际刑事法律关系的命题是可以成立的，只是囿于法理学关于法律关系的限定，国际刑事法律关系的理论还需要进一步论证。例如，在法理学上，保护性法律关系的一方主体是国家，表现为国家通过法律制裁的方式行使权利，使违法者受到法律制裁。而法律制裁是与义务、违法行为、法律责任密切联系的一个概念，泛指特定国家机关对违法者实行某种惩罚措施，是与国家强制力

---

① 参见沈宗灵主编：《法理学》，高等教育出版社 1994 年版，第 391—393 页。
② 参见：同上书，第 381、388 页。
③ 参见马呈元：《国际刑法论》，中国政法大学出版社 2008 年版，第 77 页。

密切联系的。一般来说,法律制裁的实现是由国家强制力予以保证的。① 然而,作为国际刑事法律关系的一方主体,国际社会在目前对国际犯罪行为人实施法律制裁时,还缺乏有效的直接实施机制,其强制力尚不能与国家强制力等同。也正是基于国际社会依然缺乏刑法赖以形成的任何条件以及刑法强制性的特点,英国著名的国际法学家施瓦曾伯格(Sehwarzenberger)教授认为:到目前为止,国际法还没有形成自己的刑法制度。② 这在一定意义上也表明:国际刑法尚有一些基本理论需要论证和发展。

2.3 国际刑法的价值取向

> 注意到在本世纪内,难以想象的暴行残害了无数儿童、妇女和男子的生命,使全人类的良知深受震动,认识到这种严重犯罪危及世界的和平、安全与福祉,申明对于整个国际社会关注的最严重犯罪,绝不能听之任之不予处罚,为有效惩治罪犯,必须通过国家一级采取措施并加强国际合作,决心使上述犯罪的罪犯不再逍遥法外,从而有助于预防这种犯罪。
> ——《罗马规约》,序言

维持国际和平与安全是国际社会的基本共同利益,也是设立联合国的主要宗旨之一。在第二次世界大战结束后,为了不再使人类社会遭受惨不堪言的战祸之苦,维持国际和平及安全,《联合国宪章》第1条第1款明确规定:联合国的宗旨是:

> 维持国际和平及安全;并为此目的采取有效集体办法,以防止且消除对于和平之威胁,制止侵略行为或其他和平之破坏。

在第二次世界大战结束后,为了满足公众惩罚战争罪犯的需求,国际社会也通过纽伦堡审判和东京审判对战争罪犯进行审判和惩处。然而,在此之后的相当长时期,诸如侵略罪、灭绝种族罪、危害人类罪、战争罪等罪行在全世界的范围内不断增加,国际社会依然大约发生了250起国际性、地区性和国内的武装冲突,这些冲突连同破坏人权的恶行已经导致了大约7000万至1.7亿人员的伤亡。与此形成对比的是,大多数的犯罪人不仅没有对这些国际罪行负责,反而未受到惩罚,这引起了国际社会的一致反对,国际社会认识到建立作为维持世界秩序和恢复和平的国际犯罪责任机制的重要性,呼吁结束这种犯罪后却不受惩罚

---

① 参见沈宗灵主编:《法理学》,高等教育出版社1994年版,第393、405—406页。
② Georg Sehwarzenberger, "The Problem of an International Criminal Law", *Current Legal Problems*, Vol. 3, 1950, pp. 294—296.

的事实状态,并力图在政治争端的解决中讨回公正。这些发展状况反映了责任价值和公正价值已经出现,并且能够普遍地适用于国际社会。① 在此背景下,鉴于在前南斯拉夫和卢旺达境内普遍发生的灭绝种族和其他有计划的、公然违反国际人道主义法的行为对国际和平与安全构成威胁,为了制止这种罪行,联合国安理会依据《联合国宪章》第七章"对于和平之威胁、和平之破坏及侵略行为之应付办法"的规定,设立了两个特设国际刑事法庭,对违反国际人道主义法的行为负责人绳之以法,以维持国际和平与安全。

《罗马规约》的制定和通过是上述国际社会的共识和审判实践的结晶,其在序言里开宗明义地申明:对于整个国际社会关注的使全人类的良知深受震动(deeply shock the conscience of humanity)的严重犯罪,危及世界的和平、安全与福祉(the peace, security and well-being of the world),必须有效惩治罪犯,以预防这种犯罪的发生。由此可见,《罗马规约》将"世界的和平、安全与福祉"作为自己所保护的法益,前两种保护的法益延续了《联合国宪章》的宗旨,而"世界的福祉"则是具有创新意义的保护法益。

任何一个社会的刑法,都必然担负着保护社会免遭犯罪侵害的任务。社会保护是指刑法对社会秩序的维护和控制,它不仅是刑法机能,也是刑法存在的重要价值根据之一。② 对于国际刑法而言,它的机能就是国际社会通过惩治严重危及世界的和平、安全与福祉的国际犯罪,从而维护国际社会的共同利益,这是国际刑法存在的价值取向。具体而言,国际刑法所保护的"世界的和平、安全与福祉"是国际社会的基础性价值,对于这些基础性价值的侵犯,就会影响作为整体的国际社会,从而为一个犯罪提供了一种国际的维度,使其转变为一种国际法中的犯罪。因此,刑罚与国际社会之间的联系就为国际刑法提供了自己特别的合理性。与此同时,国际刑法从刑罚的目的中获得了自己作为刑法的合理性。③ 从《罗马规约》的序言表述中,可以看出,惩治和预防国际犯罪是国际刑罚的目的。由于国际刑事法院尚未开展具体的国际刑事审判活动,目前《罗马规约》所规定的刑罚目的还停留在应然的昭示层面,但是在《罗马规约》通过之前的国际刑事审判活动中已经得到实际的体现。例如,前南国际刑事法庭认为:一般而言,本国际法庭作出刑罚判决时的主要目的是"报应和威慑"。对于前者而言,根据所实施犯罪的严重性质,对违反国际人道主义法的行为进行惩罚,是一个恰当和重要的考虑;对于后者来说,目的是为了威慑特别的被告人以及其他人,包括在类似情况下违反国际人道主义法

---

① 参见〔美〕M.谢里夫·巴西奥尼:《国际刑法导论》,赵秉志、王文华等译,法律出版社2006年版,第418—420页。
② 参见陈兴良:《刑法的价值构造》,中国人民大学出版社1998年版,第167—168页。
③ 参见〔德〕格哈德·韦勒:《国际刑法学原理》,王世洲译,商务印书馆2009年版,第38—41页。

而实施犯罪的其他全世界范围之人。至于本法庭判处刑罚的另外一个重要的目的,是表明前南斯拉夫和全世界人民的意志:对这类犯罪绝不宽恕,以加强所有有关人员的决心,不允许危害国际人道主义法的犯罪再次发生,同时树立起对国际刑事司法制度发展的信任和尊敬。[①]

[①] 转引自〔德〕格哈德·韦勒:《国际刑法学原理》,王世洲译,商务印书馆2009年版,第41页。

第3章 国际刑法的体系性位置

与其他法律学科相比较,国际刑法具有明显的多元性和复杂性。国际刑法混合了国际法、国内刑法及刑事程序法等相关法律的内容,理论界学者也从各自的专业领域出发,对国际刑法的内容和构成要素予以界定,这使得国际法学者和刑法学者对国际刑法的体系性定位存有争议,从最初的否认国际刑法的存在,发展到后来对国际刑法的"门户"之争,这就需要我们予以辩证的评析。

3.1 共识的立场:国际刑法的客观存在性

在20世纪初期,一些学者和国际律师认为:实体国际法并没有建立国际刑法的基本要素,国际刑法是国内刑法的组成部分,在国际法中并不存在真正的刑法规范。例如,英国的国际法学家施瓦曾伯格教授在1950年撰文认为,所谓的国际刑法具有以下六个方面的含义:(1)国际刑法是国家领土范围内的国内刑法。国家有权决定将本国的刑事管辖权扩大适用于在本国领土范围以外的犯罪,但必须决定是否或者在多大程度上把本国刑法适用于具有外国因素的犯罪,这种情况类似于国际私法。因此,国际刑法只是具有涉外因素的国内刑法,而不是国际法。(2)国际刑法是通过国际法规定的国内刑法。国家根据国际条约和国际习惯承担义务,把国内刑法上的制裁适用于个人。(3)国际刑法是国际法授权对某些罪行行使管辖的国内刑法。对于海盗和战争犯罪,国际法授权国家对可能并非发生在本国领土内的上述行为行使额外的管辖权。(4)国际刑法只是各国通过平行的国内立法和共同签订的国际条约,一致认为需要通过国内法院实施的国内刑法。(5)国际刑法是各国国内刑事司法机构进行国际合作的表现形式,涉及罪犯的引渡和其他刑事司法协助的条约规定。(6)国际刑法是理论意义上的国际法规范。真正的国际刑法是与国内刑法相类似的,具有禁止规范的性质并由刑事制裁予以实施的规范体系,但这一规范体系实际上并不存在。同时,国际法尚未能够产生自己的刑法制度,这是因为国际社会仍然不具备刑法赖以形成的必要条件,即存在一个强制实施刑法规范的中央权威和对所有国家平等地实施刑事制裁的能力。即使是现代社会中最重要的国际组织——联合国也不具有这样的能力。只有在国际社会强大到可以挥舞普遍的刑法正义之剑时,国际刑法才会产生。简而言之,施瓦曾伯格教授的观点无疑受到了奥斯汀法律强制理论(imperative theory)的影响。鉴于刑法强制性的特点,他认为国际法中不可能产生刑事法律规范。此外,施瓦曾伯格教授等人的观点也受到当时国际刑法发展局限性的影响。在 20 世纪 50 年代之前,涉及国际刑法内容的国际条约很少,直接适用国际刑法规范的情况也几乎没有。虽然进行了纽伦堡和东京审判,施瓦曾伯格教授认为它们只是战胜国建立的"国内刑事法庭"。①

一般认为,国际刑法产生的基本条件有如下三个:第一,国际社会存在严重危害社会整体利益的犯罪行为;第二,现行国际法缺乏制裁这种犯罪的有效机制;第三,世界各国对建立有效法律机制以制裁犯罪达成共识。② 随着第二次世界大战之后国际法的发展,特别是伴随着纽伦堡和东京审判,国际刑法原则和规范得以逐步地确立,而且在前南国际法庭和卢旺达国际刑事法庭的审判实践方面予以体现,《罗马规约》更是集国际刑法内容于一体的综合性法律规范。这些国际刑法的新元素和新发展是施瓦曾伯格教授所处的年代所不具备的,这均已经说明国际刑法具备了产生的条件,表明国际刑法的客观存在性,这在研究国际刑法的国际法学者和刑法学者中形成共识。例如,著名国际刑法学家巴西奥尼教授认为:国际刑法的不同组成部分构成一个功能上的整体,一种被称为"国际刑法"的学科确确实实地存在着,它具有自身经过价值定位的目标,且不同部分之间存在着功能上的关系。③ 然而,在此共识的立场之上,国际刑法是属于国际法,还是隶属于刑法,抑或是一门独立的法律体系,却存在极大的"门户"之争。

3.2 附属说:"门户"之争

关于国际刑法的体系性位置,从国际理论界对国际刑法的研究现状可窥见一斑。最早研究国际刑法的学者大多是来自刑法学专业的欧洲学者,他们将国际刑法看做是 19 世纪末 20 世纪初国家向域外扩张其刑事管辖权时期的法律,它主要由国家之间的刑事管辖权的冲突理论组成。第一次世界大战以后,在《凡尔赛条约》和莱比锡审判的时代背景之下,欧洲研究国际刑法的许多学者来自国际法领域,他们对国际刑法的研究与刑法学没有关联。在第二次世界大战以后,欧洲、美国和其他国家和地区出现了大量关于国际刑法的论著,然而国际法学者和刑法学者各自从其本学科出发来研究国际刑法,直至 20 世纪 70 年代这两种方法才出现融合的尝试性趋势。目前,在欧洲是刑法学者引领国际刑

---

① 转引自马呈元:《论国际刑法的性质》,载于《法学家》2000 年第 6 期。
② 参见马呈元:《论国际刑法的性质》,载于《法学家》2000 年第 6 期。
③ 参见〔美〕M.谢里夫·巴西奥尼:《国际刑法导论》,赵秉志、王文华等译,法律出版社 2006 年版,第 2 页。

法的潮流,而在美国和英国是国际法学者位于国际刑法研究的前沿。① 事实上,国际刑法是一门边缘学科。它在国际法方面,含有国际人道法、国际人权法的基本原则,以及国际法中的国际罪行部分,例如侵略罪、危害人类罪、战争罪和灭绝种族罪,等等。在刑法方面,它除了刑事法上的实体法和诉讼法以外,还有比较法,例如普通法系和大陆法系的比较,以及各国的司法制度的比较,等等。② 基于各自的学科立场,对于尚处于"未成年"时期的国际刑法的"认养",国际法学者和刑法学者均提出了自己的主张。

3.2.1 国际法学者:国际刑法是国际法的一个分支

国际刑法属于国际法的范畴,这是国内外大多数国际法学者(例如意大利著名国际刑法学家卡萨瑟教授,中国的邵沙平教授、马呈元教授等)和一些刑法学者(例如德国的格哈德·韦勒教授)的认识。他们将与刑事法律相关的国际法称为"国际刑事法"(Droit International Pénal)。

在国际法学者的认识中,国际法是一个能动的、发展的科学体系。由于国际交往范围日益扩大,国际法产生了一些新的相对独立的分支,如海洋法、外层空间法、国际人权法、国际环境保护法、国际组织法等。国际刑法调整以国家为主的国际法主体在国际交往过程中产生的国际刑事法律关系,是国际法发展一定历史阶段的一个分支。离开国际法的存在与发展,国际刑法的产生是难以理解的,这是因为:第一,国家是国际法的基本主体,当国家作为国际社会的代表参与国际刑事法律关系时,它也是国际刑法的一方主体。尽管国家可能不是国际刑法的基本主体,但是,当我们把国际刑法这个分支放到国际法体系中来考察的时候,我们会看到国家作为国际法基本主体的性质并没有改变。同时,国家作为国际法的基本主体并不排斥个人在国际刑法领域具有主体地位。第二,国际法的制定与实施离不开国家的合作,国际刑法的制定与实施同样有赖于国家的合作。特别是在国际司法体系尚不健全的今天,国家的合作对于保证国际刑法的准确适用具有重要的意义。第三,国际法通过对主要包括国家之间关系的国际关系的调整,旨在维护正常的国际法律秩序,促进国际交往的健康发展,最终保护各国所代表的世界人民的根本利益。国际刑法调整的是由于国际犯罪所引起的通常由国家代表的国际社会与犯罪个人之间的法律关系,目的是通过惩处国际犯罪以维护国际社会的整体利益。因此,从性质和目的来看,它与国际法也是一致的。③ 形象地说,国际法是产生国际刑法的"母体"。

---

① 参见〔美〕M.谢里夫·巴西奥尼:《国际刑法导论》,赵秉志、王文华等译,法律出版社2006年版,"绪言",第1—2页。
② 参见朱文奇:《国际刑事法院的成立和国际刑法的发展》,载于《犯罪研究》2003年第1期。
③ 参见马呈元:《论国际刑法的性质》,载于《法学家》2000年第6期。

3.2.2 刑法学者:国际刑法是国内刑法的组成部分

在对国际刑法的研究中,一些刑法学者认为:国际刑法是国内刑法的一个组成部分,他们将那些与国际要素相关的国家刑法与刑事程序法称为"刑事国际法"(Droit Pénal International)。例如,在19世纪,大陆法系学说认为国际刑法是狭义的,仅指国内刑法中有关空间效力范围的法律规范,如德国刑法学家李斯特就持这种观点,将国际刑法等同于"刑法适用法",认为国际刑法不属于国际法,而是国内法的一个领域。①

3.3 独立说:"分家"主张

从历史渊源来看,虽然国际刑法源于国际法,与国际法存在千丝万缕的联系,但作为规制国际犯罪的法律依据,国际刑法是由国际法中的刑事方面和国内刑事法中的涉外方面相互借鉴交融而逐渐形成的一个独立的法律体系。这种独立的品格从国际刑法诞生之日起就具备,其决定国际刑法有自身独特的存在价值和根据,因而是无法被其他法律部门所取代。② 对此,不同的学者从各异的角度对国际刑法的独立性进行论证。

著名国际刑法学家巴西奥尼教授认为:国际刑法是由几个部分组成的一门复杂的法律学科。尽管它在学说、方法上都缺乏作为一门独立法学学科的连贯性,这必然会引发来自法哲学与政治学学说的不同答案,然而国际刑法的不同组成部分却构成一个功能上的整体。因此,确实存在着作为特定制度的国际刑法,该学科具有自身经过价值定位的目标,且不同部分之间存在着功能上的关系。另外,不同法律学科的一些法律渊源对国际法的刑法要素的发展,显然具有促进作用,而国际刑法的其他渊源又与国内刑法中的国际成分的发展有关。在某些方面,这些发展是重合的,它们在内在功能上是互补的。③ 由此可见,巴西奥尼教授是以"功能说"为切入点,认为国际刑法是一门独立的学科。

我国学者张智辉研究员认为:国际刑法具有自身的特殊性,它既不同于一般的国际法,也不同于一般的国内刑法,是由国际法的刑事部分和国内刑法的国际部分相结合而逐渐形成的一个独立的法律体系,它有自身存在的价值和根据,这无法为其他部门法所取代。他具体指出:国际刑法与国际法之间有着许多相同

---

① 参见〔日〕森下忠:《国际刑法入门》,阮齐林译,中国人民公安大学出版社2004年版,第1—3页。
② 参见李海滢:《国际犯罪与国际不法行为关系透析》,载于《政治与法律》2007年第2期。
③ 参见〔美〕M.谢里夫·巴西奥尼:《国际刑法导论》,赵秉志、王文华等译,法律出版社2006年版,第2、8、47页。

之处,它们都是主权国家之间通过签订条约所表达的各国并行不悖的意志,都是国际社会中代表着共同需要的某些利益的反映,都需要国家的通力合作才能实现。但是,这些共性下面却蕴含着两种法律制度之间的根本分歧。国际法主要是以国家之间的关系为调整对象,这不仅使国际法在制定和实施方面不同于国内法,而且明确地把个人排除在国际法主体的范围之外。当一种法律是以国家与个人之间的关系为调整对象,它就不应当属于国际法的范畴。与之相对应,国际刑法在本质上是以国际社会与罪犯个人之间的关系为调整对象的法律规范,它规定的犯罪是以个人为前提的行为,而且刑事责任也总是由犯罪者个人承担。他进一步指出,国际刑法之所以长期以来被许多人认为是国际法的一部分,是因为国际刑法在客观上往往给人们留下这种印象。例如关于战争罪的规定:战争法调整的是战争期间国家之间的关系,属于国际法的组成部分。然而,作为国际刑法重要组成部分的有关惩罚战争罪的法律规范,并不属于国际法意义上的战争法,这是因为它的内容不是战争法规和调整战时国家关系的规则,它的调整对象主要不是国家行为,而是个人在战争和武装冲突中严重违反战争法规和惯例的行为。因此,虽然有关战争罪的国际刑法规范与战争法规有着密切的联系,甚至必须以战争法规为前提,但它本质上不同于战争法规,与战争法规分属不同的法律体系。[①] 概而言之,张智辉研究员以法律调整的对象作为对法律规范进行归类和划分的标准,并且基于国际刑法与国际法、国内刑法的不同特点,认为国际刑法是一个独立的法律体系,即国际刑法是以国际社会与罪犯个人的法律关系为调整对象。一方面,由于国际法主要是调整国家之间的关系,不承认个人具有国际法主体资格,故国际刑法不属于国际法的范畴;在另一方面,由于国内刑法调整的是国家与犯罪者之间的关系,因此,国际刑法也不隶属于国内刑法,而是一个独立的法律体系,而且它的独立性并不否定其与国际法和国内刑法之间的联系。

3.4 现实的选择:少争"门户",多谈"整合"

如前所述,国际刑法是集结国际法、国内刑法、比较刑法与程序法、国际与地区人权法等不同法律学科的混合体,它由来自不同法律学科的几种不同要素构成,而这些要素在方法、技巧、内容、主体、执行模式、制度、结构、价值以及政策方面都有所不同。因此,若成为一门学科,国际刑法就需要对这些源于不同法律学科的要素进行整合。但是,产生国际刑法的渊源学科之间存在着根本的区别,这对反映多重性质的国际刑法的学术体系而言,很难作出简单的

---

① 参见张智辉:《国际刑法通论》(增补本),中国政法大学出版社1999年版,第14—21页。

整合,要综合这些学科并非易事。目前,对国际刑法制度的形象比喻是:它是由不同体积、形态的建筑材料所构成,这些材料中有些是垂直的,有些是平行的。国际刑法是基于它们在功能上的互补性,而不是互相之间的兼容性而组成一个整体。①

另外,由于国际刑法与国际关系的发展紧密相联,与任何其他法律学科相比较,国际刑法特别容易受到不可预见的事件之影响,这就使得国际刑法更多地被事实,而非政策所推动前进,从而导致国际刑法处于不稳定的发展状态,这具体体现为:具有独特价值与政策的国际刑法没有以直线性、凝聚性或逻辑性的方式演进,相反地,它是通过一些联系并不紧密的实际经验缓慢地向前发展。具体而言,国际刑法渊源的多重组成要素反映出其渊源学科的社会和政治的动态性,这包括渗透到国际法律制度以及存在于国家法律制度的动态性。国际与国家之间、社会与政治之间动态因素的互动,都影响着国际刑法的发展而使之成为一项综合的法律制度。在国际刑法的发展中,存在着制约其价值和政策的以下四个因素:(1)国家之间在预防和处罚国际、国家犯罪的合作中的共同利益;(2)维护国家主权的要求;(3)人权和人道主义价值的推动;(4)维护世界秩序的需要。这些因素反映了不同国家各自或狭隘的政治利益、国际文明社会的价值取向以及国际社会对世界秩序的要求。因此,这些因素背后的社会和政治方面的原动力互相交织和博弈,就使得国际刑法常常会受到来自于政治强权和实现公正两方面冲突性需要的强烈影响,人们很难适当地评价这些因素给国际刑法的历史发展所带来的冲击,也很难准确地预测其可能对国际刑法的未来所产生的影响。②

"体系"一词,泛指由若干事物构成的一个和谐的整体。在法理学上,法律体系中部门法的划分与法律渊源的分类具有密切的联系,在划分部门法时要考虑到这些分类。③ 由于国际刑法是由来自于不同法律学科的要素组成,但又缺乏绝大多数法律学科所需要的方法上的线性、逻辑性和紧凑的联系,国际刑法就具有由不同法律学科及其派生学科组成的独特法律结构,呈现出传统法律学科所不具备的独特性和矛盾性。这些组成要素需要经过一定时期,才可融合为一个连贯、紧凑的整体,从而使这门独特的学科具有融合其渊源学科特点的特性。④ 因此,在目前,以国际刑法内在功能上的关系为红线,整合

---

① 参见[美]M.谢里夫·巴西奥尼:《国际刑法导论》,赵秉志、王文华等译,法律出版社2006年版,第2、11、45—46页。
② 参见:同上书,第16、19—21页。
③ 参见沈宗灵主编:《法理学》,高等教育出版社1994年版,第324—326页。
④ 参见[美]M.谢里夫·巴西奥尼:《国际刑法导论》,赵秉志、王文华等译,法律出版社2006年版,第46页。

不同法律学科的要素而形成国际刑法的完整学科体系的时机尚不成熟。可以不恰当地比喻说:国际刑法目前尚处于"未成年"时期,缺少完全独立成"户"的条件。只有当它发展成熟并且进入"成年期"后,才具备了脱离主要由国际法之"母体"和国内刑法之"父体"共同"抚养"的限制,自然就可以独立成"户"了。

目前,国际刑法兼有国际法、国内刑法和它们派生学科的部分要素,并不专属于国际法或者国内刑法,而且欲成为一门学科,国际刑法学的学术体系和方法论还是单薄的。在这种情形下,我们必须采取综合的、多学科的方法,将不同的法律学科和社会科学学科互相整合,否则就很难将国际刑法归结为一种特定类型的制度。在本质上,研究国际刑法的学术方法是多学科的,需借鉴国际刑法的多种渊源,并且尽可能地形成一个连贯的整体。[①] 因此,目前较为现实的选择是:少争"门户",多谈"整合"。这种选择方案可以由国际社会处理恐怖主义的实践予以佐证。

恐怖主义是一个概念模糊却被广泛运用的词语,它具有不同的刑事和政治的含义。在过去的七十多年内,国际社会试图对恐怖主义达成一个共同的概念,也不断地进行编纂反恐怖主义公约的努力。例如早在1937年,国际联盟就试图阐释恐怖主义,专门制定了《预防和惩治恐怖主义公约》。但是,由于阐述恐怖主义的努力遭遇到某些国家的政治阻力,没有一个关于恐怖主义的概念被普遍地接受。由于缺乏共同的价值观、目标和方式,某些国家政府倾向于模糊的恐怖主义概念,而其他国的政府却寻求国际社会普遍接受的概念。[②] 例如,通过暴力行动达到国家解放的问题是否应当包含在恐怖主义的内容之内?对于这个问题,国际社会的认识存在根本性的差别,并没有达成一致的意见。因此,通过法律规则的实施以抗制恐怖主义的进程就被历史性地阻止了。但是,在一系列的国际公约中,国际社会已经确认了所有缔约国都认可的具体的恐怖行为。无论其动机或者背景如何,也不论行为人是所谓的"恐怖分子"或者是"自由斗士",这些被列入国际公约的恐怖行为均为犯罪。[③] 这种方法也已经成为关于恐怖主义的一般概念之争的替代物。事实上,联合国以及其专属机构侧重于大多数国家都予以认可的特别具体的恐怖主义犯罪活动。无论其缘由如何,在任何情形

[①] 参见〔美〕M.谢里夫·巴西奥尼:《国际刑法导论》,赵秉志、王文华等译,法律出版社2006年版,第47页以及"绪言"第2—5页。

[②] M. Cherif Bassiouni *et al.*, *International Criminal Law*, Second Edition, Volume I, Transnational Publishers, 1999, p.777.

[③] Jordan J. Paust *et al.*, *International Criminal Law: Cases and Materials*, Second Edition, Carolina Academic Press, 2000, p.1005.

下,这些恐怖活动都是非法的。这种所谓"零碎性"(piecemeal)的方法①已经产生了许多的国际公约。在目前国际社会打击恐怖活动的大背景下,尽管《罗马规约》尚未将恐怖主义犯罪列为国际刑事法院所管辖的犯罪类型,国际社会根据这些公约就能够采取有关行动以遏制恐怖主义,并且将恐怖分子绳之以法。

---

① John F. Murphy, "Civil Lawsuits as a Legal Response to International Terrorism", in *Civil Litigation against Terrorism*, John Norton Moore *ed.*, Carolina Academic Press, 2004, p.38.

第4章 国际刑法的一般原则

所谓国际刑法的一般原则,是指作为国际刑法的基础、具有普遍意义的、对国际刑法规范的形成和适用具有直接指导作用的准则。第二次世界大战结束后,纽伦堡审判和东京审判确立了某些具有示范效应的国际刑法一般原则,如个人刑事责任原则,至今仍具有现实作用。其后,随着国际刑法理论和实践的深入发展,逐渐形成了其他一些国际刑法的一般原则,其中《罗马规约》在第三编专门规定了"刑法的一般原则"。根据《罗马规约》等国际性法律文件的规定和国际刑事司法实践,国际刑法的一般原则主要有:合法性原则、个人刑事责任原则、官方身份不免责原则、上级责任原则、执行命令不免责原则等。

4.1 合法性(罪刑法定)原则

合法性原则,也称为"罪刑法定原则",是资产阶级启蒙思想家为反对封建专制的罪刑擅断而有针对性地提出的理念,其核心在于限制国家刑罚权的滥用和保障公民的基本人权。经过长期发展,合法性原则不仅是世界绝大多数国家和地区的国内刑法普遍确立的基本原则,甚至在有的国家发展成为宪政原则,而且被国际刑法引申和确定为一项基本原则,《罗马规约》就明确地将合法性原则作为一般原则予以规定。一项法律原则能够历数几百年的洗礼,为不同国家、社会制度和民族的人们所广泛、持续地遵循,这足以表明合法性原则具有显著的科学性和强大的生命力。

4.1.1 合法性原则概述

合法性原则是英文"Principle of Legality"的中文译法。以心理强制说和启蒙主义的法治国思想为理论基础,近代刑法学之父费尔巴哈在其于1801年出版的《现行德国普通刑法教科书》中,使用简明的拉丁语法律格言"Nulla poena sine lege; Nulla poena sine crime; Nullum crimen sine poena legali"(无法律则无刑罚,无犯罪则无刑罚,无法律规定的刑罚则无犯罪),提出为了使人们知道犯罪后受刑的痛苦大于因犯罪获得的快乐,就需要对什么行为是犯罪以及对犯罪处以什么样的刑罚,事先由法律明文加以规定,这就是罪刑法定原则。[①] 随着刑法的发

---

① 参见马克昌主编:《近代西方刑法学说史》,中国人民公安大学出版社2008年版,第102页。

展,根据保障国民的预测可能性与国民主权的原理,合法性原则早已超越其最初的要求行为构成犯罪以及受处罚必须以法律的存在为前提的古典含义,已经发展出成文法主义之外的禁止事后法、要求刑法的明确性和禁止处罚不当罚的行为等内容。目前,合法性原则在各国国内法中以不同的表述方式予以承认,尽管其表现形式和具体内容在不同法律体系中存有差异,但其实质性内核是一致的,即防止国家公权力的滥用和确保法治的实现、保障被追诉人的权利、提高刑事立法的明确性等。

关于合法性原则的历史渊源,刑法学界的通说认为可以追溯至1215年英王约翰签署的《自由大宪章》(Magna Charta Libertatum)第39条①的规定。自《自由大宪章》之后,为了限制王权和保障个人的权利,合法性原则的思想又在英国的《人身保护法》、《权利法案》等一系列法律文件中被反复确认,经历了从保护贵族的个人权利到保护被追诉人的个人权利之漫长发展过程,并且传到北美。在确认合法性原则上,美国比英国普通法更为严格。美国宪法没有明文规定罪刑法定原则,但一系列宪法修正案在实质上已经包含了罪刑法定的基本精神。②例如,美国宪法明确规定:禁止有溯及力的法律;禁止残酷的和非常的刑罚。然而,产生于普通法语境中的《自由大宪章》没有直接导致大陆法系国家中的罪刑法定原则,其所引发的限制王权和保障公民权利的革命是以适用普通法以及程序性保障的方式予以实现。在英美法系国家中,合法性原则的内容具体表现为:承认习惯法的刑法渊源效力;允许在处理轻罪和违反善良风俗的犯罪中适用类推;确信法官依据普通法所进行的自由裁量会推动司法正义的实现。③

在欧洲大陆,针对法国大革命前封建专制的罪刑擅断,资产阶级启蒙思想家为了限制国家刑罚权的恣意行使和保障人权,旗帜鲜明地提出罪刑法定原则。在法国资产阶级革命胜利之后,罪刑法定原则反映在1789年的《人权宣言》④,并且迅速为多国国内宪法以及刑法典所接受。这正如德国刑法学家李斯特所言:大陆法系的"法无明文规定不为罪,法无明文规定不处罚"的原则是公民对抗国家无限权力的堡垒,它保障个人不受残酷的多数人力量和利维坦的侵害。⑤然而,在欧洲大陆,罪刑法定原则是在强调成文法主义的语境中产生和发展的,

---

① 《自由大宪章》第39条规定:"任何自由之人,非经其地位相等的人之依法判决或者依据该国法律,不得被扣押、监禁、剥夺公权或财产,或者剥夺其法律保护权或加以放逐,或者对其身份予以任何形式的剥夺,也不应被以暴力或差遣他人予以控诉。"
② 参见储槐植:《刑事一体化与关系刑法论》,北京大学出版社1997年版,第259页。
③ M. Cherif Bassiouni, *Crimes against Humanity in International Criminal Law*, 2nd Revised Edition, Kluwer Law International, 1999, pp. 134—135.
④ 1789年法国《人权宣言》第7条规定:"非经法律确定并采取法定形式,任何人不受控告、逮捕或者羁押。"
⑤ 转引自:Antonio Cassese, *International Criminal Law*, Oxford University Press, 2003, p. 141.

其时代背景是深受中世纪的刑罚权无节制扩张和滥用之苦而作出的价值选择,因此,罪刑法定原则的古典形态是建立在个人自由与人权保障的基础之上。① 传统的罪刑法定原则的内容包括:排斥习惯法于刑法规范之外,刑法的渊源只能是成文法;禁止事后法;禁止类推解释;否定绝对不定期刑。随着时代的变迁以及个人本位向社会本位的价值观念之嬗变,特别是民主主义思想和人权尊重主义的加强,罪刑法定原则也发生从绝对到相对的变化,而且派生出新的内容,这表现在:以法律主义取代排斥习惯法的提法,刑法的法律渊源不限于成文法,判例、习惯可以作为构成要件的理解与违法性判断的依据;从完全禁止溯及既往,到允许有利于被告人的溯及既往;从完全禁止类推,到在有利于被告人的场合允许类推的适用;从完全取消司法裁量权,到限制司法裁量权;禁止不明确的刑罚法规;禁止残虐刑、禁止处罚不当罚的行为。②

第二次世界大战之后,鉴于法西斯专制对人权的践踏,国际社会特别关注对人权的保障,而这恰恰是合法性原则的核心内容。因此,根据人权尊重主义的要求,合法性原则已经成为世界绝大多数国家法律的基本原则。尽管现代法律中的合法性原则在两大法系的表现形式和内容有所不同,但一些基本内容却得到了普遍的承认。例如,禁止事后法的溯及既往已经成为公认的法律基本原则;基于定义明确的刑法才能起到事先警告和预防犯罪的作用和保障公民的自由,明确性原则(void-for vagueness doctrine)原本是美国的宪法判例,目前也得到了德日等大陆法系国家的基本承认;禁止处罚不当罚行为和禁止残虐的刑罚,也被认为是合法性原则的派生内容。

4.1.2 国际刑法中合法性原则的产生和确立

在国际刑法中确立合法性原则的需求,产生于国际刑事调查和审判机构的出现以及对个人刑事责任的追究。伴随着国际刑法的历史演进,合法性原则也经历了从无到有、从理论到成为法律规则,并且在国际刑事审判实践中予以实践和确认的发展过程。

4.1.2.1 出现并引发争论:纽伦堡审判和东京审判

在第二次世界大战之前,现代意义的国际刑法尚未诞生,合法性原则并未体现在国际刑法之中,更谈不上在国际刑事审判中得到重视。在1945年之前,最著名的国际刑事审判就是根据《凡尔赛条约》对德国皇帝威廉二世的审判。为了将逃亡到荷兰的德国皇帝引渡回来予以审判,协约国通过外交途径与荷兰进行商讨,但身为德皇表兄的荷兰君主拒绝引渡的请求,其拒绝的法律依据是:指

---

① 参见陈兴良:《刑法的价值构造》,中国人民大学出版社1998年版,第525—526页。
② 参见:同上书,第526页。张明楷:《外国刑法纲要》,清华大学出版社1999年版,第20—22页。

控德国皇帝犯有违反国际道德和国际条约神圣性的严重罪行不为荷兰法律所知,也不为荷兰所签署的任何一部条约所提及。① 基于当时的欧洲形势,协约国方面并没有就德国皇帝接受审判的事宜作出更大的努力,因此,出现了具有讽刺意义的结局:由于荷兰在法律上坚持合法性原则而不同意将德国皇帝予以引渡,最终德国皇帝逃脱国际刑事审判,得以在荷兰终老。

  第二次世界大战结束之后,为了满足国际社会惩罚战犯的愿望,同盟国先后成立纽伦堡和远东国际军事法庭,对德国和日本的首要战争罪犯进行审判,这为国际刑法的诞生奠定了基石。在纽伦堡审判中,整个辩护律师团以违反合法性原则为切入点进行辩护,认为:从实质而论,采取溯及性课刑是非法的;从形式而言,质疑战犯被指控的危害和平罪、战争罪和危害人类罪是先前国际法律规范不曾规定的罪行,提出审判所依据的禁止性规范大多是事后才规定,从而认为纽伦堡审判违反"法律不得溯及既往"的基本原则,是"战胜者的正义"。② 对此,军事法庭予以反驳:法无明文规定不处罚的原则,形成于处于上升时期的资产阶级在反对封建专制的斗争中,就其本质来说,这一原则是维护正义和保障权利。在惩治纳粹分子的专制暴行和恐怖罪行的问题上,若完全抽象、形式地奢谈法无明文规定不处罚的原则,并把它当作设置障碍的辩护理由,只能是颠倒地追认纳粹分子的滔天罪行是合法的一种伎俩。③ 同时,法庭还认为:从总体而言,"法无明文不为罪"仅是一项司法原则,只要被告的行为根据其实施该行为时的法律应受到惩罚,而不是对行为进行事后的定罪,就符合这一原则;管辖权的溯及既往仅仅是程序问题;军事法庭宪章并非战胜国任意行使其权利之举,而是对其设立时存在的国际法的表述。④ 据此,纽伦堡国际军事法庭进一步论证审判没有违背合法性原则,认为:对于战争罪,其针对违反战争法规或战争惯例的罪行,只是吸收1907年《海牙公约》和《关于战俘待遇的日内瓦公约》的某些规定,已经具有国际法基础;关于危害人类罪,法庭依据战争罪的管辖性延伸的理论,认为只要平民与侵略战争的发动和行为有关,或者与战争罪有关,危害人类罪就只是把同样的禁止性保护延伸到一个特定国家中受保护的同类人。⑤ 至于危害和平罪,法庭不承认它是一项纯粹的创新,辩解道:在1939年前,文明世界的人们已经确信,发动侵略战争是一项罪行,它不仅在道德上是邪恶的,而且是实行最严厉惩罚的正当根据,故通过诸如《国际联盟盟约》和1928年的《关于废弃战争作

---

① 参见王世洲主编:《现代国际刑法学原理》,中国人民公安大学出版社2009年版,第26—27页。
② 参见日本国际法学会编:《国际法辞典》,世界知识出版社1985年版,第423页。
③ 参引自〔德〕P. A. 施泰尼格尔:《纽伦堡审判》(上卷),王昭仁等译,商务印书馆1985年版,第7页。
④ 转引自李世光、刘大群、凌岩主编:《国际刑事法院罗马规约评释》(上册),北京大学出版社2006年版,第256—257页。
⑤ 参见王世洲主编:《现代国际刑法学原理》,中国人民公安大学出版社2009年版,第31页。

为国家政策工具的一般条约》(也称为《巴黎非战公约》)①等条约以控制战争的爆发和扩展。德国在1926年加入国际联盟,接受联盟公约的约束,并于1928年8月27日签署《巴黎非战公约》,这些条约都隐含着侵略战争和违反条约的非法性,作为缔约国的德国对条约的内容及宗旨应当有明确的认识,在纳粹策划和发动进攻时,侵略战争事实上已经是违法和犯罪的。另外,战争法规不仅存在于条约之中,也存在于逐渐得到普遍承认的各国的风俗和习惯之中,并且也存在于由法学家所制定和军事法庭所适用的普遍的法律原则之中。②据此,纽伦堡审判的判决书认为:危害和平罪是最大的国际性犯罪,它与其他战争罪行的区别在于其包括的是全部祸害的总和。

继纽伦堡审判之后,东京审判对犯有危害和平罪、战争罪和危害人类罪的日本战犯进行审判。在法庭审理时,被告方也依据"法律不得溯及既往"的原则,对法庭的审判进行质疑。法庭认为:有鉴于纽伦堡审判和东京审判所依据的宪章在一切重要方面完全相同,本法庭宁愿对纽伦堡法庭的意见表示无条件的支持,而不愿用不同的字句重新另写,以免敞开对两个写法不同的意见采取抵触的解释及争辩之门③,因此强调被告方的质疑已在纽伦堡审判时即已解决,指出侵略战争早已在国际法上被公认为是犯罪,而且是"最大的国际性罪行",这已由一系列的国际公约如1924年日内瓦《和平解决国际争端议定书》、1927年国际联盟大会各国代表(包括德、意、日三国代表)一致通过的将侵略战争定为国际犯罪的决议案、1928年的《巴黎非战公约》(日本也签署)等所证明。东京审判还指出:纽伦堡审判大量引用上述文件,这说明"侵略战争是犯罪"在法理上是充分的,它没有创设而只是以实践行为适时地宣布"侵略战争是犯罪"这一项国际法原则。④

综上所述,在具有历史意义的纽伦堡审判和东京审判中,由于大多数的律师和法官都长期熏陶于合法性原则的西方法律观念,对于适用事后法极为敏感,于是有意识地抛出合法性原则的理论。这是人们首次在国际刑事审判实践中公开争论合法性原则在国际刑法中的应用问题,也是长期以来对纽伦堡审判的怀疑和批评的焦点之一。从某种意义上讲,这其实正体现合法性原则由纯粹的国内法原则向国际刑法范畴的渗透,表明合法性原则在国际刑法中的出现。

4.1.2.2 国际立法体现:1948年之后确立在"纸面"的发展阶段

在纽伦堡审判和东京审判以后,合法性原则不再只是国内刑法的基本原则,

---

① 该条约又称为《凯洛格—白里安公约》(Kellogg-Briand Pact)。
② 参见:William A. Schabas, *An Introduction to the International Criminal Court*, Cambridge University Press, 2001, p.6;朱淑丽:《纽伦堡审判面临的困境及其解决》,载于《华东政法学院学报》2006年第3期。
③ 参见张效林译:《远东国际军事法庭判决书》,群众出版社1986年版,第一部第二章甲节。
④ 参见何勤华:《试论东京审判的贡献与局限》,载于《东方法学》2006年第1期。

其保障人权的应有之义促使其在《世界人权宣言》以及一些国际人权公约中得以普遍宣示和确认。1948年12月10日，联合国第三届大会通过的《世界人权宣言》第11条吸纳合法性原则的主要内容，该条第2款规定：

> 任何人的任何作为或不作为，在其发生时依国家法或国际法均不构成刑事罪者，不得据以认为犯有刑事罪。所判处的刑罚不得重于犯罪时所适用的法律规定。

在1966年12月16日，联合国大会通过的《公民权利和政治权利国际公约》第15条重申合法性原则，规定如下：

> 一、任何人的任何作为或不作为，在其发生时依照国家法或国际法均不构成刑事罪者，不得据以认为犯有刑事罪。所施加的刑罚也不得重于犯罪时适用的规定。如果在犯罪之后依法规定了应处以较轻的刑罚，犯罪者应予减刑。
>
> 二、任何人的作为或不作为，在其发生时依照各国公认的一般法律原则为犯罪者，本条规定并不妨碍因该作为或不作为而对任何人进行的审判和对他施加的刑罚。

此外，在一些区域性国际人权保障公约中，也进一步规定了合法性原则的内容，诸如1950年《欧洲人权公约》的第7条①、1969年《美洲人权公约》第9条②以及1981年《非洲人权和民族权宪章》第7条③。值得注意的是，在满足合法性原则的实质性内容的前提下，《公民权利和政治权利国际公约》、《欧洲人权公约》也规定了适用合法性原则的灵活性条款，即根据行为发生时已经存在的"各国公认的一般法律原则"，也可对行为以犯罪予以审判和处罚。

---

① 1950年11月4日，欧洲理事会成员国在罗马缔结了《欧洲人权公约》，于1953年9月3日正式生效，这是第一个区域性国际人权保障公约。由于该公约的实质性条款是以联合国《公民权利和政治权利国际公约》的草案为依据制定的，所以两者关于合法性原则的规定，在表述上几乎完全一致。《欧洲人权公约》第7条规定："1. 任何人的任何作为或不作为，在其发生时依照国家法或国际法均不构成刑事罪者，不得据以认为犯有刑事罪。所施加的刑罚也不得重于犯罪时适用的规定。2. 任何人的作为或不作为，在其发生时依照各国公认的一般法律原则为犯罪者，本条规定并不妨碍因该作为或不作为而对任何人进行的审判和对他施加的刑罚。"

② 1969年11月22日，美洲国家间人权特别会议在哥斯达黎加通过了《美洲人权公约》，于1978年7月18日生效。它是继《欧洲人权公约》后的第二个区域性国际人权保障公约。该公约第9条规定："对任何人的作为或不作为，在其发生时按现行的法律并不构成犯罪者，不得将该人宣判为有罪。所施加的刑罚不得重于发生犯罪行为时所适用的刑罚。如果在犯罪之后，法律规定应处以较轻的刑罚，犯罪者应从中得到益处。"

③ 1981年6月28日，非洲统一组织在肯尼亚首都内罗毕通过了《非洲人权和民族权宪章》，于1986年10月21日生效。该公约第7条第2款规定："任何人的作为或不作为，依照犯罪时的法律未构成应受惩罚的罪行的，均不得予以定罪。一种罪行在犯罪时尚未作出规定的，不得处以刑罚。刑罚涉及个人的，只能施加于罪犯身上。"

自合法性原则首先由国内刑法的基本原则上升到国际人权法的高度进行规定后,在有关涉及国际刑法规范的国际公约中,也开始融入合法性原则的理念和内容。例如,在1948年12月通过的联合国《防止及惩治灭绝种族罪公约》中,虽然只有为数不多的19个条文,而且完全没有关于合法性原则的相关表述,但是公约在第2条和第3条详细描述灭绝种族罪的构成和行为方式。另外,1949年8月12日通过的《日内瓦第三公约》和《日内瓦第四公约》也纳入合法性原则的内容。① 在1977年6月8日通过的《日内瓦公约第一附加议定书》以及《日内瓦公约第二附加议定书》中,均以专门的条款重申合法性原则。② 这都从一个侧面表明合法性原则在国际刑法规范中得以生根,说明在国际刑法中引入合法性原则已经具有立法基础。然而,由于"冷战"国际大环境的制约,国际刑法的发展非常缓慢,相应地,虽然一些国际法律文件开始纳入合法性原则的相关内容,合法性原则在国际刑法中的发展也受到限制,这从有限的国际刑事司法实践和国际公约内容可以看出。

4.1.2.3　国际刑事司法体现:前南和卢旺达国际刑事法庭

经过纽伦堡审判的孕育以及国际法律文件的普遍确认,合法性原则也开始以源于国内法的"一般法律原则"在国际刑事司法实践中展开,这以1993年前南国际法庭和1994年卢旺达国际刑事法庭的审判实践为标志。

> (前南国际)法庭之所以产生,是基于严重违反国际人道主义法的犯罪行为的发生。目前,这些犯罪行为仍然在世界的许多其他地区继续发生,并出现许多新形式和方式。国际社会只有对现有的国际人道主义法进行有针对性的合理阐释,才能认真处理这一棘手和难以捉摸的人类行为。③

为了起诉应对自1991年以来在前南斯拉夫境内实施的严重违反国际人道主义法行为的应负责之人员,联合国安理会在将起诉和审判任务分派给前南国际法庭时,特别指出:它不是在或者意图"创设"法律;相反地,前南国际法庭应

---

① 《日内瓦第三公约》第99条规定:"战俘之行为,在其犯此行为时,非为当时有效之拘留国法律或国际法所禁止者,不得因此而受审判或处刑。"《日内瓦第四公约》第65条规定:"占领国所订之刑法规定,在公布及用居民本国语言使居民周知以前,不得生效。该项刑事法规不得具有追溯力。"
② 《日内瓦公约第一附加议定书》第75条第4款第3项规定:"任何人,如果其行为或不作为依据其行为或不作为时对其适用的国内法或国际法不构成刑事罪行,不应对其进行控告或判罪,也不应处以较其犯刑事罪行时可判处的刑罚为重的刑罚;如果在犯罪后,法律规定较轻的刑罚,犯罪人应享受该规定的利益。"《日内瓦公约第二附加议定书》第6条第2款第3项规定:"对任何人,均不应因其在从事行为或不作为时依法律不构成犯罪的任何行为或不作为而判决有罪;也不应处以重于其犯罪时可适用的刑罚;如果在犯罪后法律规定较轻的刑罚,犯罪人应享受该规定的利益。"
③ 参见:*Prosecutor v. Delalic et al.*, ICTY, Judgment of 16 November 1998, Case No. IT-96-21-T, para. 170。

当适用已有的国际人道主义法。① 由此可见,安理会在要求前南国际法庭处理案件时,重申合法性原则。前南国际法庭审判是极其繁杂的,涉及许多事实真相,法庭所考虑的法律问题也往往只是粗浅的第一印象,还需要仔细查阅各国法律、国际法律文书以及学术著作。② 因此,尽管《前南国际法庭规约》没有明确规定合法性原则,前南国际法庭在进行审判实践时,依然对合法性原则的适用予以考虑和论证。例如,前南国际法庭在对戴拉季奇案的审理中,指出:世界主要的刑事司法制度已经确认"法无明文规定不为罪,法无明文规定不处罚"原则是刑法的基本原则。法庭还指出:禁止事后刑法及其派生原则、禁止溯及既往地适用刑法和刑罚、要求刑事立法明确性和禁止含糊的刑事立法,这些均为既存的"基础法律原则",而且也为全世界主要的刑事司法制度所承认。尽管法庭没有明确将上述原则认定为国际法法律渊源之一的"一般法律原则",但是在审理案件时,该法庭的确依据了国内法中合法性原则的内容。在另一方面,法庭警示说:由于国内和国际刑事司法体系对行为的入罪方式存在着差异,现在还不能确定这些原则在多大程度上可以被纳入国际法律实践中。③

从实践效果来看,前南国际法庭和卢旺达国际刑事法庭的刑事司法活动对澄清和明确其所管辖犯罪的构成要件发挥着作用。例如,曾经在纽伦堡审判中备受争议的危害人类罪,在经过两个特设国际刑事法庭规约的成文化和审判实践后,已经有了明确的构成要件和适用范围。卢旺达国际刑事法庭对灭绝种族行为负责者的审判实践,也为制定《罗马规约》中的灭绝种族罪提供了许多有益的实践经验。另外,前南国际法庭在审理塔迪奇案时,认为溯及既往的管辖权与合法性原则并不矛盾,强调适用法律不得溯及既往,而接受司法管辖的溯及既往,即对法庭建立之前的行为有权行使管辖。④ 因此,如果说 1993 年之前的相关国际法律文件是合法性原则在国际刑法中的立法体现,两个特设国际刑事法庭的审判实践就是合法性原则在国际刑法中的司法体现,而且从实践层面推动合法性原则在国际刑法中的确立。

4.1.2.4 正式确立:《罗马规约》

作为一项实体国际刑法的一般原则,合法性原则在 1998 年《罗马规约》中正式确立。需要指出的是,在《罗马规约》通过之前,随着合法性原则在国际性

---

① 参见:*Report of the Secretary-General Pursuant to Paragraph 2 of Security Council Resolution 808 (1993)*, U.N. Doc. S/25704(1993), para. 29。

② 参见:《前南斯拉夫问题国际刑事法庭庭长西奥多·梅龙法官依照安全理事会第 1534(2004)号决议第 6 段提交安全理事会的评估报告》,U.N. Doc. S/2004/420,2004 年 5 月 21 日,第 41 段。

③ 转引自:Antonio Cassese, *International Criminal Law*, Oxford University Press, 2003, p. 31 and p. 145。

④ 转引自李世光、刘大群、凌岩主编:《国际刑事法院罗马规约评释》(上册),北京大学出版社 2006 年版,第 257 页。

法律文件中得到普遍确认和在国际刑事审判活动中予以实践,它已经牢固地嵌入人们的观念和国际法律制度之中,因此,《罗马规约》在引入合法性原则的实质内容时并未引起激烈的争论。同时,在讨论制定国际刑事法院所管辖的罪行时,合法性原则的观念起到了重要的引领作用。例如,在1996年,"设立国际刑事法院问题筹备委员会"普遍同意必须遵循合法性原则,以刑法要求的清晰性、确切性和具体性来界定国际刑事法院管辖权内的罪行定义;有几个代表团表示详尽地界定罪行比示范性界定罪行更为可取,因为这可确保对合法性原则的尊重,使可能受到国际起诉和审判的罪行具有较大的明确性和可预测性;一些代表团还提出应该在规约和一份附件内列举构成犯罪的要素,以便提供刑法所需的清晰性和准确性,向控方和法院提供更多的指导,确保被告权利获得尊重和避免定义受到任何政治干扰。① 以上观念和提议都被落实在最终通过的《罗马规约》以及《犯罪要件》之中。由于《罗马规约》的适用具有最广泛性,这标志着合法性原则在国际刑法中得到完整的体现和深入的接纳。

在《罗马规约》第三篇"刑法的一般原则"中,以三个条文(第22条至第24条)具体规定合法性原则中的核心内容,即法无明文不为罪、法无明文者不罚、对人不溯及既往。具体而言,这些条款的内容如下:

第22条 法无明文不为罪(Nullum crimen sine lege)

(一)只有当某人的有关行为在发生时构成本法院管辖权内的犯罪,该人才根据本规约负刑事责任。

(二)犯罪定义应予以严格解释,不得类推延伸。涵义不明时,对定义作出的解释应有利于被调查、被起诉或被定罪的人。

(三)本条不影响依照本规约以外的国际法将任何行为定性为犯罪行为。

第23条 法无明文者不罚(Nulla poena sine lege)

被本法院定罪的人,只可以依照本规约受处罚。

第24条 对人不溯及既往(Non-retroactivity ratione personae)

(一)个人不对本规约生效以前发生的行为负本规约规定的刑事责任。

(二)如果在最终判决以前,适用于某一案件的法律发生改变,应当适用对被调查、被起诉或被定罪的人较为有利的法律。

---

① 参见:The Preparatory Committee on the Establishment of an International Criminal Court, *Report of the Preparatory Committee on the Establishment of an International Criminal Court*, Vol. I, G. A., 51st Sess., Supp. No. 22, A/51/22(1996), para. 52 and para. 55—56。

此外，《罗马规约》第 11 条的规定也蕴含着合法性原则中的不溯及既往的内容。

第 11 条　属时管辖权（Jurisdiction ratione temporis）

（一）本法院仅对本规约生效后实施的犯罪具有管辖权。

（二）对于在本规约生效后成为缔约国的国家，本法院只能对在本规约对该国生效后实施的犯罪行使管辖权，除非该国已根据第十二条第三款提交声明。

综上所述，合法性原则首先在国内刑法中成为"铁则"①之后，人们在其保护人权和限制滥用刑罚权的观念和核心价值的引导下，开始有意识地在保障人权的国际公约中予以规定，从而使其从国内刑法原则逐渐地融入国际法中，后在涉及国际犯罪的国际公约中加以确立，并且在国际刑事司法活动中予以实践。由于国际刑法是为了适应国际社会发展、惩治国际犯罪的需要而产生，以保障人权为己任，以维护国际社会公正、和平的秩序为最终目的，因此，合法性原则的内在价值目标与国际刑法的价值具有内在的一致性和协调性。② 可以说，合法性原则是国际刑法的基础或核心原则。

4.1.3　国际刑法中合法性原则的特性分析

根据《罗马规约》的有关规定以及前期的国际刑事审判活动的实践，国际刑法中的合法性原则包含罪之法定、刑之法定以及法律不溯及既往等基本内容，并且从中派生出禁止类推解释的原则。同时，还确立了有利于被告的原则，即在解释不明确的犯罪定义以及适用"对人不溯及既往"原则时，应有利于被调查人、被起诉人或被定罪的人。因此，从形式内容上看，国际刑法所确立的合法性原则保持着现代国内刑法中合法性原则的基本内涵，没有发生实质性变化。然而，国际刑法与国内刑法都冠以"刑法"之名，但两者在法律渊源、执行机制等方面存在很大的差异，而且国际刑法在引入合法性原则时，必须兼顾合法性原则在两大法系的不同表现形式和内容。即使国际刑事法律规范采用与国内刑法相同的关于合法性原则的表述方式，但在具体适用时，依然存有较大的区别。由此可见，国际刑法中的合法性原则并非简单地等同于国内刑法，其具有自己的特性。

4.1.3.1　罪之法定

罪之法定，即"法无明文规定不为罪"，是合法性原则的原生和核心内容。在国际刑法规范中，它是指只有行为人所实施的有关行为在发生时构成国际刑

---

① 参见陈兴良：《刑法的价值构造》，中国人民大学出版社 1998 年版，第 520 页。
② 参见王君祥：《论罪刑法定原则在国际刑法中的命运》，载于《法学家》2005 年第 3 期。

事法律规范所明确规定的犯罪,其才应承担相应的刑事责任。随着国际刑法的成文化发展,已经建立以《罗马规约》为代表的一系列成文法规范,例如,在《罗马规约》中,国际刑事法院所管辖的罪行被明文界定为四种犯罪,从而为个人的行为提供了预测可能性,这表明罪之法定的要求日益得到重视。然而,国际刑法肇始于国际习惯规则,并且将习惯法和一般法律原则作为其法律渊源,这在国际刑法的发展中发挥着很大的作用。在国际刑事审判活动中,法官在没有现成的国际刑事法规则可以运用时,会借助为世界各国所普遍认可的一般法律原则。因此,从法律渊源上分析,习惯国际法确实不能满足适用于国内刑法的合法性要件,这种国际刑法渊源需要经过编纂。同时,作为国际刑法的渊源之一,一般法律原则很少能够满足合法性原则所要求的明确性这一最低标准,其很可能欠缺合法性原则的要件。从整体上说,目前国际刑法的各种罪行、定义以及刑法总则的其他要件并未法典化,只有相当有限的一部分国际刑法能够满足合法性原则要件的检验。①

为防止司法权滥用和任意适用法律的风险,合法性原则要求法律规范须界定出明确的禁止性行为,这就是合法性原则衍生出的明确性原则,其要求规定犯罪的法律条文必须清楚明确,使人能确切了解违法行为的内容,准确地确定犯罪行为与非犯罪行为的范围,以保障该规范没有明文规定的行为不会成为该规范适用的对象。② 刑法的规定必须明确,仅仅由"法律"明文规定犯罪与刑罚还不够,在规定时还应当达到国民能够预测国家行使刑罚权的明确程度,这一原则包含着犯罪的明确性与刑罚的明确性。③ 然而,与当代国内刑法贯彻明确性原则相比较,在国际刑法的语境下,由于起草国际刑法文件的外交代表不具备技术性的专业知识,人们也预期可以通过间接执行制度手段、经过国内立法进程使国际刑法具体化,因此,国际刑法规范仅仅需要宣言性的说明,其结果导致国际刑法规范在界定犯罪以及使用法律术语时,可能违反大多数法律体系中的明确性要件。④ 例如,在《前南国际法庭规约》中,诸如"奴役"、"酷刑"、"迫害"、"其他不人道行为"等许多关键性的法律用语,都未被进行法律上的定义,这为扩大解释甚至类推解释留下了较大的空间。虽然《罗马规约》对许多法律用语予以界定,但依然存有一些模糊的用语,例如,在第8条规定战争罪的概念时,普遍使用"严重破坏"、"严重违反"有关战争法律规范的程度性术语。据此,国际刑事司法机构在适用法律规范时,就拥有较大的解释权和自由裁量权。在这种情形下,

---

① 参见〔美〕M. 谢里夫·巴西奥尼:《国际刑法导论》,赵秉志、王文华等译,法律出版社2006年版,第179页以及193—195页。
② 参见〔意〕杜里奥·帕多瓦尼:《意大利刑法原理》,陈忠林译,法律出版社1998年版,第24页。
③ 参见〔日〕野村稔:《刑法总论》,全理其、何力译,法律出版社2001年版,第47—49页。
④ 参见〔美〕M. 谢里夫·巴西奥尼:《国际刑法导论》,赵秉志、王文华等译,法律出版社2006年版,第183、189页。

为了保障刑事被告人的权益,就需要运用法律错误的抗辩事由、严格解释原则、有利于被告人原则等具有对抗因素的观念,这在弥补目前国际刑法不精确的缺陷和漏洞方面,必须发挥比大多数国内法律制度更大的作用。① 此外,由于国际刑法也可以通过直接执行制度得以实施,为达到合法性原则目的,国际刑法就必须满足世界上主要法律体系所共同认可的刑法一般原则适用的明确性标准。② 这表明合法性原则与国际刑法执行机制是密切相联的。当国际刑事司法机构直接适用国际刑法规范去追究个人的刑事责任时,就直接出现对合法性原则的需求,其应当独立于国内刑法,在国际刑法的直接实施中发挥其保障被追诉人人权的功能。

禁止类推是合法性原则的一个派生原则,是保护被追诉人权利的应有之义。在许多国家,特别是在大陆法系国家的合法性原则之中,除有利于被告之外,类推是被严格禁止的。根据《罗马规约》第 22 条第 2 款的规定,在形式主义上,禁止类推解释在国际刑法中得以反映。但是,国际刑法中的合法性原则在禁止类推的问题上也有其特殊性,这表现在:国际刑法只禁止所谓的类推立法,即只禁止将某一国际刑事规则进行扩大适用,以防止其适用于该规则原本没有明确规定的情形,却不禁止诉诸国际刑法的一般原则、刑法司法的基本原则以及世界各主要法律体系共同的一般原则,以便对某一特定法律条文或规则没有包含的情形予以规范。国内法院、国际法院或者国际特别法庭均已再三确认:可以依靠这些原则来确立某个国际规则是否包括特定的争议情形。这种做法一般被认为是一种解释行为,而非类推适用问题。应当明确的是,国际刑法所允许的适用一般原则之做法,只能运用于对现行规则的解释,仅可以用来说明、界定那些已经在习惯法或者公约中规定的禁止性规定,或者予以清晰的法律界限,而绝对不能用来将原本在刑事规则中没有被禁止的行为予以犯罪化,即不能运用于创立新的犯罪行为类型,否则就严重背离合法性原则,也违反现行国际刑法的整体。③ 之所以在国际刑法中存在貌似类推的情形,是由于国际刑法没有统一的、相对完善的法典,需要其他法律文件予以补充,故在国际刑法中存在以一般法律原则来补充国际刑事规则不足的情况。

4.1.3.2 法律不溯及既往

"法律不溯及既往"是严格意义上合法性原则的逻辑结果,要求刑事法规范不应被用来治罪和处罚在法律实施前发生的行为。从早期的国际刑法实践来看,1945 年《伦敦宪章》在适用"法律不溯及既往"原则时,采用了另一种逻辑思

---

① Antonio Cassese, *International Criminal Law*, Oxford University Press, 2003, p.147.
② 参见〔美〕M.谢里夫·巴西奥尼:《国际刑法导论》,赵秉志、王文华等译,法律出版社 2006 年版,第 183—184 页。
③ Antonio Cassese, *International Criminal Law*, Oxford University Press, 2003, p.155.

路。若仅从形式上考察,无可置疑的事实是《伦敦宪章》规定两种新的犯罪类型:危害和平罪和危害人类罪。纽伦堡国际军事法庭完全是根据自己宪章的规定,对这两种新的犯罪进行审判,可以说适用的是事后法。换而言之,军事法庭是溯及既往地适用国际法,而这正是辩护律师在审判时强调质疑的。① 为了排除被告人以及律师依据"法律不溯及既往"的原则而对法庭审判进行的质疑,避免麻烦,纽伦堡和东京两个国际军事法庭明确提出:任何人犯有按照国际法构成犯罪的行为,应对此负责并受到处罚;国内刑法中"法律不溯及既往"的规定,不应适用于对战争罪犯的审判。从形式意义上说,这为国际刑法允许适用事后法开创了一个先例。国际社会通过事后公认某种行为为国际犯罪,只是在国际刑事立法尚不健全、不完善的产生阶段之一种偶然情况,它是为弥补国际刑事法律规范的不足而出现的一种应急办法。在第二次世界大战结束后,纽伦堡审判和东京审判明确肯定"法律不溯及既往"不适用于对战争罪犯的审判,这在当时的情况下是十分必要的,否则,势必会使给全人类带来重大灾难的战争罪犯逃脱法律的制裁,人类的正义将无从谈起。② 可以说,在纽伦堡审判和东京审判适用"法律不溯及既往"原则的实践中,实质正义压倒了形式正义。随着时间的演进,基于任何刑法制度都将法律不溯及既往的原则视为其制度的基石,故在制定《罗马规约》的过程中,部分代表团确认法律不溯及既往的理念与《罗马规约》草案中"法无明文规定不为罪"之间的实质联系,并且建议在《罗马规约》中明确而简要地列入该原则,即使《罗马规约》所提及的一些罪行已被习惯国际法确认为犯罪。③ 以上建议被《罗马规约》第 24 条所吸纳,这标志着"法律不溯及既往"的原则已经被坚实地纳入国际刑法中。

但是,与国内刑法,尤其是大陆法系国家的刑法相比较,国际刑法在适用"法律不溯及既往"原则时,依然不够严格。在很大程度上,由于国际刑法是由法院发现、阐明或者予以法律确定的习惯性规则所组成,因此,国际刑法虽然没有遵循先例原则,却存在事实上的"法官造法"。有鉴于此,人们就应当适当地考虑国际刑法的固有性质,将其与"法律不溯及既往"原则予以调和,即在新的社会条件下将刑事规则中的一些法定因素予以扩大修改。在国际司法实践中,有一些案例表明:为适应社会发展,允许法官对已有的刑法规范作出与原来文字字面含义不完全一致的解释,只是这种不同的解释应当符合可预见性原则。④

---

① Antonio Cassese, *International Criminal Law*, Oxford University Press, 2003, p.147.
② 参见黄芳:《论罪刑法定原则与国际刑法的关系》,载于《法学家》2002 年第 3 期。
③ 参见:The Preparatory Committee on the Establishment of an International Criminal Court, *Report of the Preparatory Committee on the Establishment of an International Criminal Court*, Vol. I, G. A., 51st Sess., Supp. No. 22, A/51/22(1996), para.189。
④ Antonio Cassese, *International Criminal Law*, Oxford University Press, 2003, pp.149—153.

4.1.3.3 刑之法定

刑之法定,即"法无明文规定不处罚",也是合法性原则的原生内容。在国际刑法规范中,它是指对于行为人所实施的国际罪行,只能根据国际刑事法律规范的明确规定予以相应的刑事处罚。在贯彻刑之法定的内容上,国际刑法与国内刑法存有很大的差异。在许多国家和地区,特别是在大陆法系的国家中,普遍认为有必要对各种犯罪规定刑罚的等级表。然而,在国际刑法的层面,并不存在刑罚的等级表,这是基于国际社会对各种国际犯罪的危害性、各种罪责的严重性以及应予惩罚的程度存在很大的分歧,故不能对刑罚的等级达成一致,以至于很多国际刑事司法机构在惩罚被证明犯有国际罪行的罪犯时,享有较大的司法裁量权。① 在一些国际法律文件中,对特定犯罪的刑罚种类予以规定和限制,例如,《前南国际法庭规约》第 24 条规定:刑罚只限于监禁,从而排除了死刑的适用;《罗马规约》第 77 条关于"适用的刑罚"的规定,是与第 23 条相对应的条款,其所设置的"监禁"种类只包括两种:最高刑期不能超过 30 年的有期徒刑以及无期徒刑,这也隐含地排除死刑的适用。但是,与国内刑罚体系和量刑规则的完善程度相比较,这些粗略的规定依然给国际刑事法院留下很大的司法裁量空间。可以说,国际刑法中的刑罚分则部分以及与刑罚相关的内容,彻底地欠缺合法性原则所要求的明确性。②

4.1.3.4 小结

综上分析,从法律发展的角度考察,国际刑法源自于习惯国际法,其发展路径更接近于英美普通法,这对国际刑法确认合法性原则会产生影响。实际上,从纽伦堡审判到《罗马规约》,在适用和贯彻合法性原则方面,国际刑法经历了从追求实质正义到逐步寻求形式正义的转变。当然,合法性原则毕竟源自于国内法,与大陆法系和英美法系关于合法性原则的规定均有着千丝万缕的联系,其最高价值取向都是保障人权。从探究国际刑法中合法性原则的内容来看,《罗马规约》的通过,标志着国际刑法进入对合法性原则提出需求的时代。事实上,从《罗马规约》关于合法性原则的规定来看,该规约处理合法性原则的方式更接近普通法,更遑论与大陆法系的明显区别。目前国际刑法在认可合法性原则的存在和适用时,包含普通法方式的某些灵活性特征,这已经成为确信不疑的事实。③ 另一方面,由于国际刑法的特殊性,国际刑法还没有一套完善自足的法律体系来确保合法性原则内容得到完全的实现。同时,合法性原则在保障被告人人权的价值追求上,也面临着打击严重国际犯罪的必要性之挑战。

---

① Antonio Cassese, *International Criminal Law*, Oxford University Press, 2003, pp.157—158.
② 参见〔美〕M.谢里夫·巴西奥尼:《国际刑法导论》,赵秉志、王文华等译,法律出版社 2006 年版,第 195 页。
③ 参见:同上书,第 182—183 页。

4.2 个人刑事责任原则

在国际刑法中,个人承担刑事责任原则的确立,经历了一个不断发展的进程。长期以来,传统国际法理论认为,国家和政府间国际组织是国际法的基本主体,国际法不适用于个人的行为,个人不具有独立的国际法律人格。然而,随着国际法的发展,该传统理论的内涵逐渐发生变化。第二次世界大战后,经过纽伦堡审判和东京审判,在国际刑事审判实践中开创了个人承担刑事责任的先河。此后,一些国际性法律文件也确认了个人刑事责任原则。前南和卢旺达国际刑事法庭的规约延续规定个人刑事责任原则,并且再次体现在国际刑事司法活动中。这种成熟的理念和原则最终被明确规定在《罗马规约》之中。然而,根据《罗马规约》第25条第1款的规定,国际刑事法院只对自然人具有管辖权,并没有确认法人在国际刑法中的刑事责任。此外,在《罗马规约》的制定过程中,一些代表团认为:规约应解决的基本问题是应否需要有保障条款,以确保个人刑事责任的追究不致开脱国家在某一案件的任何责任。[①] 但是,《罗马规约》最终排斥国家刑事责任的适用。

4.2.1 个人刑事责任原则在国际刑法中的发展进程

与国际刑法肇始的萌芽相对应,个人承担国际犯罪的刑事责任缘起于国际社会惩治海盗罪和战争罪的习惯国际法,并且完全体现为以私人身份实施的个人。直到现代国际法产生时,个人被正式纳入承担国际犯罪的刑事责任主体范畴。第一次世界大战结束后,1919年的《凡尔赛条约》第227条和第228条明确规定:协约国设立一个特别法庭,以便审判德国皇帝威廉二世犯有的违反国际道德和国际条约神圣性的严重罪行;德国政府承认协约国及其参战国有权在军事法庭审判违反战争法规和战争惯例的被告个人。《凡尔赛条约》是第一部明确承认对包括国家元首在内的个人追究刑事责任的国际条约,虽然未能得到真正的落实,但为现代国际刑法的诞生奠定了前期基础。

第二次世界大战之后,为了审判和惩处欧洲轴心国的首要战犯,《纽伦堡宪章》第6条规定:对于为欧洲轴心国的利益而犯有危害和平罪、战争罪、危害人类罪的所有人员,军事法庭有权进行审判和惩处,而不论其为个人或为某一组织或集团的成员;犯有此类罪行者均应负个人责任;凡参与拟定或执行旨在犯有此

---

① 参见:The Preparatory Committee on the Establishment of an International Criminal Court, *Report of the Preparatory Committee on the Establishment of an International Criminal Court*, Vol. I, G. A., 51st Sess., Supp. No. 22, A/51/22(1996), para. 192。

类罪行之一的共同计划或密谋的领导者、组织者、发起者和同谋者,他们对为执行此类计划而犯罪的任何个人的一切行为均负有责任。《远东国际军事法庭宪章》第 5 条也规定:本法庭有权审判和惩罚被控以个人身份或团体成员身份犯有各种罪行包括危害和平的远东战争罪犯。然而,在纽伦堡和东京审判中,被告及其辩护律师援用传统的国际法理论,认为国际法只涉及主权国家的行为,并未规定对个人的惩罚措施,辩解法庭所指控的被告实施的行为属于国家行为,从而提出不应由被告人承担个人刑事责任。对此,纽伦堡军事法庭总检察官杰克逊强调:如果国际法能对维护和平提供真正的帮助,个人责任原则就如同逻辑发展一样是必需的。犯罪总是由人来实施的。① 纽伦堡国际军事法庭于 1946 年作出判决,认为:

  违反国际法的罪行是由个人实施的,而不是由抽象的实体实施的,并且只有通过惩罚实施了这些犯罪的个人,才能有效地执行国际法的条款。②

  远东国际军事法庭在审判时也指出:凡是参加过侵略战争的人,无论是在策划、准备、发动或执行这种战争的任何阶段参加的,都应负个人责任,都应作为战犯受到审判。③ 具体而言,纽伦堡审判确立的个人刑事责任原则,包括以下三方面内容:第一,战争犯罪应由个人负责,国家元首及其负责决策之人不能以"国际法之规范国家行为"或"元首等仅为国家代表"为借口而逃避责任;第二,个人不得借口其不法行为是遵从上级命令的结果而逃避责任,服从上级命令最多只能作为减刑的考虑因素;第三,有关人道的法律可在任何国家执行,对于罪行发生在何地一概不论。④ 可以说,《纽伦堡宪章》和以其为法律基础的审判活动,以创新的方法创制了包括个人刑事责任原则在内的国际法原则,为国际社会普遍地接受。第一届联合国大会在《确认纽伦堡宪章所认定的国际法原则》的决议中,对《纽伦堡宪章》所认定的国际法原则和该法庭所作出的判决予以肯定。国际法委员会在 1950 年《纽伦堡宪章及其判决认可的国际法原则》的第一项原则中指出:从事构成违反国际法的犯罪行为的人承担个人责任,并因而应受惩罚。

  继纽伦堡和东京审判之后,在一些国际性法律文件中,个人承担国际犯罪的刑事责任的主体地位得到进一步的肯定和体现。例如,第三届联合国大会于 1948 年 12 月 9 日通过的《防止及惩治灭绝种族罪公约》第 4 条规定:凡犯灭绝种族罪,或者有预谋、直接公然煽动、意图或共谋灭绝种族行为之一者,无论其为

---

① See M. Cheirf Bassiouni, "The Time Has Come For An International Criminal Court", *Indiana International and Comparative Law Review*, Spring 1991.
② See William. A. Schabas, *An Introduction to the International Criminal Court*, Cambridge University Press, Second Edition, 2004, p.101.
③ 参见梅汝璈:《远东国际军事法庭》,法律出版社 1988 年版,第 23—24 页。
④ 参见王秀梅:《国际刑事法院研究》,中国人民大学出版社 2002 年版,第 349—350 页。

依宪法负责的统治者、公务员或者私人,均应予以惩治。1970年的《关于制止非法劫持航空器的公约》(《海牙公约》)第1条和第2条规定:凡在飞行中的航空器内的任何人,用暴力或用暴力威胁,或用任何其他恐吓方式,非法劫持或控制该航空器,或企图从事任何这种行为,或是从事或企图从事任何这种行为的人的同犯,即是犯有罪行。各缔约国承允对上述罪行给予严厉惩罚。1973年的《禁止并惩治种族隔离罪行国际公约》第1条规定:凡是犯种族隔离罪行的组织、机构或者个人即为犯罪。

经过纽伦堡审判和东京审判的孕育和早期实践,在20世纪90年代成立的前南国际法庭和卢旺达国际刑事法庭的审判实践中,个人刑事责任原则得以再次在国际刑事司法活动中展开和确认。《前南国际法庭规约》第6条赋予法庭对自然人具有管辖权,第7条"个人刑事责任"中的第1款规定:凡计划、教唆、命令、实施或者协助煽动他人计划、准备或进行战争罪、灭绝种族罪和危害人类罪的人,应为上述罪行负个人责任。《卢旺达国际刑事法庭规约》第6条关于"个人刑事责任"的规定,几乎完全沿用《前南国际法庭规约》的相关规定。由此可见,与《纽伦堡宪章》将个人参与国际犯罪的情形规定在各种犯罪定义中的情况相比较,两个联合国特设国际刑事法庭的规约则专条规定了个人刑事责任,并且没有将个人参与国际犯罪的情形规定在各种犯罪定义中,而是列入个人刑事责任的内容之中。这种立法技术也为《罗马规约》所沿用。对于在前南和卢旺达国际刑事法庭管辖权范围内实施的犯罪类型,两个特设国际刑事法庭确立了包括国家元首在内的个人刑事责任,并且开展了国际刑事审判实践。截止到2010年,前南国际法庭共起诉了160多名被告人,卢旺达国际刑事法庭作出涉及40多名被告的判决。[①]

在《罗马规约》的制定过程中,对于作为实质性问题之一的个人刑事责任原则,尤其是对个人参与犯罪而承担刑事责任的情形、是否应该规定法人承担刑事责任的问题上,各代表团以各自的国内法为依据,各执己见,立场强硬,导致关于该问题的谈判最初非常困难,工作组在筹备委员会的会议上,几乎用一半的时间来讨论个人刑事责任的问题。[②] 经过讨论和协商,"设立国际刑事法院问题筹备委员会"普遍同意:包括策划、教唆和协助实际犯罪人的行为在内的个人对犯罪承担刑事责任,这是基本的概念,并应编入规约。一些代表团还建议规约本身应设有一个条款,规定个人刑事责任的基本组成部分。[③] 以上的共识和建议被《罗

---

① 关于前南和卢旺达国际刑事法庭的审判情况,详见本书第1章。
② 参见李世光、刘大群、凌岩主编:《国际刑事法院罗马规约评释》(上册),北京大学出版社2006年版,第260页。
③ 参见:The Preparatory Committee on the Establishment of an International Criminal Court, *Report of the Preparatory Committee on the Establishment of an International Criminal Court*, Vol. I, G. A. , 51st Sess. , Supp. No. 22, A/51/22(1996), para.191。

马规约》所吸纳,在第 25 条将个人刑事责任原则予以详细化,其条款的具体内容如下:

第 25 条　个人刑事责任(Individual Criminal Responsibility)

(一) 本法院根据本规约对自然人具有管辖权。

(二) 实施本法院管辖权内的犯罪的人,应依照本规约的规定负个人责任,并受到处罚。

(三) 有下列情形之一的人,应依照本规约的规定,对一项本法院管辖权内的犯罪负刑事责任,并受到处罚:

1. 单独、伙同他人、通过不论是否负刑事责任的另一人,实施这一犯罪;

2. 命令、唆使、引诱实施这一犯罪,而该犯罪事实上是既遂或未遂的;

3. 为了便利实施这一犯罪,帮助、教唆或以其他方式协助实施或企图实施这一犯罪,包括提供犯罪手段;

4. 以任何其他方式支助以共同目的行事的团伙实施或企图实施这一犯罪。这种支助应当是故意的,并且符合下列情况之一:

(1) 是为了促进这一团伙的犯罪活动或犯罪目的,而这种活动或目的涉及实施本法院管辖权内的犯罪;

(2) 明知这一团伙实施该犯罪的意图;

5. 就灭绝种族罪而言,直接公然煽动他人灭绝种族;

6. 已经以实际步骤着手采取行动,意图实施犯罪,但由于其意志以外的情况,犯罪没有发生。但放弃实施犯罪或防止犯罪完成的人,如果完全和自愿地放弃其犯罪目的,不按犯罪未遂根据本规约受处罚。

(四) 本规约关于个人刑事责任的任何规定,不影响国家依照国际法所负的责任。

经过发展,国际刑法如今已经普遍确认了对特定国际犯罪负责的个人刑事责任原则。该原则在国际刑法中的确立,事实上使得个人成为国际犯罪的主体,即国际刑法的属人事由,这对现代国际刑法的产生和发展具有极其重要的影响。另外,个人刑事责任原则在国际刑法中的发展进程,实质上确立和说明了以下两种理念:第一,任何人不应为自己没有实施的行为或者没有以某种形式参与实施的行为而承担责任;第二,一个人只有因违反刑事规范而具有可谴责性时,才应当承担刑事责任。[1] 从一定意义上说,现代国内刑法中的基本理念也反映在国际刑法之中。

---

[1] Antonio Cassese, *International Criminal Law*, Oxford University Press, 2003, pp.136—137.

从一般法律意义上讲,"人"包括自然人与法人。但是,《罗马规约》第 25 条第 1 款规定:"本法院根据本规约对自然人具有管辖权。"据此,国际刑事法院的属人管辖权只限于自然人,换而言之,目前权威国际刑法规范所确认的个人刑事责任原则只体现在自然人实施国际犯罪的情形。同时,《罗马规约》第 25 条第 2 款规定了个人刑事责任的法律后果,即行为人应当受到处罚。

4.2.2 自然人在国际刑法中承担刑事责任的情形

《罗马规约》第 25 条第 3 款设有六个小项的规定。从其所规定的实质内容来看,主要是规定自然人参与国际刑事法院管辖权内的国际犯罪的方式,即自然人在国际刑法中承担刑事责任的情形,这具体表现为以下六个方面的内容。

4.2.2.1 单独、伙同、通过他人实施国际犯罪

这是《罗马规约》第 25 条第 3 款第 1 项所规定的情形,是指国际犯罪行为的最直接的实施者,类似于普通法中的主犯范畴。该内容基本源自于筹备委员会 1996 年"提案汇编"中的"主犯的刑事责任"提案。在作为实质性问题之一的"个人刑事责任"的条目中,该提案汇编将其分为五款:"a. 属人管辖权;b. 主犯的刑事责任(Criminal Responsibility of Principals);c. 参加/同谋(Participation/Complicity);d. 包括(b)和(c)内容的合并提案;e. 官职无关性。"其中,在"b. 主犯的刑事责任"提案中,该提案汇编将主犯分为以下三类人:第一,具有犯罪所需之心理要素、实施规约所规定罪行的人,应作为主犯负刑事责任;第二,共同犯下规约所规定罪行,并且具有犯下此罪行的共同意图的两个以上之人,分别负主犯的刑事责任,并受到惩罚;第三,通过诸如未成年人、智力有缺陷的人、错误认识事实的人、不具犯意行事的人等不知行为的犯罪性质之无辜人,而实施犯罪行为的人,应被视为主犯。[①] 在筹备委员会 1998 年提交给罗马大会审议的《国际刑事法院规约(草案)》第 23 条第 7 款(a)项中,基本沿用了以上"提案汇编"中的分类法,只是简化了筹备委员会 1996 年"提案汇编"中关于"通过他人实施犯罪"的列举式,笼统地规定"通过不论是否负刑事责任的另一人"。最终,《罗马规约》第 25 条第 3 款第 1 项完全照搬了该规定,也将直接实施国际犯罪的情形分为三种:单独实施、伙同他人实施、通过他人实施。

所谓"单独",是指个人独自、直接地实施国际犯罪。至于"伙同",是指行为人在共同的计划或者目的之下,与他人故意实施国际犯罪。所谓"通过他人",在各国国内法中,认为犯罪既可以是行为人通过自己的身体动作来直接实行,也

---

① 参见:The Preparatory Committee on the Establishment of an International Criminal Court, *Report of the Preparatory Committee on the Establishment of an International Criminal Court*, Vol. II, G. A., 51st Sess., Supp. No. 22, A/51/22(1996),第三部分之二"刑法的一般原则",第 1 节"实质性问题",B 条"个人刑事责任","b. 主犯的刑事责任"条目,第 1—3 款。

可以是间接实行的，即行为人通过他人作为中介作用于犯罪对象来实施犯罪，从而实现犯罪意图的情形，这属于间接正犯的范畴。为了尽可能地穷尽自然人实施国际犯罪的行为方式，《罗马规约》吸纳了国内法关于间接正犯的内涵，规定"通过不论是否负刑事责任的另一人"来实施国际犯罪，也属于自然人在国际刑法中承担刑事责任的情形。

4.2.2.2　命令、唆使、引诱实施国际犯罪

这是《罗马规约》第25条第3款第2项所规定的，是指行为人自己没有直接实施、却要求或鼓励他人实施特定的国际犯罪之情形。该内容完全沿用了筹备委员会1998年提交给罗马大会审议的《国际刑事法院规约（草案）》第23条第7款(b)项的规定。

在国际刑法实践中，指挥官或者上级命令其下属实施严重违反国际人道主义法的犯罪行为之现象是普遍存在的，国际刑法规范对此必须予以规定和惩治。卢旺达国际刑事法庭在审理"阿卡耶苏"(Akayesu)案的判决中，认为：发出命令意味着存在上下级关系，而居于领导地位者会利用这种关系要求或胁迫另一人实施犯罪。前南国际法庭在塞利比希案的判决中，在确定指挥官或上级责任时也提及上述要素。因此，所谓"命令"(order)，是指处于权威地位的人利用该权威造成或说服他人实施国际犯罪。① 由此可见，"命令"实质上是指上级利用其下属实施国际犯罪，它是对《罗马规约》第28条关于指挥官和其他上级责任的规定之补充，两者之间的区别在于：第28条关于指挥官和其他上级责任的规定是上级要对其不作为的行为承担责任，而"命令"的情形是对上级的主动的命令行为确立刑事责任。②

至于《罗马规约》第25条中的"唆使"(solicitation)，在筹备委员会1996年"提案汇编"中译为"诱使"，是指为了怂恿他人犯下一项特定罪行，指挥、要求、劝说或鼓励该人从事犯下此罪行，而且该人由于这种诱使实际犯下了罪行。③ 在普通法中，"唆使"是指犯罪意图，其原始含义是"煽动、鼓动或者鼓励"，指犯罪行为实施时的教唆。④ 由此可见，"唆使"的内涵基本等同于国内法中的教唆犯范畴，这也可以从两者相同的英文字面术语得以印证。

---

① See *Prosecutor v. Krstic*, ICTY (Trial Chamber), Judgment of 2 August 2001, Case No. IT-98-33-T, para. 601.
② 参见李世光、刘大群、凌岩主编：《国际刑事法院罗马规约评释》（上册），北京大学出版社2006年版，第263页。
③ 参见：The Preparatory Committee on the Establishment of an International Criminal Court, *Report of the Preparatory Committee on the Establishment of an International Criminal Court*, Vol. II, G. A., 51st Sess., Supp. No. 22, A/51/22(1996), 第三部分之二"刑法的一般原则"，第1节"实质性问题"，B条"个人刑事责任"，"c. 参加/同谋"条目中的"提案1：其他人对主犯既遂罪所负的责任"，第4款和第5款。
④ 参见[英]J.C.史密斯、B.霍根：《英国刑法》，李贵方等译，法律出版社2000年版，第146页。

所谓"引诱"(inducement),在筹备委员会1996年"提案汇编"中没有规定该情形,这一概念出现在筹备委员会1998年提交给罗马大会审议的《国际刑事法院规约(草案)》中。在普通法中,"引诱"的概念很难与"唆使"区分开来,两个概念均要求双方行为人达成合意,除了将"唆使"作为犯罪行为实施时的教唆而把"引诱"作为犯罪之前的教唆这一区别之外,两者没有其他的不同。然而,若要追究一个不是主犯的行为人的刑事责任,就必须证明他具有唆使或者引诱的行为。只有在被唆使或者引诱的行为构成犯罪时,才能追究其作为从犯的刑事责任。① 为了严密刑事法网和避免歧义,《罗马规约》第25条将"引诱"列为自然人在国际刑法中承担刑事责任的情形之一。

4.2.2.3 帮助、教唆或以其他方式协助实施或企图实施国际犯罪

这是《罗马规约》第25条第3款第3项所规定的情形,在刑法理论上属于协助型实施犯罪之范畴。该内容主要源自于筹备委员会1996年"提案汇编"中的"参加/同谋"提案,其中的提案1规定:"帮助(aid)或教唆(abet)他人犯下一项罪行是指一个人的行为促使他人犯下此罪行。""帮助或教唆他人犯罪的人负有刑事责任,并应受惩罚。"② 在筹备委员会1998年提交审议的《国际刑事法院规约(草案)》第23条第7款(d)项中,基本上沿用了以上规定,只是增加了"故意"、"明知地"等心理要素以及"协助"的行为类型。《罗马规约》最终未采纳草案中的心理要素规定,并且将"协助"的行为类型修改为"以其他方式协助"。

在普通法中,"帮助"的原始含义是"提供帮助、支持或者辅助",意味着事实上的帮助,既不需要双方行为人主观上的合意,也不需要客观上的因果关系。③在国际刑事审判实践中,前南国际法庭在审理"富伦基亚"案中认为:只要帮助或教唆行为对主犯实施犯罪行为产生实质性影响即可,是否存在因果关系不是必要条件;帮助不一定是有形的,帮助者或教唆者也不一定要出现在犯罪现场。卢旺达国际刑事法庭在审理"阿卡耶苏"案的判决中,将"帮助"和"教唆"分别定义为"给予某人援助"和"通过表示同情从而推动主犯采取行动",认为不作为也可以构成帮助和教唆。④ 所谓"以其他方式协助"(assist in),从立法技术上

---

① 参见〔英〕J.C.史密斯、B.霍根:《英国刑法》,李贵方等译,法律出版社2000年版,第143、146、149页。

② 参见:The Preparatory Committee on the Establishment of an International Criminal Court, *Report of the Preparatory Committee on the Establishment of an International Criminal Court*, Vol. II, G. A., 51st Sess., Supp. No. 22, A/51/22(1996),第三部分之二"刑法的一般原则",第1节"实质性问题",B条"个人刑事责任","c. 参加/同谋"条目中的"提案1:其他人对主犯既遂罪所负的责任",第6款和第7款。需要指出的是,"c. 参加/同谋"条目汇集了3项提案,其中的"提案2"是"刑事教唆罪(Criminal Solicitation)和从犯(Accessories)","提案3"是"犯罪人和共犯(Perpetrator and Accomplice)"。

③ 参见〔英〕J.C.史密斯、B.霍根:《英国刑法》,李贵方等译,法律出版社2000年版,第146、149页。

④ 转引自李世光、刘大群、凌岩主编:《国际刑事法院罗马规约评释》(上册),北京大学出版社2006年版,第264页。

看,属于概括性的兜底立法方式,这表明了《罗马规约》意图覆盖所有可能发生的协助型犯罪方式。一旦行为人使用"帮助"和"教唆"以外的方式去协助实施国际犯罪,国际刑事法院就可以据此来审判将来可能出现的协助型犯罪行为人的客观需要。由于"提供犯罪手段"是一种典型的协助形式,《罗马规约》第25条第3款第3项就将其单独列出规定。

4.2.2.4 以任何其他方式支助团伙实施或企图实施国际犯罪

这是《罗马规约》第25条第3款第4项所规定的情形。在筹备委员会1996年"提案汇编"以及1998年提交给罗马大会审议的《国际刑事法院规约(草案)》中,均没有关于此种实施国际犯罪情形的规定。

从该规定的客观方面内容考察,尽管其加入了团伙犯罪这一背景因素,其实质上也属于协助型实施国际犯罪的情形,也完全可以为第25条第3款第3项的规定所包纳。然而,在预备委员会期间,普通法系国家积极主张在《罗马规约》中规定"阴谋策划"的概念,而许多大陆法系国家的国内法没有这个概念。为了解决这一分歧,《罗马规约》就几乎照搬了《制止恐怖主义爆炸的国际公约》第2条第3款(c)项①关于参与团伙犯罪的定义。与《罗马规约》第25条第3款第3项所规定的协助型犯罪情形相比较,该项在客观要件强调的是协助团伙犯罪,而且对主观要件的要求也高于第3项,这是两项规定的主要区别。② 具体而言,从该项的主观要件来看,除了要求行为人具有"故意"(intentionally)的心理要素之外,还必须具有以下择一的心理要件:为了促进(with the aim of furthering)团伙的犯罪活动或犯罪目的,或者明知团伙实施犯罪的意图(in the knowledge of the intention of the group to commit the crime)。从该项的客观要件来看,"团伙"是指任何至少三个人以上的联合体;所谓"以任何其他方式支助"(contribute to),是个无所不包的规则(catch-all rule),包括为国际犯罪提供武器、财政以及间接性支持的其他各种形式。③

4.2.2.5 直接公然煽动他人实施灭绝种族犯罪

这是《罗马规约》第25条第3款第5项所规定的情形,在立法技术上意图涵盖煽动型实施国际犯罪之情形。该内容源自于筹备委员会1998年提交给罗马大会审议的《国际刑事法院规约(草案)》中的规定:"[直接公然]煽动实施[这一罪行][灭绝种族][而且这一罪行事实上已经发生],[目的是促成这一罪行

---

① 在1997年12月15日,联合国大会通过《制止恐怖主义爆炸的国际公约》。该公约的第2条第3款(c)项规定:以任何其他方式,出力协助为共同目的行事的一群人实施一种或多种(投掷、放置、发射或引爆爆炸性或其他致死装置)的罪行。这种出力应是蓄意而为,或是目的在于促进该群人的一般犯罪活动或意图,或是在出力时知道该群人实施所涉的一种或多种罪行的意图。

② 参见李世光、刘大群、凌岩主编:《国际刑事法院罗马规约评释》(上册),北京大学出版社2006年版,第265页。

③ 参见〔德〕格哈德·韦勒:《国际刑法学原理》,王世洲译,商务印书馆2009年版,第152页。

的实施]。"①

从广义上讲,煽动(incitement)行为可以纳入第 25 条第 3 款第 2 项所规定的唆使、引诱实施国际犯罪的情形。然而,唆使、引诱行为是针对具体的某个人或某个团体秘密进行的,而煽动行为则以公众为目标,例如在卢旺达国内发生的利用大众传媒鼓动公众实施灭绝种族的行为。卢旺达国际刑事法庭在审理"阿卡耶苏"案中认为:由于煽动行为本身已经极为危险,应当受到相应的谴责和惩罚。② 经过罗马大会期间的讨论,考虑到发生在卢旺达国内的种族大屠杀惨剧给人类社会带来的震撼,《罗马规约》最终只将煽动他人实施的犯罪类型限定于灭绝种族罪,而没有覆盖国际刑事法院管辖权内的所有犯罪类型。同时,舍弃了关于"罪行事实上已经发生"的结果犯因素之构成要求,将其界定为行为犯的范畴,规定行为人只要实施了直接公然煽动他人实施灭绝种族的行为,即使灭绝种族的情况事实上没有发生,行为人也要在国际刑法中承担刑事责任。

4.2.2.6 意图实施国际犯罪

这是《罗马规约》第 25 条第 3 款第 6 项所规定的情形。从其所规定的内容来看,意图(attempt)实施国际犯罪,实质上是关于个人实施国际犯罪未遂、中止的情形。

在《纽伦堡宪章》和《远东国际军事法庭宪章》中,均没有将未遂行为予以犯罪化。在《前南国际法庭规约》第 4 条第 3 款(d)项以及《卢旺达国际刑事法庭规约》第 2 条第 3 款(d)项中,仅将意图实施的国际犯罪类型限定在灭绝种族罪上。在筹备委员会 1998 年提交给罗马大会审议的《国际刑事法院规约(草案)》中,设立了个人意图实施国际犯罪的款项:"意图实施这一犯罪,并采取行动,以实际步骤开始实行,但由于其意志以外的情况,罪行并未发生。"有代表团对此提出反对的意见,认为:关于个人刑事责任的条款只应针对个人参与犯罪的方式,与未遂有关的问题最好是在单独条款中处理,而不应列入个人责任的范围。③ 经过讨论,《罗马规约》第 25 条第 3 款综合了法国刑法中的"着手实施"以及美国刑法中的"以实际步骤"的规定,将未遂形态列为个人承担刑事责任的第 6 种情形。根据该规定,如果行为人采取了趋向于实现特定国际犯罪的实际步

---

① 参见:The Preparatory Committee on the Establishment of an International Criminal Court, *Report of the Preparatory Committee on the Establishment of an International Criminal Court*, Addendum, U. N. Doc. A/CONF.183/2/Add.1(14 April 1998),第 23 条"个人刑事责任",第 7 款(f)项。

② 参见李世光、刘大群、凌岩主编:《国际刑事法院罗马规约评释》(上册),北京大学出版社 2006 年版,第 266—267 页。

③ 参见:The Preparatory Committee on the Establishment of an International Criminal Court, *Report of the Preparatory Committee on the Establishment of an International Criminal Court*, Addendum, U. N. Doc. A/CONF.183/2/Add.1(14 April 1998),第 23 条"个人刑事责任",第 7 款(g)项以及脚注 8。

骤,则可能成立未遂的责任。①

此外,在讨论关于个人实施国际犯罪未遂的问题上,筹备委员会提出:应结合排除刑事责任的理由进一步讨论与自愿放弃或悔过有关的问题。② 在罗马大会期间,日本代表团在大会的最后时刻提出关于个人实施国际犯罪中止形态的提案。由于犯罪中止形态在各国刑法中均得到承认,而且对中止犯减免刑事责任有助于鼓励行为人放弃实施罪行,因此各国很快就这部分内容达成一致。③ 据此,《罗马规约》将个人实施国际犯罪中止的情形设置在未遂情形之后,规定不受处罚。

综上所述,《罗马规约》第 25 条第 3 款详细地规范了自然人在国际刑法中承担刑事责任的情形和形态,并且区分了自然人参与特定国际犯罪的几种模式。可以说,该款项第一次将习惯国际法中的参与形态予以体系化,并且有意识地进行补充和修改,例如引入通过他人实施犯罪的间接正犯情形、以任何其他方式支助团伙而参与团伙犯罪的情形等,而这些概念和形态均在习惯国际法中没有直接的基础。④ 需要指出的是,尽管《罗马规约》第 25 条第 3 款规定了自然人在国际刑法中参与特定国际犯罪的情形和模式,却没有区别规定各种参与人的不同层次的刑事责任,这是其有别于国内法的不同之处。当然,对于自然人参与特定国际犯罪的不同情形和作用大小,《罗马规约》第 78 条第 1 款将其列入犯罪的严重程度和被定罪人的个人情况等因素中,规定在量刑时应予以考虑。作为适用《罗马规约》的文书,《程序和证据规则》中的第 145 项规则第 1 款(c)项也规定:国际刑事法院在量刑时,还应考虑"被定罪人的参与程度"。

4.2.3　法人刑事责任在国际刑法的实践与舍弃

在国际刑法规范和实践中,自然人承担刑事责任原则已得以普遍确立。然而,在国内法中与自然人并列成为犯罪主体的法人之刑事责任问题,尽管已经在国际刑事审判实践中有先例可循,却未在《罗马规约》中得到确认。

第二次世界大战之后,为了追究严重践踏人类尊严和文明的团体或组织的刑事责任,《纽伦堡宪章》第 9 条第 1 款规定:

---

① 参见〔德〕格哈德·韦勒:《国际刑法学原理》,王世洲译,商务印书馆 2009 年版,第 199 页以及脚注 444。
② 参见:The Preparatory Committee on the Establishment of an International Criminal Court, *Report of the Preparatory Committee on the Establishment of an International Criminal Court*, *Addendum*, U. N. Doc. A/CONF.183/2/Add.1(14 April 1998),第 23 条"个人刑事责任",第 7 款(g)项的脚注 7。
③ 参见李世光、刘大群、凌岩主编:《国际刑事法院罗马规约评释》(上册),北京大学出版社 2006 年版,第 267 页。
④ 参见〔德〕格哈德·韦勒:《国际刑法学原理》,王世洲译,商务印书馆 2009 年版,第 143 页。

> 在对任何集团或组织的个别成员进行审判时，法庭可以在被告被判决与各该集团或组织的任何行为有联系的情况下，宣告被告所属的集团和组织为犯罪组织。

经过审判，纽伦堡国际军事法庭将包括"盖世太保"、"党卫队"在内的四个团体组织宣告为犯罪组织。然而，军事法庭未宣布冲锋队、德国内阁、参谋本部以及国防军最高统帅部为犯罪组织，原苏联籍法官为此曾经提出抗议。① 在其判决书中，军事法庭以《纽伦堡宪章》第9条为法律依据，阐明法庭宣布一个团体为犯罪组织的自由裁量权具有司法的性质，是以已经确立的适当的法律原则为依据，并非自由擅断。据此，当法庭认为某一组织或集团有罪时，就应该毫不迟疑地宣告该组织或集团为犯罪组织，而不应考虑晚近的法人犯罪理论，也无需考虑该理论可能被以后的法庭不公正地适用等因素。在另一方面，军事法庭也认为：犯罪是个人行为，应避免适用集体刑罚，应尽可能地确保无罪的人不受惩罚。因此，军事法庭将犯罪团体或组织与共谋相比较，认为犯罪组织"必须是紧密结合在一起，并为共同目的而组织起来的团体。该团体的形成或运作必须与宪章所谴责的犯罪有关。"② 与此形成对比的是，尽管《远东国际军事法庭宪章》是以《纽伦堡宪章》为蓝本制定的，却未规定追究法人刑事责任问题的条款。

纽伦堡审判开创了法人承担国际犯罪的刑事责任之先河，但在理论上依然需要进一步探究法人刑事责任的问题。在追究团体或组织的刑事责任时，不仅需要认定其是否具有犯罪意图，还需要考虑其他属于刑法总则范畴的要件，例如仅具有组织成员的身份是否足以构成犯罪，还是必须证明行为人参与了犯罪活动？是否成员必须确切地明知组织的犯罪目的，且其故意必须是犯罪计划的一部分，组织成员才能承担刑事责任？这些问题都是国际刑法至今尚未充分阐明的问题，还关系到犯罪组织成员能否仅因其成员身份被定罪的问题。纽伦堡国际军事法庭在判决中曾明确指出：本法庭宣告有罪的组织成员，可因其具备该组织的成员身份而被定罪，并可因此被判处死刑。然而，仅仅因为行为人被动地具有组织成员的身份而被追究刑事责任，这无异于对结社行为定罪，超越了为人们所普遍接受的刑事责任原则，大多数法律制度将视之为不公正的做法。实际上，纽伦堡国际军事法庭也意识到：除非有适当的保障，否则仅基于行为人的团体或组织成员身份就追究其刑事责任，将带来极大的不公正。因此，军事法庭对犯罪集团或犯罪组织予以专门界定，认为：不明知组织的犯罪目的或犯罪行为的人，

---

① 参见王铁崖主编、魏敏副主编：《国际法》，法律出版社1981年版，第566页。
② 参见〔美〕M.谢里夫·巴西奥尼：《国际刑法导论》，赵秉志、王文华等译，法律出版社2006年版，第74页。

以及被国家吸收为该组织成员的人,应排除在刑事责任之外,除非行为人以组织成员身份实施了构成犯罪的行为,或者明知自己所属的组织是用来实施犯罪。① 这一观点在军事法庭后来的判决中被重申和沿袭适用。

虽然法人刑事责任原则在纽伦堡审判中得以实践,但在《罗马规约》的制定过程中,对于法人承担刑事责任的问题,与会代表团分歧极大,引起了激烈的争论。例如,法国代表团极力主张规定法人的刑事责任,认为将责任施加于法人,则意味着受害人可以得到赔偿,这对确保受害人得到赔偿和补偿至关重要;还有些国家认为国际刑事法院不追究法人的刑事责任,将是历史的倒退。② 在1996年"设立国际刑事法院问题筹备委员会"的报告中,与会代表团也表达了不同的观点:一些代表团认为法人事实上是受个人控制的,主张最好集中处理个人责任;若干代表团指出追究法人责任违反其国内法;相反地,有代表团认为从赔偿的角度看,法人责任是重要的,而且纽伦堡审判也适用了法人刑事责任原则。③ 由于参加筹备委员会的代表团对法人承担刑事责任问题仍有争论,在1996年,筹备委员会只能以汇编的形式,在第二卷"提案汇编"中的"个人刑事责任"条目中列出两种提案④,提交给联合国大会审议。从1997年2月到1998年4月,根据联合国大会第207(1996)号和第160(1997)号决议中关于完成起草可以得到广泛接受的公约综合案文之指示,筹备委员会继续制定《国际刑事法院规约(草案)》。对于规约中是否应包括法人承担刑事责任的问题,依然存有重大的分歧:许多代表团持强烈反对意见,而有些代表团则极力赞成应列入,也有代表团认为只规定法人的民事或行政责任是一种折中的办法,但没有对这一途径进行深入的讨论,还有代表团无固定见解。由于该问题的分歧意见很难得到统一,筹备委员会在最终提交给罗马大会审议的《国际刑事法院规约(草案)》中,在第23条"个人刑事责任"分别规定:

---

① 参见〔美〕M.谢里夫·巴西奥尼:《国际刑法导论》,赵秉志、王文华等译,法律出版社2006年版,第73—74页。

② 参见李世光、刘大群、凌岩主编:《国际刑事法院罗马规约评释》(上册),北京大学出版社2006年版,第260页。

③ 参见:The Preparatory Committee on the Establishment of an International Criminal Court, *Report of the Preparatory Committee on the Establishment of an International Criminal Court*, Vol. I, G. A., 51st Sess., Supp. No. 22, A/51/22(1996), para. 194。

④ "提案1"的主要内容是:国际法庭根据本规约的规定,对[自然]人有管辖权;犯下本规约所规定罪行的个人,具有个别责任,并应受到惩罚。"提案2"的标题是"自然人和法人",其主要内容是:法院有权审理自然人以及除国家以外的法人的刑事责任;法人的刑事责任不应排除为同一罪行的犯罪人或共犯的自然人的刑事责任。参见:The Preparatory Committee on the Establishment of an International Criminal Court, *Report of the Preparatory Committee on the Establishment of an International Criminal Court*, Vol. II, G. A., 51st Sess., Supp. No. 22, A/51/22(1996),第三部分之二"刑法的一般原则",第1节"实质性问题", B条"个人刑事责任","a. 属人管辖权"。

除了国家以外,如果实施的罪行是为法人实施的,或者是法人的代理或代表实施的,本法院对该法人具有管辖权。

法人的刑事责任不排除同一犯罪行为的实施者或共犯等自然人的刑事责任。[①]

与以上规定相配套,在《国际刑事法院规约(草案)》的第76条和第99条还分别规定了"对法人适用的刑罚"以及"执行罚金和没收措施"。当然,这两个条款的命运取决于法人是否承担刑事责任的审议结果。

在罗马大会审议规约草案的期间,多数国家同意规定法人的刑事责任,但是北欧国家、俄罗斯和日本始终持反对意见。在工作组最后提交的方案中,规定了仅限于私营公司的法人的刑事责任,而不包括国家和其他公共的非营利组织,但这种方案最终遭到否决,其理由是:国际刑事法院管辖权的中心应当是个人,而不是法人;目前尚无普遍承认的确定法人刑事责任的同一标准,许多国家甚至不承认法人刑事责任的概念;更为现实的理由是若规定法人的刑事责任,规约就需对法人犯罪的刑罚以及程序规则作出相应的规定,而这需要更多的时间进行谈判。为了避免罗马大会整个谈判陷入僵局,主张规定法人刑事责任的国家最终放弃了在规约中规定这一内容的要求。[②] 据此,《罗马规约》最终没有确认法人承担刑事责任的主体地位。

4.3 官方身份不免责原则

国家豁免原则是普遍承认的一项国际法原则,国家的平等、独立和尊严是这项原则的基础。[③] 根据国家豁免原则,国家元首、政府首脑、外交使节等具有官方身份的人士在代表一国行使国家行为时,不受外国法院的管辖而享有人身豁免权。然而,该豁免权是基于具有官方身份的人士代表国家行事而被赋予的,其在从事严重违反国际人道主义法的罪行时,国民并没有赋予他们从事这种行为的权力,其行为并不能代表本国的根本利益,而且违反了国际社会的共同利益,不符合国家豁免原则的宗旨。因此,根据习惯国际法,国家豁免原则不适用于具有官方身份人士所实施的严重违反国际人道主义法的罪行。在现代国际刑法中,伴随着个人刑事责任原则在国际刑法规范和实践中的确立,官方身份不免责

[①] 参见:The Preparatory Committee on the Establishment of an International Criminal Court, *Report of the Preparatory Committee on the Establishment of an International Criminal Court*, Addendum, U.N. Doc. A/CONF.183/2/Add.1(14 April 1998),第23条"个人刑事责任",第5款和第6款。

[②] 参见李世光、刘大群、凌岩主编:《国际刑事法院罗马规约评释》(上册),北京大学出版社2006年版,第260页。

[③] 参见王铁崖主编:《国际法》,法律出版社1995年版,第130页。

原则经历了国际性法律文件的确立和国际审判实践历程,已经成为习惯国际法的一部分,并且最终在《罗马规约》中详细地规定该原则的内涵。

4.3.1 官方身份不免责原则的确立和意义

在国际刑法规范中,官方身份不免责原则最早出现在第一次世界大战结束后的《凡尔赛条约》之中。该公约第 227 条明确规定:协约国及参战各国设立一个特别法庭,以便公开审判前德国皇帝威廉二世犯有的违反国际道德和国际条约神圣性的严重罪行。这表明国际社会已经初步地达成共识,认为国家豁免原则不适用于包括国家元首在内的任何人所实施的违反国际人道主义法的罪行。

第二次世界大战之后,为了审判和惩治犯有危害和平罪、战争罪和危害人类罪等国际犯罪的所有战犯,防止其中的国家元首及其负责决策之人逃避刑事追究,《纽伦堡宪章》和《远东国际军事法庭宪章》更为详细地规定了官方身份不免责原则,这体现了国际社会坚持和重申国家豁免原则不适用于犯有特定国际犯罪的行为人。其中,《纽伦堡宪章》第 7 条规定:

> 被告的官职或地位,无论其为国家元首或政府部门的负责官员,均不应为免除责任或减轻刑罚的理由。

《远东国际军事法庭宪章》基本沿袭了《纽伦堡宪章》的上述规定,只是没有明确地提及国家元首是否适用官方身份不免责原则,其在第 6 条 "被告之责任" 中规定:

> 被告在任何时期所曾任的官职……均不足以免除其被控所犯任何罪行的责任。但若法庭认为符合公正审判的需要时,此种情况在刑罚之减轻上得加以考虑。

对于《纽伦堡宪章》所认定的国家豁免制度不再适用于与国际犯罪相关的被告人官职之做法,联合国在 1946 年《确认纽伦堡宪章所认定的国际法原则》的决议中予以肯定。在 1950 年,国际法委员会在《纽伦堡宪章及其判决认可的国际法原则》的第 3 项原则中规定:

> 任何人以国家元首或政府负责官员的身份实施了国际法上罪行的事实,不能免除其根据国际法应当承担的责任。[①]

[①] 参见:"Principles of International Law Recognized in the Charter of the Nuremberg Tribunal and in the Judgment of the Tribunal", in *Report of the International Law Commission Covering Its Second Session*, 5 June-29 July 1950, 5 U.N. GAOR Supp. (No.12), U.N. Doc. A/1316(1950).

从以上规定的具体内容来看,其实质性地保留了《纽伦堡宪章》第7条关于官方身份不免责原则,只是删除了其中的"减轻刑罚"之内容。

继纽伦堡审判之后,在一些国际性法律文件中,官方身份不免责原则得到进一步的重申和体现。例如,1948年联合国《防止及惩治灭绝种族罪公约》确认灭绝种族行为是国际法上的一种罪行,故在第4条规定:凡犯有灭绝种族罪或者有预谋、直接公然煽动、意图、共谋灭绝种族行为之一者,无论其为依宪法负责的统治者、公务员或私人,均应予以惩治。此外,在1973年《禁止种族隔离公约》第3条、1984年《禁止酷刑和其他残忍、不人道或有辱人格的待遇或处罚公约》第4条中,均排除了对实施特定国际犯罪的国家元首和其他政府官员适用国家豁免原则。

前南和卢旺达两个特设国际刑事法庭规约在关于"个人刑事责任"的条款中,也都对官方身份不免责原则作出具体的规定。《前南国际法庭规约》第7条第2款规定:

> 任何被告人的官职,不论是国家元首、政府首脑或政府负责官员,不得免除该被告的刑事责任,也不得减轻刑罚。

对于该规定,联合国秘书长在《根据安理会第808(1993)号决议第2段所提出的秘书长报告》中予以说明,认为:

> 事实上,秘书长收到的所有书面报告都建议国际法庭规约应包含关于国家元首、政府官员和从事公务人员的个人刑事责任之规定。这些建议其实建立于第二次世界大战后的先例之上。因此,规约应具体规定国家元首的豁免请求和被告在从事公务中实施的罪行都不能成为辩护理由,也不能成为减轻刑罚的事由。①

在规定官方身份不免责原则的具体内容上,《卢旺达国际刑事法庭规约》第6条第2款完全沿用《前南国际法庭规约》第7条第2款的术语。

以上国际性法律文件关于追究个人刑事责任的规定表明:无论是什么人,也不管是从法律意义上讲,还是从事实上讲,即使是因为代表国家利益犯有国际罪行,也不能享有司法豁免权,也要被追究其个人在国际刑法上的刑事责任。②

在《罗马规约》的制定过程中,对于作为实质性问题之一的"官方身份的相关性"问题,许多代表团基于纽伦堡审判、东京审判、前南和卢旺达国际刑事法

---

① 参见: *Report of the Secretary-General Pursuant to Paragraph 2 of Security Council Resolution 808 (1993)*, U.N. Doc. S/25704(1993), para.55。
② 参见朱文奇:《国际刑法》,中国人民大学出版社2007年版,第190页。

庭的先例，主张规约应驳回作为国家元首、政府首脑或负责的政府官员的官方身份之任何抗辩，不应因其官方身份而免除刑事责任。也有一些代表团认为该问题可以编入"辩护"的内容中。① 在1996年"设立国际刑事法院问题筹备委员会"的报告中，由于参加筹备委员会的代表团对官方身份的问题存有争论，筹备委员会就以汇编的形式，在"个人刑事责任"的条目下，列出"官职无关性"的两种提案②，提交给联合国大会审议。经过讨论，在筹备委员会1998年提交给罗马大会审议的《国际刑事法院规约（草案）》第24条中，专门规定了"官职无关性"的内容：

  1. 本规约应无歧视地适用于所有人。任何人的官方身份，无论是国家元首或政府首脑、政府成员或议会议员、民选代表或政府官员，不得作为免除其根据本规约所负的刑事责任的理由，也不得以其官方身份构成减刑的理由。

  2. 不得援用国内法或国际法的规定，对任何人的官方身份适用任何豁免或特别程序规则，使本法院无法对该人行使管辖权。③

在罗马外交大会上，与会代表团对此草案规定的谈判并未引起太大的争论。为防止因被告人的官方身份而不追究或免除该被告的刑事责任，以体现"使（实施整个国际社会关注的最严重犯罪的）罪犯不再逍遥法外，从而有助于预防这种犯罪"④之决心，《罗马规约》第27条改变了前南和卢旺达国际刑事法庭将该原则作为"个人刑事责任"附属内容的做法，用专门的条款明确规定官方身份不免责原则，从而彰显出该原则在国际刑法一般原则中的重要性。其具体内容如下：

---

① 参见：The Preparatory Committee on the Establishment of an International Criminal Court, *Report of the Preparatory Committee on the Establishment of an International Criminal Court*, Vol. I, G. A., 51st Sess., Supp. No. 22, A/51/22(1996), para. 193.

② "提案1"的内容是：本规约应绝无任何歧视地适用于所有人。犯下本规约所规定罪行的人，特别是以国家元首、政府首脑或政府负责官员身份行事的，不得因其官职免除刑事责任，或减轻惩罚。法院进行或应法院要求进行调查或程序时，任何人不得请求管辖豁免，不论是以国际法或国内法为根据。"提案2"的标题是"被告人的官方身份"，其主要内容是：被告人不得因其官方身份，无论是国家元首或政府首脑、政府或国会成员、民选代表，或国家代理人，而免除其根据本规约所负的刑事责任，也不得以其官方身份构成减刑的理由。不得在法院援用根据国内法或国际公约或条约的规定，因被告人的官方身份而适用的程序规则、豁免和保护为辩护理由。参见：The Preparatory Committee on the Establishment of an International Criminal Court, *Report of the Preparatory Committee on the Establishment of an International Criminal Court*, Vol. II, G. A., 51st Sess., Supp. No. 22, A/51/22(1996), 第三部分之二"刑法的一般原则"，第1节"实质性问题"，B条"个人刑事责任"，"e. 官职无关性"。

③ 参见：The Preparatory Committee on the Establishment of an International Criminal Court, *Report of the Preparatory Committee on the Establishment of an International Criminal Court*, Addendum, U. N. Doc. A/CONF. 183/2/Add. 1(14 April 1998), 第24条"官职无关性"。

④ 《罗马规约》，序言。

第 27 条　官方身份的无关性（Irrelevance of Official Capacity）

（一）本规约对任何人一律平等适用，不得因官方身份而差别适用。特别是作为国家元首或政府首脑、政府成员或议会议员、选任代表或政府官员的官方身份，在任何情况下都不得免除个人根据本规约所负的刑事责任，其本身也不得构成减轻刑罚的理由。

（二）根据国内法或国际法可能赋予某人官方身份的豁免或特别程序规则，不妨碍本法院对该人行使管辖权。

具体而言，《罗马规约》第 27 条在第 1 款中，使用了"任何人"（all persons）、"在任何情况下"（in no case）等术语，以彰显适用官方身份不免责原则的对象范围以及适用情形之绝对性。此外，通过"特别是"（in particular）的术语，列举出"国家元首或政府首脑、政府成员或议会议员、选任代表或政府官员"等最为典型的以官方身份主张豁免的抗辩实例。由此可见，通过绝对性涵盖式和列举式的综合立法方法，对于犯有国际刑事法院管辖权内罪行的所有人员，《罗马规约》强调适用官方身份不免责原则的无条件性和无例外适用，排除官方身份成为免除被告人刑事责任和减轻刑罚的抗辩理由，从而在国际刑法领域体现"对任何人一律平等适用"的宗旨。

《罗马规约》第 27 条第 2 款属于程序法意义的内容，规定官方身份不能从程序上构成国际刑事法院实施管辖权的障碍，强调在国际刑事法院进行的诉讼中彻底地消除行为人依赖豁免权以逃避个人刑事责任的可能性，同时确保第 27 条第 1 款承认的结果不被豁免权或其他特别程序所阻碍。这进一步表明《罗马规约》拒绝适用国内法或国际法中豁免权的坚定性。[①]

4.3.2　官方身份不免责原则的国际审判实践

在国际刑法的发展进程中，第一次尝试追究包括国家元首在内的官职人员的刑事责任是根据《凡尔赛条约》对德国皇帝威廉二世的审判实践。在 1919 年，关于战争发起者的责任与惩罚违反战争法规和惯例的行为之委员会作出结论，认为：德国皇帝和其他军方高层已经认识到并至少应收敛他们在战争中的暴行，可是他们却未能如此。所有敌国的人，无论他是否地位显赫，即便是国家元首，只要触犯了战争法、战争惯例或人权法，都应面对刑事起诉。[②] 由于荷兰不同意将德国皇帝予以引渡，使得协约国审判德国皇帝的意图未能实现，但这是国际社会在国际审判实践中适用官方身份不免责原则的初步尝试。

[①] 参见朱文奇：《国际刑法》，中国人民大学出版社 2007 年版，第 204 页。
[②] 转引自〔美〕M. 谢里夫·巴西奥尼：《国际刑法导论》，赵秉志、王文华等译，法律出版社 2006 年版，第 255 页。

第二次世界大战结束之后,纽伦堡和远东国际军事法庭对德国和日本的首要战争罪犯进行审判。对于法庭的指控和审判,被告人和辩护律师团以"国家行为"为理由之一进行辩护,认为战争是国家行为,是国家主权的行使,理应由国家负责,个人只是执行或者服从国家的政策和命令,他们没有个人责任。对于被告人基于国家豁免原则提出的抗辩事由,法庭予以反驳:国际法对个人和国家均规定了权利和义务,这是早已得到公认的。对于违反国际法的个人可以予以处罚。只有惩罚犯有违反国际法罪行的个人,才能使国际法的规定得到有效实施。[1] 纽伦堡军事法庭总检察官杰克逊在开庭陈词中指出:人们可以理解出于主张团体责任的目的而适用国家或团体责任的学说,却不能接受该理论成为个人免责的基础。实施危害行为的人既不能以上级命令,也不能以犯罪属于国家行为作为辩护理由。[2] 纽伦堡国际军事法庭依据《纽伦堡宪章》第 7 条关于官方身份不免责原则的规定,否决了被告人和辩护律师以国家行为为由而享有豁免权的主张,认为国家豁免理论不应适用于包括国家元首在内官方人士所实施的构成国际法上的罪行,从而作出以下决定:

  国际法在某些情况下保护国家代表的原则,不能以他们的官方身份作掩护而逃避制裁。[3]

在纽伦堡审判中,国际军事法庭共审判了 22 名纳粹德国最重要的高级官员,其中包括被认定为仅次于希特勒而集全体被告罪恶活动之大成的第二号人物戈林、希特勒自杀前被任命为德国指定的部长继承人恩里希·瑞德、外交大使沃恩·帕普恩。最后,纽伦堡国际军事法庭判决戈林等 12 名德国战犯死刑、3 人终身监禁等。在东京审判中,尽管《远东国际军事法庭宪章》第 6 条也有关于官方身份不免责原则的规定,但远东盟军最高统帅部出于确保盟军控制日本的政治考虑,远东国际军事法庭没有将裕仁天皇列为战争罪犯起诉,只是审判了前日本政府的元首、内阁成员以及外交官员等 28 名甲级战犯,最终法庭判处内阁首相东条英机等 7 人绞刑、前陆军大臣荒木贞夫等 16 人终身监禁。

通过纽伦堡审判和东京审判,在国际法中确立了一种全新的原则:关于国家官员以官方身份实施的行为不由本人负责而仅由国家负责的普遍规则,不再适用于导致国际犯罪的行为,行为时具有的官方身份不能成为免除行为人对其犯下的国际罪行承担个人刑事责任的抗辩理由。该原则的确立对传统国际法上的

---

[1] 参见梅汝璈:《远东国际军事法庭》,法律出版社 1988 年版,第 21—22 页。
[2] Robert H. Jackson, The Nurnberg Case 82—83, 88—89(1971).
[3] 转引自周忠海主编:《皮诺切特案析》,中国政法大学出版社 1999 年版,第 233 页。

国家豁免原则形成了很大的冲击和影响。①

在前南国际法庭的审判实践中，官方身份不免责原则被进一步实践，其中最引人注目的案件是对前南联盟总统米洛舍维奇的审判。米洛舍维奇是第二次世界大战以后国际刑事法庭审判的第一位民选的前国家元首。1999年5月22日，前南国际法庭检察官向米洛舍维奇发出起诉书，列出六十多条罪状，指控他自1991年以来在科索沃、克罗地亚和波黑地区犯有危害人类罪、灭绝种族罪和战争罪等罪行。法庭于2001年7月31日开庭审理此案。2006年3月11日，由于米洛舍维奇病故，法庭终止了审判。此外，前南国际法庭适用官方身份不免责原则的著名案件还包括：1995年7月25日，前南国际法庭向前波黑塞族共和国总统卡拉季奇（Karadžić）发出国际通缉令，指控他在波黑战争期间犯有灭绝种族罪、危害人类罪和战争罪。2008年7月21日，卡拉季奇在塞尔维亚境内被捕；在2003年2月，曾任波黑塞族共和国总统、被称为"巴尔干铁娘子"的普拉夫希奇（Plavšić）女士被前南国际法庭以危害人类罪判处11年监禁，成为至今被法庭判刑的级别最高的塞族领导人；在2006年4月26日开审的"黑塞哥—波斯那"案中，黑塞哥—波斯那克族共和国总统Jadranko Prlić、国防部长Bruno Stojić、助理国防部长Slobodan Praljak等6人被列为被告人；在2008年11月至2009年5月期间等待审判的4宗案件6名被告中，包括塞族共和国总统Radovan Karadžić；在2009年2月26日，前南联盟副总理Nikola Šainović被判处22年监禁，南军参谋长Ojdanić被判处15年监禁。②

在卢旺达国际刑事法庭的审判中，1997年7月9日，应卢旺达国际刑事法庭的要求，肯尼亚政府逮捕了卢旺达前总理卡姆班达（Kambanda）并将其移送。1997年10月16日，依据《卢旺达国际刑事法庭规约》第2条和第3条，卢旺达国际刑事法庭检察官以灭绝种族罪和危害人类罪对卡姆班达提起诉讼。1998年9月4日，在卡姆班达作出认罪的基础上，卢旺达国际刑事法庭审判分庭认定其犯有4项灭绝种族罪和2项危害人类罪，判处其终身监禁。上诉分庭于2000年10月驳回上诉，维持原判。③卡姆班达成为第一个在第二次世界大战以后被国际刑事司法机构处刑的政府首脑。

---

① 参见朱文奇：《国际刑法》，中国人民大学出版社2007年版，第196页。
② 参见：《前南斯拉夫问题国际法庭庭长帕特里克·鲁滨逊法官根据安全理事会第1534(2004)号决议第6段提交安理会的评估意见和报告》，U.N. Doc. S/2009/252, 2009年5月18日, Annex 1, Annex 2以及Annex 4。
③ 参见：*Prosecutor v. Kambanda*, ICTR, Judgment of 4 September 1998, Case No. ICTR 97-23-S。

4.4 上级责任原则

在国际刑法规范中,"上级责任"(Superior Responsibility)是指挥官和其他上级人员基于其下属实施了特定国际犯罪而应承担的一种刑事责任类型,主要是指上级人员明知或理应知道其有效控制的下属正在实施或即将实施特定的国际犯罪,却没有在其职权范围内采取一切必要和合理的措施予以防止或制止,从而应承担相应的个人刑事责任。因此,上级责任原则是个人刑事责任原则衍生出的一项重要原则。从实践价值来看,上级责任原则对指挥官和其他上级人员赋予特定的义务要求,从而将国际犯罪的刑事责任承担者覆盖到上级人员的不作为情形,这对于遏制国际犯罪和有效进行国际刑事审判具有重要的意义。在国际刑事审判实践中,上级责任大多表现为追究军事指挥官的不作为刑事责任,故又被称为"指挥官责任"(Command Responsibility)。伴随着一系列重要的国际刑事司法实践,上级责任的观念和原则逐渐形成,并充分确立在习惯国际法和主要的国际法律文件中。

4.4.1 上级责任原则的内涵和确立

上级责任原则源自于指挥官责任。在国际刑法的理论和实践中,可归责于指挥官责任的情形主要有以下两种:第一,指挥官命令其有效控制下的部队实施国际犯罪行为。在这种情形下,发布命令和指挥下属实施犯罪的上级人员应承担直接的个人刑事责任,这已经为世界主要国家的法律体系和国际刑法广泛认同。第二,下级实施的违法行为并非基于指挥者的命令,由此而引起指挥官承担的责任。这具体表现为:指挥者不阻止具体的违法行为、没有采取措施去预防和阻止犯罪、不对非法行为进行调查、未起诉和惩治非法行为者。从本质上看,这种情形下的指挥官责任属于"指挥官不作为"(command's failure)而承担的责任类型,其归责的基础在于:既然军事法建立在指挥和控制的体系结构上,处在指挥链上的人员就具有法律义务来监督、控制、阻止下级的不法行为,否则就构成了承担刑事责任的基础。综观指挥官责任的发展历史,特别在第二次世界大战以后,许多法庭判决和法律著作都将指挥官责任聚焦在第二种情形,即如果指挥者明知或理应知道下属的违法行为,却未能采取措施予以阻止,该指挥官则可能为其下属的违法行为承担刑事责任。① 由此可见,上级责任原则有广义与狭义之分。所谓的广义上级责任,是涵盖上述两种情形的责任类型;而狭义的上级责

---

① 参见〔美〕M.谢里夫·巴西奥尼:《国际刑法导论》,赵秉志、王文华等译,法律出版社2006年版,第251—253、268页。

任,则是特指第二种情形的不作为责任形式。

指挥官责任的观念源自于国内军事法,并逐渐演变为国际刑事责任的基础。① 在国内法方面,美国于1775年6月30日颁布的《战争法令》(The Articles of War)规定:

> 无论是在司令部内或是在队伍中,指挥官都应保持良好秩序,在权利范围内行事,矫正其下属的军官或士兵的滥用、违法行为。当有人向指挥官指控有军官或士兵殴打或虐待他人、骚乱滋扰当地居民时,若受理的指挥官拒绝惩罚犯罪者或者置之不理,并且拒绝以犯罪者的薪水对被害方进行赔偿,在证据确实的情况下,则该指挥者应当依据普通军事法庭的命令受到惩罚。这样的处罚方式应视为指挥者本人实施犯罪行为。②

在规范武装冲突的国际性法律文件中,1907年海牙《陆战法规和惯例章程》蕴含着对指挥官责任的规定,例如其第1条规定:交战的一方必须具备由一个对部下负责的人指挥、在作战中遵守战争法规和惯例等条件,才能具有交战者的资格,获得战争法规的保护。在1949年各项《日内瓦公约》中,有关条款也要求军队的指挥者对其下属的行为负责。

在第一次世界大战结束后的《凡尔赛条约》中,并没有明确地规定指挥官责任,但其第227条和第228条关于审判犯有严重罪行的前德国皇帝和其他战争罪犯的内容,实质上确立了追究主要指挥者的个人刑事责任之原则。在第二次世界大战之后,为了确定和追究所有战争罪犯的刑事责任,国际刑事调查通常开始于违法行为的实施者,然后逐渐通过指挥链而指向发布命令的上级,最后在军事系统内达到顶峰的国家元首。在这个方面,《纽伦堡宪章》遵循了《凡尔赛条约》第227条的基本原理,取消了对国家元首的豁免,确立了官方身份不免责原则。③ 由此可见,在法律规定和逻辑关系上,指挥官责任与官方身份不免责原则是紧密相联的。在追究国际犯罪行为人的刑事责任时,尽管《纽伦堡宪章》没有明确规定指挥官责任,官方身份不免责原则的确立在一定程度上也可以满足其要求。据此,在纽伦堡审判和东京审判中,指挥官责任原则在许多案件中也得以大量适用。

经过发展,制定于1977年的《日内瓦公约第一附加议定书》弥补了前期国际战争规范的不足,在第86条和第87条明确规定了"不作为"和"司令官的职

---

① William H. Parks, "Command Responsibility for War Crimes", 62 *Mil. L. Rew.* 1(1973).
② See M. Cherif Bassiouni, *Crimes against Humanity in International Criminal Law*, Martinus Nijhoff Publishers, 1992, p.373.
③ 参见〔美〕M.谢里夫·巴西奥尼:《国际刑法导论》,赵秉志、王文华等译,法律出版社2006年版,第252页。

责"的内容,为指挥官设立了三项防止或制止任何破坏各项《日内瓦公约》或议定书的行为之积极义务,包括:(1)军事指挥官应防止在其统率下的武装部队人员和在其控制下的其他人破坏各项《日内瓦公约》和本议定书的行为,在必要时制止这种行为并向主管当局报告;(2)为了防止和制止破约行为,指挥官应按照其负责地位,保证在其统率下的武装部队人员了解其依据各项《日内瓦公约》和本议定书所应负的义务;(3)指挥官在了解其部下或在其控制下的其他人即将从事或者已经从事破约行为时,应采取防止违反各公约或本议定书的必要步骤,并于适当时对破约的行为人采取纪律或刑事行动。如果下属实施了破坏各项《日内瓦公约》或议定书的行为,而上级知悉或者有情报使其能对当时情况作出结论,其部下是正在从事或即将要从事这种破约行为,却没有在其职权范围内采取一切可能的防止或取缔该破约行为的措施,则不使其上级免除按照情形所应负的刑事或纪律责任。

1993年以来,前南国际法庭和卢旺达国际刑事法庭相继建立。在《前南国际法庭规约》第7条"个人刑事责任"中,第3款明确规定了上级责任原则:如果一个部下犯有本规约所管辖的任何行为,而他的上级知道或有理由知道部下即将或者已经实施犯罪,却没有采取合理的必要措施予以阻止或处罚犯罪者,则不能免除该上级的刑事责任。对于该规定,联合国秘书长在《秘书长报告》中予以说明,认为:

  基于现行规约的内容,如果一位上级发布实施犯罪的违法命令,他就应当承担个人刑事责任。倘若他未能阻止下属的犯罪或违法行为,也应承担个人刑事责任。如果上级知道或有理由知道下属即将或者已经实施犯罪,却不能采取必要和合理的措施来防止、制止这些罪行的实施,或者对犯罪者进行惩罚,他就具备了犯罪疏忽,应承担刑事责任。[①]

《卢旺达国际刑事法庭规约》第6条第3款关于上级责任原则的规定,完全沿袭了《前南国际法庭规约》的术语。由此可见,与《日内瓦公约第一附加议定书》相比较,两个特设国际法庭规约对上级责任予以概括性的规定,并没有将上级责任仅限定于军事指挥官。

在《罗马规约》的制定过程中,为了突出上级责任原则在国际刑法一般原则中的重要性,大多数代表团都主张用单独的条款专门规定该原则,不再将其作为"个人刑事责任"的附属内容。然而,关于上级责任原则的拟定,首先涉及的重要问题就是该原则的适用范围:指挥官责任是否应只限于军事指挥官,还是应该

[①] 参见:*Report of the Secretary-General Pursuant to Paragraph 2 of Security Council Resolution 808* (*1993*), U.N. Doc. S/25704(1993), para.56。

也包括任何上级对其下属的行为。此外,在具体草拟上级责任的内容时,还面临着如何界定其性质的问题,即:指挥官责任是参与犯和同谋犯之外的另一种形式的刑事责任,还是指挥官对其下属的行为不能免除责任,抑或将指挥官视为主犯(principal)。对于以上问题,由于各代表团的认识不一致,在1996年"设立国际刑事法院问题筹备委员会"的报告中,筹备委员会将"指挥责任"的标题写为"[指挥官][上级]对[其所指挥部队][下属]的行为的责任",在具体内容的写法上列出三种备选案文:

除了对本规约范围内罪行所负的其他形式的责任之外,[指挥官][上级]还要负刑事责任;不能免除责任;应被视为实行犯(perpetrator)。①

经过讨论,尽管大多数代表团赞成对所有的上级人员适用指挥责任原则,在筹备委员会1998年提交给罗马大会审议的《国际刑事法院规约(草案)》第25条中,依然沿用了1996年筹备委员会的关于指挥官或者上级的备选式标题,但将具体内容改写为:

在下述情况下,如果[指挥官][上级]未能适当行使有效控制,致使有关[指挥官][上级]指挥下[或管辖下]和有效控制下的[部队][下属]得以实施本规约范围内的罪行,[除了对本规约范围内罪行所负的其他形式的责任之外,[指挥官][上级]还要对这些罪行负刑事责任][[指挥官][上级]不能免除对这些罪行的责任]:(a)该[指挥官][上级]知道,或者[由于罪行的普遍实施而理应知道][由于当时的情况]应已知道,其[部队][下属]正在实施或意图实施这些罪行;而且(b)该[指挥官][上级]没有采取一切在其权力内的必要和合理措施,防止或制止罪行的实施[或者处罚实施者]。②

关于上级责任的性质,虽然上述草案删去了将指挥官视为实行犯的备选案文,但还是保留了二选一的案文:上级责任是参与犯和同谋犯之外的另一种刑事责任,抑或是指挥官不能免除对其下属的行为所负的责任。这些突出的问题只能留待罗马大会予以磋商解决。

在罗马外交大会上,与会代表团对上级责任原则草案谈判的最大争议点集

---

① 参见:The Preparatory Committee on the Establishment of an International Criminal Court, *Report of the Preparatory Committee on the Establishment of an International Criminal Court*, Vol. II, G. A., 51st Sess., Supp. No. 22, A/51/22(1996),第三部分之二"刑法的一般原则",第1节"实质性问题",C条"指挥责任"。

② 参见:The Preparatory Committee on the Establishment of an International Criminal Court, *Report of the Preparatory Committee on the Establishment of an International Criminal Court*, Addendum, U. N. Doc. A/CONF. 183/2/Add. 1(14 April 1998),第25条"[指挥官][上级]对[其所指挥部队][下属]的行为的责任"。

中在该原则的适用范围上。经过协商讨论,采纳了大多数代表团关于对所有上级人员均应适用指挥责任原则的主张。同时,将该原则的性质确定为是参与犯和同谋犯之外的另一种形式的刑事责任,也吸纳了许多国家关于应区别规定军事指挥官和非军事系统的上级人员之间的不同情况之提议。据此,《罗马规约》第 28 条以"指挥官和其他上级的责任"为标题,详细规定了上级责任原则,其中该条第 1 款规定了"军事指挥官或以军事指挥官身份有效行事的人"所负的上级责任,第 2 款规定军事指挥官以外的其他上级人员所承担的上级责任。其具体内容如下:

第 28 条　指挥官和其他上级的责任
（Responsibility of Commanders and Other Superiors）

除根据本规约规定须对本法院管辖权内的犯罪负刑事责任的其他理由以外:

1. 军事指挥官或以军事指挥官身份有效行事的人,如果未对在其有效指挥和控制下的部队,或在其有效管辖和控制下的部队适当行使控制,在下列情况下,应对这些部队实施的本法院管辖权内的犯罪负刑事责任:

（1）该军事指挥官或该人知道,或者由于当时的情况理应知道,部队正在实施或即将实施这些犯罪;和

（2）该军事指挥官或该人未采取在其权力范围内的一切必要而合理的措施,防止或制止这些犯罪的实施,或报请主管当局就此事进行调查和起诉。

2. 对于第 1 项未述及的上下级关系,上级人员如果未对在其有效管辖或控制下的下级人员适当行使控制,在下列情况下,应对这些下级人员实施的本法院管辖权内的犯罪负刑事责任:

（1）该上级人员知道下级人员正在实施或即将实施这些犯罪,或故意不理会明确反映这一情况的情报;

（2）犯罪涉及该上级人员有效负责和控制的活动;和

（3）该上级人员未采取在其权力范围内的一切必要而合理的措施,防止或制止这些犯罪的实施,或报请主管当局就此事进行调查和起诉。

从以上国际刑法确立上级责任原则的历程可见,在对上级责任原则存有广义与狭义理解的情形下,国际社会普遍认为:当指挥官命令下属实施犯罪时,则应承担共犯或者直接个人的刑事责任,因此,《罗马规约》在第 28 条规定上级责任原则时,采取的是狭义的上级责任之范畴,将上级人员承担刑事责任的类型限定在"不作为"情形。然而,从广义角度来看,若上级人员参加了下级的犯罪行为,其承担刑事责任的法律依据不仅涉及《罗马规约》第 28 条关于上级责任的

规定,还会与《罗马规约》第 25 条第 2 款和第 3 款所规定的伙同他人犯罪、命令或教唆犯罪的个人刑事责任概念产生竞合关系。可以说,在国际刑法中,上级责任概念的位置处于不作为和共同犯罪之间,这有时会产生在特定的参加模式之间划分界限的困难问题。① 为了解决这一问题,《罗马规约》第 28 条在专门规定上级责任原则时,首先对第 1 款和第 2 款的适用冠以除却规定:"除根据本规约规定须对本法院管辖权内的犯罪负刑事责任的其他理由以外。"这里的"其他理由以外"实质上就是指第 25 条第 2 款和第 3 款所规定的直接参加犯罪的情形。从特别法优于一般法的原理出发,当上级人员参加下级实施的犯罪行为时,上级人员直接参加犯罪而承担刑事责任的事由应优先于上级人员基于不作为而承担刑事责任的类型。

4.4.2 上级责任原则的国际审判实践

第一次世界大战结束后,虽然国际社会未能根据《凡尔赛条约》实现对前德国皇帝的国际审判,但在莱比锡审判中,有一些案件的审判涉及指挥官责任。例如在审理克鲁修斯(Crusius)上校下令将受伤的法国囚犯处死的案件中,德国最高法院认为:如果下级按照通常程序执行一个违法命令,而该执行行为是其义务所要求的,则只有发布违法命令的上级官员应当承担刑事责任,据此判处被告人 2 年监禁。② 自纽伦堡审判和东京审判以来,在国际审判实践存在着大量适用上级责任原则的案件,为该原则的认定提供了许多范例。

4.4.2.1 山下奉文案

从严格意义上讲,美国诉山下奉文(Tomoyuki Yamashita)案是第一起适用上级责任原则的国际审判案件。在第二次世界大战后期,山下奉文是日军驻菲律宾的第十四方面军总司令,负责菲律宾全岛的防务。山下被任命后不久,美军于 1944 年 10 月 20 日开始进攻莱特岛。1944 年 12 月,山下决定集中军力防守吕宋岛,将其军队编成三个集团,并任命了两个下属分别负责两个集团防守吕宋岛的特定地域。在此期间内,山下的部队实施了大规模的罪行:在马尼拉强奸 500 多名妇女;残酷虐待和屠杀 32000 余名平民和被俘的美国军人;大规模毁坏和非法处置平民的财产。

1945 年 10 月 2 日,在山下投降后一个月,山下被起诉和受到如下指控:

> 作为日本帝国军队的将军,从 1944 年 10 月 9 日至 1945 年 9 月 2 日,在指挥日本武装力量与美国和同盟国作战期间,漠视下属在马尼拉和菲律宾群岛的其他地方之行为,未能履行其作为指挥官而负有控制所指挥的部

---

① 参见〔德〕格哈德·韦勒:《国际刑法学原理》,王世洲译,商务印书馆 2009 年版,第 155 页。
② See William H. Parks, "Command Responsibility for War Crimes", 62 *Mil. L. Rew.* 1(1973).

队成员行动的职责,对于美国、同盟国和所属国的人民,特别是对菲律宾的人民,允许他的下属实施残酷的暴行及其他严重罪行,因此,山下将军违反了战争法。①

在审判中,山下否认自己命令部队从事犯罪行为,辩称自己刚被任命还未建立其指挥官的地位,加上美军的持续猛烈进攻、当地游击队的困扰以及日军落后的通讯系统等原因,使他根本无法知晓属下的犯罪。经过审理,负责审判的美军军事委员会认为:军队指挥官在被赋予广泛权力的同时,也被赋予了重大的责任,这是毋庸置疑的,有史以来的任何军队都是如此。当然,仅因为下属犯了谋杀或强奸罪就认定上级是杀人犯或强奸犯,这种观念显然是荒谬的。但是,如果谋杀、强奸、邪恶和复仇的行为是非常普遍时,指挥官却没有采取有效的措施予以发现和阻止,该指挥官则应对其部属的违法行为,根据其性质和具体情况而承担责任,甚至是刑事责任。倘若指挥官发布了直接导致非法行为的命令,则其承担刑事责任是确定无疑的。最后,军事委员会认为:基于山下的命令,日本武装军队对在菲律宾群岛的美国、同盟国和所属国的人民实施了一系列暴行和其他严重犯罪。这些罪行在本质上不是偶然发生的,在很多情况下是在日本军官或是未经正式委任的日本军官的监控下有计划实施的。此外,山下在此期间未能根据当时的情况对他指挥的军队予以有效的控制。② 据此,军事委员会认定山下有罪,并判处其绞刑。基于山下辩护律师的上诉,美国最高法院于1945年1月7日对此案进行再次审判,多数法官认为被告人违背了作为军事指挥者控制下属行为的义务,存在允许下属实施大范围暴行的行为,从而违反了战争法,故最终驳回了上诉。1946年2月23日,山下被执行绞刑。

4.4.2.2　高级指挥官案

在纽伦堡审判中,最著名的适用上级责任原则的案件是美国诉威廉·冯·李伯(The USA v. Wilhelm Von Leeb)案。由于该案涉及以陆军元帅李伯为首的十多名德国高级军官,故又称为"高级指挥官案"(The High Command Case)。1941年6月至1942年1月,李伯元帅出任进攻原苏联的北方集团军司令,率部攻打列宁格勒,后因久攻不下被解职。在此期间内,首先是希特勒认为在与原苏联的战争中,所有的原苏联政治委员是抵抗的真正领导者,故在1941年6月发出"人民委员命令",要求东部战线的德军不必考虑国际法的规定,必须迅速地处决所有已抓获的原苏联政治委员。该命令的执行导致大约几百名原苏联官员被处死。后来,德国陆军元帅凯特尔将军发布"巴巴罗萨命令",认为军事法庭没有足够的精力应付敌方平民的战争犯罪,故要求对于进攻德军的敌方平民和游击

---

① U.N. War Crimes Commission, *4 Law Reports of Trails of War Criminals 3—4*(1948).
② *See* William H. Parks, "Command Responsibility for War Crimes", 62 *Mil. L. Rew.* 1(1973).

队员,德军应予以无情的消灭。即使德国党卫军在镇压敌方平民时犯罪,也不必受到追究。基于这道命令,许多平民和游击队员被处死。在李伯被指控犯有的六项犯罪中,其中有两项是执行以上两道命令而导致战争罪和危害人类罪的实施。

在对该案的审判中,军事法庭明确拒绝了山下奉文案判决所采取的几乎是严格责任的理论,具体阐述了指挥官承担刑事责任应具备的标准,认为:在军事上的从属地位是确定刑事责任的一种综合因素,并不是决定性的因素。不能仅根据单独的事实就认定指挥体系中的每一个人都构成犯罪。只有当犯罪行为可以直接追溯到指挥官本人,或者指挥官未能适当地监管下属以至于构成刑法意义上的过失时,他才应承担相应的刑事责任。肆意纵容就等于个人的过失,而不道德地漠视下属行为就等同于默认。因此,不能仅根据下属和完全指挥责任理论,就认定指挥者承担刑事责任。指挥者必须被证实明知且与这些犯罪行为相关联,无论是以亲自参与或者默认的方法。① 根据以上理论,军事法庭认为李伯在反复试图让希特勒改变"人民委员命令"未果的情况下,发布了一个纪律条例来警告他的下属在执行命令时必须遵守战争法,故认定其在执行"人民委员命令"方面无罪。对于"巴巴罗萨命令"的指控,法庭认为李伯将该命令传达给下属执行,并没有采取诸如执行"人民委员命令"时的适当行动,这证明他知道该命令,或者是默认该命令的执行,故认定该指控成立。最后,军事法庭判处李伯3年监禁刑。

4.4.2.3 塞利比希案

继纽伦堡审判和东京审判之后,直至国际社会渡过"冷战"时期,上级责任原则才得以在前南和卢旺达国际刑事法庭的国际审判实践中得到运用。前南国际法庭审判的"塞利比希(Celebici)案"是第二次世界大战以来国际刑事法庭审判的第一个适用上级责任的案件,堪称两个特设国际法庭适用上级责任原则的典范。

塞利比希是波黑的一个乡镇。1992年,波斯尼亚穆斯林族军队和克族军队在该镇建立一个集中营。有大量证据表明:在塞利比希集中营,被关押的波斯尼亚塞族人遭受了杀害、酷刑、强暴以及其他残酷、非人道的待遇。前南国际法庭在本案中审判了4名被告人,其中第一被告人戴拉季奇(Delalić)是波斯尼亚穆斯林军队和克族军队在当地的协调员,第二被告人穆季奇(Mucić)是集中营的指挥官,第三被告人戴利奇(Delić)是副指挥官,第四被告人兰卓(Landžo)是集中营的看守。检察官指控这4名被告人对在集中营中发生的严重违反国际人道

---

① US Military Tribunal, Nuremberg, Judgment of 28 October 1948, in *Trials of War Criminals* X, pp. 542—544.

主义的犯罪承担刑事责任,其中戴拉季奇、穆季奇和戴利奇三人还应承担上级责任。在该案的审理中,根据习惯国际法以及《前南国际法庭规约》第7条第3款的规定,初审分庭对上级责任进行严谨的论证和细致的梳理,认为:戴拉季奇作为协调员,对于塞利比希集中营和看守没有指挥和控制的权力,因此,对其被指控的全部12宗罪行不应承担上级责任,应认定为无罪和予以立即释放;穆季奇在事实上是塞利比希集中营的指挥官,对集中营、副指挥官和看守具有事实上的指挥权,因此,对于在集中营发生的杀害、酷刑、非人道的行为、非法关押平民等严重违反国际人道主义的犯罪应负上级责任,同时还应对其亲自参与的杀害、酷刑等犯罪承担直接的刑事责任,判处7年监禁;戴利奇处于副指挥官位置,对于集中营的看守具有影响力,因此,对于在集中营发生的所有犯罪行为,他只对自己鼓励下属实施的某些谋杀、酷刑、严重伤害、非人道的犯罪承担上级责任,并且对于亲身参与的杀害、酷刑、强奸、非法关押平民等犯罪承担直接的刑事责任,处以20年监禁;兰卓对自己亲自实施的谋杀、酷刑、严重伤害等犯罪承担直接的刑事责任,判处15年监禁。① 针对三名被判有罪的被告人上诉以及检察官对戴拉季奇被判无罪的抗诉请求,上诉分庭进行了二审,其中对于上诉理由中的上级责任问题,法官基本支持一审法庭的解释和意见,同时也对一些异议进行了进一步的阐述。②

4.4.3 上级责任的成立条件

根据国际审判实践的积累以及有关国际法律文件的规定,上级人员对于下属实施的特定国际犯罪,在根据上级责任原则认定其承担不作为形式的刑事责任时,必须具备上下级关系存在的先决条件、知道或者理应知道的主观条件以及应为而不为的客观条件。

4.4.3.1 先决条件:上下级关系的存在

从一般意义上讲,上级与下属关系(the superior and subordinate relationship)位于指挥官责任概念的核心地位③,该关系的存在是适用上级责任的先决条件。所谓上下级关系,其核心要素是上级对下级人员处于有效控制的地位。④ 以体现上下级关系的界别为标准,上级人员有军职上级与非军职(文职)上级之分。

---

① 参见:*Prosecutor v. Delalic et al.*, ICTY (Trial Chamber), Judgment of 16 November 1998, Case No. IT-96-21-T, Section III and Section IV。

② 详情参见:*Prosecutor v. Delalic et al.*, ICTY (Appeals Chamber), Judgment of 20 February 2001, Case No. IT-96-21-A。

③ 参见:*Prosecutor v. Clement Kayishema and Obed Ruzindana*, ICTR, Judgment of 21 May 1999, Case No. ICTR-95-1-T, para.217。

④ 参见:*Prosecutor v. Delalic et al.*, ICTY (Appeals Chamber), Judgment of 20 February 2001, Case No. IT-96-21-A, para.196。

所谓军职上级,是指在法律上或者在事实上能够向军队发布命令的人员,一般是指在军队中具有命令权威的军事指挥官(military commander),也包括以军事指挥官身份有效行事的人员(person effectively acting as a military commander),例如武警指挥官、未列入军队编制的准军事组织负责人、非正规军队的首领等;所谓非军职(文职)上级,是指军职人员之外的、能够在法律上或者事实上有效管辖和控制其下级行动的人员,例如国家的政治领导人、文职高级官员、企业负责人等。在指挥官责任概念形成和运用的前期,关于适用上级责任的案件大多数涉及为狭义的军事指挥官,但这一限定在第二次世界大战后的审判实践中有所突破,非军职(文职)上级在特定条件下也应为下级的行为承担刑事责任。例如,在远东国际军事法庭审判中被处以绞刑的7名日本甲级战犯中,广田弘毅(Koki Hirota)是唯一的文职上级官员,其职务是日本外务大臣,不负责指挥日本军队。① 在《罗马规约》中,对上级责任原则的适用主体采取广义和有区别的上级人员范畴:第28条第1款规定的是军职上级,第2款则规定文职上级。

从成立上下级关系的必要条件考察,如何认定上下级关系的成立,直接关系到上级责任原则在实践中的具体适用。对此问题,在国际性法律文件和国际刑事审判实践中出现过多种判断标准。例如,在1977年《日内瓦公约第一附加议定书》的第87条中,将军事指挥官的地位确立为能够统率武装部队人员和控制其他人员。《前南国际法庭规约》和《卢旺达国际刑事法庭规约》均概括性地规定上级责任,没有规定上下级关系的确立标准。然而,在两个特设国际法庭的审判中,则论证了上下级关系的认定标准。例如,前南国际法庭提出了"有效控制"说,认为:上级对实施违反国际人道主义法罪行的人必须具有实际有效的控制能力,即能够阻止和惩罚实施该罪行的下级人员。② 在这个问题上,《罗马规约》对军事指挥官和其他上下级关系的确立标准使用了不同的术语:就军事指挥官而言,要求其能对军队予以"有效指挥和控制"(effective command and control);而在其他上级的情形下,则要求其能对军队或者下级人员予以"有效管辖和控制"(effective authority and control)。根据学者的解释,"有效指挥和控制"是指处于军事指挥官链条中、在法律或者事实上能直接发布命令的人员,该命令可以直接传达给实施犯罪行为的下级,或者通过其下级指挥官间接地传达给实

---

① 经过审判,远东国际军事法庭认为:日本军队在1937年12月攻入南京之后,身为日本外务大臣的被告人立即就接到关于大屠杀的报告,并将报告转给陆军省。在得到陆军省关于停止暴行的保证之后的一个月内,被告仍不断收到关于日军暴行的报告。然而,被告人没有在内阁会议上主张立即采取措施以停止暴行,也未采取其他可能的措施来制止暴行,却满足于陆军省所谓的保证,这是被告人对本身义务的懈怠,已经达到了犯罪的程度。最后军事法庭认为:作为日本外务大臣,被告人未能履行他的法定义务,没能采取充分的措施来确保战争法的遵守和阻止破坏战争法的罪行,其行为已构成犯罪,判处其绞刑。
② 参见:*Prosecutor v. Delalic et al.*, ICTY, Judgment of 16 November 1998, Case No. IT-96-21-T, para. 378。

施犯罪行为的下级。当军事指挥官链条上存有一系列人员时,"有效指挥和控制"的指挥官是指能够发布与敌行动或者与战俘、受害人相关的命令之人员。另一方面,"有效管辖和控制"则是针对不处于军事指挥官链条中的人员,例如,在占领区能够发布对该地区的所有武装力量都有效、且与该地区的公共秩序或者安全有关的命令之人员。① 无论如何,从成立上下级关系的充分条件来看,不管是对下属进行指挥、管辖,或者是对下属予以控制,均要满足"有效的"之前提条件。

在上下级关系的认定上,尽管习惯国际法支持"有效控制"的标准,可如何界定之却不十分明确。对此问题,在塞利比希案中,前南国际法庭初审分庭认为:处于指挥官的位置是适用上级责任所必需的先决条件。然而,指挥官的位置并不必须源于法律授权的正式职位。在决定是否适用上级责任时,也可考察当事人是否拥有对下属的实际控制权力。上级责任既可以适用于法律授权的指挥官,也可以对实际处于指挥官地位的人适用。② 在塞利比希案件的二审判决中,上诉分庭指出:阻止和惩罚的权力并不只源于导致官方任命的法律职权。在很多偶然冲突的场合,可能只存在事实上的政府,因而只有事实上的军队和准军事部属。如果法庭将指挥权只局限于正式任命的职权,法庭则会发现对于事实上的上级,尽管他们在案发时与正式任命的上级或是指挥官拥有同样的权力,法庭却无法以人道法律予以追究。③ 因此,关于有效性的认定标准,国际刑事审判实践认为:适用上级责任的前提并不只局限于是否具有法定的职权和有关当局的任命,在事实上拥有控制下属的权力也可成立上下级关系。

4.4.3.2 主观条件:知道或者理应知道

对任何法律标准和证明的选择最终都是法律政策问题。在国际刑事政策方面,一方面不应对指挥者赋以不合理的高度责任,指挥者无法阻止那些他们不能预见的下属所实施的非法行为;在另一方面,如果赋予指挥者更高的责任能够使其加强警惕,并且最大程度地减少下属的潜在违法行为,这种政策就会导致"理应知道"的检验标准。④ 因此,上级责任属于过错责任,而不是严格责任。从国际刑事审判的第一起适用上级责任的山下奉文案开始,直至前南和卢旺达国际刑事法庭的审判,均未有过基于严格责任而适用上级责任原则的先例。在主要的国际性法律文件中,均为上级责任的认定确立了主观条件。例如,在《日内瓦

---

① 转引自卢有学:《指挥官刑事责任基本理论》,载于《西南政法大学学报》2006年第2期。
② 参见:Prosecutor v. Delalic et al., ICTY, Judgment of 16 November 1998, Case No. IT-96-21-T, para. 378。
③ 参见:Prosecutor v. Delalic et al., ICTY (Appeals Chamber), Judgment of 20 February 2001, Case No. IT-96-21-A, para. 256。
④ 参见〔美〕M.谢里夫·巴西奥尼:《国际刑法导论》,赵秉志、王文华等译,法律出版社2006年版,第251页。

公约第一附加议定书》第86条第2款中,将军事指挥官的主观方面其界定为"知悉"(knew)或者"使其能作出结论"(should have enabled them to conclude)。对于上级责任成立的主观条件,在《前南国际法庭规约》第7条第3款和《卢旺达国际刑事法庭规约》第6条第3款中,均使用"知道"(knew)或者"有理由知道"(had reason to know)的术语。在《罗马规约》中,对军职上级与文职上级构成上级责任的主观心理要件采取了区别对待的模式,即对于部队或者下级人员正在实施或即将实施的国际犯罪,要求军职上级的主观方面是"知道"或者"理应知道"(should have known),而对于文职上级则是要求"知道"或者"故意不理会"(consciously disregarded)。由此可见,鉴于军职上级与文职上级对控制下级人员的义务要求和程度有所差别,《罗马规约》对军职上级作出更严格的要求。

在构成上级责任的主观要素之类型中,"知道"均被主要的国际性法律文件所规定,它是指上级人员在事实上知悉下属正在实施或即将实施犯罪,却未加阻止或惩罚的主观心理。从理论上看,即使行为人辩称自己不知道,如果通过一定的证据能够证明上级人员"知道"下级实施犯罪,就可以认定他事实上是知道的,只是其不承认和狡辩而已,可根据不作为犯罪的理论追究其刑事责任,这在国际刑事审判实践中并无争议。然而,从证据角度而言,证明上级人员事实上知道下属犯罪的举证责任很重。从适用上级责任的国际审判实践来看,被告人几乎无一例外地辩称自己事实上并不知道下级人员在实施犯罪。因此,从严密追究上级人员刑事责任的法网出发,就不应将构成上级责任的主观要素只限定为"知道",需要加入其他类型的主观要件。从一定意义上看,"理应知道"的标准在上级责任理论中,就具有"兜底"的重要地位。

所谓"理应知道",是指在上级人员事实上不知道的情形下,各种间接证据推定出行为人在当时的情况下有理由知道的主观心理。关于认定"理应知道"的标准,在国际刑事司法实践中多次出现过先例。例如,前南国际法庭认为:指挥官有义务收集和评估相关的信息。如果指挥官依其职权能够拥有显示其下属正在实施或即将实施犯罪的信息,这足以引起一个诚实和尽职的指挥官予以进一步的调查,但该指挥官故意不理会此类信息,或者放任草率地不履行自己的职责,这种情况就足以满足"有理由知道"的条件。同时,在判断上级人员是否"有理由知道"时,可以考察以下一系列因素:下属实施非法行为的数量、类型、范围、发生的时间;实施非法行为的军队数量和类型、行动细节部署;非法行为的发生地;非法行为发生的广泛程度;实施非法行为的战术速度;涉及非法行为的军官和其他军事人员;指挥官当时所处的地点等。[①] 这些因素在《罗马规约》中被

---

① 参见:Prosecutor v. Delalic et al., ICTY, Judgment of 16 November 1998, Case No. IT-96-21-T, para. 382—386。

高度概括为"当时的情况"(the circumstances at the time)的术语。

4.4.3.3 客观条件：应为而不为

根据《罗马规约》的规定，从上级责任成立的客观条件来看，上级人员对于下属实施的特定国际犯罪，未在其权力范围内采取一切必要而合理的措施予以防止或制止犯罪的实施，或报请主管当局就此事进行调查和起诉。对此，我们可以拆分为以下几个构成部分：

1."应为"

若追究上级人员因不作为而承担的刑事责任，首先要明确上级人员应负有的作为义务，这是构成不作为危害行为的客观前提。身为上级人员，特别是军职上级，他们拥有特殊的控制和支配力量。同时，由于军事法是建立在指挥和控制的体系结构上，处于指挥链上的人员就有义务制定用以阻止实施违法行为的方法、调查关于违法行为的信息、对违法行为的实施者进行惩罚、制定阻止和纠正导致潜在违法行为的方法。因此，作为指挥的基本方面，一个指挥者有义务控制下属，并采取所有可行的措施来确保他们遵守法律和阻止违法行为，不履行这些义务将招致个人刑事责任。[①] 事实上，为了规范上级人员所拥有的特殊控制力量，关于上级人员防止或制止下属犯罪的作为义务，早已为国际性法律文件和习惯国际法所确立，认为：军事指挥者对于其指挥的武装军队或控制下其他人员负有特殊的责任，有义务来阻止犯罪行为、在必要时压制犯罪行为并向有关机关报告。如果上级获得的信息能断定其下属正在或准备实施犯罪，而且未采取职权内的任何可行措施来阻止这些罪行，则应当承担刑事责任。[②]

2."有可能为"

如前所述，在《罗马规约》等国际性法律文件中，对上级人员创设了防止或制止下属犯罪的作为义务。如果上级人员未能履行这种义务，则有可能承担刑事责任。但是，对于上级人员而言，他们并不基于下属所实施的所有罪行而承担刑事责任。在负有作为义务的上级人员无法知悉，或者无法控制下属实施犯罪时，上级人员就不可能履行该义务，则不应承担不作为的刑事责任。例如，前南国际法庭认为：国际法不能勉强上级去做不可能的事情。因此，只应认定上级对没有采取处于其权力范围内的措施而承担刑事责任。[③] 有鉴于此，对于军职和文职上级人员应承担不作为刑事责任的范围，《罗马规约》将其限定在"其权力

---

① 参见〔美〕M.谢里夫·巴西奥尼：《国际刑法导论》，赵秉志、王文华等译，法律出版社 2006 年版，第 253、266 页。

② 参见：Report of the Secretary-General Pursuant to Paragraph 2 of Security Council Resolution 808 (1993), U.N. Doc. S/25704(1993), para.56。

③ 参见：Prosecutor v. Delalic et al., ICTY, Judgment of 16 November 1998, Case No. IT-96-21-T, para. 395。

范围内"（within his or her power）能防止或制止的下属活动；同时考虑到文职上级人员对其下属的控制程度不能等同于军职人员，为了体现出文职上级人员无法对其下级人员实施的与工作无关的活动予以负责，故又对文职上级人员加上"犯罪涉及其有效负责和控制的（within the effective responsibility and control）活动"之二次限定。换而言之，上级人员对于下属所实施的超出上述限定范围之外的犯罪，则应认定其不可能履行作为义务。

3. "不为"

对于下属实施的特定国际犯罪，在上级人员负有防止或制止的作为义务，并且有可能履行的情形下，只有当其不履行该义务（"不为"）时，才应承担不作为的刑事责任。对于上级人员因"不为"而成立不作为犯罪的模式，在不同时期的国际性法律文件中的表述上略有不同。在《日内瓦公约第一附加议定书》第86条第2款中，对于"不为"的规定是：

> 上级不在其权力内采取一切可能的防止或取缔该破约行为的措施。

《前南国际法庭规约》和《卢旺达国际刑事法庭规约》均表述为："没有采取合理的必要措施予以阻止或处罚犯罪者。"

在《罗马规约》中，关于"不为"的内容是：未采取一切必要而合理的措施予以防止或制止（to prevent or repress）犯罪的实施，或报请主管当局就此事进行调查和起诉（investigation and prosecution）。概而言之，对于下属实施的特定国际犯罪，上级人员"不为"的模式主要表现为三种：不防止、不制止和不惩罚。从上级人员"不为"的时空特征来看，其与下属实施特定国际犯罪的行为阶段紧密相联，这具体表现为：（1）当下属将要实施犯罪，即犯罪还处于计划或预备阶段时，则要求上级人员必须采取防止性措施，诸如发布确保能够得到遵守的不能犯罪之命令、采取解除下级职务等纪律性措施、加强教育培训等。如果上级人员不履行或者怠于履行防止的义务，其就成立不作为。（2）当下属正在实施犯罪时，上级人员就应采取制止性措施，例如立即发布停止犯罪的命令，并且确保命令得到遵守。若上级人员不制止、允许或者假装制止，其就构成不作为。（3）当下属已经完成犯罪之后，上级人员则应采取惩罚性措施。倘若上级对实施犯罪的下属不予以惩罚，或者报请主管当局进行调查和起诉，这就是对犯罪人的纵容，也是对其他潜在犯罪人的变相鼓励。此外，关于上级人员"不为"的程度，《罗马规约》采用的是"一切必要而合理的措施"（all necessary and reasonable measures）之术语。对于认定措施是否属于"必要而合理"的标准，应该具体情况具体分析，不仅需要考察指挥官处于指挥链条中的有效控制之等级，还需结合指挥官针对下属实施犯罪的行为阶段而可能采取的不同措施。

4.5 执行命令不免责原则

所谓执行命令不免责原则,是指对于个人在执行上级命令时所实施的特定国际犯罪,在法定情形下,不因其遵照上级命令行事的事由而免除刑事责任。通过国际性法律文件的确立和国际刑事审判实践的历程,该原则成为确定个人刑事责任的一项重要原则,表明国际刑法不承认关于上级命令的抗辩理由,这已形成为习惯国际法的内容之一。与上级责任原则一样,执行命令不免责原则也是与上级命令相联系的国际刑法一般原则,只是两者承担刑事责任的主体有所不同,即适用上级责任原则的主体是发布命令的指挥官和其他上级人员,而执行命令不免责原则的适用主体是具体执行命令的下级人员。从实践层面来看,执行命令不免责原则与官方身份不免责原则、上级责任原则一起,共同构成确立个人刑事责任的架构体系,从而将国际犯罪的刑事责任承担者覆盖到实施犯罪链条中的所有个人,从主体方面严密了国际刑法的法网,使得任何对国际犯罪负有责任的个人均不能逃脱刑事追究,这对于遏制国际犯罪具有重要的价值。

4.5.1 绝对责任的表现:《纽伦堡宪章》模式

在世界各国的军事法上,服从命令是维持军队纪律的基本要求,下级具有服从上级命令的义务,这正如谚语所言:"军人以服从命令为天职。"从传统上看,如果下级不服从上级的命令,就会被视为违法行为,甚至是犯罪行为。这就自然地引申出执行上级命令的辩护理由之存在,犯有违反战争法规和惯例的罪行之执行命令者可以据此而主张不承担刑事责任。从一定意义上讲,否定这种辩护理由,就意味着潜在地否认服从义务。[①]

然而,从法律和逻辑上讲,如果将执行上级命令作为完全的辩护理由,必然会导致对于所有普通士兵实施的严重侵犯人权的行为,最终只是把责任推向发布命令的上级官员,其结果只能追究最高统帅甚至国家元首的责任,这无疑会缩小承担国际犯罪刑事责任的犯罪主体之范围,对于战争法的有效实施会有极大的损害。随着国际人道主义法的发展,为了保护诸如平民、被俘的军人、伤病员等不直接参加武装冲突的人员,一些国际性法律文件要求所有战斗人员,不论是指挥官还是普通士兵,都必须遵守有关的国际法原则。因此,在国际法理论上出现了"下级责任"(Subordinates' Responsibility)的概念,这专指下级执行上级违法

[①] 参见〔美〕M.谢里夫·巴西奥尼:《国际刑法导论》,赵秉志、王文华等译,法律出版社2006年版,第235—236页。

命令所应承担的责任。① 由此可见,军事法规需要在服从义务程度和限制此类辩护上进行权衡。同时,国际刑法的刑事责任政策决定了服从上级命令的辩护应作为减轻责任的程度,而不是免除责任的因素。② 随着国际法的发展,执行命令不再被作为免除刑事责任的辩护理由。例如,在1922年《关于战时保护海上中立者和非战斗员生命及禁止使用有害气体和化学品公约》中,规定:违反本规则的行为,无论是否属于依照政府命令行事,都应当被认为违反了战争法,并且应当接受审判和惩罚。

在国际刑法规范中,执行命令不免责原则源自《纽伦堡宪章》。该宪章第8条规定:

> 被告遵照其政府或上级官员的命令行事之事实,不能作为免刑的理由。但如按法庭的观点该行动具有充分根据者,可考虑作为减刑的理由。

在审判中,纽伦堡军事法庭对此规定予以进一步阐释,认为:该条款的规定与所有国家的法律相一致。尽管《宪章》规定上级命令可以作为要求减轻刑罚的理由,但士兵遵照命令而以违反有关战争国际准则的方式实施杀害或者酷刑的事实,从未被认可为对如此的暴行予以辩护的事由。正如大多数国家的刑法在不同程度上的规定,真正的标准不在于命令是否存在,而在于行为人是否在事实上具有道德选择(moral choice)的可能性。③《远东国际军事法庭宪章》基本沿用了《纽伦堡宪章》的上述规定,在第6条"被告之责任"中规定:

> ……被告系遵从其政府或上级长官之命令而行动之事实,均不足以免除其被控所犯任何罪行的责任。但若法庭认为符合公正审判之需要时,此种情况在刑罚之减轻上得加以考虑。

以上《纽伦堡宪章》和《远东国际军事法庭宪章》关于执行命令不免责原则的规定,可以被理解为是绝对责任原则的一种表现,或者在反映明显不法原则的情形下,可被理解为是建立了不可反驳的推定:实施危害和平罪、危害人类罪或者战争罪的命令,总是明显不法的。④ 对于《纽伦堡宪章》和审判所认定的执行命令不免责原则之做法,联合国在1946年《确认纽伦堡宪章所认定的国际法原则》的决议中予以认可。在1950年,国际法委员会在《纽伦堡宪章及其判决认可的国际法原则》的第4项原则也予以肯定,规定:

---

① 参见朱文奇:《国际刑法》,中国人民大学出版社2007年版,第212、221页。
② 参见〔美〕M.谢里夫·巴西奥尼:《国际刑法导论》,赵秉志、王文华等译,法律出版社2006年版,第230、236页。
③ Intenational Military Tribunal, "Trail of the Major War Criminals before the International Military Tribunal", 41 *American Journal of International Law*, 1947, p.221.
④ 参见〔德〕格哈德·韦勒:《国际刑法学原理》,王世洲译,商务印书馆2009年版,第184页。

依据政府或其上级命令行事的人,如果他能够进行道德选择,不能免除其根据国际法应当承担的责任。①

继纽伦堡审判之后,在一些国际性法律文件中,执行命令不免责原则得以进一步体现。例如,前南和卢旺达两个特设国际刑事法庭规约继承了《纽伦堡宪章》关于执行命令不免责原则的规定,在关于"个人刑事责任"的条款中,均对该原则作出具体的规定,只是删去了纽伦堡审判判决所认可的关于将"道德选择"作为适用该原则的先决条件之限制。《前南国际法庭规约》第7条第4款规定:

被告人按照政府或上级命令而犯罪,不得免除他的刑事责任,但是如果国际法庭裁定合乎法理,则可以考虑减刑。

对于该规定,联合国秘书长予以特别说明,指出:

奉政府或上级命令行事而实施犯罪,不能免除个人刑事责任,也不能作为辩护理由。但是,国际法庭可以决定将对上级的服从认为是减轻刑罚的因素,例如,国际法庭可将上级命令与诸如胁迫、缺乏道德选择等其他辩护理由联系起来。②

在《卢旺达国际刑事法庭规约》第6条第4款中,完全沿袭《前南国际法庭规约》关于执行命令不免责原则的措词。

在前南国际刑事审判实践中,执行命令不免责原则得以贯彻实施,例如"埃尔戴莫维奇(Erdermović)案"。埃尔戴莫维奇是波黑塞族军队第十破坏支队的士兵。1995年7月16日,被告人与其所在的支队被派往辟利察附近的一个集体农场(Pilica Farm),后被通知将有一批17岁至60岁的穆斯林被运到农场。当手无寸铁的平民到达后,就立即被埃尔戴莫维奇和其他人所屠杀,共约1200人。根据被告人的估算,其亲手杀死70人。前南国际法庭初审分庭经审判,于1996年11月29日以谋杀形态认定其已构成危害人类罪,但考虑到其年龄、下属的位置、悔罪、自首、自认有罪、与检察官的合作等具有减轻刑罚的事由,故判处其10年监禁刑。依据其在不具有道德选择的可能性下执行命令、被胁迫等理由,被告人提出上诉。在1997年10月7日,上诉分庭作出判决,指出:从纽伦堡和远东国际法庭的判决中可以总结出一项原则,即被胁迫只有在符合严格条件的情况下,才可成为完全的抗辩事由。如果受胁迫所实施的是诸如本案中极度

---

① 参见:"Principles of International Law Recognized in the Charter of the Nuremberg Tribunal and in the Judgment of the Tribunal", in *Report of the International Law Commission Covering Its Second Session*, 5 June-29 July 1950, 5 U.N. GAOR Supp. (No.12), U.N. Doc. A/1316(1950).

② 参见:*Report of the Secretary-General Pursuant to Paragraph 2 of Security Council Resolution 808 (1993)*, U.N. Doc. S/25704(1993), para.57。

凶残的行为,则被胁迫就不能成为无罪的充足抗辩理由,只能作为减轻刑罚可考虑的因素之一。同时,考虑到埃尔戴莫维奇的年龄、家庭背景、自认有罪、与检察官的合作等减轻刑罚的事由,上诉分庭于1998年3月5日判处其5年监禁刑。①

4.5.2　有条件的绝对责任:《罗马规约》的妥协规定

在《罗马规约》的制定过程中,最初在1995年"设立国际刑事法院问题特设委员会"的报告中,是将"上级命令"问题列入辩护理由之一。后来在1996年"设立国际刑事法院问题筹备委员会"的报告中,则将"上级命令"问题作为实质性问题之一,但由于参加筹备委员会的代表团对该问题存有较大的争论,筹备委员会就以汇编的形式,列出"上级命令"的两种提案②,提交给联合国大会审议。

经过讨论和协商,在筹备委员会于1998年提交给罗马大会审议的《国际刑事法院规约(草案)》第32条中,提出以下关于执行命令不免责原则的内容条款:

　　1. 奉政府或[军职或文职]上级命令行事,可以[并不]免除个人刑事责任,[[如果][除非]已知道]该命令[为非法的或]显然为非法的]。

　　[2. 灭绝种族罪[或危害人类罪][或…罪]的实施者或共犯不应仅根据如下理由而排除刑事责任,即该人是奉政府或上级命令或按照国内法律或规章行事。]③

在1998年罗马外交大会上,与会代表团依然就执行命令不免责原则的内容

---

① 参见:*Prosecutor v. Drazen Erdemovic*, ICTY (Appeals Chamber), Judgment of 5 March 1998, Case No. IT-96-22。

② "提案1"的内容是:"1. 奉政府或[军事或政治]上级命令行事,[如果该命令是显然非法的,][而该命令由于可能使本人处于更大危险而别无他法只有服从,或没有其他道义上的选择,]并不免除刑事责任。2. 如第1款所述情况,奉政府或上级命令行为的,可按情节予以减刑[如果法院认为符合法理要求,可酌情从轻处罚]。"至于"提案2",标题是"法律规定和合法当局的命令",其内容如下:"1. 关于灭绝种族罪、危害人类罪或侵略罪,犯下这些罪行之一的人或同谋,不得以他是根据立法或条例的规定或授权而行为或是奉合法当局的命令而行为的唯一事实,而免除刑事责任。但是,本法院在确定刑罚及其严厉程度时,应考虑到此一情节。2. 关于严重违反战争法规和惯例的罪行和严重破坏各项《日内瓦公约》的罪行,奉合法当局的命令而行为的人不应负刑事责任,除非此一行为是显然非法的,或违反适用于武装冲突的国际法规则,或违反经正式批准或核准的国际公约。3. 但是,凡奉安全理事会的命令而行为的人,或以安全理事会的名义并按照其授权而行为的人,不应负刑事责任,并不得在本法院被起诉。"参见:The Preparatory Committee on the Establishment of an International Criminal Court, *Report of the Preparatory Committee on the Establishment of an International Criminal Court*, Vol. II, G. A., 51st Sess., Supp. No. 22, A/51/22 (1996),第三部分之二"刑法的一般原则",第1节"实质性问题",Q条"上级命令"。

③ 参见:The Preparatory Committee on the Establishment of an International Criminal Court, *Report of the Preparatory Committee on the Establishment of an International Criminal Court*, Addendum, U. N. Doc. A/CONF.183/2/Add.1(14 April 1998),第32条"上级命令和法律规定"。

进行激烈的讨论。例如,美国代表团于 1998 年 6 月 16 日提出提案:"除了本规约允许排除刑事责任的其他理由之外,实施行为时处于以下状况的个人不负刑事责任……:(c) 该人是奉政府或军事指挥官的命令行事的部队成员,除非该人已知道该命令为不法的或该命令显然为不法的。"[①]在美国、加拿大等国家的军事法规和国内判例中,一直坚持"明显不法原则",故美国和加拿大的代表团强烈地主张:在下属没有意识到命令不法或者命令并非明显不法的情况下,服从上级命令的辩护应在国际法中被广泛地接受;相反地,英国、德国和新西兰等国家的代表团认为:在能够提出服从上级命令的辩护之情形下,被告人完全可以代之以胁迫、事实错误或者法律错误的辩护。最后,各方在一个非正式工作组中达成妥协方案,但是德国和其他一些国家的代表团仍然对此感到不满意。[②] 最终,在美国代表团提案的基础上,《罗马规约》第 33 条专门规定执行命令不免责原则,其具体内容如下:

第 33 条　上级命令和法律规定
(Superior Orders and Prescription of Law)

(一) 某人奉政府命令或军职或文职上级命令行事而实施本法院管辖权内的犯罪的事实,并不免除该人的刑事责任,但下列情况除外:

1. 该人有服从有关政府或上级命令的法律义务;
2. 该人不知道命令为不法的;和
3. 命令的不法性不明显。

(二) 为了本条的目的,实施灭绝种族罪或危害人类罪的命令是明显不法的。

关于执行命令不免责原则的内容,与《纽伦堡宪章》、《前南国际法庭规约》等国际刑法规范相比,《罗马规约》的规定具有以下不同之处:(1) 未将该原则作为"个人刑事责任"的附属内容,而用专条予以规定,并且在标题中增设了"法律规定"的字样;(2) 没有规定上级命令可以作为减轻刑罚的事由;(3) 虽然在原则上规定上级命令的存在并不免除执行者的刑事责任,但以"除却规定"的立法技术,列出适用该原则的三个前提条件。换而言之,如果行为人具有服从有关政府或上级命令的法律义务,或者不知道命令是不法的命令,或者命令的不法性不明显,则执行命令的行为人不必承担刑事责任。由此可见,《罗马规约》关于适用该原则的"除却规定",产生了部分符合绝对责任原则的结果,这是几种对

[①] 参见:*Proposal by the United States of America for Single Provision Covering Issues Currently Governed by Articles 31, 32, 33 and 34.* A/CONF. 183/C. 1/WGGP/L. 2, 16 June 1998.

[②] 参见王世洲主编:《现代国际刑法学原理》,中国人民公安大学出版社 2009 年版,第 392—393 页。

立立场在罗马大会上所达成的一种妥协。① 很显然,这不符合设立该原则的初衷,这是在《前南国际法庭规约》、《卢旺达国际刑事法庭规约》相关条款的基础上之退步。②

  为了弥补以上"除却规定"可能带来的问题,《罗马规约》第 33 条第 2 款专门规定"实施灭绝种族罪或危害人类罪的命令是明显不法的",这实际上是强调指出:对于灭绝种族罪或危害人类罪的实施者,应无条件地适用执行命令不免责原则,这是对《纽伦堡宪章》以来坚持绝对责任原则的体现。这从另外一个侧面表明:执行上级命令作为免除刑事责任的事由,只可能适用于侵略罪和战争罪,并且必须符合"除却规定"。

---

  ① 参见〔德〕格哈德·韦勒:《国际刑法学原理》,王世洲译,商务印书馆 2009 年版,第 186 页。
  ② M. Cherif Bassiouni, *Crimes against Humanity in International Criminal Law*, Second Edition, Kluwer Law International, 1999, p.481.

第5章 国际刑事责任的实现与排除

鉴于某些国际犯罪严重地危及世界的和平、安全和福祉,为了恢复国际秩序,维护国际安全与和平,惩罚罪犯和预防国际犯罪行为,就必须追究实施国际犯罪行为人的国际刑事责任,这在国际社会已经达成共识,这也是国际刑法得以产生和发展的内在驱动力。关于国际刑事责任的称谓,不同的学者有各异的理解。我国有学者认为该提法是一个容易引起歧义、错误的用语,故将其称为"国际犯罪的刑事责任"。① 无论采用何种称谓,从本质上看,国际刑事责任是解决国际犯罪行为人承担相应法律后果的问题,即说明国际犯罪行为人为何应承担刑事责任,或者国际社会基于什么缘由追究国际犯罪行为人的刑事责任问题。从国际刑法的实践来看,刑罚是实现犯罪人承担国际刑事责任的方式,这体现出有罪应罚的刑事理念。在另一方面,如果国际犯罪的行为人具有法定的排除事由,其则不承担国际刑事责任。这从正反两个方面构筑出较为完整的国际刑事责任体系。

5.1 刑罚:国际刑事责任的实现方式

在国际刑事法律规范和审判实践中,普遍地确立一种观念:如果国际刑事法院对罪行具有审判权,它就应当惩治犯有这些罪行的行为人。② 因此,国际刑事责任的实现方式主要表现为刑罚。基于国际刑法的特征,关于刑罚的种类和适用,在国际刑事法律规范和审判实践的发展中,呈现出不同的内容和特点。由于刑罚是合法性原则的重要组成内容,作为国际刑事责任的实现方式,刑罚应体现合法性原则的基本要求。然而,从国际刑事法律规范关于刑罚的实然规定来看,国际刑法中的刑罚规定与合法性原则还存在一定的距离,例如许多涉及国际刑法内容的条约没有关于刑罚方面的规定;即使一些国际刑事法律规范规定了刑罚内容,但是术语在不同程度上缺乏明确性,也缺乏具体适用刑罚的标准,这均需要予以进一步的完善。

---

① 参见张智辉:《国际刑法通论》(增补本),中国政法大学出版社1999年版,第133—135页。
② 参见:The Preparatory Committee on the Establishment of an International Criminal Court, *Report of the Preparatory Committee on the Establishment of an International Criminal Court*, Vol. I, G. A., 51st Sess., Supp. No. 22, A/51/22(1996), para. 211。

5.1.1 《纽伦堡宪章》的刑罚规定

第二次世界大战结束以后,为了追究德国、日本首要战争罪犯所实施的危害和平罪、战争罪和危害人类罪的刑事责任,对于适用于战犯的刑罚种类,《纽伦堡宪章》第 27 条规定:

> 法庭有权对被认为有罪的被告宣判死刑或其他与之相适应的刑罚。

同时,《纽伦堡宪章》第 28 条规定:法庭可没收被判罪者全部掠夺的财产。在《远东国际军事法庭宪章》中,第 16 条"刑罚"规定:

> 本法庭对被告为有罪之判决者,有权处以死刑或处以本法庭认为适当之其他刑罚。

由此可见,对于实施国际犯罪的行为人,两个国际军事法庭宪章规定可以适用死刑、无期徒刑、有期徒刑、没收财产等刑罚种类。此外,当某一集团或组织被法庭宣布为犯罪组织时,《纽伦堡宪章》规定法庭可以予以取缔。

在具体的审判活动中,纽伦堡国际军事法庭最终判处 12 名战犯死刑、3 人无期徒刑,其余的战犯被判处 10 年至 20 年不等的监禁刑,判决包括盖世太保、党卫队等 4 个团体为犯罪组织。远东国际军事法庭的判决则包括 7 名战犯死刑、16 人无期徒刑,其他的战犯被判处 7 年至 20 年不等的有期徒刑。

从刑法理论上看,虽然《纽伦堡宪章》和《远东国际军事法庭宪章》均授权军事法庭可以对战犯处以死刑或其他种类的刑罚,却很原则地规定刑罚的裁量,例如既没有规定死刑的适用条件,也没有规定监禁刑幅度的标准,这会导致法官依据很不确定的标准作出刑罚裁量。①

5.1.2 前南和卢旺达国际刑事法庭的刑罚适用

为了惩治在前南斯拉夫、卢旺达境内实施严重违反国际人道主义法行为的应负责之人员,实现追究相关负责人员的国际刑事责任之目的,在前南和卢旺达国际刑事法庭规约中,比较详细地规定了刑罚的种类和适用标准。《前南国际法庭规约》在第 24 条对"处罚"的内容规定如下:

> 1. 审判分庭判处的刑罚只限于监禁。审判分庭在决定监禁期限时,应诉诸前南斯拉夫法庭适用的监禁刑惯例。
> 2. 审判分庭在判刑时,应考虑罪行的严重性和被定罪者的个人情况

---

① 参见〔美〕M. 谢里夫·巴西奥尼:《国际刑法导论》,赵秉志、王文华等译,法律出版社 2006 年版,第 274 页。

等因素。

3. 除监禁外,审判分庭可以下令将通过犯罪,包括用强迫手段获得的任何财产和收入归还其合法的拥有人。

《卢旺达国际刑事法庭规约》第 23 条关于"处罚"的规定,完全沿用《前南国际法庭规约》第 24 条的内容,规定卢旺达国际刑事法庭适用的刑罚种类只是监禁刑,不包括死刑。对此,卢旺达政府予以反对,故出现了反差鲜明的情形:虽然卢旺达国际刑事法庭是联合国安理会应卢旺达联合政府代表的强烈要求而创立的,卢旺达却是安理会中投票反对设立法庭的唯一国家,其中一个理由就是卢旺达反对《卢旺达国际刑事法庭规约》禁止适用死刑,认为这会导致对灭绝种族负有主要责任的人员无法适用死刑。与此对应的是,由于卢旺达刑法典设有死刑,这会引起实施类似或者危害更轻的行为人在卢旺达国内刑事审判中可能被适用死刑。①

尽管《前南国际法庭规约》和《卢旺达国际刑事法庭规约》均规定法庭在决定对被告人的监禁期限时,应考虑所在国法庭普遍适用监禁刑的惯例,但在具体的审判实践中,前南国际刑事法庭注意到:基于审判目的,审判庭应考虑前南斯拉夫的法律和实践。然而,在当时有效的前南斯拉夫国内法的相关规定中,很难发现其规制的刑罚以及对犯罪所作出的判决。在刑罚裁量中,审判庭的判断力可以不受所在国的国内法中关于任何监禁规定的约束。②

与《纽伦堡宪章》和《远东国际军事法庭宪章》相比较,在刑罚的适用标准上,前南和卢旺达国际刑事法庭规约有所发展,明确规定法庭在判刑时,应考虑被告人所犯罪行的严重性、被告人的个人情况以及与控方的合作等因素,这为法官作出刑罚裁量确立了标准,并且在具体审判实践中限制刑罚的适用。例如,前南国际刑事法庭在对塞利比希案、托多罗维奇(Todorovic)案等案件作出判决时,一直主张将罪行的严重程度作为判决中最重要的考虑因素。③

在具体的审判实践中,由于前南和卢旺达国际刑事法庭规约只是原则性地规定监禁刑是基本的刑罚种类,均没有规定有期徒刑的最低刑期和最高刑期,故法庭适用有期徒刑的幅度很宽泛。例如,在前南国际刑事法庭对二十多名被告

---

① 参见张永江:《文化相对主义视角下的卢旺达国际刑事法庭》,载于《河北法学》2007 年第 6 期。
② 参见:*Prosecutor v. Drazen Erdemovic*, ICTY, Sentencing Judgment of 29 November 1996, Case No. IT-96-22-T. 以及 *Prosecutor v. Tadic*, ICTY (Appeals Chamber), Judgment of 26 January 2000, Case No. IT-94-1-AS。
③ 参见:*Prosecutor v. Delalic et al.*, ICTY, Judgment of 16 November 1998, Case No. IT-96-21-T, para. 1225. 以及 *Prosecutor v. Stevan Todorovic*, ICTY, Sentencing Judgment of 31 July 2001, Case No. IT-95-9/1-S, para. 31。

判处有期徒刑的案件中,最低有期徒刑的刑期为5年,最高刑期则达到45年。①在卢旺达国际刑事法庭的审判实践中,法庭判处有期徒刑的最低刑期为6年,最高刑期的为45年。② 另外,卢旺达国际刑事法庭对包括卢旺达前总理卡姆班达在内的12名罪犯判处无期徒刑,前南国际刑事法庭对被告人判处无期徒刑的情况也比较普遍。

5.1.3 《罗马规约》的刑罚模式选择

在《罗马规约》的制定过程中,最初在1995年设立国际刑事法院问题特设委员会的报告中,若干代表团主张将"法院可判定的处罚、国际法院与国内法院可能判处的最高刑罚的差别"列入实质性问题之中,以便作进一步的审议。③

在1996年,设立国际刑事法院问题筹备委员会在讨论处罚问题时,普遍地认为必须讨论规约应否规定具体处罚,或者应适用何种法律。也有代表团建议筹备委员会应在程序问题项下充分讨论处罚问题、可使罪行加重和减轻的情节。④ 在具体讨论"适用的刑罚"条款的内容时,筹备委员会面临着两大问题:刑罚的种类和量刑的有关法律。对此,有的代表团指出根据合法性原则,规约草案应尽可能地明确规定刑罚;一些代表团主张规约草案应详细规定每一罪行的最高和最低之刑罚幅度;其他代表团考虑到难以就刑罚问题的具体规则达成协议,表示支持国际法委员会提出的比较灵活方法。关于刑罚的种类,有的代表团认为剥夺自由刑应是规约规定的基本刑罚;一些代表团则认为难以接受无期徒刑的概念;有些代表团建议的刑罚种类还包括罚金、剥夺被定罪者的公民权、剥夺或停止其政治权利或公共职务、没收财产,以及适用于法人的刑罚等。至于死刑,一些代表团极力支持将死刑排除在规约所规定的刑罚种类之外,而另外一些代表团基于许多国家对严重罪行保留死刑,主张不应该预先排除死刑。此外,还有代表团认为规约应对赔偿受害人的制度给予关注。关于量刑的有关法律,一些代表团认为国际刑事法院可以考虑适用国内法;有的代表团则反对适用国内

---

① 经过前南国际刑事法庭的审理,埃尔戴莫维奇最终被判处5年有期徒刑,布拉斯季奇被处以45年有期徒刑。参见:*Prosecutor v. Drazen Erdemovic*, ICTY (Appeals Chamber), Judgment of 5 March 1998, Case No. IT-96-22. 以及 *Prosecutor v. Blaskic*, ICTY, Judgment of 3 March 2000, Case No. IT-95-14-T。

② 经过卢旺达国际刑事法庭的审理,Rutaganira被判处6年有期徒刑,Kajelijeli被处以45年有期徒刑。参见:*Prosecutor v. Vincent Rutaganira*, ICTR, Judgment of 14 March 2005, Case No. ICTR-95-1C-T. 以及 *Prosecutor v. Kajelijeli*, ICTR (Appeals Chamber), Judgment of 23 May 2005, Case No. ICTR-98-44A-A。

③ 参见:The Ad Hoc Committee on the Establishment of an International Criminal Court, *Report of the Ad Hoc Committee on the Establishment of an International Criminal Court*, G. A., Fiftieth Session, Supplement No. 22 (A/50/22), para.89。

④ 参见:The Preparatory Committee on the Establishment of an International Criminal Court, *Report of the Preparatory Committee on the Establishment of an International Criminal Court*, Vol. I, G. A., 51st Sess., Supp. No. 22, A/51/22(1996), para.211。

法,认为许多国家的国内法存有含糊不清的弊端,这与合法性原则相抵触;还有代表团主张国际刑事法院在不违反国际刑法的情况下,可以补充适用国内法。① 在以上各代表团讨论的基础上,筹备委员会组成一个非正式小组,专门编制规约草案中的"适用的刑罚"之条款,其内容是以国际法委员会编写的规约草案原文②为依据,并且收录各代表团在讨论刑罚问题时提出的提案。

1997年12月,筹备委员会的刑罚工作小组召开会议,各代表团对判决和处罚问题持续地进行讨论,在对某些问题达成一致后,认为还需要深入地研究这些问题。后经过讨论和协商,在筹备委员会于1998年提交给罗马大会审议的《国际刑事法院规约(草案)》关于刑罚的部分中,除了在第76条提出"适用于法人的刑罚"之外,在第75条中提出以下关于"适用的刑罚"之内容条款:

  本法院可以对根据本规约判定有罪的人判处[下述一项或多项刑罚][下列刑罚]:

  (a)[无期徒刑或若干年有期徒刑];[[30]年以下有期徒刑];[[20]年至[40]年有期徒刑[,除非依照本规约规定减刑]];[如果被定罪人在实施犯罪时年龄未满18岁,可判处20年以下有期徒刑];

  (b)罚金;

  (c)(一)取消该人在刑期内以及在可能判处的任何附加刑期内寻求公职的资格;(二)没收[犯罪手段和]通过犯罪行为得到的收益、财产和资产,但不妨害善意第三方的权利;

  (d)适当形式的赔偿[,包括归还、补偿和复原],[但不妨碍各国对由该国负责的行动作出赔偿的义务][或通过任何其他国际安排作出赔偿的义务];

  (e)死刑:[备选案文一:如果情节严重,并且审判分庭根据罪行的严重性、被害人数和破坏的严重性认为有必要,则可选择判处死刑];[备选案文二:无死刑的规定]。③

---

① 参见:The Preparatory Committee on the Establishment of an International Criminal Court, *Report of the Preparatory Committee on the Establishment of an International Criminal Court*, Vol. I, G. A., 51st Sess., Supp. No. 22, A/51/22(1996), paras. 303—308。

② 国际法委员会编写的关于"适用的刑罚"草案原文之内容是:"1. 本法院可以对根据本规约判定有罪的人处以下述一项或多项刑罚:(a)无期徒刑或者有期徒刑;(b)罚金。2. 本法院在决定刑期或者罚金数额时,可以参照下述国家的法律所规定的刑罚:(a)被定罪者为其国民的国家;(b)犯罪地国家;和(c)拘捕被告人并对其具有管辖权的国家。"参见:The Preparatory Committee on the Establishment of an International Criminal Court, *Report of the Preparatory Committee on the Establishment of an International Criminal Court*, Vol. II, G. A., 51st Sess., Supp. No. 22, A/51/22(1996),第47条"适用的刑罚"。

③ 参见:The Preparatory Committee on the Establishment of an International Criminal Court, *Report of the Preparatory Committee on the Establishment of an International Criminal Court*, Addendum, U. N. Doc. A/CONF.183/2/Add.1(14 April 1998),第七部分"刑罚",第75条"适用的刑罚"。

在1998年罗马外交大会上，筹备委员会的刑罚工作小组于6月30日举行第一次会议，直到大会结束前的最后一天，才提交出关于适用刑罚的文本，最终删除了最初提交给大会文本中的关于死刑、剥夺被定罪人的公共职务、适当形式的赔偿、有关未成年的刑罚、适用于法人的刑罚等内容，并且被大会顺利地通过，其具体内容如下：

第77条 适用的刑罚（Applicable Penalties）

（一）除第110条规定外，对于被判实施本规约第5条所述某项犯罪的人，本法院可以判处下列刑罚之一：

1. 有期徒刑，最高刑期不能超过30年；或
2. 无期徒刑，以犯罪极为严重和被定罪人的个人情况而证明有此必要的情形为限。

（二）除监禁外，本法院还可以命令：

1. 处以罚金，处罚标准由《程序和证据规则》规定；
2. 没收直接或间接通过该犯罪行为得到的收益、财产和资产，但不妨害善意第三方的权利。

与前南和卢旺达国际刑事法庭的规约相比较，《罗马规约》在确立监禁刑是国际刑事法院所适用的基本刑罚种类之前提下，进一步细化地规定：有期徒刑的上限为30年、无期徒刑的适用条件是犯罪极为严重和被定罪人的个人情况而认为确有必要。关于监禁刑的执行，由国际刑事法院在愿意执行的成员国中选择，并由该成员国予以执行。此外，国际刑事法院还可以对被定罪人适用财产刑，即处以罚金或者没收通过犯罪所得的收益、财产或者资产，并且可以根据国际刑事法院的指令将罚金或没收取得的财物转入信托基金，用于援助被害人及其家属。这是前南和卢旺达国际刑事法庭规约所没有规定的刑罚种类。

关于死刑是否应成为国际刑事法院所适用的刑罚种类，尽管在制定《罗马规约》的过程中存有不同的意见，并且死刑曾经列入草案的备选条文中，但考虑到废除死刑成为国际性的潮流，基于绝大多数代表团的建议，《罗马规约》延续了前南和卢旺达国际刑事法庭的规定，在刑罚种类中也未设置死刑。然而，作为妥协性的条款，《罗马规约》第80条规定：

> 本编的规定不影响国家适用其国内法规定的刑罚；也不影响未规定本编所定刑罚的国家的法律。

据此，虽然《罗马规约》没有规定死刑，保留死刑的国家和地区依然可以对国内审判中确定有罪的人适用死刑。

5.2 国际刑事责任的排除事由

所谓国际刑事责任的排除事由,是指基于某种法定情形的存在,个人不承担相应的国际刑事责任之理由。尽管《罗马规约》之前的国际刑事法律文件确立个人刑事责任原则,却没有规定排除个人刑事责任的事由。在《罗马规约》的制定过程中,国际刑事责任的排除事由曾经被称作"辩护理由",是谈判中最为棘手的问题之一,而且有的代表团考虑到难以穷尽一切辩护理由,主张规约所列的辩护理由不应要求详尽无遗。[①] 经过艰辛的谈判,《罗马规约》第31条第1款规定:除本规约规定的其他排除刑事责任的理由外,实施行为时处于法定所列状况的人不负刑事责任。据此,《罗马规约》不仅规定个人应承担刑事责任的条件,还第一次在国际刑法领域从反面规定排除个人刑事责任的事由和适用条件。在立法技术上,《罗马规约》采用列举式与涵盖式的综合方法,不仅详列诸如无刑事责任能力人、醉态、自我防卫、被胁迫、事实错误或法律错误等在国内刑法中普遍存在的排除刑事责任之具体事由,并且在第31条第3款设置弹性条款,规定:

> 审判时,除可以考虑第一款所列的排除刑事责任的理由外,本法院还可以考虑其他排除刑事责任的理由,但这些理由必须以第21条规定的适用的法律为依据。[②]

从一定意义上讲,研究个人国际刑事责任的排除事由,也从反面为认定个人是否承担国际刑事责任提供标准。

5.2.1 无刑事责任能力人

在国内刑法中,无刑事责任能力人不承担刑事责任已是各国通行的惯例。在《罗马规约》中,无刑事责任能力人包括两类:第一,未达到刑事责任年龄者;第二,不能判断或控制自己行为的精神病人或精神不健全人。

鉴于《公民权利和政治权利国际公约》、《欧洲人权公约》、《美洲人权公约》等许多国际公约均禁止对未成年人实施刑罚,在1996年国际刑事法院问题筹备

---

① 参见:The Preparatory Committee on the Establishment of an International Criminal Court, *Report of the Preparatory Committee on the Establishment of an International Criminal Court*, Vol.I, G.A., 51st Sess., Supp. No.22, A/51/22(1996), para.204。

② 在《罗马规约》被通过前的草案文本中,该弹性条款一直都是以单独的一个条款设置的,例如,在1996年国际刑事法院问题筹备委员会的草案文本中,该条款被称为"其他辩护事由";在筹备委员会于1998年提交给罗马大会审议的《国际刑事法院规约(草案)》中,该条款被单列为第34条"排除刑事责任的其他理由"。

委员会制定《国际刑事法院规约》时,各国代表团普遍地赞同规约必须设置关于刑事责任年龄的条款,对于未达到一定年龄的个人,可认为其不具有必要的犯罪意图而不追究其刑事责任。① 然而,在规约确定自然人承担刑事责任的年龄界限时,各国对具体刑事责任年龄有不同看法,争议极大,分别提出12岁、13岁、14岁、16岁、18岁等多种提案;也有代表团提出跨度年龄的提案,认为对于实施被控告犯罪时年龄在16周岁至21周岁之间的人,由法院鉴定其成熟程度以确定该人是否应承担规约规定的刑事责任。②

在罗马外交大会上,考虑到联合国大会于1989年11月通过的《儿童权利公约》第1条将未成年人定义为年龄小于18周岁的任何人以及国内法的普遍做法,各国代表团达成折中意见,认为从国际刑事法院管辖权的角度来规定刑事责任年龄,以避免与各国国内法关于刑事责任年龄的规定发生冲突,从而最终形成《罗马规约》第26条关于"对不满18周岁的人不具有管辖权"的规定:

> 对于实施被控告犯罪时不满18周岁的人,本法院不具有管辖权。

据此,虽然国际刑事法院对于犯罪时未满18周岁的人不得予以起诉和审判,但国内法院依然可以追究犯罪时未满18周岁的行为人之刑事责任,只要行为人已经达到该国国内法所规定的刑事责任年龄。

如果行为人患有精神疾病或心理缺陷,致使其不能辨认和控制自己的行为时,则行为人不承担刑事责任,这在国内法中已经形成共识。在《罗马规约》讨论过程中,在精神失常是否应作为辩护理由的问题上存有争议,尽管有代表团主张无须将精神失常列入规约,但多数代表团建议应予以规定,只是所提议的内容有所不同。有的代表团认为:行为人在行为时患有精神病或精神不健全,因而无实际能力认定其行为已构成违法或不能守法时,应不负刑事责任;也有代表团基于"心理错乱"的认识,主张在罪行发生时,若行为人患有心理或神经精神错乱以致破坏其判断力或控制行为能力,则不应负刑事责任。如果该人所患的心理或神经精神错乱只改变其判断力或妨碍其控制行动的能力,并未破坏这种判断力或控制能力,该人仍应负刑事责任。③ 后经过讨论和协商,在筹备委员会于1998年提交给罗马大会审议的《罗马规约(草案)》中,

---

① 参见:The Preparatory Committee on the Establishment of an International Criminal Court, *Report of the Preparatory Committee on the Establishment of an International Criminal Court*, Vol. I, G. A., 51st Sess., Supp. No. 22, A/51/22(1996), para. 201。

② 参见:The Preparatory Committee on the Establishment of an International Criminal Court, *Report of the Preparatory Committee on the Establishment of an International Criminal Court*, Vol. II, G. A., 51st Sess., Supp. No. 22, A/51/22(1996),第三部分之二"刑法的一般原则",第1节"实质性问题",E条"责任年龄"。

③ 同上,第三部分之二"刑法的一般原则",第1节"实质性问题",L条"精神失常/智力减弱"。

虽然没有用专门条文规定精神失常,却将其列为排除刑事责任的理由之一,提案的具体内容是:

> 该人患有精神病或精神不健全,因而丧失判断其行为的不法性或性质的能力,或控制其行为以符合法律规定的能力。①

最终,《罗马规约》第 31 条第 1 款第 1 项完全采纳草案中的术语。具体而言,尽管《罗马规约》为了达成折中的意见,没有规定具体的精神失常病症,但其为国际刑事法院适用这一排除刑事责任的理由确立了客观标准,即行为人完全不能辨认或控制自己的行为,而不是其辨认或控制能力的减弱。换而言之,这里的精神失常人特指严重的精神错乱者,即完全精神病人。

5.2.2 醉态

在国内法中,尽管醉酒会减弱或者排除行为人辨认或控制自己行为的能力,醉酒的人也应承担刑事责任。然而,在非自愿醉酒的情形下,由于行为人缺少犯罪意图,醉酒可以构成一种辩护理由。在《罗马规约》制定过程中,醉酒能否作为法定排除刑事责任的理由,各国分歧较大,有的代表团就主张无须将醉酒列入规约。② 在 1996 年国际刑事法院问题筹备委员会拟定关于醉酒的内容时,在醉酒是应作为辩护理由,还是用以否定犯罪意图的认识上并不统一。经讨论后,以一个专门条款来规定醉酒,即

> 在从事本应构成犯罪的行为时受到酒精或药物影响、不能具有该罪行所需的心理要素的人,即处于酒精麻醉状态。这项辩护理由不适用于故意醉酒而预先意图犯罪的人。对于需要具备轻率的心理要素之罪行,故意醉酒不得作为辩护理由。③

后经过协商,在筹备委员会于 1998 年提交给罗马大会审议的《国际刑事法院规约(草案)》中,最终将醉态列为排除刑事责任的理由之一,但是出现两种分歧意见:一种意见认为行为人故意地由酒精、药物或其他手段造成的醉态时,在

---

① 参见:The Preparatory Committee on the Establishment of an International Criminal Court, *Report of the Preparatory Committee on the Establishment of an International Criminal Court*, Addendum, U. N. Doc. A/CONF.183/2/Add.1(14 April 1998),第三部分"刑法的一般原则",第 31 条"排除刑事责任的理由",第 1 款(a)项。

② 参见:The Preparatory Committee on the Establishment of an International Criminal Court, *Report of the Preparatory Committee on the Establishment of an International Criminal Court*, Vol. I, G. A., 51st Sess., Supp. No. 22, A/51/22(1996), para.204。

③ 参见:The Preparatory Committee on the Establishment of an International Criminal Court, *Report of the Preparatory Committee on the Establishment of an International Criminal Court*, Vol. II, G. A., 51st Sess., Supp. No. 22, A/51/22(1996),第三部分之二"刑法的一般原则",第 1 节"实质性问题",M 条"醉酒"。

任何情况下都不能作为一种排除刑事责任的理由;另外一种意见则主张排除刑事责任的理由应适用于所有涉及醉态的案件,但为了实施犯罪而有意识进入醉态的人除外。① 在罗马外交大会上,为了弥合以上分歧,加拿大、阿根廷、美国等代表团提出折中意见,最终为《罗马规约》所采纳,从而形成第 31 条第 1 款第 2 项的规定:

> 该人处于醉态,因而丧失判断其行为的不法性或性质的能力,或控制其行为以符合法律规定的能力,除非该人在某种情况下有意识地进入醉态,明知自己进入醉态后,有可能从事构成本法院管辖权内的犯罪的行为,或者该人不顾可能发生这种情形的危险。

仔细剖析《罗马规约》关于醉态的规定,可以看出,其删除了草案中所规定的因酒精、药物或其他手段而产生醉态的原因,而是通过规定行为人醉态时在主观意识上所达到的程度条件,为国际刑事法院适用这一排除刑事责任的理由确立严格的客观标准,即行为人失去判断行为的非法性质或者控制自己行为的能力,而不是其辨认或控制能力的减弱。与《罗马规约》关于患有精神病或精神不健全的人是否排除刑事责任的规定相比较,其关于醉态规定的立法思路是一脉相承的。同时,为了防止行为人逃避惩罚,《罗马规约》还设置醉态不能作为免责事由的"除却规定",即如果行为人有意识地进入醉态,明知自己此后有可能实施特定的国际犯罪罪行,或者不顾可能发生这种犯罪情形的危险性,则醉态不能作为排除其刑事责任的理由。

5.2.3 自我防卫

正当防卫是国内刑法中通行的违法阻却事由,也构成习惯国际法的一项原则,被国际刑事法律规范列为排除刑事责任的事由之一。

在《罗马规约》的制定过程中,有的代表团认为自我防卫应包括保护他人,并且包括先发制人的自卫,这在军事情况下尤为重要,有理由认为在武力威胁迫在眉睫时而先发制人;也有代表团建议应在自我防卫的定义中加入比例的概念;若干代表团还认为:鉴于法院具有审判权的罪行类别以及与某些战争罪行的关联性,无须在规约列入保护财产的辩护理由。② 在 1996 年国际刑事法院问题筹

---

① 参见:The Preparatory Committee on the Establishment of an International Criminal Court, *Report of the Preparatory Committee on the Establishment of an International Criminal Court*, Addendum, U. N. Doc. A/CONF.183/2/Add.1(14 April 1998),第三部分"刑法的一般原则",第 31 条"排除刑事责任的理由",第 1 款(b)项。

② 参见:The Preparatory Committee on the Establishment of an International Criminal Court, *Report of the Preparatory Committee on the Establishment of an International Criminal Court*, Vol. I, G. A., 51st Sess., Supp. No. 22, A/51/22(1996), para. 206—207。

备委员会拟定关于自我防卫的内容时,代表团普遍地认为:为自卫或防卫他人采取行动,不负刑事责任。然而,各代表团对以下几个问题在认识上不统一:(1)是否应在规约中列入有关保护财产的规定;(2)是否应将自卫作为对付威胁使用非法武力的辩护理由;(3)先发制人的自卫是否合法;(4)自卫是否应限于国际刑事法院所管辖的几类罪行;(5)是否应由法官决定在特殊情况下允许以自卫作为辩护理由;(6)应在什么限度内按照合理性、必要性或相称性等要件来限制援引防卫作为辩护理由。①

经过讨论,在筹备委员会于1998年提交给罗马大会审议的《国际刑事法院规约(草案)》中,将自我防卫列为排除刑事责任的理由之一,提案的基本内容是:

> 此人合理地采取行动,以防卫自身或他人[或财产]免遭[逼近的][立即的][即将发生的]非法使用的武力,而且采用的方式相对于需要保护的人[或财产]所遭受的危险程度而言,[并不过分][是相称的]。②

在罗马外交大会期间,在美国和以色列代表团的坚持下,经过协商和妥协,各代表团同意将为保护财产所进行的防卫行为作为排除刑事责任的理由,但设置了严格的适用标准,仅局限于战争罪方面,以避免以保护财产为由而实施灭绝种族罪和危害人类罪,同时以相称性作为自我防卫成立的限度条件,从而最终形成《罗马规约》第31条第1款第3项的规定:

> 该人以合理行为防卫本人或他人,或者在战争罪方面,防卫本人或他人生存所必须的财产,或防卫完成一项军事任务所必须的财产,以避免即将不法使用的武力,而且采用的防卫方式与被保护的本人或他人或财产所面对的危险程度是相称的。该人参与部队进行的防御行动的事实,本身并不构成本项规定的排除刑事责任的理由。

根据《罗马规约》的以上规定,国际刑事法院在适用自我防卫这一排除刑事责任的理由时,必须考虑以下构成要件:

(1)防卫利益的正当性:为了保护本人或他人的人身权益,或者在战争罪方面,为了保护本人或他人生存所必需的财产,或保护完成一项军事任务所必需的

---

① 参见:The Preparatory Committee on the Establishment of an International Criminal Court, *Report of the Preparatory Committee on the Establishment of an International Criminal Court*, Vol. II, G. A., 51st Sess., Supp. No. 22, A/51/22(1996),第三部分之二"刑法的一般原则",第1节"实质性问题",N条"自卫/防卫他人/保护财产"。

② 参见:The Preparatory Committee on the Establishment of an International Criminal Court, *Report of the Preparatory Committee on the Establishment of an International Criminal Court*, Addendum, U. N. Doc. A/CONF.183/2/Add.1(14 April 1998),第三部分"刑法的一般原则",第31条"排除刑事责任的理由",第1款(c)项。

财产。这是自我防卫作为排除国际刑事责任的事由之根据。

（2）起因条件：必须是针对客观存在的不法武力而实施防卫。对于根据法律或其他合法依据而进行的武力行为，或者根本不存在的武力行为，则不能实施自我防卫。如果行为人没有认识到是否为合法进行的武力，或者进行假想防卫，只能援引《罗马规约》第 32 条的事实错误或法律错误来作为辩护或免责的理由。

（3）时间条件：不法武力是即将使用的。在国内刑法中，正当防卫一般只能针对正在进行的不法侵害行为，对于尚未开始的侵害行为不能实施正当防卫，否则构成"事先防卫"。而在《罗马规约》中，则将自我防卫的时间条件扩大到"即将不法使用的武力"（an imminent and unlawful use of force），没有采用草案文本中备选的"逼近的"、"立即的"之时间限定措词。这是国际刑事法律规范规定自我防卫的特殊之处，以便折中地吸纳有关代表团关于应承认先发制人的防卫行为之提议。

（4）限度条件：防卫行为必须是合理的，并且与被保护的本人或他人或财产所面对的危险程度是相称的。行为人不能采用不必要或者明显超过危险程度的手段，否则就构成防卫过当，不能排除其刑事责任，只能作为酌定减轻处罚的情形。

5.2.4 被胁迫

在普通法中，由于紧迫的死亡或严重的身体伤害之暴力威胁对人的影响很大，以至于压倒人们反抗的一般力量，这种情形应作为否定可能构成刑事犯罪的正当理由，因此，法律一直承认恐吓胁迫是一种辩护理由。① 在大陆法系刑法中，一般将被胁迫作为紧急避险的一种情形。在国际刑事审判实践中，有些判例确定在符合严格条件的情况下，被胁迫可成为完全的辩护事由。如果被告人因被胁迫而实施极度凶残的行为，被胁迫就不能成为无罪的抗辩理由，只能作为减轻刑罚的因素之一。②

在《罗马规约》的制定过程中，许多代表团均主张应将被胁迫列入排除刑事责任的理由之一，只是有的代表团提请应特别考虑紧急避险与被胁迫之间的微妙区别，也有代表团表示怀疑规约是否有必要将紧急避险列入执法辩护理由。③

---

① 参见〔英〕J. C. 史密斯、B. 霍根：《英国刑法》，李贵方等译，法律出版社 2000 年版，第 264、266 页。
② 参见：*Prosecutor v. Drazen Erdemovic*, ICTY (Appeals Chamber), Judgment of 5 March 1998, Case No. IT-96-22。
③ 参见：The Preparatory Committee on the Establishment of an International Criminal Court, *Report of the Preparatory Committee on the Establishment of an International Criminal Court*, Vol. I, G. A., 51st Sess., Supp. No. 22, A/51/22(1996), para. 208。

在 1996 年筹备委员会拟定关于被胁迫的内容时,代表团普遍地认为:被胁迫或强迫行为的人,不负刑事责任。同时,在草案文本中,被胁迫与紧急避险都以单独的条款予以设置。然而,各代表团尚未对以下几个问题达成认识统一:(1)关于威胁的迫切程度,应限定在"立即的"(present)、"即将的"(imminent),还是"不可避免的"(unavoidable);(2)要避免的威胁损害之性质以及威胁应否为非法的;(3)在采用该辩护理由时,威胁必须是实际存在的,还是只要被告人合理地认为威胁存在即可,即使被告人是基于错误的认识;(4)被告人仅需为避免威胁而合理地行为,还是必须面对有理性的人均无法抗拒的威胁;(5)被告人为寻求避免的损害是否与其造成的损害必须相称;(6)在何种情形下可以剥夺这种辩护理由,诸如自行置身于危险。①

经过讨论,在筹备委员会于 1998 年提交给罗马大会审议的《国际刑事法院规约(草案)》中,将被胁迫列为排除刑事责任的理由之一,提案的基本内容是:

[合理地认为存在][存在]构成对本人或他人[或财产或财产权利]的[即将的]死亡或重大人身伤害的威胁并且在其控制能力之外的情况,此人合理地采取行动以避免此威胁,但必须有意防止更大的伤害和没有避免这种威胁的其他办法。②

在罗马外交大会期间,经过协商,各代表团同意不将紧急避险独立地列为排除刑事责任的理由,而是将其与被胁迫的概念予以合并,以避免在认定紧急避险与被胁迫时存在的细小差别,同时进一步修正提案中关于被胁迫的用语,从而最终形成《罗马规约》第 31 条第 1 款第 4 项关于被胁迫的如下规定:

被控告构成本法院管辖权内的犯罪行为是该人或他人面临即将死亡的威胁或面临继续或即将遭受严重人身伤害的威胁而被迫实施的,该人为避免这一威胁采取必要而合理的行动,但必须无意造成比设法避免的伤害更为严重的伤害。上述威胁可以是:(1)他人造成的;或(2)该人无法控制的其他情况所构成的。

根据《罗马规约》的以上规定,只有被胁迫在受到严格限制时,才可成为排除行为人刑事责任的事由,这包括以下构成要件:

---

① 参见:The Preparatory Committee on the Establishment of an International Criminal Court, *Report of the Preparatory Committee on the Establishment of an International Criminal Court*, Vol. II, G. A., 51st Sess., Supp. No. 22, A/51/22(1996),第三部分之二"刑法的一般原则",第 1 节"实质性问题",P 条"胁迫/强迫"。需要指出的是,O 条是关于"紧急避险"的提案。

② 参见:The Preparatory Committee on the Establishment of an International Criminal Court, *Report of the Preparatory Committee on the Establishment of an International Criminal Court*, Addendum, U. N. Doc. A/CONF. 183/2/Add. 1(14 April 1998),第三部分"刑法的一般原则",第 31 条"排除刑事责任的理由",第 1 款(e)项。另外,第 1 款(d)项是关于"紧急避险"的内容。

(1) 起因条件:被告人或他人的生命权或重大的人身权面临威胁。关于保护的权益,仅限定在生命权或重大的人身权。在规约草案中,曾经将财产权列入保护的范畴之内,但由于在罗马大会上遭到普遍反对而舍弃。关于威胁的来源,既可以是他人造成的,也可以是行为人无法控制的其他情况所构成的。

(2) 威胁发生的时间条件:关于威胁的迫切程度,是界定在"即将的"(imminent)威胁。

(3) 限度条件:行为人在所采取的避免威胁的行动上,应具有必要性和合理性,并且无意造成比其设法避免的伤害更为严重的伤害。具体而言,所谓必要的行动,意味着行为人没有避免威胁的其他办法,只能采取此行动以避免威胁;所谓合理的行动,实质上吸收了规约草案中的提法,是指被告人为求避免的损害与其造成的损害必须相称。此外,在避免威胁的行动中,即使行为人在客观上造成的损害结果大于所设法避免的伤害,如果检察官不能证明行为人在行动的过程中具备造成这种伤害的主观故意,则行为人也不承担刑事责任。

5.2.5 事实错误或法律错误

在国内刑法理论中,事实错误和法律错误直接关系到犯罪主观方面的内容,继而决定行为人在主观上对自己行为的事实情况和法律性质发生误解时是否应承担刑事责任。在国际刑法中,《罗马规约》是第一部调整关于错误在何种条件下可以作为排除行为人刑事责任的事由之国际文件。[①] 然而,在《罗马规约》的制定过程中,有的代表团认为事实错误或法律错误在很大程度上是常识问题,故主张无须在规约中予以规定;也有代表团建议必须对此作出规定。[②] 在1996年筹备委员会拟定关于事实或法律错误的内容时,各代表团的认识很不统一,有些代表团主张不应容许以法律错误为辩护理由,也有代表团对在规约中列入事实错误或法律错误的概念并且作为排除刑事责任的理由表示怀疑,另有些代表团考虑到规约已经规定必须具有某些心理要素才能确定刑事责任,而事实或法律错误只是可能否定必须具有心理要素中一个因素,故认为规约不必明确提到这一辩护理由,最后共汇总出四种提案:(1) 在行为时不知道构成罪行事实的人,不因该行为受惩罚。即使在行为时不知道行为违法,除非错误不可避免,也应负刑事责任,但得减刑。(2) 事实或法律上不可避免的错误应作为辩护理由,但该错误须符合指控罪行的性质。在减轻惩罚方面,行为上或者法律上可避免的错误可予以考虑。(3) 如果事实或法律上的错误否定所指控罪行必要的心理要

---

① 参见〔德〕格哈德·韦勒:《国际刑法学原理》,王世洲译,商务印书馆2009年版,第178页。
② 参见:The Preparatory Committee on the Establishment of an International Criminal Court, *Report of the Preparatory Committee on the Establishment of an International Criminal Court*, Vol. I, G. A., 51st Sess., Supp. No. 22, A/51/22(1996), para. 205。

素,可将该错误作为辩护理由,但该错误须符合罪行或其要素的性质,并且他合理地认为的情况是合法的。(4)法律错误不得援引为免除刑事责任的理由。①

尽管有一些代表团认为事实错误已涵盖在犯罪意图中,故没有必要规定关于事实错误的条文,但经过讨论,依据国内刑法关于事实错误和法律错误的概念,在筹备委员会于1998年提交给罗马大会审议的《国际刑事法院规约(草案)》中,专门设置关于事实与法律错误的条款,但各代表团对内容意见的分歧极大,出现了两种备选条款:第一种提案认为:不可避免的事实或法律错误应构成排除刑事责任的理由,但该错误须与指控罪行的性质没有不符之处。可避免的事实或法律错误可以作为减轻刑罚的考虑因素。第二种提案的基本内容是:"只有在事实错误阻却构成罪行的心理要件的情况下,该错误才可以作为排除刑事责任的理由,[但该错误须符合罪行的性质或其构成要件][并且他合理地认为真实的情况是合法的]。法律错误不得援引为排除刑事责任的理由[,除非本规约另有明确规定]。"②

在罗马外交大会期间,经过综合各种意见和协商,各代表团在上会讨论的第二种备选条款的基础上,以专门条款达成以下《罗马规约》关于"事实错误或法律错误"的规定:

第32条 事实错误或法律错误
(Mistake of Fact or Mistake of Law)

(一)事实错误只在否定构成犯罪所需的心理要件时,才可以作为排除刑事责任的理由。

(二)关于某一类行为是否属于本法院管辖权内的犯罪的法律错误,不得作为排除刑事责任的理由。法律错误如果否定构成犯罪所需的心理要件,或根据第33条的规定,可以作为排除刑事责任的理由。

在国际刑法领域,《罗马规约》对事实错误与法律错误进行区分,并以不同的款项予以规定。同时,在秉持国内法关于"不知法律不得免责"等法律理念的基础上,《罗马规约》原则上不承认事实错误或法律错误作为国际刑事责任的排除事由,但是又留出一个例外情形:在事实错误或法律错误表明被告人缺失构成犯罪所需的心理要件时,其才能成为排除刑事责任的理由。由此可见,该条款带

---

① 参见:The Preparatory Committee on the Establishment of an International Criminal Court, *Report of the Preparatory Committee on the Establishment of an International Criminal Court*, Vol. II, G. A., 51st Sess., Supp. No. 22, A/51/22(1996),第三部分之二"刑法的一般原则",第1节"实质性问题",K条"事实(或法律)错误"。

② 参见:The Preparatory Committee on the Establishment of an International Criminal Court, *Report of the Preparatory Committee on the Establishment of an International Criminal Court*, Addendum, U. N. Doc. A/CONF. 183/2/Add. 1(14 April 1998),第三部分"刑法的一般原则",第30条"事实或法律错误"。

有鲜明的折中立场。具体而言,虽然《罗马规约》没有完全否定事实或法律错误本身可以成为免除刑事责任的理由,但也设置严格的"门槛"条件,将其严格界定在与构成犯罪所需的心理要件之联系上。如果有证据表明行为人对构成犯罪行为的事实情况或者违法性缺乏认识时,就可以认定该行为人缺失必要的主观心理要件,从而可以作为排除刑事责任的理由。

第6章 国际犯罪概述

国际犯罪是国际刑法所规制的对象,属于国际刑法的基本范畴之一,也被称为国际刑法的"属物事由"(Ratione Materiae)。关于国际犯罪,在有关国际性法律文件和学者著作中有着不同的称谓,例如国际法上的犯罪(crimes under international law)、国际犯罪(international crimes)、广义的国际犯罪(international crimes largo sensu)、狭义的国际犯罪(international crimes stricto sensu)、跨国犯罪(transnational crimes)、国际不法行为(international delicts)、强行法上的犯罪(jus cogens crimes)、强行法上的国际犯罪(jus cogens international crimes)。① 从调整对象的角度讲,国际刑法是规定国际犯罪以及国际刑事责任的法律规范的总和。因此,研究和认识国际刑法,就必须了解作为国际刑法基本对象的国际犯罪之概念、特征和分类。

6.1 国际犯罪的概念与特征

给研究对象下定义是进行研究工作的前提。分析国际犯罪的概念,在国际刑法学、国际法学和其他相关学科的研究中极为重要,这关系到刑事立法和其他遏制打击措施介入国际犯罪这种危害形态的必要性、广度和深度。基于不同的角度和语境,对于国际犯罪概念和特征的认识,不同的国际公约、国际组织和学者存在着明显的差异。

6.1.1 定义扫描:界定国际犯罪概念的范式

在国际刑法的演进过程中,作为联合国编纂国际法律规范的主体,国际法委员会在1978年的《国家对国际不法行为的责任草案》第19条第2款②中,曾提及关于国家的"国际犯罪"和"国际不法行为"的定义。然而,在2001年通过的《国家对国际不法行为的责任》中,不再保留原草案中第19条中"国家的国际犯罪"的概念,这一方面对于案文的全面平衡至关重要,另一方面也说明对于难题

---

① 参见〔美〕M.谢里夫·巴西奥尼:《国际刑法导论》,赵秉志、王文华等译,法律出版社2006年版,第95、101页。
② 该条款的内容是:"一国所违反的国际义务对于保护国际社会的基本利益极为重要,以致整个国际社会公认该违反行为是一种犯罪时,由此而产生的国际不法行为即构成国际犯罪。"

和有争议的问题,委员会还没有能力找到解决的办法。① 从法律渊源上讲,国际公约中关于国际犯罪的规定,是构成国际刑法的重要内容。然而,在国际公约中,"国际犯罪"的术语或者与其相似的犯罪从未被具体使用,即使在起草诸如《防止与惩治酷刑罪公约草案》时曾运用"酷刑是国际法上的犯罪"(torture is a crime under international law)之术语,但在最后通过的公约中并没有包含该内容。② 在目前的国际公约中,为了避免认识上的歧义,并没有对一般意义上的国际犯罪概念作出规定,至多只是对基本达成共识的灭绝种族罪等具体国际犯罪的定义予以界定。可以说,基于国际刑法的特征,在目前的国际刑事法律规范中,并不存在关于一般意义上的国际犯罪之法定概念。

尽管国际法律规范尚未对国际犯罪予以法定的定义,但这并不影响理论界开展对国际犯罪概念的研究。对于客观存在的国际犯罪现象,学者们依据特点鲜明的学科范式予以定义,呈现出表述各异的学理概念:

1. 以国内刑法中犯罪定义的模式来界定国际犯罪

来自刑法学界的学者在定义国际犯罪时,大多数是沿用国内刑法中的犯罪定义范式。例如,我国有学者认为:"国际犯罪是指违反国际法关于刑事方面的规范、惯例或者一定范围内的内国刑法关于涉外方面的规定,危害人类和平或严重危害国际社会共同利益,应受到刑事制裁的行为。"③ 也有学者主张:国际犯罪一般是指违反国际社会所公认的国际刑法规范,严重危害国际社会共同利益,应当承担国际刑事责任的行为。④

2. 从国际法学科的角度来定义国际犯罪

例如,意大利著名国际刑法学家卡萨瑟教授指出:国际犯罪是指违反能产生个人刑事责任的国际规则之行为。⑤ 我国有国际法学者认为:国际犯罪是指一国所违背的国际义务对于保护国际社会的根本利益至关重要,以致整个国际社会公认违背该项义务便构成犯罪,因而产生的国际不法行为。⑥ 也有学者主张:国际犯罪是指违反国际社会所公认的国际刑法规范,严重危害国际社会共同利益的不法行为。⑦

---

① 参见:《国际法委员会第53届会议报告》,2001年4月23日至6月1日以及7月2日至8月10日,U.N. Doc. A/56/10 and Corr. 1(2001),第46段。
② 参见〔美〕M.谢里夫·巴西奥尼:《国际刑法的渊源与内涵——理论体系》,王秀梅译,法律出版社2003年版,第70页。
③ 贾宇:《国际刑法学》,中国政法大学出版社2004年版,第87页。
④ 参见赵秉志等:《跨国跨地区犯罪的惩治与防范》,中国方正出版社1996年版,第5页。
⑤ Antonio Cassese, *International Criminal Law*, Oxford University Press, 2003, p.23.
⑥ 参见王铁崖主编:《中华法学大词典:国际法卷》,中国检察出版社1996年版,第239页。
⑦ 参见陆晓光主编:《国际刑法概论》,中国政法大学出版社1991年版,第47页。

6.1.2 综述:国际犯罪的特征

国际犯罪的特征是以对国际犯罪概念的认识为底蕴的。据此,中外理论学者基于对国际犯罪概念的界定,对国际犯罪的特征进行各有侧重的研究,这主要体现为以下三大类比较有代表性的观点:

(1) 以国内刑法的思维范式定义国际犯罪的学者,一般将国际犯罪的特征概括为"三性":第一,"国际危害性",即国际犯罪是危害国际社会的行为。这是国际犯罪最本质、最具有决定意义的特征。第二,"国际刑事违法性",即国际犯罪是国际刑法所禁止的行为。这是国际犯罪与一般国际违法行为的重要区别,也是国际犯罪与国内犯罪的重要区别。第三,"应受国际惩罚性",即国际犯罪是依据国际刑法应当承担刑事责任的行为。这是国际犯罪的必然法律后果,也是国际犯罪与一般国际违法行为以及国内犯罪的又一重要区别。①

我国也有刑法学者对国际犯罪的特征予以另外的表述。例如,张智辉教授认为:国际犯罪的主要特征可以概括为以下四点:第一,国际犯罪是国际公约明文禁止的行为。将某种行为宣布为国际犯罪,是国际社会共同意志的体现。第二,国际犯罪是国际公约规定刑事制裁措施的行为。把某种行为宣布为犯罪,其根本目的是要用刑事制裁的手段来禁止这种行为的实施。这不仅是国内犯罪的一般原理,也是国际犯罪的一般原理。在国际公约中仅有禁止性规定而没有伴随刑事制裁措施的行为,也不构成国际犯罪。第三,国际犯罪通常也是国内刑法中规定的犯罪。第四,国际犯罪通常涉及一个以上的国家。②

(2) 从国际法角度定义国际犯罪概念的学者,一般认为国际犯罪的特征有两个:第一,从本质上讲,国际犯罪是严重危害国际社会共同利益的行为。第二,国际犯罪是违反国际社会所公认的国际刑事法律规范的行为。也有学者进一步地指出:国际犯罪是形式与实质的统一,其基本特征有三个,即国际危害性、国际公认性和应受国际责难性。其中,国际危害性是指国际犯罪具有危害国际社会共同利益的属性,这属于国际犯罪的本质特征;国际公认性与应受国际责难性则共同构成国际犯罪的形式特征。③

(3) 力图融合国际法与国内刑法的学科界限而认识国际犯罪的特征。例如,马呈元教授主张国际犯罪具有以下三个基本特征:第一,国际犯罪是严重危害国际社会利益的行为,这是国际犯罪的实质特征,是区别于国内犯罪的最主要特征。第二,国际犯罪是国际刑法明确禁止的行为。第三,国际犯罪是应该负担

---

① 参见邵沙平:《现代国际刑法教程》,武汉大学出版社 1993 年版,第 88—91 页。
② 参见张智辉:《国际刑法通论》(增补本),中国政法大学出版社 1999 年版,第 104—106 页。
③ 李海滢:《国际犯罪与国际不法行为关系透析》,载于《政治与法律》2007 年第 2 期。

法律责任的行为。此外,犯罪行为具有国际或跨国要素并不是国际犯罪的特征之一。①

在国外,也有学者对国际犯罪的特征存在不同的理解。例如,卡萨瑟教授认为:国际犯罪的特征包括以下四个方面:第一,国际犯罪是违反国际习惯规则的行为;第二,侵犯整个国际社会最重要的、约束所有国家与个人的保护利益;第三,在遏制这些犯罪时,存在世界性的利益;第四,如果行为人以国家官员的身份为国家利益实施所禁止的行为,即使国家官员根据习惯法在执行职务时应享有豁免权,该国家也不得主张该行为人对外国的民事或刑事管辖享有豁免权。②

6.2 国际犯罪的类型学划分

研究国际犯罪的基本前提,是对国际犯罪进行科学的类型学划分。而任何分类都需要确立划分对象的范围以及分类标准,关于国际犯罪的类型学划分也是如此。以国际犯罪的某种属性为标准,我们可以将其划分为若干类别。例如以分类的效力不同,我们可以将国际犯罪划分为:第一,法定分类,即国际性法律文件对国际犯罪的分类;第二,理论分类,即人们从不同的角度,按照不同的标准,对国际犯罪所作的理论划分。理论分类应以法定分类为基础,但这并不影响理论界对国际犯罪进行不同于法定的分类。

6.2.1 分类对象的选取:国际犯罪的范围之争

关于国际犯罪的类型学划分,首先要解决分类对象的问题,即界定国际犯罪的个罪范围。通过对现有的国际性法律文件和理论层面的分析,中外理论界对此问题一直存在争议,并无统一的结论。

尽管国际社会将国际犯罪原则性地界定为"整个国际社会关注的最严重罪行"③,但对哪些罪行属于国际罪行还存在争议。例如,国际法委员会曾经概括以下4类国际罪行:(1)严重违反最重要的维持国际和平与安全的国际义务,例如侵略;(2)严重违反最重要的保护民族自决权的国际义务,例如以武力建立和维持殖民地;(3)大规模地严重违反保护人类的重要义务,例如奴隶制、灭绝种族和种族歧视;(4)严重违反最重要的保护和维护人类环境的国际义务,例如大规模地污染大气和海洋。④

国际著名国际刑法学家巴西奥尼教授对于国际犯罪的个罪范围之认识,有

---

① 参见马呈元:《国际刑法论》,中国政法大学出版社 2008 年版,第 248—251 页。
② Antonio Cassese, *International Criminal Law*, Oxford University Press, 2003, pp. 23—24.
③ 《罗马规约》,序言。
④ 参见:《联合国国际法委员会第 43 届会议报告》(1993 年 2 月 6 日),A/CN4/291,附件 1 和附件 2。

一个变化的过程。早在 1979 年,巴西奥尼教授在接受国际刑法学会委托之后,起草出《国际刑法典草案》并且提交给联合国,在分则部分列出 20 种国际犯罪。在 1986 年,巴西奥尼教授在修正后的《国际刑法典草案》中,将国际犯罪的范围扩大为 22 种,并且指出这 22 种国际犯罪是通过国际惯例和国际公约发展演变的。① 在 1999 年,巴西奥尼教授对 1815 年至 1996 年期间的 274 个国际条约进行归纳分析,在原来的 22 种国际犯罪的基础上,增加危害联合国及有关人员罪、充当外国雇佣军罪和危害航海安全罪,从而将其所认为的国际犯罪的种类扩充到 25 种。② 在 2003 年,巴西奥尼教授进一步地对 1815 年至 2000 年期间涉及的 281 个国际条约进行归纳分析的实证基础之上,概括出以下 28 种国际犯罪:(1) 侵略罪;(2) 灭绝种族罪;(3) 危害人类罪;(4) 战争罪;(5) 非法持有、使用或放置武器罪;(6) 盗窃核材料罪;(7) 充当外国雇佣军罪;(8) 种族隔离罪;(9) 奴役与类似奴役的犯罪;(10) 酷刑罪和其他形式的残忍、不人道或侮辱性待遇的犯罪;(11) 非法人体实验罪;(12) 海盗罪;(13) 劫持航空器和危害国际航空安全罪;(14) 危害航海安全和公海固定平台安全罪;(15) 危害受国际保护的人员罪;(16) 危害联合国及其有关人员的犯罪;(17) 劫持人质罪;(18) 破坏邮政罪;(19) 使用爆炸物罪;(20) 资助恐怖行为罪;(21) 非法贩运毒品及与毒品相关的犯罪;(22) 有组织犯罪;(23) 破坏、盗窃国家珍贵文物罪;(24) 危害国际环境罪;(25) 国际贩运淫秽物品罪;(26) 伪造、变造货币罪;(27) 非法干扰国际海底电缆罪;(28) 贿赂外国官员罪。③

基于自己对国际犯罪特征的认识,卡萨瑟教授认为:国际犯罪的范围包括战争罪、危害人类罪、灭绝种族罪、酷刑罪、侵略罪和一些极端形式的恐怖主义犯罪。同时,卡萨瑟教授进一步指出:现代国际犯罪不再包括海盗罪、非法贩运麻醉药品和精神药物、非法的武器贸易、走私核材料和其他潜在的杀伤物质、洗钱、种族隔离等犯罪形式。④

关于我国理论界对确定国际犯罪的具体范围之认识,基本可以分为两派:一派是邵沙平教授等学者。他们在早期研究国际刑法时,沿袭巴西奥尼教授起草的《国际刑法典草案》分则中关于 22 种国际犯罪的分类观点。⑤ 另外一派是以张智辉教授为代表的多数学者,在分析有关国际性法律文件和评析中外学者观

---

① M. Cherif Bassiouni *et al.*, *International Criminal Law*, Transnational Publishers, 1986, pp. 135—136.
② 参见〔美〕M. 谢里夫·巴西奥尼:《国际刑法的渊源与内涵——理论体系》,王秀梅译,法律出版社 2003 年版,第 60—63 页。
③ 参见〔美〕M. 谢里夫·巴西奥尼:《国际刑法导论》,赵秉志、王文华等译,法律出版社 2006 年版,第 102—103 页。
④ Antonio Cassese, *International Criminal Law*, Oxford University Press, 2003, pp. 24—25.
⑤ 参见邵沙平:《现代国际刑法教程》,武汉大学出版社 1993 年版,第 72—73、126—223 页。

点的基础上,形成自己独有的分类观点。例如,张智辉教授认为:目前已出现在国际刑法公约中的国际犯罪至少包括以下 25 种罪名:(1)侵略罪;(2)战争罪;(3)危害人类罪;(4)非法使用武器罪;(5)灭绝种族罪;(6)种族隔离罪;(7)种族歧视罪;(8)劫持人质罪;(9)贩卖和使用奴隶罪;(10)国际贩卖人口罪;(11)酷刑罪;(12)侵害国际受保护人员罪;(13)劫持航空器罪;(14)危害民用航空安全罪;(15)妨害国际航空罪;(16)海盗罪;(17)危害海上航行安全罪;(18)危害大陆架固定平台安全罪;(19)破坏海底电缆、管道罪;(20)非法使用邮件罪;(21)毒品罪;(22)破坏环境罪;(23)非法获取和使用核材料罪;(24)伪造国家货币罪;(25)毁损、盗窃、非法转移国家珍贵文物和文化财产罪。[①]

综上所述,中外学者们在界定国际犯罪的具体范围时,有的学者归纳和基本援用目前生效国际公约已明确认可的国际犯罪行为,有的学者还纳入尚未通过的国际公约中所规定的国际犯罪行为,还有的学者不局限于已经生效的国际刑法所确认的国际犯罪行为,而在理论层面予以扩大研究。由此可见,在确定国际刑法有多少种类国际犯罪时,我们必须首先解决认识标准的统一问题。

6.2.2 基态的厘清:划分国际犯罪的标准以及组合类别

对于国际犯罪,人们可以从不同的角度进行划分。按照不同的标准对国际犯罪进行划分,必然出现不同的关于国际犯罪的组合类别。在理论界,中外学者主要依据以下几种标准对国际犯罪予以类型界分:

6.2.2.1 客体分类法:以国际犯罪的侵害客体为标准进行划分

由于任何一种国际犯罪都直接侵害整个国际社会共同关切的利益,再加上犯罪同类客体是我国刑法分则确立犯罪分类的基本依据,因此,以国际犯罪的侵害客体为标准划分国际犯罪,是一种通行的方法。由于对国际社会共同利益的具体内容理解不一致,以侵害客体为标准而对国际犯罪的类型划分,又可以分为以下若干类别:

1. 以国际保护利益为基点,将国际犯罪分为九个类别:(1)保护和平方面的国际犯罪,仅指侵略罪;(2)在武装冲突和非武装冲突中保护人权方面的国际犯罪,包括战争罪、非法使用武器罪和非法安置武器罪;(3)保护基本人权方面的国际犯罪,包含危害人类罪、灭绝种族罪、种族歧视和种族隔离罪、奴役罪、酷刑罪、非法人体试验罪;(4)在反恐怖主义暴力中保护人权方面的国际犯罪,包括海盗罪、劫持航空器罪等;(5)保护社会利益方面的国际犯罪,包含国际毒品犯罪、国际贩运淫秽出版物罪;(6)保护文化利益方面的国际犯罪,特指破坏、盗

---

① 参见张智辉:《国际刑法通论》(增补本),中国政法大学出版社 1999 年版,第 143—144 页。

窃国家珍贵文物罪;(7)保护环境方面的国际犯罪,包括国际环境犯罪、盗窃核材料罪;(8)保护通讯工具方面的国际犯罪,包含非法使用邮件罪、非法干扰海底电缆罪;(9)保护经济利益方面的国际犯罪,包括伪造国家货币罪、贿赂外国官员罪。①

2. 以危害国际保护利益的严重程度为依据,对国际犯罪进行分类。例如,巴西奥尼教授认为设立国际犯罪的等级序列具有重要的价值,并且从国际犯罪危害国际保护利益的严重性角度,将其所归纳的 28 种国际犯罪分为以下三个等级的类别:(1)第一类是"国际犯罪"(International Crimes),即违反国际刑法规范中禁止性规定的行为,它们影响人类的和平与安全,违反基本的人道主义价值观,包括侵略罪、灭绝种族罪、危害人类罪、战争罪、非法持有、使用或放置武器罪、盗窃核材料罪、充当外国雇佣军罪、种族隔离罪、奴役与类似奴役的犯罪、酷刑罪和其他形式的残忍、不人道或侮辱性待遇的犯罪以及非法人体实验罪等 11 种犯罪形式;(2)第二类是"国际不法行为"(International Delicts),是指违反国际刑法规范中禁止性规定的行为,它们只是影响国际保护利益的行为,涉及一个以上的国家或者损害不止一个国家的被害人,包含海盗罪、劫持航空器和危害国际航空安全罪、危害航海安全和公海固定平台安全罪、危害受国际保护的人员罪、危害联合国及其有关人员的犯罪、劫持人质罪、破坏邮政罪、使用爆炸物罪、资助恐怖行为罪、非法贩运毒品及与毒品相关的犯罪、有组织犯罪、破坏、盗窃国家珍贵文物罪、危害国际环境罪等 13 种犯罪类型;(3)第三类是"国际违法行为"(International Infractions),是指未涵盖在以上"国际犯罪"和"国际不法行为"中的其他违法行为,包括国际贩运淫秽物品罪、伪造、变造货币罪、非法干扰国际海底电缆罪以及贿赂外国官员罪等 4 种犯罪类型。②

3. 以国际犯罪侵害的受国际保护利益的主要方面为根据,将国际犯罪分为以下五类:危害人类和平与安全的犯罪;侵犯基本人权的犯罪;破坏国际公共秩序的犯罪;危害公众利益的犯罪;危害国际利益的犯罪。③ 也有学者将国际犯罪分类为:危害人类和平与安全罪;侵犯人权罪;危害国际安全罪;危害国际社会秩序罪。④ 同时,对以上类别国际犯罪的排列次序,主要是根据危害国际保护利益的轻重程度。

6.2.2.2 行为分类法:以国际犯罪的行为特征为标准进行划分

按照国际犯罪的行为特征,有的学者将国际犯罪粗略地划分为三类:战争犯

---

① Jordan J. Paust et al., *International Criminal Law: Cases and Materials*, Second Edition, Carolina Academic Press, 2000, pp. 11—12.
② 参见〔美〕M. 谢里夫·巴西奥尼:《国际刑法导论》,赵秉志、王文华等译,法律出版社 2006 年版,第 105—109 页。
③ 参见张智辉:《国际刑法通论》(增补本),中国政法大学出版社 1999 年版,第 147 页。
④ 参见陆晓光主编:《国际刑法概论》,中国政法大学出版社 1991 年版,第 198 页。

罪;国际恐怖主义犯罪;其他犯罪。① 也有学者以行为特征为视角,将国际犯罪细化地分为:战争犯罪、种族犯罪、奴隶制犯罪、恐怖主义犯罪、环境犯罪、毒品犯罪、文物犯罪、金融犯罪、网络犯罪、腐败犯罪以及其他类型的犯罪。其中,战争犯罪包括战争罪、侵略罪、危害人类罪、非法持有和使用武器罪;种族犯罪包括灭绝种族罪、种族隔离罪和种族歧视罪;恐怖主义犯罪包括海盗罪、侵害应受国际保护人员罪、劫持人质罪、劫持航空器罪、危害国际民用航空安全罪、危害国际航空罪、危害海上航行安全罪、危害大陆架固定平台安全罪、破坏海底电缆、管道罪和非法使用邮件罪;金融犯罪包括妨害国家货币罪、洗钱罪;其他类型的犯罪包含酷刑罪、非法人体试验罪、国际贩卖人口罪、非法获取和使用核材料罪、充当外国雇佣军罪和国际贩运淫秽出版物罪。②

6.2.2.3 主体分类法:以国际犯罪的实施主体为标准进行划分

根据国际犯罪的实施主体的不同,有的学者将国际犯罪划分为以下两类:与国家行为或国家政策有关的国际犯罪;主要由个人从事的国际犯罪。③ 也有学者进一步指出:主要按照实施主体,同时结合犯罪客体和手段,将国际犯罪区分为主要以国家为主体实施的国际犯罪和主要以个人(包括组织和团体)为主体实施的国际犯罪两类,也许更为合理。④

6.2.2.4 以国际法的部门为标准进行划分

以国际刑事法律规范为切入点,有的学者按照不同的国际法部门为标准,将国际犯罪划分为以下 8 类:战争法中的犯罪;国际人权法中的犯罪;航空法中的犯罪;海洋法中的犯罪;危害国际公共秩序罪;国际反恐怖主义法中的犯罪;国际环境法中的犯罪;国际经济法中的犯罪。⑤

6.2.2.5 以法律渊源为标准进行划分

根据国际犯罪的法律渊源的不同,可以将国际犯罪划分为两类:习惯国际法上的国际犯罪;国际条约法上的国际犯罪。

综上所述,在研究国际犯罪的基本类型时,学者们依据不同的标准对国际犯罪进行形态各异的类型划分,其中所采取的最主要标准是国际犯罪的侵害客体,其次是国际犯罪的行为特征,这与学者们关于国内刑法分则中的犯罪分类之思路一脉相承。比较而言,采用行为分类法,有利于揭示国际犯罪的行为特征,缺陷是国际犯罪的行为方式纷繁多样,很难予以归纳、分类;客体分类法不利于直接揭示国际犯罪的行为特征,却能体现出某一类国际犯罪的危害性,并且便于理

---

① 参见张旭:《国际刑法论要》,吉林大学出版社 2000 年版,第 118—119 页。
② 李海滢:《国际犯罪的类型研究:回顾、反思与探寻》,载于《当代法学》2007 年第 6 期。
③ 参见邵沙平:《现代国际刑法教程》,武汉大学出版社 1993 年版,第 125 页。
④ 参见黄肇炯:《国际刑法概论》,四川大学出版社 1992 年版,第 101 页。
⑤ 参见赵永琛:《国际刑法与司法协助》,法律出版社 1994 年版,第 44—89 页。

论研究的系统化、简洁化。因此,在价值取向上,对国际犯罪进行合理的类型学划分,关键是选取分类的标准。在实质上,国际犯罪的类型学研究与分类目的是紧密相联的。

6.3 国际核心罪行:国际刑事法院管辖的罪行

《罗马规约》第1条明确规定:国际刑事法院有权对"规约所提到的、受到国际关注的最严重犯罪对个人行使其管辖权"。同时,根据《罗马规约》第5条的规定,并非所有的国际犯罪都属于国际刑事法院的管辖范围,国际刑事法院所管辖的犯罪类型仅限于灭绝种族罪、危害人类罪、战争罪和侵略罪等4种犯罪,它们是整个国际社会关注的最严重犯罪,与国际和平与安全有着重大关系,被统称为国际刑法中的"核心罪行"(Core Crimes)。在《罗马规约》通过之前,《纽伦堡宪章》、《远东国际军事法庭宪章》、《前南国际法庭规约》、《卢旺达国际刑事法庭规约》等国际性法律文件均对国际核心罪行作出规定,并且在相应的国际刑事审判活动中予以实践。

6.3.1 国际核心罪行的妥协性筛定

第二次世界大战之后,为了审判和惩处欧洲轴心国的首要战犯,《纽伦堡宪章》第6条规定:对于为欧洲轴心国的利益而犯有危害和平罪、战争罪、危害人类罪的所有人员,军事法庭有权进行审判和惩处。《远东国际军事法庭宪章》第5条也有相类似的规定。1948年12月,联合国大会通过《防止及惩治灭绝种族罪公约》,认为灭绝种族行为殃祸人类至为惨烈,故在该公约第1条规定灭绝种族是一种国际法上的罪行。经过纽伦堡审判和东京审判的早期实践,在前南国际法庭和卢旺达国际刑事法庭的规约和审判活动中,战争罪、灭绝种族罪、危害人类罪等国际核心罪行再次在国际刑事司法活动中予以规定和实践。

在《罗马规约》的制定过程中,最初对于作为实质性问题之一的国际刑事法院管辖权内的罪行,若干代表团强调将其限制在整个国际社会关注的最严重罪行,理由如下:促使各国广泛接受国际刑事法院,从而增强其效力;提高法院的可信度和道德权威;避免让法院受理过多的各国国内法院足以处理的案件;限制附加在国际社会上的财政负担。在以上认识的基础上,对于国际刑事法院管辖罪行的选择,若干代表团认为须考虑罪行的重要性、犯罪情况和必然产生的国际影响,应将法院的管辖权限于一般国际犯罪中的三项或四项罪行;也有代表团建议对于诸如恐怖主义犯罪、毒品犯罪、酷刑、种族隔离、危害联合国及其有关人员、危害国际环境等各种基于条约的罪行,应予以列入;多个代表团还提出一种选入罪行的办法,即先将法院的管辖权限于三种或四种罪行,同时也规定某种类型的机制,以使规约缔约国能在将来考虑增添其他的罪行。①

在1996年国际刑事法院问题筹备委员会讨论关于法院管辖权的范围时,各代表团普遍同意将国际刑事法院的管辖权限于整个国际社会关注的最严重罪行,以避免贬低法院的作用和职能以及干预国内法院的管辖权。② 据此,筹备委员会在提案汇编中,不仅列出国际法委员会的草案③,还提出自己的提案,将法院管辖权内的罪行列为五个,即:灭绝种族罪;危害人类罪;侵略罪;严重违反战争法和惯例的行为;严重违反1949年8月12日四项《日内瓦公约》的行为和四项《日内瓦公约》的共同第3条的行为。④

经过讨论,在筹备委员会于1998年提交给罗马大会审议的《国际刑事法院规约(草案)》中,关于国际刑事法院所管辖的罪行之提案是:

> 本法院根据本规约,对下列罪行具有管辖权:(a) 灭绝种族罪;(b) 侵略罪;(c) 战争罪;(d) 危害人类罪;(e) ……⑤

在罗马外交大会期间,对于灭绝种族罪列入国际刑事法院的管辖范围,各国代表团没有任何异议;关于危害人类罪和战争罪,各国代表团一致认为应将其列入管辖范围,只是对两罪的定义认识不统一;基于政治方面和其他的考虑,对侵

---

① 参见:The Ad Hoc Committee on the Establishment of an International Criminal Court, *Report of the Ad Hoc Committee on the Establishment of an International Criminal Court*, G. A., Fiftieth Sess., Supp. No. 22, A/50/22(1995), para. 54—55。

② 参见:The Preparatory Committee on the Establishment of an International Criminal Court, *Report of the Preparatory Committee on the Establishment of an International Criminal Court*, Vol. I, G. A., 51st Sess., Supp. No. 22, A/51/22(1996), para. 51。

③ 在国际法委员会于1994年提交联合国大会的《国际刑事法院规约草案》中,将法院管辖权内的罪行列为以下五个:(1) 灭绝种族罪;(2) 侵略罪;(3) 严重违反战争法和惯例的行为;(4) 危害人类罪;(5) 附件中所列的条约条款所确定、被指控的构成受到国际关注的异常严重的罪行。该附件列出9类国际公约,包括:(1) 1949年8月12日四项《日内瓦公约》和《1949年8月12日日内瓦四公约关于保护国际性武装冲突受害者的第一附加议定书》;(2)《关于制止非法劫持航空器的海牙公约》;(3)《关于制止危害民用航空安全的非法行为的蒙特利尔公约》;(4)《禁止和惩治种族隔离罪行国际公约》;(5)《关于防止和惩处侵害应受国际保护人员包括外交代表的罪行的公约》;(6)《反对劫持人质国际公约》;(7)《禁止酷刑和其他残忍、不人道或有辱人格的待遇或处罚公约》;(8)《禁止危害航海安全的非法行为公约》和《禁止危害大陆架固定平台安全的非法行为议定书》;(9)《联合国禁止非法贩运麻醉药品和精神药物公约》。参见:International Law Commission, *Report of the International Law Commission on the Work of its Forty-sixth Session, Draft Statute for an International Criminal Court*, 2 May-22 July 1994, U. N. Doc. A/49/10(1994)。

④ 参见:The Preparatory Committee on the Establishment of an International Criminal Court, *Report of the Preparatory Committee on the Establishment of an International Criminal Court*, Vol. II, G. A., 51st Sess., Supp. No. 22, A/51/22(1996),第三部分"法院的管辖权",第20条"法院管辖权内的罪行"。

⑤ 参见:The Preparatory Committee on the Establishment of an International Criminal Court, *Report of the Preparatory Committee on the Establishment of an International Criminal Court*, Addendum, U. N. Doc. A/CONF. 183/2/Add. 1(14 April 1998),第二部分"管辖权、受理问题和适用的法律",第5条"法院管辖权内的罪行"。

略罪是否应列入国际刑事法院的管辖罪行以及如何定义,各国代表团发生了激烈的争论。此外,还有代表团坚决主张将非法贩运毒品和恐怖主义罪列入国际刑事法院所管辖的罪行。经过协商,罗马大会最终采取最为保守的做法,只列出草案提案中的前四项罪行,并且重新调整了各罪之间的排列顺序;同时,考虑到在罗马大会上没有足够的时间对争论激烈的侵略罪达成一致的意见,《罗马规约》只能采取妥协的办法:在将侵略罪列为国际刑事法院的管辖罪行之时,又在第5条设置第2款的内容,以便暂时搁置关于侵略罪定义之争,将分歧留待以后解决①;此外,罗马大会通过作为会议最后文件的有关决议,声称非常遗憾地未能就有关恐怖主义罪行和毒品犯罪的定义达成一个可以广泛接受的意见,因此,它们不能被包括在法院的管辖权之内,建议根据《罗马规约》第123条成立的审查委员会,在适当的时候进行审查,以决定是否将非法贩运毒品罪和恐怖主义罪列入国际刑事法院的管辖罪行。② 据此,形成以下《罗马规约》第5条关于法院管辖权内犯罪的规定:

第 5 条　法院管辖权内的犯罪
(Crimes within the Jurisdiction of the Court)

（一）本法院的管辖权限于整个国际社会关注的最严重犯罪。本法院根据本规约,对下列犯罪具有管辖权:1. 灭绝种族罪;2. 危害人类罪;3. 战争罪;4. 侵略罪。

（二）在依照第121条和第123条制定条款,界定侵略罪的定义,及规定本法院对这一犯罪行使管辖权的条件后,本法院即对侵略罪行使管辖权。这一条款应符合《联合国宪章》有关规定。

综上所述,经过长时间的提议、讨论和协商,《罗马规约》最终将国际刑事法院的管辖罪行筛定为危害人类和平与安全中四种最严重的国际犯罪。可以说,该妥协规定是反映国际社会现实的明智之举,既可以避免因各国对国际刑事法院管辖罪行的争议而达不成广泛接受的意见,也可以使国际刑事法院早日成立以发挥作用,有效和合理地利用国际刑事法院的资源,有利于打击目前整个国际社会所关注的最严重罪行。

6.3.2　题域的界分:国际核心罪行与国际犯罪之关系

在国际刑法的范畴中,国际核心罪行与国际犯罪是两个性质不同、需要预先

---

① 有鉴于此,本书在具体阐述国际核心罪行时,只分别在第七、八、九章详述灭绝种族罪、危害人类罪和战争罪,暂略对侵略罪的分章论述。

② 参见:U.N. Doc. A/CONF.183/C.1/10。

界定的问题。

从理论上说,所谓国际核心罪行,是指违反习惯国际法或者强行法(Jus Cogens)规则,被公认为危害国际社会的根本利益,并且震撼人类良知的国际犯罪,目前包括灭绝种族罪、危害人类罪、战争罪和侵略罪等四种犯罪。强行法是指部分国际犯罪所达致的法律地位。根据目前法律文献的规定,侵略罪、灭绝种族罪、危害人类罪、战争罪、海盗罪、奴役与类似奴役的犯罪、酷刑罪等国际犯罪已达到强行法程度。其中,侵略罪、战争罪、灭绝种族罪和危害人类罪不仅被视为强行法上犯罪的组成部分,而且它们是所有国际犯罪之中最严重的罪行,其对人类的影响最大,所导致的严重危害后果已经得到历史的见证。① 由于《罗马规约》已经具体列出四种国际核心罪行,故各国学者对于国际核心罪行的范围之争较少。从实质内容上看,目前公认的四种国际核心罪行之间具有共性,都以危害人类和平与安全为特征,其所侵害的客体对于保护国际社会的根本利益最为重要。

从形式逻辑上讲,在所有的国际犯罪中,既然灭绝种族罪、危害人类罪、战争罪和侵略罪等四种犯罪属于国际核心罪行,除此之外的其他国际犯罪就隶属于"非核心的国际罪行",也可称为"一般的国际罪行"。如前所述,对于国际犯罪的范围和内容,理论界存在很大的分歧。从法律渊源来看,习惯国际法上的罪行均属于国际犯罪,理论界对此已达成共识。但是,并非凡是国际条约法上的罪行都能构成国际犯罪。例如,谋杀罪没有触及国际社会的根本利益,并没有达到国际犯罪的标准;再例如,在17世纪时,海盗行为是一种国际犯罪。但是,国际犯罪的范畴会随着社会的发展而变化。虽然国际社会为了加强对海盗罪的打击通过被广泛接受的国际公约,但海盗罪并没有侵害全体国际社会的基本利益,其目前很难被视为一种国际犯罪。② 如前所述,也有学者认为海盗是国际犯罪的一种类型。在新的国际背景下,国际犯罪的内涵与外延会发生与时俱进的变化。

综上所述,在现代国际法中,国际犯罪作为上位概念,具体由国际核心罪行与一般的国际罪行两部分构成。从危害国际保护利益的角度出发,国际核心犯罪是所有国际犯罪中危害程度最重的一种行为类型,其与国际犯罪之间是被包含与包含的关系。

---

① 参见〔美〕M.谢里夫·巴西奥尼:《国际刑法导论》,赵秉志、王文华等译,法律出版社2006年版,第113、146—151页。
② 参见李世光、刘大群、凌岩主编:《国际刑事法院罗马规约评释》(上册),北京大学出版社2006年版,第45页。

第7章 灭绝种族罪

灭绝种族的行为是剥夺某一民族、族裔、种族或者宗教团体的生存权利,否认最低限度的人权,直接和公然地违反国际人道主义法的基本原则,因此是一种最为严重的危害人类和平与安全的国际犯罪,被认为是"构成国际犯罪的罪中之罪"(genocide constitutes the crime of crimes)。① 经过半个多世纪的发展,国际社会已通过《防止及惩治灭绝种族罪公约》、《罗马规约》等国际性法律文件,逐步形成打击灭绝种族罪行的国际法律规范体系,并且在有关的国际刑事审判活动中予以实践。

7.1 灭绝种族罪的国际立法进程

灭绝种族并不是晚近发生的行为。事实上,在第二次世界大战之前,灭绝种族的活动就多次地发生。自第二次世界大战以来,在全球范围内发生许多起灭绝种族的重大事件,引起国际社会的普遍关注和强烈谴责,对此,国际社会在一系列国际性法律文件中予以反映,将灭绝种族的行为宣布为一项国际法上可惩罚的罪行。关于灭绝种族罪的正式法律概念,首先出现在 1948 年《防止及惩治灭绝种族罪公约》中,并且对《前南国际法庭规约》、《卢旺达国际刑事法庭规约》、《罗马规约》关于灭绝种族罪的规定产生重大影响,它们共同构成打击灭绝种族罪的国际法律渊源。

7.1.1 语义阐释和源起

"灭绝种族"(Genocide)一词由古希腊词"genos"与拉丁词"cide"两个词复合而成。在古希腊文中,"genos"是"人种或部落"之意,而"cide"在拉丁文中是"屠杀或消灭"的语义。在 1944 年,波兰著名的国际法学家莱姆金(R. Lemkin)教授在《轴心国在沦陷欧洲的统治》(*Axis Rule in Occupied Europe*)一书中首先使用"灭绝种族"一词,用来概述德国纳粹分子在第二次世界大战期间的统治区内滥杀一个国家平民或者族裔的罪行,并且极力主张将灭绝种族行为予以犯罪化,

---

① 参见:*Prosecutor v. Kambanda*, ICTR, Judgment of 4 September 1998, Case No. ICTR 97-23-S, para. 16.

以便保护某一民族、人种或宗教团体在文化、政治、社会和生存等方面的权利。①

第二次世界大战结束以后,在《纽伦堡宪章》和《远东国际军事法庭宪章》中,军事法庭所管辖的犯罪类别是危害和平罪、战争罪以及危害人类罪,灭绝种族只是作为危害人类罪的一种行为类型,并没有成为一项独立的罪名。实际上,在纽伦堡审判中,起诉书使用"灭绝种族"的术语,指控德国战犯在某些被占领区内针对平民故意地和有系统地消灭特殊的种族、民族或宗教群体,在最后判决书中也列举大量灭绝种族的事实,但军事法庭最终只能以危害人类罪予以定罪量刑。对此,卢旺达国际刑事法庭后来评述道:在纽伦堡法庭所起诉的罪行中,关于对犹太人的大屠杀和"最后解决",实质上是灭绝种族罪的构成,但是灭绝种族罪在这之后才有明确的定义,故在当时还不能使用这个术语。②

7.1.2　蓝本:《防止及惩治灭绝种族罪公约》

在第一届联合国大会上,印度等三个国家呼吁将灭绝种族问题列入大会议程,并向联合国大会提交决议草案。在1946年12月11日,第1届联合国大会第55次全体会议通过第96(Ⅰ)号决议,鉴于以往屡见不鲜地发生全部或局部地消灭某一种族、宗教、政治以及其他团体之事件,而惩罚灭绝种族罪是世界各国共同关切的事情,声明灭绝种族是否认某种人类团体的生存权利之行为,震撼人类的良知,对这种团体所代表的人类文化和其他贡献造成巨大的损失,完全违反道德规范和联合国的精神与宗旨,故确认灭绝种族罪是国际法中的一种罪行,为文明社会所不容,应惩罚犯有灭绝种族罪的行为人,不论其为主犯或者从犯、私人、国家官员或者政治首领,也无论其侵犯理由为宗教、种族、政治或者其他性质,并且要求联合国经济和社会理事会对此问题进行必要的研究和拟定相关的国际公约草案,以便提交下届联合国大会审议。③

1948年12月9日,第3届联合国大会第179次全体会议在第260号决议中,核准通过共计19个条文的《防止及惩治灭绝种族罪公约》,认为有史以来,灭绝种族行为殃祸人类至为惨烈,为了避免人类再遭此类浩劫,故在该公约第1条规定:无论发生在平时或战时,灭绝种族行为是国际法中的一种罪行,各缔约国应承允防止和惩治。关于灭绝种族罪的定义,《防止及惩治灭绝种族罪公约》第2条规定:

---

① See Sonali B. Shah, "The Oversight of the Last Great International Institution of the Twentieth Century: The International Criminal Court's Definition of Genocide", *Emory Int'l L. Rev.*, Vol.16, 2002, pp.353—354.

② 参见:*Prosecutor v. Kambanda*, ICTR, Judgment of 4 September 1998, Case No. ICTR 97-23-S, para.14。

③ 参见:U.N. Doc. A/RES/96(Ⅰ)(1946)。

本公约所称灭绝种族系指蓄意全部或局部消灭某一民族、人种、种族或宗教团体,犯有下列行为之一者:(1) 杀害该团体的成员;(2) 致使该团体的成员在身体上或精神上遭受严重伤害;(3) 故意使该团体处于某种生活状况下,以毁灭其全部或局部的生命;(4) 强制施行办法,意图防止该团体内的生育;(5) 强迫转移该团体的儿童至另一团体。

同时,该公约第3条规定五种应予惩治的灭绝种族行为的形态,包括:第一,灭绝种族;第二,预谋灭绝种族;第三,直接公然煽动灭绝种族;第四,意图灭绝种族;第五,共谋灭绝种族。该公约还规定:凡被控犯有灭绝种族罪者,应交由行为发生地国家的主管法院,或缔约国接受其管辖权的国际刑事法庭审理,并且明确要求各缔约国制定必要的法律,以确保公约的实施,有效地惩罚实施灭绝种族的行为人,不论其为根据宪法负责任的统治者、国家官员或者私人。[①] 1951年1月12日,该公约正式生效,目前已有140多个缔约国,曾被誉为最完美的人权公约。[②] 1951年5月28日,国际法院在对《防止及惩治灭绝种族罪公约》作出保留的咨询意见中指出:该公约所体现的原则是文明国家所公认的原则,即使没有条约的义务,对各国也具有约束力。毫无疑问地,《防止及惩治灭绝种族罪公约》如今已被视为习惯国际法的一部分[③],具有国际强行法的性质。

在国际社会打击灭绝种族的国际法律规范体系中,《防止及惩治灭绝种族罪公约》具有经典的地位,其关于灭绝种族罪的定义、应予惩治的行为类型、承担刑事责任的主体等规定,为之后的其他相关国际法律文件提供了蓝本。然而,该公约也存在以下不足之处:第一,关于受保护群体,公约只提及民族、人种、种族或宗教等四种团体,不包含社会和政治团体,也未阐释四种受保护团体的含义和定义标准;第二,公约不应在全局意义上将受保护群体的国籍视为此群体国籍的总和,而应该在相对意义上前后联系来认识此问题;第三,对某些种类的犯罪者而言,设置明确的主观意图要件过于苛刻;第四,灭绝种族的定义没有包括文化灭绝,即消灭一个团体的语言和文化;第五,公约所规定的实施机制是低效率的。[④] 尽管一些国家的代表团和学者呼吁亟需对该公约的缺陷进行修正,包括《罗马规约》在内的国际性法律文件依然完全采用该公约关于灭绝种族罪的定义。

---

① 参见:U.N. Doc. A/RES/260(Ⅲ)(1948)。
② 参见:International Law Commission, *Report of the International Law Commission on the Work of its Forty-ninth Session*, 12 May-18 July 1997, U.N. Doc. A/52/10(1997)。
③ 参见:*Report of the Secretary-General Pursuant to Paragraph 2 of Security Council Resolution 808 (1993)*, U.N. Doc. S/25704(1993), para. 45。另参见:*Prosecutor v. Akayesu*, ICTR, Judgment of 2 September 1998, Case No. ICTR-96-4-T, para. 495。
④ 参见〔美〕M.谢里夫·巴西奥尼:《国际刑法导论》,赵秉志、王文华等译,法律出版社2006年版,第124页;Antonio Cassese, *International Criminal Law*, Oxford University Press, 2003, pp. 96—97。

7.1.3 再现:前南和卢旺达国际刑事法庭规约

为了惩治1991年以来在前南斯拉夫境内严重违反国际人道主义法,特别是实施种族清洗的行为人,《前南国际法庭规约》第4条规定了灭绝种族罪。正如联合国秘书长在有关报告中所说明的:《前南国际法庭规约》第4条关于灭绝种族罪的定义,基本援引《防止及惩治灭绝种族罪公约》的原文。① 此外,为了惩治在卢旺达境内实施的有计划、普遍和公然的灭绝种族行为人,《卢旺达国际刑事法庭规约》第2条关于灭绝种族的定义,也沿袭《防止及惩治灭绝种族罪公约》第2条和第3条的规定②,同时将灭绝种族罪列为法庭所管辖的第一项犯罪,以彰显对灭绝种族罪行的打击。2003年,联合国大会在一个关于卢旺达灭绝种族的决议中指出:卢旺达国际刑事法庭不仅审判罪犯,而且有助于防止暴力在未来社会的发生。③ 由此可见,联合国大会充分肯定卢旺达国际刑事法庭的作用。

7.1.4 争议中的沿袭:《罗马规约》

1994年,在国际法委员会提交联合国大会的《国际刑事法院规约草案》中,将灭绝种族罪列为国际刑事法院管辖权内的五个罪行之一,但没有对该罪下定义。④

对于灭绝种族罪,设立国际刑事法院问题特设委员会在1995年制定《罗马规约》的过程中,许多代表团同意该罪符合序言部分中关于列入法院管辖权的标准。然而,在灭绝种族罪的定义上,各代表团存有激烈的争论。若干代表团认为各国普遍接受的《防止及惩治灭绝种族罪公约》已作出权威性的定义,这被国际法院描述为习惯国际法,对所有国家具有约束力,而且已被写入许多缔约国的现行法律中,故赞成应如同前南和卢旺达国际刑事法庭规约一样,在规约中转录有关规定,反对修正该公约所载的定义;也有代表团建议扩大《防止及惩治灭绝种族罪公约》所载的灭绝种族罪的定义,认为该定义中的任何空白应予以填补,应该包括社会和政治群体;还有代表团表示修正该公约是制定规约工作范围之外的事宜,认为若在规约中制定与公约不同的关于灭绝种族罪的定义,可能导致

---

① 参见:*Report of the Secretary-General Pursuant to Paragraph 2 of Security Council Resolution 808 (1993)*, U.N. Doc. S/25704(1993), para. 45—46。

② 参见:*Prosecutor v. Akayesu*, ICTR, Judgment of 2 September 1998, Case No. ICTR-96-4-T, para. 494 and para. 516。

③ 参见:U.N. Doc. A/RES/58/234(2003)。

④ 参见:International Law Commission, *Report of the International Law Commission on the Work of its Forty-sixth Session*, *Draft Statute for an International Criminal Court*, 2 May-22 July 1994, U.N. Doc. A/49/10 (1994)。

国际法院和国际刑事法院根据不同的法律文件就同一情况作出矛盾的裁决。①

在 1996 年国际刑事法院问题筹备委员会讨论灭绝种族罪时,各代表团普遍同意该罪符合序言所提到的管辖权标准,但对于灭绝种族罪的定义,各代表团仍未达成一致。若干代表团继续坚持使用《防止及惩治灭绝种族罪公约》中的定义,认为该公约提供界定该罪的适当基础,具有权威性和习惯国际法的地位,使用该定义有助于统一国际法领域的判例;几个代表团还强调指出筹备委员会不是审议公约修正案或发展法律的论坛,而是确定法院对现行法律具有管辖权的机构,故主张应不加改动地原文照录该公约第 2 条关于灭绝种族罪的定义。同时,也有一些代表团认为须进一步澄清公约第 2 条所载灭绝种族罪定义的各个方面,以便就其解释和适用向法院提供必要的指导,并且对定义中的一些关键词提出具体的完善建议。②综合以上代表团的意见,筹备委员会在提案汇编中,除了不经修改地照搬《防止及惩治灭绝种族罪公约》中的定义,还提出以下备选案文:

> 灭绝种族罪是指[不论在和平时期或在武装冲突时期]蓄意全部或[大]部分消灭某一民族、民裔、种族或宗教[社会或政治]团体而实施的下列任何一种行为:(1)杀害该团体的成员;(2)致使该团体的成员在身体上或精神上遭受严重伤害;(3)故意使该团体处于某种生活状况下,毁灭其全部或局部的生命;(4)强制施行办法,意图防止该团体内的生育;(5)强迫转移该团体的儿童[人]至另一团体。③

此外,在以上备选案文中,还将《防止及惩治灭绝种族罪公约》第 3 条所规定的五种应予惩治的灭绝种族行为形态作为单独的款项。

经过协商讨论,在筹备委员会于 1998 年提交给罗马大会审议的《国际刑事法院规约(草案)》中,关于灭绝种族罪的草案内容再次轮回到《防止及惩治灭绝种族罪公约》中的定义,完全舍弃备选案文中的新内容,将草案分为两款:第 1 款全文引用《防止及惩治灭绝种族罪公约》中关于灭绝种族罪的定义;第 2 款则照搬《防止及惩治灭绝种族罪公约》第 3 条关于五种应予惩治的

---

① 参见:The Ad Hoc Committee on the Establishment of an International Criminal Court, *Report of the Ad Hoc Committee on the Establishment of an International Criminal Court*, G. A., Fiftieth Sess., Supp. No. 22, A/50/22(1995), para. 59—61。

② 参见:The Preparatory Committee on the Establishment of an International Criminal Court, *Report of the Preparatory Committee on the Establishment of an International Criminal Court*, Vol. I, G. A., 51st Sess., Supp. No. 22, A/51/22(1996), para. 58—60。

③ 参见:The Preparatory Committee on the Establishment of an International Criminal Court, *Report of the Preparatory Committee on the Establishment of an International Criminal Court*, Vol. II, G. A., 51st Sess., Supp. No. 22, A/51/22(1996),第三部分"法院的管辖权",第 20 条"法院管辖权内的罪行","A. 种族灭绝"。

灭绝种族行为形态。①

在罗马外交大会期间,对于草案第1款所规定的灭绝种族罪的定义,各国代表团没有任何异议,但考虑到规约的总则部分已设有关于预谋、煽动、意图和共谋实施法院管辖权下的核心罪行的规定,故删除草案的第2款内容。据此,形成以下《罗马规约》第6条关于灭绝种族罪的规定:

第6条 灭绝种族罪(Genocide)

> 为了本规约的目的,"灭绝种族罪"是指蓄意全部或局部消灭某一民族、族裔、种族或宗教团体而实施的下列任何一种行为:(1)杀害该团体的成员;(2)致使该团体的成员在身体上或精神上遭受严重伤害;(3)故意使该团体处于某种生活状况下,毁灭其全部或局部的生命;(4)强制施行办法,意图防止该团体内的生育;(5)强迫转移该团体的儿童至另一团体。

通过以上《罗马规约》关于灭绝种族罪的制定历程和规定,可以看出,将灭绝种族罪纳入国际刑事法院的管辖罪行没有任何争议,关于灭绝种族罪的规定也是沿袭引用《防止及惩治灭绝种族罪公约》第2条的定义,没有丝毫的改变,这显示出罗马大会未接受超出《防止及惩治灭绝种族罪公约》文本的内容,以便顺利通过规约的政治意愿。

7.2 里程碑式的国际审判:阿卡耶苏案

自1948年《防止及惩治灭绝种族罪公约》通过以来,在相当长的时期内,该公约几乎未在国际刑事审判中予以实践。直到20世纪90年代,基于发生在前南斯拉夫和卢旺达境内的种族清洗和大屠杀的惨烈现实,前南和卢旺达国际刑事法庭开始对耶里希奇(Jelisic)、科斯蒂奇(Krstic)、阿卡耶苏(Akayesu)等实施灭绝种族的行为人进行审判,这为国际社会提供许多有益的实践经验。从国际刑事审判实践来看,卢旺达国际刑事法庭对"阿卡耶苏案"的审判具有里程碑式的意义,开启了人类历史对灭绝种族罪犯的审判和定罪之先河。② 在审理该案中,法庭具体阐释灭绝种族罪的定义,特别是关于受保护团体的界定以及主客观构成要素的诠释,对国际刑事审判机构之后处理和认定灭绝种族案件提供了重

---

① 参见:The Preparatory Committee on the Establishment of an International Criminal Court, *Report of the Preparatory Committee on the Establishment of an International Criminal Court*, Addendum, U. N. Doc. A/CONF.183/2/Add.1(14 April 1998),第二部分"管辖权、受理问题和适用的法律",第5条"法院管辖权内的罪行","灭绝种族罪"。

② Kelly D. Askin, "Sexual Violence in Decisions and Indictments of the Yugoslav and Rwandan Tribunals: Current Status", *Am. J. Int'l L.*, Vol.93, 1999, p.97 and p.105.

要参考标本。

7.2.1 案件概览

阿卡耶苏(Jean Paul Akayesu)出生于1953年。在1993年4月至1994年6月期间，他在卢旺达担任塔巴市(Taba commune)市长，负责管理辖区内的行政事务和维护公共安全，还独自掌控着辖区警察和配置在辖区内的宪兵，并且负责执行法律规章以及管理辖区内的经济、基础设施、市场、医疗和全部社会生活的各个方面。在塔巴市，阿卡耶苏对引导民众发挥着关键的作用。他经常对安全、经济和民众的社会生活等事宜提出建议，而且为民众所遵循，被视为"塔巴市之父"。

1995年10月10日，阿卡耶苏在赞比亚被逮捕。1996年2月13日，卢旺达国际刑事法庭的检察官提交对阿卡耶苏的起诉书。1997年6月17日，检察官在起诉书中增加三项指控，修改后的起诉书共包括15项指控，认为：在1994年4月7日至6月底期间，至少2000名图西族人在塔巴市惨遭杀害，而阿卡耶苏在此期间作为塔巴市市长，从未试图阻止在其辖区内公然和广泛进行的屠杀活动，也没有呼吁宗教或民族机构的支持以便平息事件；当众多图西族平民在市政府大楼寻求庇护时，阿卡耶苏明知性暴力、殴打和谋杀行为正在发生，而且其身处犯罪现场，却助长和鼓励这些行为在市政府大楼和周围地域的发生；阿卡耶苏还下令当地民众和民兵杀害有影响力的图西族人和知识分子。据此，起诉书指控阿卡耶苏犯有灭绝种族罪、危害人类罪、违反各项《日内瓦公约》共同第3条等罪行，其中与灭绝种族罪相联系的指控是：第一项的灭绝种族罪(Genocide)、第二项的同谋灭绝种族罪(Complicity in Genocide)、第四项的直接公然煽动灭绝种族罪(Direct and Public Incitement to Commit Genocide)。①

1997年1月9日，卢旺达国际刑事法庭第一审判分庭开始对阿卡耶苏的审判。经过审理，1998年9月2日，国际法庭作出判决，认为阿卡耶苏犯有起诉书中指控的以下九项罪行：1项灭绝种族罪、1项煽动灭绝种族罪以及7项危害人类罪。考虑到灭绝种族罪与同谋灭绝种族罪是两种性质不同、定义互斥的犯罪，被告人不能对同一行为同时成立主犯和同谋犯，故认定其不构成第2项所指控的同谋灭绝种族罪。② 此外，法庭认定阿卡耶苏不构成5项所指控的违反各项《日内瓦公约》共同第3条的罪行。

---

① 参见：*Prosecutor v. Akayesu*, ICTR, Amended Indictment of June 1997, Case No. ICTR-96-4-I。
② 参见：*Prosecutor v. Akayesu*, ICTR, Judgment of 2 September 1998, Case No. ICTR-96-4-T, para. 700。

7.2.2 界定:受保护团体

在 1994 年卢旺达种族大屠杀的惨剧中,受害团体是被经过选择的图西族(Tutsi),约有 50 万至 100 万的受害者。根据《防止及惩治灭绝种族罪公约》以及《卢旺达国际刑事法庭规约》第 2 条的规定,只有某团体属于以上文件所保护的民族、人种、种族或宗教等四种团体之一,并且受到犯罪行为人的侵犯时,才能成为灭绝种族罪的受害人,国际刑事审判机构才能对犯罪者予以惩治。在审理阿卡耶苏案时,由于以上文件只列出受保护团体的范围,均没有对上述团体的含义予以明确,卢旺达国际刑事法庭首先就必须阐释受保护团体的含义,并且界定被屠杀的图西族是否属于受保护的团体。

关于民族、人种、种族或宗教等受保护团体的内涵,根据国际法院(International Court of Justice)在 1995 年对 Nottebohm 案的判决,卢旺达国际刑事法庭认为:(1)民族团体是基于共同的公民身份和相互的权利义务关系而形成法律联系的人们之集合体;(2)关于人种团体,通常被定义为成员拥有共同的语言和文化的团体;(3)关于公约对种族团体的定义,是基于遗传的身体特征(hereditary physical traits),该特征通常与地理区域相联系,而不考虑语言、文化、民族或宗教的因素;(4)宗教团体是指成员拥有共同的宗教信仰、属于同一教派或礼拜仪式相同的团体。① 根据以上界定的受保护团体的内涵,图西族是否属于《卢旺达国际刑事法庭规约》第 2 条以及《防止及惩治灭绝种族罪公约》受保护的团体呢?

在历史上,卢旺达的图西族和胡图族在遗传的身体特征上有所区别。图西族是游牧民族尼罗底克部落的后裔,以放牧为生,身材高大,鼻梁较高;而胡图族被认为是属于非洲南部或中部的班图人,以农业为主,身材较矮小,鼻梁扁平。但是,随着部落之间的相互交往和相互通婚,图西族和胡图族之间的差别日益缩小。两族同属于一个民族团体和信奉相同的宗教,拥有相同的语言和文化。② 由此可见,尽管被迫害的图西族与《防止及惩治灭绝种族罪公约》以及《卢旺达国际刑事法庭规约》第 2 条所保护的四种团体相类似,也是一个稳定的(stable)团体并且成员是基于出生而获得身份,但由于该团体不符合公约所保护四种团体的含义,被迫害的图西族就不属于受保护的团体,故不能惩罚消灭该团体生存的行为。面对以上所出现的问题,法庭就考虑到:受保护团体是应只限定在明确列举的四种团体中,还是应包括其他稳定和持久的类似团体。为此,法庭在查阅

---

① 参见:*Prosecutor v. Akayesu*, ICTR, Judgment of 2 September 1998, Case No. ICTR-96-4-T, para. 512—515。
② 转引自王秀梅等:《国际刑事审判案例与学理分析》(第 1 卷),中国法制出版社 2007 年版,第 371—372 页。

《防止及惩治灭绝种族罪公约》起草阶段的文件后,认为:灭绝种族罪的对象应理解为"稳定的"团体,其具有持久的风俗和基于出生而获得身份的成员,不包括诸如政治和经济的团体,因为这些"易变的"(mobile)团体是成员可以个人选择加入的。因此,界定《防止及惩治灭绝种族罪公约》所保护四种团体的一般标准应该是:这些团体的资格不应受到其成员身份的质疑,该成员基于出生、以持续和无法改变的形式而自动地获得身份。最后,法庭认为必须尊重《防止及惩治灭绝种族罪公约》起草人的原意,即保护任何一个稳定和持久的团体(protection of any stable and permanent group)。关于图西族的性质,在查证审判期间的事实后,法庭认为:在1994年卢旺达的官方分类中,图西人被划为少数族裔(ethnic)的团体中;在当时的身份证上,用基尼亚卢旺达语或者法语写明胡图人或图西人的族裔。法庭还注意到,所有出庭的卢旺达证人均出于本能和毫不犹豫地回答检察官关于他们族裔身份的问题。据此,法庭认为图西族是一个稳定和持久的团体,这已经为所有的证据所鉴别。① 综上所述,在查阅可适用于灭绝种族罪的国际法律文件后,卢旺达国际刑事法庭通过扩大界定《卢旺达国际刑事法庭规约》第2条和《防止及惩治灭绝种族罪公约》所保护团体的范围,然后证明图西族是稳定和持久的团体,应属于受保护的团体,从而最终推论出被迫害的图西族构成灭绝种族罪的犯罪对象。

需要指出的是,卢旺达国际刑事法庭在审理阿卡耶苏案中,将《防止及惩治灭绝种族罪公约》所保护团体的范围理解为"稳定和持久的团体"之论断也受到学术界的批评。这表现在:第一,如果公约旨在保护稳定和持久的团体,公约的起草者就应在公约中明示出这种意图,但公约中没有任何关于这方面的规定。第二,《世界人权宣言》曾指出:改变民族或宗教是人的一项基本权利。实质上,民族和宗教团体都是非稳定和持久的的团体,任何人可以自由加入和退出,但这两种团体被公约列为受保护的对象。第三,从各国的国内立法看,也没有关于保护"稳定和持久的团体"的规定。② 还有学者认为法庭的论断不符合对国际法也适用的合法性原则。③

7.2.3 诠释:客观和主观构成要素

为了阐明灭绝种族罪的构成要素,在审理阿卡耶苏案时,卢旺达国际刑事法庭认为:法庭首先必须诠释《卢旺达国际刑事法庭规约》第2条第2款所列举的

---

① 参见:*Prosecutor v. Akayesu*, ICTR, Judgment of 2 September 1998, Case No. ICTR-96-4-T, para. 511, para. 516 and para. 701—702。
② 参见李世光、刘大群、凌岩主编:《国际刑事法院罗马规约评释》(上册),北京大学出版社2006年版,第62页。
③ 参见〔德〕格哈德·韦勒:《国际刑法学原理》,王世洲译,商务印书馆2009年版,第232、236页。

危害行为、《防止及惩治灭绝种族罪公约》所保护的团体、在实施灭绝种族行为时所必需的特殊故意。①

关于构成灭绝种族罪的客观要素,卢旺达国际刑事法庭指出:作为鼓动胡图族反对图西族的宣传活动之组成部分,图西族妇女被当作性工具。根据所有的显示证据,强奸和性暴力行为只是针对图西族妇女实施,而且是有系统地进行的,其中许多被害妇女经常在市政府大楼或者其他公共场所受到最严重的当众侮辱、残害和多次被强奸,而且加害者时常多于一人。事实上,强奸、性暴力确实构成对被害人在身体和精神上的双重严重伤害,导致图西族妇女以及家庭、社区在生理和精神上被摧毁。因此,性暴力是消灭图西族妇女过程中不可缺少的部分,特别有助于消灭图西族妇女,以及在精神、生存的意志、生命本身等方面全部消灭图西族团体。在大多数情况下,在塔巴市针对图西族妇女的强奸行为还伴随着杀害被害妇女的故意,许多强奸行为就发生在被害妇女被带去处决的墓地附近。强奸、性暴力以及其他严重伤害图西族人身体和精神的行为,均表明图西族妇女在被杀害之前受到折磨和残害,这也清晰地说明消灭图西族团体的故意。② 由此可见,卢旺达国际刑事法庭认为性暴力是消灭图西族过程中不可或缺的组成部分,并且通过证据认定阿卡耶苏身为地方的领导者,没有反对杀害、严重伤害图西族人的身体和精神之行为,这构成一种默许的鼓励,同时还命令、亲自实施、帮助、教唆杀害和严重伤害图西族人的行为,故应当承担个人刑事责任。

至于构成灭绝种族罪的心理要素,卢旺达国际刑事法庭指出:

> 灭绝种族罪有别于其他犯罪的特点就在于它包含特殊故意(special intent or *dolus specialis*)。由于犯罪的特殊故意是指犯罪构成要件所必需的明确故意(specific intention),即行为人明确地追求被指控犯罪的发生,灭绝种族罪的特殊故意是指全部或局部地消灭某一民族、人种、种族或宗教团体的故意。③

对于特殊故意,卢旺达国际刑事法庭进一步指出:它是罗马大陆法系中的一个著名的刑法概念,也是构成国际犯罪的关键因素。对于灭绝种族罪而言,只有行为人具有全部或局部地消灭某一特定团体的明确故意,并且实施《卢旺达国际刑事法庭规约》第2条第2款所列举的一项犯罪行为时,才能认定行为人有罪。由于行为人知道或者应当知道所实施的行为将全部或局部地消灭某一团

---

① 参见:*Prosecutor v. Akayesu*, ICTR, Judgment of 2 September 1998, Case No. ICTR-96-4-T, para. 499。
② 同上, para. 705, para. 731—733 and para. 724。
③ 同上, para. 498。

体,其才具有可归责性。在认定明确故意的问题上,法庭认为:故意属于难以证明,甚至不可能证明的主观心理因素,在缺乏被告人坦白的情形下,只能从一些事实的推断中推论出故意。具体而言,对于被指控的特定行为中的灭绝种族的故意,可以从实施有系统地针对同一团体的其他可归责行为的一般情形中推定出来,无论实施者是同一行为人,还是另有其人。此外,诸如暴行的实施规模、一般性质、发生的地域或国家、有计划系统地将某一团体的成员作为目标而排除其他团体成员的事实等其他因素,也有助于法庭推定灭绝种族行为的特殊故意。①

综上所述,法庭认为:《卢旺达国际刑事法庭规约》第 2 条第 2 款所列举的构成灭绝种族罪的两项危害行为要素已被证实,即行为人杀害图西族人、在身体和精神上严重伤害图西族人;同时,法庭排除合理怀疑地确信:阿卡耶苏在实施不同的灭绝行为时,具有消灭图西族团体的特殊故意。因此,法庭支持起诉书所指控的灭绝种族之事实,并且有证据予以证实,认为阿卡耶苏应对灭绝种族的行为承担个人刑事责任。②

7.3 灭绝种族罪的构成要件

根据《防止及惩治灭绝种族罪公约》、《前南国际法庭规约》、《卢旺达国际刑事法庭规约》以及《罗马规约》关于灭绝种族罪的规定,灭绝种族罪的定义和构成要件是一脉相承的,这主要体现在:四类特定的受保护对象、五种危害行为类型以及出自特殊故意的危害心理。

7.3.1 犯罪对象:四类特定的受保护团体

如前所述,在 1946 年的联合国大会第 96(I)号决议中,将消灭某一种族、宗教、政治以及其他团体的事件都纳入关注的范畴。然而,在制定《防止及惩治灭绝种族罪公约》的过程中,各代表团对受保护的团体应否包括政治团体的问题进行激烈的辩论。为了使公约早日生效,最终在受保护的团体中没有列入政治团体,也未包括经济、社会等其他团体,只是将灭绝种族的犯罪对象界定为四类特定的受保护团体,即民族、族裔、种族和宗教团体。此后的《前南国际法庭规约》、《卢旺达国际刑事法庭规约》、《罗马规约》均沿袭了该规定。只有行为人侵犯以上特定团体的成员时,才可能构成灭绝种族罪。

7.3.1.1 民族(National Group)

国际法院在解释欧洲有关保护少数民族的条约时,曾对民族作出以下定义:

---

① 参见:*Prosecutor v. Akayesu*, ICTR, Judgment of 2 September 1998, Case No. ICTR-96-4-T, para. 518—520 and para. 523。

② 同上,para. 734。

就传统而言,"民族"就是居住在某一国家或某一地点的人们的群体,他们具有自己的种族、宗教、语言和传统,并且以此团结在一起,形成凝聚力,保持自己崇拜的形式、遵守信条,根据本民族的传统和精神教育下一代并相互予以协助。①在大多数情况下,民族和种族是同一个含义,但在某些情况下,一个民族可以由许多种族所组成。

7.3.1.2 族裔(Ethnical Group):文化上的界分

在《防止及惩治灭绝种族罪公约》的最初草案中,并没有人种的概念。在讨论过程中,有的代表团认为民族的概念具有政治含义,极易与国家和政治团体相混淆,故提出人种的概念,以便限定民族的含义及其与政治团体相区分。还有代表团认为人种团体是民族团体的下属分支。然而,许多代表团认为人种与种族的概念基本上是一致的。②经过表决,人种的概念以微弱的多数得以列入公约。后来,基于国际社会强烈谴责种族歧视的大背景,国际社会逐渐取消使用"人种"(race)一词,而以"族裔、族群"(ethnicity)取代之,这也反映在《罗马规约》关于灭绝种族罪的用语之中。实质上,人种是指其成员共同使用同一语言和文化而联系在一起的群体,该概念是基于文化上的界分。例如,卢旺达国际刑事法庭在阿卡耶苏案中指出:人种团体系指其成员拥有共同的语言和文化的团体,而种族的概念则强调遗传的身体特征。

7.3.1.3 种族(Racial Group):遗传的身体特征

在一些语言中,"种族"和"人种"是可以相互混用的,故很难从语义等方面区分两者之间的差异。在1978年11月27日,为了反对种族主义、种族歧视、种族偏见和种族灭绝迫害,联合国教育、科学及文化组织通过《种族与种族偏见宣言》,其中第1条第1款从生物学的角度指出:"全人类属同一种类,均为同一祖先之后代。"在国际审判实践中,遗传的身体特征被卢旺达国际刑庭作为认定种族的最基本的特征。

7.3.1.4 宗教团体(Religional Group)

在制定《防止及惩治灭绝种族罪公约》的过程中,关于宗教团体是否应成为公约所保护的团体,有的代表团予以质疑,认为宗教团体是可以自由加入和退出的,它是公约受保护团体中最不稳定的群体。考虑到在历史上宗教团体是经常被侵犯的对象,而且对宗教的保护是社会文明与进步的标志,因此,宗教团体最终被单列为公约所保护的对象之一。

综上所述,从实质上看,《防止及惩治灭绝种族罪公约》中所列举的民族、种

---

① 转引自李世光、刘大群、凌岩主编:《国际刑事法院罗马规约评释》(上册),北京大学出版社2006年版,第59—60页。

② 参见:U.N. Doc. A/C. 6/SR. 73 and U.N. Doc. A/C. 6/SR. 74。

族、人种或宗教等四类团体,实际上是相当模糊的概念。相对而言,人种和种族是人生而具有并且相对固定的,民族和宗教团体在历史上则是经常变化的。形象地说,《防止及惩治灭绝种族罪公约》所列举的四类团体,就像一个正方形的四边,界定出受公约保护的范围。① 从国际立法的宗旨来看,虽然这四类团体的内涵相互重叠,但重要的是冀以起到相互补充和相互界定的作用。

7.3.2 危害行为:五种类型

在客观方面,灭绝种族是一种复合行为,指犯罪行为人为了全部或局部地消灭某一民族、族裔、种族或宗教团体而实施的一系列危害行为之统称。与通行的认识相反,灭绝种族罪并不要求在实际上完全消灭某一团体,只要行为人具有全部或局部消灭该民族、族裔、种族或宗教团体之明确故意,而实施《防止及惩治灭绝种族罪公约》第 2 条所列举五种危害行为中的任何一种,就可以构成该罪。② 根据《罗马规约》等国际性法律文件的延续规定,灭绝种族罪的危害行为表现为五种类型。同时,《防止及惩治灭绝种族罪公约》还规定这些行为既可以发生在战时,也可以是在和平时期实施。另外,为了协助国际刑事法院解释和适用《罗马规约》第 6 条所规定的灭绝种族罪,《犯罪要件》分别从犯罪对象、主客观要件等方面对构成灭绝种族罪的五种行为类型予以界定,这在某种意义上使得每一种危害行为类型都带有独立个罪之意。

7.3.2.1 杀害团体的成员

根据《犯罪要件》的规定,"杀害团体的成员"的构成要素体现为以下四个方面:(1) 行为人杀害一人或多人;(2) 这些人为某一特定民族、族裔、种族或宗教团体的成员;(3) 行为人意图全部或局部消灭该民族、族裔、种族或宗教团体;(4) 行为是在明显针对该团体采取一系列类似行为的情况下发生的,或者是本身足以造成这种消灭的行为。

若解析以上"杀害团体的成员"的构成要素,可以将其概括为以下几个实质要素:首先,在客观方面,杀害是一种致使被害人死亡的行为。因此,《犯罪要件》规定:"杀害"(killed)一词与"致死"(caused death)一词是通用的。卢旺达国际刑事法庭在审理阿卡耶苏案中,认为:"杀害"是指出于导致被害人死亡的故意而实施的杀人行为。③ 其次,在主观方面,行为人实施的杀害行为是与其全部或局部地消灭某一特定团体的故意内容紧密联系的,否则就不能构成灭绝种

---

① 参见李世光、刘大群、凌岩主编:《国际刑事法院罗马规约评释》(上册),北京大学出版社 2006 年版,第 59 页。

② 参见:*Prosecutor v. Akayesu*, ICTR, Judgment of 2 September 1998, Case No. ICTR-96-4-T, para. 497。

③ 同上,para.501。

族罪。再次,关于犯罪对象,只对被害人的属性作出限定,并没有对被害人的数量作出要求。在大多数情形下,灭绝种族所侵害的被害人往往是多数人,但行为人实际上攻击或杀害某一团体成员的人数多寡,并不是构成本罪的必要要件。如果强调被害人的数量,则会限制公约的保护范围。换而言之,只要行为人具有全部或局部地消灭某一特定被保护团体的明确故意,即使只杀害该团体中的一个成员,行为人也可构成灭绝种族罪。

7.3.2.2 致使身体或精神上遭受严重伤害

依据《犯罪要件》的规定,所谓"致使身体或精神上遭受严重伤害",是指针对某一特定民族、族裔、种族或宗教团体的成员,为了全部或局部地毁灭该团体的生命,行为人实施致使一人或多人身体上或精神上遭受严重伤害的行为。

在阿卡耶苏案的判决中,卢旺达国际刑事法庭认为:导致身体或精神遭受严重伤害的结果,不必是永久性或不可治愈的。至于严重伤害身体或精神的行为方式,则没有限制,可以包括能够引起身体和精神伤害的酷刑、非人道或有辱人格的处遇、迫害行为。[①] 关于伤害的程度,即"严重性",必须涉及"对一个人正常生活和有建设性的生活能力造成重大和长期的不利"。[②] 正是在以上国际审判实践的基础上,《犯罪要件》规定:致使身体或精神上遭受严重伤害的行为方式,可以包括但不一定限于酷刑、强奸、性暴力或不人道或有辱人格待遇。例如,在非自愿情况下的性暴力,毫无疑问地会造成被害人的身体或精神上的痛苦,甚至摧毁被害妇女的性能力、性器官和生殖能力,从而导致最终毁灭某一特定团体。这已被阿卡耶苏案的判决所阐述。

7.3.2.3 故意以某种生活状况毁灭生命

根据《犯罪要件》的规定,所谓"故意以某种生活状况毁灭生命"是指针对某一特定民族、族裔、种族或宗教团体的成员,为了全部或局部地毁灭该团体的生命,行为人采取故意断绝生存必需的资源等方式,使得一人或多人处于某种生活状况的行为。

关于对该行为方式的理解,卢旺达国际刑事法庭在阿卡耶苏案的判决中认为:应该与行为人没有立即杀死团体成员的方法联系起来,尽管两种方法的终极目标都是毁灭被害人的生命。为实现这个目的,实施该手段的方法包括:将某一特定团体的成员置于限制其生存饮食的境地、有计划地将被害人驱逐出家园、降

---

① 参见:*Prosecutor v. Akayesu*, ICTR, Judgment of 2 September 1998, Case No. ICTR-96-4-T, para. 502 and para. 504。

② 参见:*Prosecutor v. Krstic*, ICTY (Trial Chamber), Judgment of 2 August 2001, Case No. IT-98-33-T, para. 513。

低最低需求的医疗服务。① 简而言之,该行为方式不是行为人立刻将被害人消灭,而是剥夺或限制某一受保护团体人员的基本生存条件,如粮食或医疗服务,或者有系统地驱逐离开家园,或者强迫成员从事过分繁重的劳动或者忍受过量的体力消耗,从而导致该团体的生命全部或部分"慢性地"毁灭。

7.3.2.4 强制施行办法意图防止生育

依据《犯罪要件》的规定,所谓"强制施行办法意图防止生育",是指针对某一特定民族、族裔、种族或宗教团体的成员,为了全部或局部地毁灭该团体的生命,行为人对一人或多人强制施行各种办法,意图防止该团体内生育的行为。

对于强制防止生育的理解,应该与性残害、强迫绝育、强行控制出生率、进行性别隔离、禁止该团体内部的结婚等方法联系起来。在以父系为主的团体中,为了生育孩子而强奸该团体的妇女,特别是有计划的强迫怀孕,就可以达到防止该团体的生育之意图。另外,精神上的强制也可以构成防止该团体生育的措施。例如,当被强奸而怀孕的妇女拒绝生育婴儿时,行为人通过威胁、恐吓的办法,迫使被害妇女不得不生出强奸犯的子女。② 针对特定团体中妇女而实施的强迫绝育,更能直接体现防止该团体生育的意图。在第二次世界大战期间,纳粹德国就通过对犹太人实施强制绝育的方法,意图达到全体或部分消灭该团体的目的。

7.3.2.5 强迫转移儿童

所谓"强迫转移儿童",是指针对某一特定民族、族裔、种族或宗教团体的成员,为了全部或局部地毁灭该团体的生命,行为人在知道或者应该知道被害人不满18岁的情形下,强行将一人或多人从该团体转移到另一团体的行为。

关于将强迫转移儿童作为灭绝种族罪的危害行为类型之旨趣,与强制施行办法意图防止生育一样,不仅是为了惩罚一种直接强制身体的转移儿童行为,而且也要惩罚导致强迫儿童转移的威胁、恐吓行为。③ 根据《犯罪要件》的规定,儿童是指不满18岁的人员。至于转移儿童的手段,必须是"强行"的,这不限于针对人身的武力,也可以包括针对这些人或另一人实施武力威胁或强制手段,例如以对暴力的恐惧、胁迫、羁押、心理压迫或滥用权力造成强制性情况,或者利用强制性环境。

7.3.3 危害心理:特殊故意

在主观方面,构成灭绝种族罪必须是出于故意,即"蓄意全部或局部消灭某

---

① 参见:*Prosecutor v. Akayesu*, ICTR, Judgment of 2 September 1998, Case No. ICTR-96-4-T, para. 505—506。
② 同上,para. 507—508。
③ 同上,para. 509。

一民族、族裔、种族或宗教团体"。依据《罗马规约》第 30 条关于故意心理要件的界定,对于灭绝种族罪的故意心理而言,在行为方面表现为行为人有意从事灭绝种族的行为;对结果而言,行为人有意造成灭绝种族的结果,或者意识到事态的一般发展会产生灭绝种族的结果。

同时,灭绝种族罪是主观恶性较深的故意犯罪类型,不仅要求行为人出自一般故意,而且在危害心理要素上还要求"特殊故意",即要求行为人具有以全部或局部地消灭某一特定团体为目的的明确故意,这是灭绝种族罪与其他犯罪相区别的主要特征,也是从主观方面确定是否构成灭绝种族罪的关键性因素。如果犯罪行为人缺少消灭团体的特殊故意,无论行为人实施的残忍行为达到何种严重的程度,也不论该行为与《防止及惩治灭绝种族罪公约》的规定如何相似,此行为也不构成灭绝种族罪。① 另外,灭绝种族罪中特殊故意的内容必须是消灭某一特定的团体本身,而不是毁灭被害人的个人。换而言之,行为人出于消灭某一特定团体的特殊故意而实施的行为,如果只是造成该团体中一个或几个成员的伤亡,也构成灭绝种族罪。反之,即便行为人故意实施大规模杀伤某一特定团体成员的行为,倘若其没有消灭该团体的特殊故意,也不成立灭绝种族罪。例如,前南国际法庭在审理"耶里希奇"案中,认为:被称为"塞尔维亚的阿道夫"的被告人在担任卢卡集中营的领导人时,在没有任何逻辑或者计划的情形下,随意地杀害被关押的穆斯林。尽管可以证实被告人具有迫害被害人团体的故意,但鉴于检察官不能证明其所实施的一系列杀人行为是消灭穆斯林团体计划中的一部分,其缺乏"全部或局部地消灭一个团体本身的坚定信心",故不能认定其具有消灭穆斯林团体的特殊故意,不构成灭绝种族罪。②

如何确定行为人的犯罪主观方面,是刑事司法中的难点,这是一个带有普遍性的问题。根据国内刑法和国际刑事审判实践,尽管犯罪意图属于行为人的心理活动,但可以根据外化行为予以推定。例如,前南国际法庭认为:如果行为人试图侵害某一特定团体的实质性部分,即该团体的大多数人或者该团体中最有代表性的人物,灭绝种族的故意就可以体现在这两种形式中。具体而言,在希望消灭该团体中相当大的一部分人员的情形下,就可以证明故意的内容是毁灭整个团体;在希望消灭经过挑选的部分人员的情况下,故意的内容表现为通过毁灭有限的人员而影响该团体本身的存在。③ 此外,灭绝种族罪的明确故意可以从许多因素中推论出来,例如可能引起灭绝种族行为的一般政治纲领,或者反复实

---

① 参见:*Prosecutor v. Akayesu*, ICTR, Judgment of 2 September 1998, Case No. ICTR-96-4-T, para. 519。

② 参见:*Prosecutor v. Jelisic*, ICTY, Judgment of 14 December 1999, Case No. IT-95-10-T, para. 79 and para. 94—108。

③ 同上,para. 82。

施的灭绝行为和歧视行为。对于灭绝种族罪的故意之推论,也可以依据行为人所实施的自认为可以侵犯某团体的存在根基之行为。① 概而言之,在确定行为人是否具有灭绝种族的主观故意时,应以客观行为为基础,并且结合其他可参考的事实因素。

---

① 参见:*Prosecutor v. Akayesu*, ICTR, Judgment of 2 September 1998, Case No. ICTR-96-4-T, para. 524。

第 8 章　危害人类罪

危害人类罪是针对平民人口进行的广泛或有系统的暴力罪行,侵犯着整个人类社会的根本利益,严重地破坏人类的和平和安全,是最恶之罪。只有该罪受到法律的制裁,才有全球的正义可言。① 由于该罪行的罪恶性和重大性,其在人性的观念方面就极其严重地攻击人类的尊严,损害着一个比直接被害人的利益更为广阔的利益。无论是在作出最严厉判决并执行死刑的纽伦堡审判,还是在引入危害人类罪的各国国内立法,均对危害人类罪设置了最严厉的刑罚,这已成为一项被所有国家认可的基本原则。② 危害人类罪是习惯国际法中的罪行,防止和惩治该罪已成为国际强行法上的内容。在《罗马规约》中,危害人类罪被规定为国际刑事法院所管辖的四种核心犯罪之一。

8.1　惩治危害人类罪的历史脉络

早在 19 世纪末,一些规范战争的国际公约已具有危害人类罪的萌芽内容。作为独立的罪名,危害人类罪首次是在《纽伦堡宪章》和《远东国际军事法庭宪章》得以规定,并开启了关于危害人类罪的国际刑事审判实践。在此后的《前南国际法庭规约》和《卢旺达国际刑事法庭规约》中,均将危害人类罪列为一种独立的国际犯罪,而且规定的内容更为具体和有所发展。在综合先前的国际性法律文件的相关规定之基础上,《罗马规约》以专门条款继续拓展关于危害人类罪的定义和具体表现形态。

8.1.1　追溯危害人类罪

"危害人类罪"的英文术语为"crimes against humanity",在中文中也被译为"违反人道罪"、"反人道罪"或者"反人类罪"。在语义上,与该罪相关的关键词语"人道"(humanity)、"人道主义法"(laws of humanity),可以追溯到 1899 年制定于海牙的《陆战法规与惯例公约》前言中的下述条款:

> 在颁布更完整的战争法规之前,缔约各国认为有必要声明,凡属他们通

---

① 时任联合国秘书长安南在 1998 年罗马外交大会上的讲话。
② 参见:*Prosecutor v. Drazen Erdemovic*, ICTY (Appeals Chamber), Judgment of 7 October 1997, Case No. IT-96-22, para. 21。

过的规章中所没有包括的情况,居民和交战者仍应受国际法原则的保护和管辖,因为这些原则是来源于文明国家间制定的惯例、人道主义法规和公众良知的要求。

以上条款也被称为"马尔顿条款"(Martens Clause)。从实质意义上看,该条款仅适用于战争时期,并没有规定为人道主义法规所禁止的行为类型,也未具体阐释危害人类罪的含义,只是带有现代意义上危害人类罪的雏形。

1915 年 5 月,英、法、俄三国政府发表谴责奥斯曼政府(土耳其)屠杀境内亚美尼亚人的联合声明,指出奥斯曼政府的屠杀行为构成"反人道和反文明的罪行"(crimes against humanity and civilization),其全体成员以及涉及屠杀行为的代理人均应为此犯罪承担责任。① 第一次世界大战之后,1919 年巴黎和平会议委员会详细地列出以下涉及危害人类罪的罪目:

> 谋杀和灭绝、有系统的恐怖主义活动、处决人质、拷打平民、故意断绝平民的饮食、绑架妇女强迫卖淫、驱逐平民、在非人道主义的条件下监禁平民、强迫平民为敌对军事活动劳动、集体处罚以及故意轰炸无设防的地方与医院。②

同时,在巴黎和会上成立的"关于战争发起者的责任与惩罚违反战争法规和惯例的行为之委员会"依据"马尔顿条款"中所包含的人道主义法,寻求以危害人类罪起诉土耳其官员和其他个人。虽然该委员会准备进行针对土耳其官员实施危害人类罪的起诉工作,但并未采取任何行动。③ 尽管如此,"马尔顿条款"为国际社会惩治危害人类罪开辟了路径。

8.1.2 审判先河:纽伦堡和东京审判

在《纽伦堡宪章》、纽伦堡审判的判决书、管制委员会的《第 10 号法案》中,危害人类罪被首次得以确认。④ 第二次世界大战结束后,纽伦堡和东京审判有权进行审判和惩处的罪行基本一致,均将危害人类罪⑤列为国际军事法庭所管辖的主要罪行之一。《纽伦堡宪章》第 6 条第 2 款第 3 项明确地规定:

> 违反人道罪,系指在战争爆发以前或在战争期间对平民进行的屠杀、灭

---

① Egon Schwelb, "Crimes against Humanity", *British Year Book of International Law*, Vol. 23, 1946, pp. 179—181.

② 转引自刘大群:《论危害人类罪》,载于《武大国际法评论》2006 年第 1 期。

③ 参见〔美〕M. 谢里夫·巴西奥尼:《国际刑法导论》,赵秉志、王文华等译,法律出版社 2006 年版,第 336—337 页。

④ 参见: *Report of the Secretary-General Pursuant to Paragraph 2 of Security Council Resolution 808 (1993)*, U.N. Doc. S/25704(1993), para.47。

⑤ 在我国早期出版发表的《纽伦堡宪章》和《远东国际军事法庭宪章》中,一般将"Crimes against Humanity"翻译为"违反人道罪"。

绝、奴役、放逐或其他非人道行为，或借口政治、种族或宗教的理由而实施的属于法庭有权受理的业已构成犯罪或与犯罪有关的迫害行为，不管该行为是否触犯进行此类活动的所在国的法律。

《远东国际军事法庭宪章》基本沿用上述定义，其在第5条第2款第3项规定：

> 违反人道罪，指战争发生前或战争进行中针对任何平民人口之杀害、灭种、奴役、强迫迁徙，以及其他不人道行为，或基于政治上或种族上的理由而进行旨在实现或有关本法庭管辖范围内任何罪行的迫害行为，不论这种行为是否违反行为地国家的国内法。

比较而言，两个宪章关于危害人类罪的定义基本相同，只是《远东国际军事法庭宪章》删除了"基于宗教的理由"之术语。在东京审判中，也没有对任何战犯适用危害人类罪。

从时空特征上看，鉴于国际军事法庭审判的对象是战争罪犯，《纽伦堡宪章》和《远东国际军事法庭宪章》均特别将危害人类罪限定于"在战争爆发以前或在战争期间"，以强调危害人类罪与破坏和平罪或战争罪之间的联系，致使危害人类罪成为一种附属的罪行。需要指出的是，在同盟国管制委员会以《纽伦堡宪章》作为模板颁布的《第10号法案》中，取消《纽伦堡宪章》关于危害人类罪的时空限制，其第2条关于危害人类罪的定义是：

> 暴行和罪行，包括但不限于针对任何平民人口实施的谋杀、灭绝、奴役、驱逐、监禁、酷刑、强奸或其他不人道行为，或基于政治、种族或宗教理由的迫害，不论是否违反犯罪地国的国内法。

由此可见，《第10号法案》不仅认为危害人类罪是可以独立存在的罪行，而且将"监禁、酷刑和强奸"增加为危害人类罪的行为态样。

此后，《纽伦堡宪章》关于危害人类罪的定义为国际社会普遍地接受。在1946年12月联合国大会通过的《确认纽伦堡宪章所认定的国际法原则》中，将危害人类罪确认为应受惩罚的国际法上的罪行，其中的第6项原则第3款规定：

> 危害人类罪，指对任何平民施行谋杀、歼灭、奴役、放逐及其他任何非人道行为，或基于政治的、种族的或宗教的理由的迫害，而此类行为已实施或此类迫害已执行或此类行为与任何破坏和平罪或任何战争犯罪相关联。[①]

---

① 参见："Principles of International Law Recognized in the Charter of the Nuremberg Tribunal and in the Judgment of the Tribunal", in *Report of the International Law Commission Covering Its Second Session*, 5 June-29 July 1950, 5 U.N. GAOR Supp. (No.12), U.N. Doc. A/1316(1950).

从以上具体内容可见,《纽伦堡宪章》关于危害人类罪的定义被基本保留,虽然删除"在战争爆发以前或在战争期间"的时空限制术语,但依然要求危害人类罪必须与破坏和平罪或战争罪具有关联性。再例如,在 1968 年 11 月 26 日,联合国大会通过《战争罪及危害人类罪不适用法定时效公约》,认为危害人类罪是国际法上情节最重大之罪,深信有效惩治危害人类罪是防止此种罪行、保障人权与基本自由、鼓励信心、促进民族间合作、增进国际和平与安全的一个重要因素。[①]

8.1.3 承袭和发展:前南和卢旺达国际刑事法庭规约

关于危害人类罪,联合国秘书长在设立前南国际法庭的报告中指出:它是一种极其严重的不人道的行为,是指基于民族、政治、人种、种族或者宗教的原因,实施广泛或有系统的攻击平民的行为,诸如谋杀、酷刑、强奸等。无论其发生在国际或者国内武装冲突中,均应予以禁止。[②] 据此,《前南国际法庭规约》承袭《纽伦堡宪章》的精神,将危害人类罪纳入国际法庭的管辖范畴。

在《前南国际法庭规约》第 5 条关于"危害人类罪"的条款中,规定:

> 国际法庭应有权对国际或国内武装冲突中犯下下列针对平民的罪行负有责任的人予以起诉:(1)谋杀;(2)灭绝;(3)奴役;(4)驱逐出境;(5)监禁;(6)酷刑;(7)强奸;(8)基于政治、种族、宗教原因而进行迫害;(9)其他不人道行为。

与《纽伦堡宪章》的有关规定相比较,《前南国际法庭规约》不仅增加危害人类罪的行为态样,而且考虑到前南国际法庭所管辖的犯罪类型均与武装冲突密不可分,故特别规定危害人类罪适用于所有性质的武装冲突类型,而不论它们是否具有国际性质。

在沿用《前南国际法庭规约》关于危害人类罪的行为类型之基础上,《卢旺达国际刑事法庭规约》第 3 条对危害人类罪的定义作出一定程度的修订,规定如下:

> 卢旺达国际法庭应有权对出于民族、政治、人种、种族或宗教原因,在广泛的或有计划的[③]攻击平民人口中对下列罪行负有责任的人予以起诉:(1)谋杀;(2)灭绝;(3)奴役;(4)驱逐出境;(5)监禁;(6)酷刑;(7)强奸;(8)基于政治、种族、宗教原因而进行迫害;(9)其他不人道行为。

该定义不仅首次规定危害人类罪在客观攻击行为上应具有"广泛或有计划

---

① 参见:U. N. Doc. A/RES/2391(XXIII)(1968)。
② 参见:Report of the Secretary-General Pursuant to Paragraph 2 of Security Council Resolution 808 (1993), U. N. Doc. S/25704(1993), para.47—48。
③ 在《卢旺达国际刑事法庭规约》的中文文本中,将"systematic"一词译为"有计划的",而在《罗马规约》中,则译为"有系统的"。

性"的特征,而且侧重强调在主观方面"出于民族、政治、人种、种族或宗教原因"的歧视性动机或理由是构成危害人类罪的一般性要件,改变了之前相关国际法律文件只对危害人类罪中的迫害行为形态要求行为人具备歧视性动机的惯例,以便有针对性地应对在卢旺达境内发生的大屠杀事件所具有的歧视性动机之情形,从而将卢旺达国际刑事法庭的最大管辖权限制在具有这些特征的犯罪种类上,而不起诉其他可能的实施危害人类罪的行为人。① 同时,鉴于习惯国际法已确认危害人类罪不需要与武装冲突有任何联系,规约在术语上也不再专门规定危害人类罪必须与武装冲突具有关联性。

8.1.4 争议中的继续拓展:《罗马规约》

在《国际刑事法院规约》的制定过程中,许多代表团表示危害人类罪符合国际刑事法院管辖权的标准。在讨论危害人类罪的具体规定时,存在着较大的争议。一些代表团提请注意前南和卢旺达国际刑事法庭规约中有关武装冲突的规定以及关于该罪应具有广泛性、有计划性的要求;若干代表团认为《纽伦堡宪章》、《远东国际军事法庭宪章》、管制委员会《第10号法案》以及前南和卢旺达两个特设国际刑事法庭规约均可以为该罪定义的拟定提供指导,但需要协调该定义与进一步拟定的灭绝、驱逐和奴役等罪行的具体内容;还有代表团建议:该罪可以是对任何平民的侵犯,而不仅仅是战争罪行;其应是广泛或有系统地对平民人口的攻击,而不是单独发生的罪行。另外,关于危害人类罪是否可以在和平时期发生的问题上,各国代表团的意见也不一致。②

在1996年国际刑事法院问题筹备委员会讨论危害人类罪时,各代表团均同意该罪符合序言的管辖权标准,但是对以下问题存有争议:(1)关于该罪的定义,若干代表团指出,条约法中没有普遍接受的危害人类罪的定义,只是在《纽伦堡宪章》等文书中涉及危害人类罪定义。(2)一些代表团特别重视构成危害人类罪的一般性标准,以避免在普通罪行上干扰国家法院的管辖权。讨论的焦点集中在《卢旺达国际刑事法庭规约》第3条关于危害人类罪的规定。(3)各代表团普遍支持列入广泛或有系统的标准,以体现该罪的规模和严重性。一些代表团表示此项标准可以进一步澄清,以表明国际社会关切的适合于国际管辖的行为。(4)某些代表团强调危害人类罪可以针对任一平民进行,而有些代表团则认为《卢旺达国际刑事法庭规约》中"对任何平民攻击"的术语不明确、没有

---

① 参见:Prosecutor v. Akayesu, ICTR (Appeals Chamber), Judgment of 1 June 2001, Case No. ICTR-96-4-A, para. 465。

② 参见:The Ad Hoc Committee on the Establishment of an International Criminal Court, Report of the Ad Hoc Committee on the Establishment of an International Criminal Court, G. A., Fiftieth Sess., Supp. No. 22, A/50/22(1995), para. 77—79。

必要并且易引起混淆,故提议删除;另有一些代表团认为应保留该用语,以避免对该罪行的现有定义作出很大的改动。(5)对于《卢旺达国际刑事法庭规约》中规定的一般性动机要求或理由标准,有代表团认为应予以列入,以便表明危害人类罪的各类情况;另一些代表团表示列入该标准会使得起诉方面的任务复杂化,大大加重关于主观因素的举证责任;也有代表团提议一般性地提及因歧视的理由犯下的罪行。(6)关于该罪与武装冲突的关系,一些代表团认为危害人类罪总是涉及某类武装冲突的情况,正如《纽伦堡宪章》、《前南国际法庭规约》等现有的法律要求广泛地与某类武装冲突相关;但是,若干代表团表示危害人类罪可以发生在武装冲突时期,也可发生在和平时期,《纽伦堡宪章》中关于与武装冲突的关联性在管制委员会《第10号法案》、《战争罪及危害人类罪不适用法定时效公约》、《卢旺达国际刑事法庭规约》、《治罪法草案》等现行法律以及前南国际法庭的有关判决中已不再要求。(7)关于危害人类罪的具体行为形态的清单,若干代表团认为应包括一系列使人类的良心感到震惊、特别严重的不人道行为;一些代表团主张可以参考前南和卢旺达特设国际刑事法庭规约所载相同的清单;也有代表团指出需要进一步审议和澄清某些规定。同时,各代表团对谋杀等9种行为形态的含义进行了深入的讨论。① 综合以上代表团的意见,筹备委员会在提案汇编中,共列出11项关于危害人类罪的备选案文,其中比较有代表性质的是主席的非正式案文,规定如下:

  危害人类罪是指对任何平民人口进行广泛[和][或]有系统[大规模]的攻击中所犯下的下列[罪行][行为]:(1)[谋杀][故意杀害];(2)灭绝;(3)奴役;(4)驱逐出境[或强行迁移人口];(5)监禁[,包括劫持平民作人质];(6)酷刑[或其他形式的残酷待遇];(7)强奸[或其他严重的性攻击];(8)[与法院管辖权内的任何[其他]罪行一起进行的]基于政治、[民族、族裔]种族和宗教理由的迫害;(9)[其他类似性质的不人道行为,[诸如]故意使身体和健康遭受重大痛苦或严重伤害。][使身体或健康遭受严重伤害的其他不人道行为]。②

  此外,提案汇编还列出"附件",对谋杀、灭绝等9种行为形态以及"广泛"、"有系统"两个关键术语的含义予以阐述。

---

① 参见:The Preparatory Committee on the Establishment of an International Criminal Court, *Report of the Preparatory Committee on the Establishment of an International Criminal Court*, Vol. I, G. A., 51st Sess., Supp. No. 22, A/51/22(1996), para. 82—91。

② 参见:The Preparatory Committee on the Establishment of an International Criminal Court, *Report of the Preparatory Committee on the Establishment of an International Criminal Court*, Vol. II, G. A., 51st Sess., Supp. No. 22, A/51/22(1996),第三部分"法院的管辖权",第20条"法院管辖权内的罪行","D. 危害人类罪行"。

经过进一步的协商,在筹备委员会于1998年提交给罗马大会审议的《国际刑事法院规约(草案)》中,将危害人类罪的条文分为两款,其中第1款是关于危害人类罪的定义和具体行为态样,第2款界定灭绝、驱逐出境或强行迁移人口、酷刑、迫害、强迫失踪等五种行为形态的含义。关于危害人类罪的定义,该草案出现两个备选案文:第一个案文中的危害人类罪是指广泛或有系统地针对任何平民人口实施下列任何一种行为的部分行为;第二个备选的定义是:基于政治、思想、种族、族裔或宗教理由或其他任意确定的理由,在武装冲突中,针对任何平民人口实施广泛或有系统的大规模攻击的下列部分行为。同时,该草案在提案汇编所列九种行为形态的基础上,将"强迫失踪"增列为第十种类型。[①] 由此可见,该草案关于危害人类罪的规定已经具有最终通过的基本模型,但在是否应将该罪与武装冲突相关系、歧视性的理由是否属于构成该罪的一般性要件、具体行为类型等问题上,依然存有争议,故将其列入备选条文,留待罗马大会讨论决定。

在1998年罗马外交大会召开期间,关于各国代表团讨论危害人类罪的焦点问题,是定义的界定和行为态样的筛选。经过充分协商,以草案的第一个备选案文为基础,在行为类型上继续拓展,增设"种族隔离罪",并且细化了性攻击行为的形式,从而最终在综合以往有关国际法律文件和吸纳大多数代表团的提案之基础上,《罗马规约》第7条第1款确认危害人类罪的如下定义:

> 是指在广泛或有系统地针对任何平民人口进行的攻击中,在明知这一攻击的情况下,作为攻击的一部分而实施的下列任何一种行为:(1)谋杀;(2)灭绝;(3)奴役;(4)驱逐出境或强行迁移人口;(5)违反国际法基本规则,监禁或以其他方式严重剥夺人身自由;(6)酷刑;(7)强奸、性奴役、强迫卖淫、强迫怀孕、强迫绝育或严重程度相当的任何其他形式的性暴力;(8)基于政治、种族、民族、族裔、文化、宗教、第三款所界定的性别,或根据公认为国际法不容的其他理由,对任何可以识别的团体或集体进行迫害,而且与任何一种本款提及的行为或任何一种本法院管辖权内的犯罪结合发生;(9)强迫人员失踪;(10)种族隔离罪;(11)故意造成重大痛苦,或对人体或身心健康造成严重伤害的其他性质相同的不人道行为。

同时,为了正确地适用危害人类罪,《罗马规约》在第7条的第2款阐释该罪定义中的关键词和8种行为形态的含义,并且在第3款对"性别"的内容予以解释。

综上所述,《罗马规约》关于危害人类罪的规定更为详尽,在内涵和外延上

---

① 参见:The Preparatory Committee on the Establishment of an International Criminal Court, *Report of the Preparatory Committee on the Establishment of an International Criminal Court*, *Addendum*, U. N. Doc. A/CONF.183/2/Add.1(14 April 1998),第二部分"管辖权、受理问题和适用的法律",第5条"法院管辖权内的罪行","危害人类罪"。

都在继续发展,不仅最终确认关于攻击行为上应具有"广泛或有系统性"的构成标准,还未将歧视性的理由列为构成该罪的一般性要件,在术语上也不要求危害人类罪与武装冲突有关联。同时,将具体的行为类型拓宽到目前的11种,并且将"文化、性别、公认为国际法不容的其他理由"增列为构成迫害行为形态的歧视性理由。

8.2 危害人类罪的一般构成要件

依据《罗马规约》第7条第1款的规定,在构成危害人类罪的行为要件上,明确设置了具有"广泛或有系统地针对任何平民人口进行的攻击",而在心理要件方面,则要求行为人具有明知的故意。这与习惯国际法确立该罪的基本概念相一致。在国际刑事审判实践中,前南国际法庭强调:危害人类罪之所以震撼人类的良知并且引起国际社会的干涉,就是因为它并不是个人孤立、任意的行为,而是一种故意以平民人口为目标的攻击行为。行为人在广泛或有系统地攻击平民人口中采取的行动,会导致个人刑事责任。同时,行为人无须实施众多的罪行,才被认定应承担责任。如果一个孤立的行为是以恐怖或者迫害为基础的政治制度之产物,则该行为也可构成危害人类罪。[①] 据此,危害人类罪的一般构成可以细分为以下四个要件:第一,必须是针对任何平民人口实施的攻击;第二,攻击与政策之间具有关联性;第三,攻击须是广泛或有系统地实施;第四,行为人必须是在明知攻击是针对平民人口的心理状态下实施。

8.2.1 攻击对象:任何平民人口

危害人类罪的成立,首先要求行为人针对任何平民人口实施攻击的行为,其侵害对象必须是"任何平民人口"(any civilian population),这正如前南国际法庭所指出的:与广泛地或有系统地攻击平民人口无关的罪行,不应作为危害人类罪起诉。危害人类罪是具有特殊性质的罪行,比普通罪行具有更高程度的道德沦丧。因此,若对被告人以危害人类罪定罪,必须证明该罪行与攻击平民人口有关,而且被告知道其罪行与此有关。[②] 卢旺达国际刑事法庭也认为:如果某行为要构成危害人类罪,必须针对平民人口实施。[③]

---

① 参见:*Prosecutor v. Dusko Tadic*, ICTY, Judgment of 7 May 1997, Case No. IT-94-1-T, para. 644—653。

② 参见:*Prosecutor v. Dusko Tadic*, ICTY, Jurisdiction Appeal Decision of 2 October 1995, Case No. IT-94-1-AR72, para. 271。

③ 参见:*Prosecutor v. Akayesu*, ICTR, Judgment of 2 September 1998, Case No. ICTR-96-4-T, para. 582。

从"平民人口"的内涵看,"人口"一词意味着针对其所实施的犯罪具有一种集合的性质,从而排除了对个人的单独或者孤立的攻击行为,虽然该行为可能构成战争罪或者国内刑事犯罪,却不会提升到危害人类罪的层次。① 从"平民人口"的外延上看,"任何"的限定词意味着"平民"是一个广泛的概念,表现为对被侵犯平民人口的国籍没有限制,它可以包括敌对国家的公民、中立国的公民、本国的公民、盟国的公民以及无国籍人,也包括因为疾病、受伤、拘禁或任何其他原因丧失战斗能力的武装部队的人员。

从国际刑事审判实践看,有些案件涉及对平民人口的界定。在"阿卡耶苏"案的审理中,卢旺达国际刑事法庭认为:平民人口的成员是指没有积极参加任何敌对行动的人员,包括放下武器以及因病、伤、拘禁或任何其他原因丧失战斗能力的武装部队人员。即使在平民人口中存在一些不符合平民定义的个人,也不能剥夺该人口的平民性质。② 在"布拉斯季奇"(Blaskic)案中,前南国际法庭指出:危害人类罪不仅可对严格意义上的平民实施,还可对过去是抵抗运动的成员、原先属于参战的人员实施,不管他们是否身穿制服,只要他们在被攻击时,属于因离开军队、不再配带武器或者最终基于受到伤害或拘禁后丧失战斗能力而不再参加敌对行动的人员。在确定受害人是否为平民时,必须考虑被害人在犯罪实施时所处的特定情形,而不是其身份。在某一受国际保护的平民人口中存在一些士兵,也并不改变该人口的平民性质。③ 从属性上看,具备平民地位的任何人都属于"平民人口"的范畴。至于被害人形式上的身份,则不是关键性的考察因素。

8.2.2 攻击:与政策的关联性

根据《罗马规约》第7条第2款第1项的规定,危害人类罪必须是行为人根据国家或组织攻击平民的政策,或者为了推行这种政策,针对任何平民人口多次实施攻击行为。因此,危害人类罪的成立,要求"攻击"与"政策"之间具有关联性,政策成分是构成危害人类罪的必要要件之一。这表明以任何平民人口为侵犯对象的攻击行为不是孤立的事件,而是作为国家或组织攻击平民政策的组成部分,或者是推行这种政策的结果。在国际刑事审判实践中,卢旺达国际刑事法庭认为:若使得一个针对平民人口的攻击行为具有危害人类罪定义设定的门槛

---

① 参见:Prosecutor v. Dusko Tadic, ICTY, Judgment of 7 May 1997, Case No. IT-94-1-T, para.644。
② 参见:Prosecutor v. Akayesu, ICTR, Judgment of 2 September 1998, Case No. ICTR-96-4-T, para.582。
③ 参见:Prosecutor v. Blaskic, ICTY, Judgment of 3 March 2000, Case No. IT-95-14-T, para.211—214。

条件,就有必要证明存在一个事先的计划或政策。① 由此可见,行为人基于纯粹的个人动机而自行实施的攻击行为,不构成危害人类罪。

关于政策的形式,不必精确地以书面形式制定,也不需要一定是国家级别的政策。② 至于政策成分的存在,可以通过各种客观情形予以综合的判定,包括一般性历史情况和政治背景、具有权威的自治性政治机构的建立和贯彻、体现在著作和讲话中的政治计划之一般内容、媒体宣传、自治性军事结构的建立、军队的动员、重复和协调进行的军事进攻、军事等级与政治机构以及政治计划之间的联系、对人口中民族成分的改变、行政或者其他形式的歧视性措施、实施的暴力行为之等级等。③

依据《犯罪要件》的界定,"攻击平民人口的政策"是指国家或组织积极推动或鼓励这种攻击平民人口的行为。一般而言,以平民人口为攻击对象的政策是由国家或组织以积极作为的方式予以推动或鼓励。在特殊情况下,这种政策的实施方式可以是故意不采取行动,刻意以此助长这种攻击。因此,在某一政府或组织消极地不作为的情况下,不能仅以缺乏政府或组织的行动就推断不存在这种政策。

8.2.3 攻击的选择性要件:广泛性或者有系统性

从《卢旺达国际刑事法庭规约》直至《罗马规约》,均确认任何构成危害人类罪的具体攻击行为都应具有"广泛的或者有系统的"(widespread *or* systematic)之条件。在英文用语上,两个关键词以"or"相连接,这表明立法者认为"广泛的或者有系统的"属于限定客观行为的选择性要件,即攻击任何平民人口的行为只需满足其中任何一种情形,就符合构成危害人类罪的客观要件,并不需要两个条件同时具备。关于"广泛的或者有系统的"之内涵,在《国际刑事法院规约(草案)》中曾经作出如下的界定:"广泛的"一词是指攻击属于大规模的性质,针对大批的个人;而"有系统的"一词,是指攻击构成一项政策或协调的计划,或者在一般时间内一再采取的手段,或者是这种政策、计划或手段的一部分,或者与其一致,或者是为了促进这种政策、计划或手段。④ 然而,《罗马规约》最终没有对

---

① 参见:*Prosecutor v. Kayishema and Ruzindana*, ICTR, Judgment of 21 May 1999, Case No. ICTR-95-1-T, para. 124。

② 参见王秀梅等:《国际刑事审判案例与学理分析》(第1卷),中国法制出版社2007年版,第279页。

③ 参见:*Prosecutor v. Blaskic*, ICTY, Judgment of 3 March 2000, Case No. IT-95-14-T, para. 204。

④ 参见:The Preparatory Committee on the Establishment of an International Criminal Court, *Report of the Preparatory Committee on the Establishment of an International Criminal Court*, Vol. II, G. A., 51st Sess., Supp. No. 22, A/51/22(1996),第三部分"法院的管辖权",第20条"法院管辖权内的罪行","D. 危害人类罪行","附件,(j)以及(k)"。

这两个关键词的定义予以明确的规定。

关于"广泛的"攻击之认定,在一些国际刑事审判的相关判决中已有阐述。在"阿卡耶苏"案中,卢旺达国际刑事法庭认为"广泛的"概念可以界定为:以相当严重的方式集体实施的针对众多受害人的行为,其具有范围巨大的、经常性的和大规模的(massive, frequent and large scale)特征。① 前南国际法庭则认为:"广泛的"是指受害人的数量,并且是故意地大规模实施攻击行为。虽然广泛的攻击性质可以从其在一个广阔的地理区域中的分布状况得以反映,但这并不是指单纯的地理范围。无论攻击行为实际发生的地域范围之大小,只要该行为系针对大量平民人口发动的攻击,即使是一次单独的攻击行为,也可认定其构成危害人类罪。② 事实上,在早期国际法律文件中,经常使用"大规模的"一词,而不是"广泛的"术语。有鉴于此,所谓"广泛的",应从受害人数量的角度来理解。行为人自主实施的针对单一受害人的孤立的非人道行为,则不符合"广泛的"之要求。

何谓"有系统的",国际法委员会曾解释为:行为是根据事先制定的计划或政策,而执行这一计划或政策将引起反复地或持续地实施非人道的行为。这一要求的核心在于排除随意的行为,即排除不是作为更大的计划或政策的一部分之行为。③ 至于"有系统的"攻击,卢旺达国际刑事法庭界定为:

> 在涉及实质性的公共或私人资源的共同政策的基础上,通过协调组织和采用惯常模式实施的攻击行动。该政策只须是事先制定的某种计划,不必被正式地采纳为国家的政策。④

在审理"布拉斯季奇"案中,前南国际法庭认为,"有系统的"特征应具有以下要素:存在着一个政治目标、实施攻击的某种计划或者意识形态;针对某一平民团体大规模地实施某种犯罪行为,或者持续不断地实施相互联系的非人道行为;准备或使用大量的公共或私人资源;在定义中蕴含着高层的政治或者军事权威制定有条理的计划。⑤ 由此可见,"有系统的"一词的核心特征是组织性和实施方法上的计划性。

---

① 参见:Prosecutor v. Akayesu, ICTR, Judgment of 2 September 1998, Case No. ICTR-96-4-T, para. 580。
② 参见:Prosecutor v. Blaskic, ICTY, Judgment of 3 March 2000, Case No. IT-95-14-T, para.206。
③ 参见:U.N. Doc. A/51/10,《国际法委员会1996年报告》,第二章第二部分,第18条,第3段。
④ 参见:Prosecutor v. Akayesu, ICTR, Judgment of 2 September 1998, Case No. ICTR-96-4-T, para. 580。
⑤ 参见:Prosecutor v. Blaskic, ICTY, Judgment of 3 March 2000, Case No. IT-95-14-T, para.203。

8.2.4 心理要件:明知攻击行为的广泛背景

根据《罗马规约》第 30 条以及《犯罪要件》的相关规定,在主观心理方面,危害人类罪的构成要求行为人必须是出于明知(with knowledge of),即对于属于广泛或有系统地针对平民人口进行攻击的一部分之行为,行为人有意从事该行为;就结果而言,行为人有意造成该结果,或者意识到事态的一般发展会产生该结果。但是,在认识内容上,不必要求证明行为人知道攻击行为的所有特性,也不要求行为人知道国家、组织的计划或政策的细节。如果广泛或有系统地针对平民人口进行攻击为新出现的情况,故意要素是指行为人有意推行这种攻击,即具备这一心理要件的该当性。

就整体而言,除了迫害的行为态样之外,危害人类罪的一般构成也不要求行为人对受害人的其他攻击行为均具有歧视性的理由。在审理"阿卡耶苏"案中,卢旺达国际刑事法庭认为:不要求所有危害人类的罪行都必须基于歧视意图而实施。在证明被告人明知其行为和攻击之间的客观关联性的情形下,检察官没有进一步地证明所指控的罪行是出于歧视意图而实施的义务。[①]

在国际刑事审判实践中,有些案件涉及对危害人类罪的一般心理要件之界定。例如,前南国际法庭认为:行为人的心理要素包括犯罪意图和明知犯罪发生的广泛背景,排除行为人的单纯个人动机。[②] 卢旺达国际刑事法庭也认为:实施危害人类罪的行为人必须在理解自己行为的广泛背景下进行。[③] 据此,犯罪人在主观上必须出于故意,并且明知或推知其攻击行为发生在广泛或有系统地针对平民人口的背景下。

8.3 危害人类罪的行为态样

在客观方面,危害人类罪的构成必须具有广泛或有系统地针对任何平民人口进行攻击的行为。关于攻击行为的性质,依据《犯罪要件》的界定,这些行为不必构成军事攻击。攻击也可以表现为非暴力的形式,只要是大规模或有系统地针对平民进行,例如实行种族隔离制度,或者为了使平民人口以特定的方式行

---

① 参见:*Prosecutor v. Akayesu*, ICTR (Appeals Chamber), Judgment of 1 June 2001, Case No. ICTR-96-4-A, para. 465—469。

② 参见:*Prosecutor v. Dusko Tadic*, ICTY, Judgment of 7 May 1997, Case No. IT-94-1-T, para. 656—659。

③ 参见:*Prosecutor v. Kayishema and Ruzindana*, ICTR, Judgment of 21 May 1999, Case No. ICTR-95-1-T, para. 133—134。

动而对其施加压力。① 经过长时期的协商和发展,《罗马规约》第 7 条将危害人类罪的行为态样确定为 11 种类型。同时,为了协助国际刑事法院的解释和适用,经过艰难的磋商和妥协,《犯罪要件》从主客观要件等方面对构成危害人类罪的行为类型予以界定。

8.3.1 谋杀

所谓"谋杀"(Murder),是指行为人以故意杀害一人或多人的方式,广泛或有系统地针对平民人口实施的攻击行为。

从《纽伦堡宪章》开始,在一系列国际刑法规范中,谋杀一直被列为危害人类罪的一种行为形态。鉴于各个国家的法律对谋杀行为都有明确的规定,《罗马规约》第 7 条第 2 款没有对谋杀作出进一步的阐释。依照《犯罪要件》的规定,行为人须在知道或有意地使谋杀行为属于广泛或有系统地针对平民人口进行攻击的一部分之情形下,依然实施该行为。谋杀包括行为人杀害一人或多人,其中"杀害"一词与"致死"通用。

在国际刑事审判实践中,卢旺达国际刑事法庭将谋杀界定为非法地故意杀害人口的行为,认为其包括以下三个构成要素:第一,被害人死亡;第二,被告人或者下属的非法作为或不作为导致死亡结果;第三,在实施杀害行为时,被告人或者下属明知侵害身体的行为会导致被害人的死亡,却不顾死亡是否发生,有意地杀害或者严重地伤害被害人的身体。此外,谋杀行为必须是广泛或有系统地针对平民人口进行攻击的一部分。② 前南国际法庭也认为:谋杀的行为要素是众所周知的,被告人的作为或不作为必须是导致被害人死亡的实质性原因。关于构成谋杀所必需的心理要素,是被告人完全不顾被害人的死活,有意地杀害或者对被害人的身体造成严重的伤害。③

8.3.2 灭绝

所谓"灭绝"(Extermination),是指行为人为了毁灭部分的人口,直接或间接地杀害平民人口,或者故意施加某种生活状况的行为。

从《纽伦堡宪章》到《罗马规约》的一系列国际刑法规范中,灭绝均被视为危害人类罪的一种类型。关于灭绝的构成要素,卢旺达国际刑事法庭将其界定为以下五个:第一,被告人或者下属参与杀害某些具体或指定的人员;第二,该作为

---

① 参见:Prosecutor v. Akayesu, ICTR, Judgment of 2 September 1998, Case No. ICTR-96-4-T, para. 581。

② 同上,para. 589—590。

③ 参见:Prosecutor v. Kupreskic et al., ICTY (Trial Chamber), Judgment of 14 January 2000, Case No. IT-95-16-T, para. 560。

或不作为是非法和故意的;第三,非法的作为或不作为必须是广泛或有系统的攻击的一部分;第四,该攻击必须是针对平民人口;第五,该攻击必须是基于民族、政治、人种、种族或宗教的歧视性理由。① 在前南国际法庭的有关判决中,基本上沿用卢旺达国际刑事法庭关于灭绝的前四种构成要素之认定,只是删除歧视性理由的要件②,这与《前南国际法庭规约》未将歧视性理由列为危害人类罪的一般性构成要件是一脉相承的。

关于灭绝的行为形式,可以体现为行为人通过自己的作为或者不作为,参与大规模杀害其他人员,或者参与创设导致大规模杀害他人的生活条件。即使行为人是一名单独的个人,只要其明知自己的作为或者不作为是构成大规模杀害事件的一部分,并且杀害或创设杀害他人的生活条件,则该行为人应被认定为犯有灭绝罪行。③ 在《罗马规约》第7条第2款第2项和《犯罪要件》的规定中,灭绝的行为形式可以表现为杀害、断绝粮食和药品来源等,其必须构成大规模杀害平民人口的成员,或作为这种杀害的一部分发生。

在纽伦堡审判中,对于纳粹战犯针对欧洲犹太人实施的灭绝行为,军事法庭是以危害人类罪中的灭绝行为予以认定。在国际社会确立灭绝种族罪为一种独立的国际犯罪类型之后,关于危害人类罪中的灭绝行为类型,就与灭绝种族罪之间产生一定程度的重叠内容,两者都是针对大批的受害者。然而,两者存在显著的区别。如前所述,灭绝种族罪的犯罪对象必须为民族、族裔、种族和宗教等四类特定的受保护团体,在心理要素上要求行为人具有以全部或局部地消灭某一特定团体为目的的特殊故意。与此相比较,危害人类罪的犯罪对象并不限于特定的团体,可以是任何平民人口,其范围要宽泛于灭绝种族罪。因此,大规模杀害政治上的反对者或者经济、文化、社会等团体的人员,就不能认定为灭绝种族罪,可以考虑以符合灭绝行为类型而适用危害人类罪。在行为人明知自己的行为是大规模杀害平民人口的情形下,危害人类罪中的灭绝行为可以适用于杀害某一团体中任何部分平民的情形。

此外,危害人类罪中的灭绝行为也有别于其中的谋杀行为形态。在国际刑事审判实践中,卢旺达国际刑事法庭认为:灭绝的构成是要求大规模毁灭的因素,这是其与谋杀的不同之处。④ 换而言之,灭绝与谋杀的区别在于规模的不

---

① 参见:*Prosecutor v. Akayesu*, ICTR, Judgment of 2 September 1998, Case No. ICTR-96-4-T, para. 592。

② 参见:*Prosecutor v. Krstic*, ICTY (Trial Chamber), Judgment of 2 August 2001, Case No. IT-98-33-T, para. 492。

③ 参见:*Prosecutor v. Kayishema and Ruzindana*, ICTR, Judgment of 21 May 1999, Case No. ICTR-95-1-T, para. 144—147。

④ 参见:*Prosecutor v. Akayesu*, ICTR, Judgment of 2 September 1998, Case No. ICTR-96-4-T, para. 591。

同,灭绝可以被认为是一种大规模的谋杀行为。①

8.3.3 奴役

所谓"奴役"(Enslavement),是指行为人对一人或多人行使附属于所有权的任何或一切权力之行为。关于奴役的表现形式,《罗马规约》第7条第2款第3项以笼统的方式予以规定,侧重强调在贩卖人口,特别是贩卖妇女和儿童的过程中行使这种权力之情形。《犯罪要件》细化了奴役的内容,规定奴役包括买卖、出租或互易这些人,或者以类似方式剥夺其自由,例如强迫劳动或使一人沦为奴役地位。

在国际法中,奴役是最早被确认的一种危害人类罪行。在1926年《废除奴隶制及奴隶贩卖之国际公约》(以下简称《禁奴公约》)中,要求各签字国承允禁止奴隶贩卖,并逐步和尽快地完全禁止一切形式的奴隶制度,认为"奴隶制是对一人行使附属于所有权的任何或全部权力的地位或状况"。在1948年《世界人权宣言》第4条中,规定:

> 任何人不得使为奴隶或奴役;一切形式的奴隶制度和奴隶买卖,均应予以禁止。

在1956年4月30日,为了加强国内及国际方面谋求废止奴隶制、奴隶贩卖及类似奴隶制之制度与习俗之努力,联合国经济及社会理事会通过《废止奴隶制、奴隶贩卖及类似奴隶制的制度与习俗补充公约》(简称《废奴补充公约》),规定对于奴隶贩卖、使他人为奴隶或引诱他人本身或其受赡养人沦为奴隶的行为,应由缔约国法律规定为刑事罪,应受严厉的刑罚处罚;对于诸如债务质役、农奴制、买卖新娘、滥用童工等类似奴隶制的制度与习俗,缔约国均应采取一切实际而必要的立法和其他措施,逐渐并尽快地达成完全废止或废弃。在1966年《公民权利和政治权利国际公约》第8条中,明确地规定:

> 任何人不得使为奴隶;一切形式的奴隶制度和奴隶买卖均应予以禁止。
> 任何人不应被强迫役使。任何人不应被要求从事强迫或强制劳动。

在近代国际社会中,有关奴隶制的犯罪已不多见,奴役主要表现为贩卖人口。为此,国际社会以国际公约的形式明确地禁止和惩治贩卖人口的行为,其中包括:1904年《禁止贩卖白奴国际协定》和1948年核定的修正议定书、1910年《禁止贩卖白奴国际公约》和修正的议定书、1921年《禁止贩卖妇女儿童国际公约》和1947年核定的修正议定书、1933年《禁止贩卖成年妇女国际公约》和修正

---

① 参见:*Prosecutor v. Kayishema and Ruzindana*, ICTR, Judgment of 21 May 1999, Case No. ICTR-95-1-T, para.142。

的议定书、1949 年《禁止贩卖人口及取缔意图营利使人卖淫的公约》、1959 年《儿童权利宣言》、1967 年《消除对妇女歧视宣言》等。在 2000 年 11 月 15 日，为了加强国际合作，共同预防和打击人口贩运，特别是贩运妇女和儿童，并保护和帮助人口贩运活动被害人，第 55 届联合国大会通过《联合国打击跨国有组织犯罪公约关于预防、禁止和惩治贩运人口特别是妇女和儿童行为的补充议定书》，要求缔约国采取必要的立法和其他措施，将人口贩运活动规定为刑事犯罪。

从《纽伦堡宪章》到《罗马规约》的一系列国际刑法规范中，奴役一直被视为一种危害人类罪的行为类型。在纽伦堡审判中，军事法庭以强迫劳动为事由，认为被告人冯·希拉赫（B. von Schirach）犯有奴役行为，据此认定其仅构成危害人类罪；对于其他大部分主要的战犯，纽伦堡军事法庭认定他们犯有奴役行为和以奴隶劳动为目的之放逐行为，判定他们同时构成危害人类罪与战争罪。在前南国际法庭的审判实践中，法庭认定被告人库纳拉奇（Kunarac）将几名年轻妇女关押在一座废弃的房屋中长达一个月至三个月之久，强迫她们从事家务劳动，完全控制她们的生活，不断地强奸被害妇女，还将一些妇女转卖给其他人，认为被告人在行使附属于所有权的权力之持续期间，限制或控制他人的自主、选择或移动自由以及其他利益，该行为符合奴役形态中的控制和所有权因素，据此判定被告人构成危害人类罪。①

8.3.4　驱逐出境或强行迁移人口

依据《罗马规约》第 7 条第 2 款第 4 项的规定，所谓"驱逐出境或强行迁移人口"（Deportation or Forcible Transfer of Population），是指行为人在缺乏国际法容许的理由的情况下，以驱逐或其他胁迫行为，强迫有关的人迁离其合法留在的地区之行为。

在《纽伦堡宪章》等国际刑法规范中，驱逐被确立为危害人类罪的一种形态，并没有将强行迁移人口予以纳入。关于强行迁移人口的规制，《日内瓦第四公约》第 147 条、《日内瓦公约第一附加议定书》第 85 条第 4 款第 1 项、《日内瓦公约第二附加议定书》第 17 条等国际性法律文件均将其列为战争罪的形态，这也为《罗马规约》第 8 条第 2 款所沿用。

在客观方面，"驱逐出境或强行迁移人口"表现为行为人在缺乏国际法容许的理由的情况下，强制将一人或多人驱逐出境或强行迁移到他国或他地。依照《犯罪要件》的解释，"驱逐出境或强行迁移"与"强迫迁离"的语义可以相互通用，其中"强行"一词不限于针对人身的武力，也可以包括针对这些人或另一人

---

① 参见：*Prosecutor v. Kunarac et al.*, ICTY (Trial Chamber), Judgment of 22 February 2001, Case No. IT-96-23-T, para. 539—542。

实施武力威胁或强制手段,例如以对暴力的恐惧、胁迫、羁押、心理压迫或滥用权力造成强制性情况,或者利用强制性环境,将合法留在某地区的人口予以驱逐或迁移离开。另外,驱逐出境或强行迁移的行为是否具有"国际法容许的理由",直接决定了该行为是否入罪。出于保护国家安全、公共秩序或者公共健康的需要而进行的驱逐和其他强制措施,就不能包括在该犯罪的定义之中;在武装冲突期间,为了保护有关平民或者出于必要的军事原因,也可以对某一地区进行全面或部分的清除。① 换而言之,在国际法容许的情况下将一人或多人驱逐出境或强行迁移,则不能构成危害人类罪。

关于"驱逐出境"与"强行迁移人口"之间的区别,根据国际刑事审判的实践,驱逐是以将被害人运出国境为前提条件,而强行迁移人口则与在一个国家中的易地安置相联系。② 在主观心理方面,行为人必须知道被驱逐或迁离的人口合法地留在有关地区的事实情况。

8.3.5　监禁或以其他方式严重剥夺人身自由

所谓"监禁或以其他方式严重剥夺人身自由"(Imprisonment or Other Severe Deprivation of Physical Liberty),是指行为人严重违反有关国际法的基本原则,针对一人或多人实施监禁或者严重剥夺人身自由的行为。

为了保护公民的人身自由和权利,《世界人权宣言》第 9 条规定:

> 任何人不得加以任意逮捕、拘禁或放逐。

在《公民权利和政治权利国际公约》中,第 9 条第 1 款也明确地规定:

> 人人有权享有人身自由和安全。任何人不得加以任意逮捕或拘禁。除非依照法律所确定的根据和程序,任何人不得被剥夺自由。

在国际刑法规范中,《纽伦堡宪章》和《远东国际军事法庭宪章》均未规定监禁作为危害人类罪的行为态样,这种情形在管制委员会《第 10 号法案》、《前南国际法庭规约》和《卢旺达国际刑事法庭规约》中得以改变。《罗马规约》第 7 条第 1 款第 5 项细化了关于监禁行为的规定,这较之 1996 年《治罪法草案》中"任意监禁"的规定更为明确,并且增设"以其他方式严重剥夺人身自由"的宽泛形式。

在客观方面,"监禁"是指任意性地将平民予以监禁,即在缺乏法律的正当程序的情形下剥夺他人的自由。因此,在认定监禁是否成立时,必须考察监禁的合法性;即使初步的监禁具有正当性,还须考察是否对被监禁的个人予以有关的

---

① 参见〔德〕格哈德·韦勒:《国际刑法学原理》,王世洲译,商务印书馆 2009 年版,第 285—286 页。
② 参见:*Prosecutor v. Krstic*, ICTY (Trial Chamber), Judgment of 2 August 2001, Case No. IT-98-33-T, para. 521。

程序性保障。① 依据《犯罪要件》的阐释,行为人针对一人或多人实施监禁或严重剥夺人身自由的行为,只有达到严重违反国际法基本规则的程度,并且知道行为严重程度的事实情况下,才能构成危害人类罪。

8.3.6 酷刑

依据《罗马规约》第 7 条第 2 款第 5 项的界定,所谓"酷刑"(Torture),是指行为人对于被羁押或控制下的被害人,故意实施使其在身体或精神上遭受重大痛苦的行为。

鉴于酷刑行为构成对人类尊严的严重侵犯,随着人类社会的进步,国际社会开始重视关于禁止酷刑公约的制定工作。在 1948 年的《世界人权宣言》第 5 条和 1966 年的《公民权利和政治权利国际公约》第 7 条中,都强调禁止对任何人加以酷刑。在 1975 年和 1984 年,联合国大会分别通过两个专门禁止酷刑的国际性法律文件,即《保护人人不受酷刑和其他残忍、不人道或有辱人格待遇或处罚宣言》(简称《反酷刑宣言》)以及《禁止酷刑和其他残忍、不人道或有辱人格的待遇或处罚公约》(简称《反酷刑公约》)。此外,一些国际区域性组织也在制定关于禁止酷刑的公约,例如 1985 年的《美洲防止和惩治酷刑公约》和 1987 年的《欧洲预防酷刑和非人道或者有辱人格待遇或者惩罚公约》。

在国际刑法规范中,《纽伦堡宪章》和《远东国际军事法庭宪章》均未将酷刑单列为危害人类罪的行为态样。在管制委员会《第 10 号法案》、《前南国际法庭规约》、《卢旺达国际刑事法庭规约》以及《罗马规约》中,酷刑则被视为危害人类罪的一种类型。

在沿用《反酷刑公约》第 1 条第 1 款关于酷刑定义②中客观行为特征的基础上,《罗马规约》第 7 条第 2 款第 5 项对酷刑的定义予以修正:首先,取消了目的要素。《犯罪要件》进一步强调:无需为酷刑的成立而证明犯罪的具体目的。因此,即使行为人没有出于特定目的,例如基于任意的理由,致使其羁押或控制之下的一人或多人身体或精神遭受重大痛苦,其行为也构成危害人类罪中的酷刑形态。与此相对应,如果行为人出于特定的被禁止的目的而实施酷刑行为,则其涉嫌构成战争罪中的酷刑形态。其次,在主体方面,《反酷刑公约》将酷刑行为的实施者限定在公职人员或以官方身份行使职权的其他人之范围,《罗马规约》

---

① 参见:*Prosecutor v. Kordic and Cerkez*,ICTY(Trial Chamber),Judgment of 26 February 2001,Case No. IT-95-14/2-T, para. 302。

② 《反酷刑公约》第 1 条第 1 款规定:"酷刑系指为了向某人或第三者取得情报或供状,为了他或第三者所作或被怀疑所作的行为对他加以处罚,或为了恐吓或威胁他或第三者,或为了基于任何一种歧视的任何理由,蓄意使某人在肉体或精神上遭受剧烈疼痛或痛苦的任何行为,而这种疼痛或痛苦又是在公职人员或以官方身份行使职权的其他人所造成或在其唆使、同意或默许下造成的。纯因法律制裁而引起或法律制裁所固有或随附的疼痛或痛苦则不包括在内。"

则取消了该限制,不需要实施酷刑的主体是以官方身份进行。由此可见,《罗马规约》关于酷刑的定义明显地超越《反酷刑公约》的界定,这会导致危害人类罪中酷刑形态的适用范围更为扩大。

在客观方面,酷刑的表现形式是多种多样,其核心特征在于对他人施加在身体或精神上遭受重大痛苦的行为。这不仅包括直接对被害人造成肉体上严重痛苦的行为,也可表现为对他人的心理造成严重的痛苦,例如强迫他人出现在其家庭成员遭受酷刑的现场。虽然酷刑会导致对被害人的健康造成永久性损害的结果,但该结果并不是构成酷刑的要素。① 根据《反酷刑公约》和《罗马规约》的规定,因合法制裁而引起的痛苦,或是合法制裁所固有或附带的痛苦,不包括在酷刑之内,这属于构成酷刑的例外情形。

8.3.7 性暴力行为

在《纽伦堡宪章》和《远东国际军事法庭宪章》中,强奸等性暴力行为没有被列为危害人类罪的行为态样,军事法庭在审判犯有强奸罪的战犯时,只能依据宪章中规定的"其他不人道行为"予以处理。例如,在东京审判中,确有对强奸罪的起诉,判决书也提到"酷刑、杀人、强奸和其他最不人道的酷刑和其他野蛮的行为",这为以后将强奸确认为危害人类罪提供了基础。② 后来,管制委员会《第10号法案》首次将强奸规定为危害人类罪的一种形态。在前南斯拉夫的冲突中,发生了许多极其严重的不人道的行为,其中表现在行为人采取所谓的"种族清洗"以及大规模的或有系统的强奸和其他形式的性攻击,包括强迫卖淫等形式。③ 有鉴于此,《前南国际法庭规约》将强奸列为一种危害人类罪的形式,却未规定其他形式的性暴力行为。这也为《卢旺达国际刑事法庭规约》所沿用。在有关国际法律文件的基础上,对于广泛或有系统地针对任何平民人口进行的性暴力行为,《罗马规约》第7条第1款第7项将其规定为危害人类罪的形态,并且详细地列出六种具体的表现形式,即强奸、性奴役、强迫卖淫、强迫怀孕、强迫绝育、严重程度相当的任何其他形式的性暴力。在构成要素上,上述六种性暴力行为属于广泛或有系统地针对平民人口进行攻击的一部分,而且行为人知道或有意使性暴力行为具有这种属性。

1. 强奸(Rape)

依据《犯罪要件》的阐释,强奸是指行为人侵入某人的身体,其行为导致以

---

① 参见:*Prosecutor v. Kvocka et al.*, ICTY (Trial Chamber), Judgment of 2 November 2001, Case No. IT-98-30/1-T, para. 148—149。

② 参见杜晓君:《论性暴力危害人类罪的构成要件》,载于《法学杂志》2007年第3期。

③ 参见: *Report of the Secretary-General Pursuant to Paragraph 2 of Security Council Resolution 808 (1993)*, U.N. Doc. S/25704(1993), para. 48。

性器官不论如何轻微地进入被害人或行为人身体任一部位,或者以任何物体或身体其他任何部位进入被害人的肛门或生殖器官。所谓"侵入"(invasion)一词,其概念含义广泛,不涉及性别问题,即女性和男性均可以成为强奸的被害人。关于"侵入"的形式,不仅体现在以武力实施,也表现在以针对该人或另一人实施武力威胁或强制手段,例如以对暴力的恐惧、胁迫、羁押、心理压迫或滥用权力造成强制性情况的方式实施,或者利用强制性环境实施,或者是针对基于自然、诱发或与年龄有关的因素而无能力给予真正同意的人实施。

在国际刑事审判实践中,卢旺达国际刑事法庭将强奸界定为:对一个人在强制性情形下,实施具有性的性质之身体侵入(a physical invasion of a sexual nature)。关于强制性情形,不需要通过一种表明身体性强制的证据予以证明,威胁、恐吓、勒索和其他造成恐惧或绝望的胁迫形式,也可以构成强制性情形。同时,强制也可以是某些特定情况所固有的,例如武装冲突或者军事力量的存在。① 由此可见,被害人的非真正同意性是成立强奸的关键性要素。

2. 性奴役(Sexual Slavery)

所谓"性奴役",是指行为人对一人或多人行使附属于所有权的任何或一切权力,使一人或多人进行一项或多项与性有关的行为。在客观要素上,性奴役表现在行为人迫使受害人从事某种与性有关的行为,例如有些卢旺达的妇女被迫地顺从"临时结婚",向其所谓的"丈夫"提供性服务,以免使她们的孩子遭受正在进行的种族屠杀。② 关于实施性奴役的手段,《犯罪要件》界定为买卖、租借或交换被害人,或者以类似方式剥夺其自由,这可能包括强迫劳动或使一人沦为1956年《废奴补充公约》所界定的奴役地位。同时,这一要件所述的行为包括贩运人口,特别是妇女和儿童。

性奴役是奴役的一种表现形式,而且是与性行为有关的一种奴役,它是一种延续性的罪行。关于性奴役的最典型例子,就是在前南斯拉夫境内武装冲突中所建立的"强奸营"。在第二次世界大战期间,日本军国主义者设立的"慰安所"也具有性奴役的性质。③ 基于性奴役的复杂性,实施该行为的主体可以不止是一个行为人。

3. 强迫卖淫(Enforced Prostitution)

所谓"强迫卖淫",是指行为人为了以被害人进行与性有关的行为来换取或者取得金钱或其他利益,迫使一人或多人进行一项或多项与性有关的行为。关

---

① 参见:*Prosecutor v. Akayesu*, ICTR, Judgment of 2 September 1998, Case No. ICTR-96-4-T, para. 598 and para. 688。

② 参见王世洲主编:《现代国际刑法学原理》,中国人民公安大学出版社2009年版,第460页。

③ 参见李世光、刘大群、凌岩主编:《国际刑事法院罗马规约评释》(上册),北京大学出版社2006年版,第94—95页。

于"迫使"的形式,表现为采用武力,或针对这些人或另一人实行武力威胁或胁迫,例如以暴力恐惧心理、强迫、羁押、心理压迫或滥用权力造成胁迫情况,或者利用胁迫环境,或者利用这些人因自然、诱发或与年龄有关的因素而无能力给予真正同意的情况。

从本质上看,强迫卖淫是性奴役的一种形式,特别是在武装冲突的情形下,被冠以强迫卖淫的大部分事实性情况,基本上就等同于性奴役。① 依据《犯罪要件》的界定,在构成强迫卖淫的主观要素上,行为人或另一人必须出于以被害人进行一项或多项与性有关的行为来换取,或者因这种性行为得到金钱或其他利益,这也是强迫卖淫与性奴役的根本区别点。

4. 强迫怀孕(Forced Pregnancy)

依据《罗马规约》第7条第2款第6项的界定,所谓"强迫怀孕",是指行为人以影响任何人口的族裔构成为目的,或者以实施其他严重违反国际法的行为为目的,对于被强迫怀孕的妇女予以非法禁闭的行为。

在前南斯拉夫境内,为了改变被害人所在地区族裔结构的目的,发生了大量强迫妇女怀孕,并且非法禁闭她们直至生下孩子的事件。有鉴于此,在《国际刑事法院规约》的制定过程中,许多国家尤其是妇女团体的代表强烈建议将强迫怀孕纳入规约。然而,罗马教廷和一些阿拉伯国家的代表认为:禁止堕胎的政策很可能被曲解为强迫怀孕,故对强迫怀孕的概念持反对的态度。为此,《罗马规约》特别作出妥协性的解释:"本定义不得以任何方式解释为影响国内有关妊娠的法律。"

5. 强迫绝育(Enforced Sterilization)

所谓"强迫绝育",是指行为人在缺乏医学或住院治疗的理由,而且未得到被害人的真正同意之情形下,剥夺一人或多人的自然生殖能力的行为。

在《国际刑事法院规约》的制定过程中,实行计划生育政策的中国代表团提出:不应将节育措施理解为在规约中加以犯罪化的强迫绝育,也不能将"非长期性效力"的节育措施纳入强迫绝育的范畴。这项提议得到以色列、希腊和墨西哥代表团的支持,却受到加拿大和德国代表团的质疑。② 为了达成妥协性的折中意见,《犯罪要件》在关于强迫绝育的脚注中专门地规定:剥夺自然生殖能力的行为不包括实际上不具有长期作用的节育措施。关于自然生殖能力的被剥夺,必须是在被害人没有"真正同意"(genuine consent)的情形下实施,这不包括以欺骗手段取得的同意。此外,出于自然、诱发或与年龄有关的因素,有关的被害人也可以是无能力给予真正的同意。

---

① 参见:*Contemporary Forms of Slavery, Systematic Rape, Sexual Slavery, and Slavery-Like Practices During Armed Conflict*, U. N. Doc. E/CN. 4/Sub. 2/1998/13, 22 June 1998, para. 33。

② 参见王世洲主编:《现代国际刑法学原理》,中国人民公安大学出版社2009年版,第461页。

6. 其他形式的严重性暴力(Any Other Form of Sexual Violence of Comparable Gravity)

所谓"其他形式的严重性暴力",是指行为人对一人或多人实施一项与性有关的行为,或者迫使这些人进行一项与性有关的行为,并为此采用武力,或者针对这些人或另一人实行武力威胁或胁迫,例如以暴力恐惧心理、强迫、羁押、心理压迫或滥用权力造成胁迫情况,或者利用胁迫环境,或者利用这些人因自然、诱发或与年龄有关的因素而无能力给予真正同意的情况。

在国际刑事审判实践中,卢旺达国际刑事法庭认为:性暴力并不局限于对被害人的身体的侵入,其可以包括各种不涉及插入或者甚至身体接触的行为。例如,被告人强迫未穿衣服的女学生在市政府大楼前的公共场所上、面对公众表演裸体的体操,其就构成性暴力。① 在性质上,其他形式的严重性暴力是具有涵盖性的兜底规定。在严重程度上,该行为应与强奸、性奴役、强迫卖淫、强迫怀孕、强迫绝育等性暴力形态具有相当性。同时,行为人知道关于该行为的严重程度之事实情况。

8.3.8 迫害

所谓"迫害"(Persecution),是指行为人违反国际法规定,基于政治、种族、民族、族裔、文化、宗教、性别,或者根据公认为国际法不容的其他理由,针对任何可以识别的团体或集体,故意和严重地剥夺基本权利的行为。

根据有关国际法律文件的规定,一切个人享有的权利应予以尊重和保证,不分种族、肤色、性别、语言、宗教、政治或其他见解、国籍或社会出身、财产、出生或其他身份等任何区别。② 鉴于迫害是严重违反国际人权法的行为,从《纽伦堡宪章》到《卢旺达国际刑事法庭规约》的一系列国际刑法规范中,迫害被规定为危害人类罪的一种形态,只是未明确规定迫害的定义,并且将实施迫害的歧视性理由限定在"基于政治、种族、宗教原因"等三种传统意义的情形。

在国际刑事审判实践中,前南国际法庭就指出:关于危害人类罪中的迫害,是基于歧视性理由,粗暴或悍然地侵犯习惯国际法或条约法中规定的基本权利,其严重性达到危害人类罪中其他罪行的程度。③ 在先前相关规定和国际审判实践的基础上,《罗马规约》第7条第2款第7项首次对危害人类罪中的迫害定义予以规定,而且在第7条第1款第8项增设相应的适用标准,扩大了实施迫害的

---

① 参见:*Prosecutor v. Akayesu*, ICTR, Judgment of 2 September 1998, Case No. ICTR-96-4-T, para. 688。

② 参见:《公民权利和政治权利国际公约》,第2条第1款。

③ 参见:*Prosecutor v. Kupreskic et al.*, ICTY (Trial Chamber), Judgment of 14 January 2000, Case No. IT-95-16-T, para. 621。

歧视性理由之情形。因此,《罗马规约》是第一个规定政治、种族、宗教之外的其他歧视性理由的国际文件,超出了习惯国际法的范围。① 同时,在《国际刑事法院规约》的制定过程中,许多代表团担忧迫害形态的范围太宽,几乎到了无所不包的地步,这很容易导致将来在司法实践中的滥用。② 有鉴于此,为了限制迫害的适用范围,在时空特征上,《罗马规约》要求迫害行为必须"与任何一种本款提及的行为或任何一种本法院管辖权内的犯罪结合发生"。

依据《犯罪要件》的阐释,在客观方面,迫害表现在行为人违反国际法规定,针对任何可以识别的团体或集体,严重剥夺一人或多人的基本权利。关于迫害的对象,不仅包括可识别的某一团体或集体中的个人或多人,也可以是该团体或集体本身。对于危害人类罪中迫害形态的实施方式,前南国际法庭认为:只要存在对基本权利予以歧视的共同要素,迫害可以采取任何形式,而且无须要求固定的形式。③ 至于迫害的类型,包括具有身体、经济或者司法性质的行为,只要其侵犯一个人平等享有的基本权利。④ 在国际司法实践中,不能孤立地考察行为人被指控所犯有迫害中的歧视性行为。例如,对于某一特定团体进行限制,禁止他们参加诸如参观公园、戏院或图书馆等社会活动,这本身构成歧视性行为,应予以谴责,但并未达到构成危害人类罪的严重程度,不能构成迫害罪。因此,应对这些行为的背景进行审查,并且考虑其累计性的影响。⑤

在心理要素上,行为人实施迫害的行为必须出于故意,而且须是基于政治、种族、民族、族裔、文化、宗教、性别方面的理由,或公认为国际法不容的其他理由。尽管迫害的客观特征可以与危害人类罪的其他形态相同,但其典型的特征就在于迫害行为是在歧视性理由的基础上实施。⑥ 根据《罗马规约》第7条第3款的界定,"性别"一词应被理解为是指社会上的男女两性,不仅仅限定于女性。

8.3.9 强迫人员失踪

所谓"强迫人员失踪"(Enforced Disappearance of Persons),依据《罗马规约》第7条第2款第9项的规定,是指为了将有关人员长期置于法律保护之外,国家或政治组织直接地,或者在其同意、支持或默许下,逮捕、羁押或绑架人员,继而

---

① 参见〔德〕格哈德·韦勒:《国际刑法学原理》,王世洲译,商务印书馆2009年版,第304页。
② 参见李世光、刘大群、凌岩主编:《国际刑事法院罗马规约评释》(上册),北京大学出版社2006年版,第101页。
③ 参见:Prosecutor v. Dusko Tadic, ICTY, Jurisdiction Appeal Decision of 2 October 1995, Case No. IT-94-1-AR72, para. 54。
④ 参见:Prosecutor v. Dusko Tadic, ICTY, Judgment of 7 May 1997, Case No. IT-94-1-T, para. 710。
⑤ 参见:Prosecutor v. Kupreskic et al., ICTY (Trial Chamber), Judgment of 14 January 2000, Case No. IT-95-16-T, para. 636。
⑥ 同上,para. 607。

拒绝承认这种剥夺自由的行为,或者拒绝透露命运或下落的行为。

从危害性上看,强迫人员失踪是将失踪者置于法律保护之外,侵犯了生命权或对生命权构成严重威胁,并给失踪者本人及其家属造成巨大痛苦,损害了一切尊重法治、人权和基本自由的社会的最重要价值观念,违背保障人权和基本自由的国际法准则,此类有计划有组织的行为是一种危害人类的罪行。[1] 由于在许多国家不断发生被强迫失踪的事件,联合国在非政府组织谴责强迫失踪现象的基础上,开始关注失踪问题,在1980年设立"被强迫或非自愿失踪问题工作组",并且同步进行有关禁止强迫失踪的国际文件的制定。在1992年12月18日,为了防止被强迫失踪,将造成人们被强迫失踪的一切行为列为极其严重的罪行,并确定惩罚和防止这种行为的标准,联合国大会通过《保护所有人不遭受强迫失踪宣言》。在此宣言的基础上,2006年12月20日,考虑到强迫失踪的极端严重性,认为它是一项国际法界定的危害人类罪,为了防止强迫失踪,制止犯有强迫失踪罪而不受惩罚的现象,第61届联合国大会通过《保护所有人免遭强迫失踪国际公约》。在联合国通过的所有人权公约中,该公约是迄今为止规定国家责任最严格、保护受害人最彻底、惩处犯罪人最坚决以及实施监督机制最有力度的一项公约。[2] 此外,在1994年《美洲国家间关于强迫人员失踪的公约》中,同样提出防止和制止强迫人员失踪的问题,在序言中指出它"侵犯许多不可克减的和基本的人权",应作为"严重和令人憎恶的违反人类固有的尊严的罪行"予以禁止。

与谋杀、灭绝等其他危害人类罪的形态相比较,强迫失踪是晚近出现的一种类型。如前所述,从《纽伦堡宪章》到《卢旺达国际刑事法庭规约》的一系列国际刑法规范中,均没有关于强迫失踪的规定,直至国际刑事法院筹备委员会于1998年提交给罗马大会审议的《国际刑事法院规约(草案)》中,才将"强迫失踪"增列为危害人类罪的行为类型,并且最终被《罗马规约》所接受。

关于《罗马规约》对于强迫人员失踪的定义,是在1992年《保护所有人不遭受强迫失踪宣言》的基础上拟订。在该宣言的序言中,隐含地阐述了强迫失踪的内涵,即:

> 深感关切的是,在许多国家里,往往不断发生被强迫失踪的事件,即政府不同部门或不同级别的官员,或一些代表政府行事或得到政府直接或间接支持、同意或默许的有组织团体或个人,违反其本人的意愿而予以逮捕、拘留或绑架,或剥夺他们的自由,随后又拒绝透露有关人员的命运或下落,或拒绝承认剥夺了他们的自由,结果将这些人置于法律保护之外。

---

[1] 参见:《保护所有人不遭受强迫失踪宣言》(联合国大会第47/133号决议通过),序言和第1条。
[2] 参见张爱宁:《论强迫失踪罪》,载于《环球法律评论》2009年第2期。

比较而言,《罗马规约》实质性地沿用该宣言关于强迫人员失踪的定义之客观行为规定,只是加入了"目的是将其长期置于法律保护之外"的目的要素。需要指出的是,2006年《保护所有人免遭强迫失踪国际公约》是在《罗马规约》之后通过的,但在其第 2 条①关于强迫人员失踪的定义中,并没有关于目的要素的规定。

为了指导对强迫人员失踪的适用,《犯罪要件》对强迫人员失踪的构成要件予以具体的解释。鉴于对该行为认识的不统一,为了充分地吸纳众多代表团的建议,《犯罪要件》在正文中阐释强迫人员失踪的构成要素之时,还在六个脚注中进行进一步的补充说明。《犯罪要件》对一种行为态样以如此众多的脚注予以说明,这本身就表明了强迫人员失踪是一种相当复杂的罪行。例如,考虑到在20 世纪 70 年代末或 80 年代初,在军人政权统治下的许多拉美国家都发生了严重的强迫人员失踪事件,为了在谈判过程中与拉美国家达成妥协的结果,《犯罪要件》特别强调该行为的不溯既往性②,规定属于广泛或有系统地针对平民人口进行攻击一部分的强迫人员失踪,只有在《罗马规约》生效后发生,才成为本法院管辖权内的犯罪。

在客观方面,强迫人员失踪表现为两个阶段:(1)剥夺自由,即逮捕、羁押或绑架一人或多人;(2)拒绝提供有关信息,即在逮捕、羁押或绑架的期间或在之后,拒绝承认剥夺自由的行为,或者拒绝透露有关人的命运或下落。依据《犯罪要件》的界定,"羁押"一词包括行为人维持现有羁押状态的行为,在某些情况下,逮捕或羁押可能是合法的。同时,实施上述剥夺自由和拒绝提供有关信息的行为,是国家或政治组织直接地进行,或者是在其同意、支持或默许下间接地进行。基于该行为的复杂性,实施该行为的主体可能涉及多个行为人,实施的具体行为也可能是一个共同犯罪目的的一部分。

在主观心理方面,行为人必须是出于故意,即知道在剥夺有关人员的自由之后,拒绝提供有关信息,或者在剥夺自由的期间或在之后拒绝承认或透露。如果行为人知道维持现有的羁押状态,却拒绝承认或透露的,也具有构成该行为的该当性。此外,行为人还必须具有将有关人员长期置于法律保护之外的主观目的。

8.3.10 种族隔离罪

所谓"种族隔离罪"(The Crime of Apartheid),是指一个种族团体对任何其他一个或多个种族团体,在一个有计划地实行压迫和统治的体制化制度下,对一

---

① 该条的规定如下:"强迫失踪系指由国家代理人,或得到国家授权、支持或默许的个人或组织,实施逮捕、羁押、绑架,或以任何其他形式剥夺自由的行为,并拒绝承认剥夺自由之实情,隐瞒失踪者的命运或下落,致使失踪者不能得到法律的保护。"

② 参见李世光、刘大群、凌岩主编:《国际刑事法院罗马规约评释》(上册),北京大学出版社 2006 年版,第 102 页。

人或多人实施严重的不人道行为,目的是维持该制度存在的行为。

自1948年以来,联合国大会非常关注种族隔离罪行,通过许多决议谴责种族隔离的政策和做法,指出种族隔离是一种危害人类的罪行。在1968年11月26日,联合国大会通过《战争罪及危害人类罪不适用法定时效公约》,其中第1条明确规定:对于危害人类罪,不论其犯罪日期,不适用法定时效。至于危害人类罪的外延,该公约第1条第2款界定为:

>危害人类罪,无论犯罪系在战时抑在平时,以武装攻击或占领迫使迁离及因种族隔离政策而起的不人道行为,及1948年《防止及惩治灭绝种族罪公约》明定的灭绝种族罪,即使此等行为并不触犯行为所在地的国内法。

在1973年11月30日,鉴于种族隔离现象的继续加剧和扩大,严重地扰乱并威胁国际和平与安全,为了在国际和国家范围能够采取更有效的措施以禁止和惩治种族隔离罪行,联合国大会通过《禁止并惩治种族隔离罪行国际公约》(简称《反种族隔离公约》),在第1条明确地规定:种族隔离是危害人类的罪行,由于种族隔离的政策和作法以及类似的种族分离和歧视的政策和作法所造成的不人道行为,都是违反国际法原则的罪行,对国际和平与安全构成严重的威胁。凡是犯种族隔离罪行的组织、机构或个人即为犯罪。

在制定《国际刑事法院规约》的过程中,历次草案一直未将种族隔离罪列为危害人类罪的形态,直到1998年罗马外交大会召开期间,在南非代表团的提议下,种族隔离罪才被包括在最终的《罗马规约》之中。由于南非的种族隔离政权已被废除,将种族隔离罪创设为一种独立的危害人类罪行就仅具有标志性的意义。① 此外,《罗马规约》第7条第2款第8项专门规定了种族隔离罪的定义。与《反种族隔离公约》第2条的界定相比较,两者是有很大差别的,可以说《罗马规约》予以相当程度的收缩。例如,在《反种族隔离公约》第2条第3款和第4款,认为通过任何立法措施及其他措施来实施种族分离和种族歧视的形式,也属于种族隔离的罪行。② 然而,《罗马规约》却没有予以规定,换而言之,国际刑事

---

① 参见〔德〕格哈德·韦勒:《国际刑法学原理》,王世洲译,商务印书馆2009年版,第308页。
② 《禁止并惩治种族隔离罪行国际公约》第2条第3款和第4款的规定如下:"为本公约的目的,所谓'种族隔离的罪行',应包括与南部非洲境内所推行的相类似的种族分离和种族歧视的政策和办法,是指为建立和维持一个种族团体对任何其他种族团体的主宰地位,并且有计划地压迫他们而作出的下列不人道行为:……(3) 任何立法措施及其他措施,旨在阻止一个或一个以上种族团体参与该国政治、社会、经济和文化生活者,以及故意造成条件,以阻止一个或一个以上这种团体的充分发展,特别是剥夺一个或一个以上种族团体的成员的基本人权和自由,包括工作的权利、组织已获承认的工会的权利、受教育的权利、离开和返回自己国家的权利、享有国籍的权利、自由迁移和居住的权利、自由主张和表达的权利以及自由和平集会和结社的权利;(4) 任何措施,包括立法措施,旨在用下列方法按照种族界线分化人民者:为一个或一个以上种族团体的成员建立单独的保留区或居住区,禁止不同种族团体的成员互相通婚,没收属于一个或一个以上种族团体或其成员的地产。"

法院对以上形态的种族隔离行为就不能以危害人类罪来认定。

依据《犯罪要件》的阐释,在客观方面,种族隔离罪表现在行为人对一人或多人实施不人道的行为。在外延上,这些不人道行为涵盖了《罗马规约》第7条第1款第1项至第9项以及第11项所提及的十种行为形态,并且在本质和严重程度上是相同的。同时,在时空特征上,这些不人道行为是一个种族团体在一个有计划地实行压迫和统治的体制化制度下,对任何其他一个或多个种族团体实施。在主观方面,行为人在实施这些不人道行为时,必须知道该行为性质的事实情况,并且具有以这种行为维持种族隔离制度的主观目的。

8.3.11 其他不人道行为

所谓"其他不人道行为"(Other Inhumane Acts),是指行为人故意以不人道行为造成重大痛苦,或对人体或身心健康造成严重伤害的其他性质相同的不人道行为。

从《纽伦堡宪章》到《卢旺达国际刑事法庭规约》的一系列国际刑法规范中,关于危害人类罪的形态都包含"其他不人道行为"的内容。在1996年《治罪法草案》中,也规定了该行为类型。起草委员会认为:鉴于无法确定一个构成危害人类罪中不人道行为的详尽目录,该法典草案的注释将通过以下两个条件以限制其他不人道行为的概念:第一,行为的种类只包括那些严重性相当于上文所列各项行为的的行为;第二,行为必须在身体、心理完整、健康或人格尊严条件上引发个人实际存在的伤害。在《国际刑事法院规约》的制定过程中,对于危害人类罪中的"其他不人道行为"问题,国际刑事法院筹备委员会争论较大。若干代表团赞成此类别包括未预料和可能无法预知的类似行为,以便对犯下没有明确列出的类似不人道行为的人起诉;持相反意见的代表团认为,这一类别无法达到合法性原则所需的明确和精确程度,因此不应将其包括在内;还有些代表团建议限制这一类别,其办法是根据总的定义予以解释,或参照其他类似的不人道行为,同时列举一般的特征和具体例子;也有代表团建议编制详尽的清单。[1] 在国际刑事审判实践中,前南国际法庭指出:关于"其他不人道行为"的表达,有人担忧其缺乏准确性,有悖于刑法中的合法性原则。在实质上,该术语是作为一项"兜底条款"而有意识地使用,故没有必要将该范畴的罪目单列出来,穷尽地列出所有罪目只会导致逃避惩罚的机会。[2] 在折中各代表团的意见和国际刑事审判实践之基础上,《罗马规约》采纳了有限制的"兜底条款"之立法技术,在将"其他不

---

[1] 参见杜启新:《国际刑法中的危害人类罪》,知识产权出版社2008年版,第185—187页。

[2] 参见:Prosecutor v. Kupreskic et al., ICTY (Trial Chamber), Judgment of 14 January 2000, Case No. IT-95-16-T, para.562—566。

人道行为"确立为危害人类罪的一种形态之时,又设立"性质相同的"之限制条件。

　　关于"其他不人道行为"的构成,卢旺达国际刑事法庭认为:被告人所犯的罪行必须与其他规定的罪行同等严重,并故意造成不人道的行为;同时,其必须知道所犯罪行是在攻击的总体环境下实施的。[①] 依据《犯罪要件》的阐释,在客观方面,"其他不人道行为"表现在行为人以不人道行为造成重大痛苦,或对人体或精神或身体健康造成严重伤害。在外延上,"其他不人道行为"涵盖了《罗马规约》第7条第1款第1项至第10项所提及的十种行为形态,并且必须符合在本质和严重程度上相同的限制条件。在主观方面,行为人在实施其他不人道行为时,必须知道该行为性质的事实情况。

[①] 参见:Prosecutor v. Kayishema and Ruzindana, ICTR, Judgment of 21 May 1999, Case No. ICTR-95-1-T, para.154。

第9章 战 争 罪

战争是存在于人类社会的一种客观现象。从某种意义上说,一部人类史就是一部战争史。鉴于战争的客观存在和残酷性,国际社会通过惯例和国际性法律文件,对在战争和武装冲突中的作战手段、作战方法以及如何保护战争受难者、惩治战争罪行等问题予以规制。战争罪是与战争紧密联系相关的犯罪,指在战争或者武装冲突中严重违反战争法规或惯例规则、严重侵犯国际人道主义法的行为,它被认为是由国际强行法调整的一种犯罪。在国际刑法中,战争罪被列为国际刑事法院所管辖的核心罪行,是应予以惩治的最严重的国际犯罪之一。

9.1 惩治战争罪的国际历程

国际社会惩罚战争罪犯的制度形成,经历一个渐进而曲折的发展和实践过程。在20世纪之前,传统国际法承认战争是解决国际争端的合法手段,诉诸战争权是主权国家的合法权利,因此发动或者从事战争不构成犯罪。随着国际法的发展,国家诉诸战争的权利逐渐受到限制。[①] 从20世纪20年代开始,国际社会签订诸如《巴黎非战公约》、《国际联盟盟约》等一系列法律文件,宣布废弃战争作为实现国家政策的工具,并且通过海牙公约与和日内瓦公约两个分支体系来规范作战行为,将战争罪限定为在战争中严重违反战争法规或惯例规则的行为。两次世界大战结束之后,通过对发动和组织战争的战犯进行国际刑事审判,国际社会扩充对战争罪的认识。随着前南和卢旺达国际刑事法庭的审判实践,在适用战争罪时有所突破,并且最终完整地体现在《罗马规约》之中。与灭绝种族罪、危害人类罪等其他国际核心罪行相比较,《罗马规约》对战争罪的规定是最为详尽的,甚至略显繁缛。

9.1.1 国际法中惩治战争罪的法律体系

战争是发生在国家之间的行为,早期的许多国际法规则都源于战争,并由此形成由一系列国际条约和习惯国际法所组成的、规范作战行为和方法、保护战争受难者的战争法体系。在国际法中,战争与武装冲突法是最古老的一个部分。

[①] 参见王铁崖主编:《国际法》,法律出版社1995年版,第450、477页。

而在战争法中,人道主义是一项基本原则。① 由于战争罪是严重侵犯国际人道主义法的行为,它是国际人道主义法调整的主要对象,故两者存在着密切的联系。

随着战争法和国际人道主义法的发展,国际社会认识到规范战争行为、保护战争受难者以及惩治战争罪行的必要性,并且通过国际法律规范予以规制。在所有的国际犯罪类型中,涉及规范战争罪的国际性法律文件是最多的。据不完全统计,自1854年7月美国、俄罗斯和尼加拉瓜签署《关于海上中立权利公约》,至1998年7月通过的《罗马规约》,共有71个相关国际性法律文件涉及战争罪的内容。② 其中,关于规范战争行为以及惩治战争罪行的国际性法律文件,主要体现在由海牙公约和日内瓦公约两个分支体系之中,它们包含了广泛的禁止性规定。对此,1996年7月8日,国际法院在其就联合国大会要求提供的威胁使用或使用核武器的合法性案作出的咨询意见中指出:海牙公约和日内瓦公约这两个在武装冲突中适用的法律体系互相紧密地联系在一起,并且逐渐发展成为如今被称为"国际人道主义法"的统一的、复合的法律体系。

具体而言,海牙公约(Hague Conventions)是在1899年7月29日和1907年10月18日的两届海牙国际和平会议上形成的13项公约和一项宣言等文件之总称,是最重要的限制作战手段和作战方法的国际性法律文件体系,其中《陆战法规与惯例公约》(海牙第四公约)及其附件《陆战法规和惯例章程》、《日内瓦公约诸原则适用于海战的公约》、《战时海军轰击公约》、《禁止从气球上投掷投射物和爆炸物宣言》等文件,从陆海空战等方面对作战手段和作战方法予以规制,并明确规定作战人员、战俘和伤病员的处遇。

日内瓦公约(Geneva Conventions)是在瑞士日内瓦缔结的关于保护战时伤病者、战俘和平民等战争受难者的一系列国际公约之体系,包括1949年8月12日的四项《日内瓦公约》和1977年6月8日的两个附加议定书,即《改善战地武装部队伤者病者境遇的日内瓦公约》(日内瓦第一公约)、《改善海上武装部队伤者病者及遇船难者境遇的日内瓦公约》(日内瓦第二公约)、《关于战俘待遇的日内瓦公约》(日内瓦第三公约)、《关于战时保护平民的日内瓦公约》(日内瓦第四公约)以及《1949年8月12日日内瓦四公约关于保护国际性武装冲突受害者的附加议定书》(第一附加议定书)、《1949年8月12日日内瓦四公约关于保护非国际性武装冲突受害者的附加议定书》(第二附加议定书)。从规定战争罪的国际法律文件看,日内瓦公约体系是最全面地编纂可适用于战争罪的规则和规

---

① 参见王铁崖主编:《国际法》,法律出版社1995年版,第453页。
② 参见〔美〕M.谢里夫·巴西奥尼:《国际刑法导论》,赵秉志、王文华等译,法律出版社2006年版,第126页。

范,不仅具有最明确具体的刑法特征,而且其范围也是最宽广的,在相当大的程度上被视为习惯法。①

关于海牙公约和日内瓦公约两个体系的地位,正如联合国秘书长在有关报告中所说明的:日内瓦公约从国际人道主义的角度出发,通过保护战时伤病者、战俘和平民等几类人员,对作战行为予以规制,从而组成国际人道主义法的规则,并且提供可适用于国际武装冲突的习惯法核心。至于海牙公约,则体现战争与武装冲突中的军事必要原则,其所包含的许多国际人道主义法内容为1949年日内瓦公约所吸收,构成国际人道主义条约法的第二块重要领域,也成为习惯国际法的一部分。②

9.1.2 两次世界大战之后惩治战争罪的实践

两次世界大战的爆发进一步暴露战争的残酷性,也触发国际社会在战后对战争罪犯的国际刑事审判。在纽伦堡和东京审判之前,国家违反战争法的不法行为也会引起法律后果,实现的主要形式是限制国家主权和进行国家赔偿,但不追究个人的刑事责任。第一次世界大战之后,1919年《凡尔赛条约》规定对德国皇帝威廉二世和其他违反战争法规和战争惯例的德国战犯应予以审判和惩治。尽管该审判最终未能实现,但表明惩治战争罪在国际法理论和司法实务的广泛认可度。

第二次世界大战结束后,为了审判德国和日本战犯,战争罪均为纽伦堡和远东国际军事法庭所管辖的罪行之一。《纽伦堡宪章》第6条第2款第2项将战争罪定义为:

> 战争罪,系指违反战争法规或战争惯例的罪行。这种违反行为包括但不限于:屠杀或虐待占领区平民,或以奴隶劳动为目的、或为其他任何某种目的而将平民从被占领区或在被占领区内放逐,屠杀或虐待战俘或海上人员,杀害人质,掠夺公私财产,恣意破坏城镇乡村,或任何非属军事必要而进行破坏。

在《远东国际军事法庭宪章》中,第5条第2款第2项规定:

> 普通战争犯罪,是指违反战争法规或战争惯例之犯罪行为。

由此可见,《纽伦堡宪章》较为详尽地规定起诉和惩治战争罪的内容,并且

---

① 参见〔美〕M.谢里夫·巴西奥尼:《国际刑法导论》,赵秉志、王文华等译,法律出版社2006年版,第126页。

② 参见: Report of the Secretary-General Pursuant to Paragraph 2 of Security Council Resolution 808 (1993), U.N. Doc. S/25704(1993), para. 37,41,43。

将战争罪的本质界定为违反战争法规或惯例规则的行为。《纽伦堡宪章》关于战争罪的规定和以其为法律依据的审判活动,很快为国际社会普遍地接受。1946年12月,第1届联合国大会通过关于《确认纽伦堡宪章所认定的国际法原则》的决议,肯定《纽伦堡宪章》所认定的国际法原则,将战争罪确认为应受惩罚的国际法上的罪行,其中的第6项原则第2款规定关于战争罪的如下定义:

> 战争罪是指违反战争法规或惯例,包括但不限于对平民或者在占领区内的谋杀、虐待或者驱逐去作为奴隶劳动或者任何目的,谋杀或者虐待战俘或海上人员,杀害人质,劫掠公私财物,恣意摧毁城市、乡镇或村庄,或者进行无军事必要而以非正当方式的毁坏。[1]

经过发展,两个国际军事法庭宪章关于战争罪的规定成为习惯国际法的一部分,为之后的前南和卢旺达国际刑事法庭规约所沿用,成为起诉和惩治战争罪犯的法律依据。

9.1.3 适用和突破:前南和卢旺达国际刑事法庭

在《前南国际法庭规约》中,用两个条款设置与战争罪相关的内容:第2条是关于"严重违反1949年各项《日内瓦公约》的情事",共列出8种针对各项《日内瓦公约》所保护的人和财产的严重违法行为;第3条是涉及"违反战争法规和惯例的行为",规定5种具体的违法行为。从所规定的内容来看,《前南国际法庭规约》将两类战争罪行均限于国际性武装冲突中所犯下的严重违法行为。

在时空特征上,战争罪必须发生在武装冲突期间。关于武装冲突的性质,前南国际法庭在"塔迪奇"案中将"武装冲突"定义为:当在国家之间诉诸武装力量,或者在一国境内政府当局与有组织的武装集团之间,或者在一国之内的这种集团相互之间出现长期进行武装冲突的情形时,就可以说存在一种武装冲突。从该武装冲突伊始,国际人道主义法就开始适用。[2] 可以说,该定义比较宽泛和具有开创性的意义,足以涵盖所有的相关情形,以确保国际人道主义法在最大范围内的适用。[3] 前南国际法庭对武装冲突概念的上述界定,对《罗马规约》的制定产生影响,例如《罗马规约》第8条第2款第6项中的第二句术语就直接引自

---

[1] 参见:"Principles of International Law Recognized in the Charter of the Nuremberg Tribunal and in the Judgment of the Tribunal", in *Report of the International Law Commission Covering Its Second Session*, 5 June-29 July 1950, 5 U.N. GAOR Supp. (No.12), U.N. Doc. A/1316(1950)。

[2] 参见:*Prosecutor v. Dusko Tadic*, ICTY, Jurisdiction Appeal Decision of 2 October 1995, Case No. IT-94-1-AR72, para.70。

[3] See Soelaet-Suominent, "The Yugoslavia Tribunal and the Common Core of International Humanitarian Law applicable to All Armed Conflict (Common Core)", *Leiden Journal of International Law*, Vol.13, 2000, pp.619—653。

此定义。

对于在非国际武装冲突中所犯的严重违法行为之定性,在塔迪奇案中,前南国际法庭在参考有关国内法的实践后,认为:在许多法律制度中,对于违反国际人道主义法的行为都予以处罚,即使是在非国际武装冲突中实施的。在国际武装冲突中被禁止的不人道行为,不能因为发生在国内武装冲突中就被允许。违反可适用于非国际武装冲突中的国际人道主义法的行为,在习惯国际法中也是犯罪行为。[①] 可见,行为人在非国际性武装冲突中实施严重违反国际人道主义法行为的情形下,前南国际法庭认为其也应承担刑事责任,以便最大限度地保护在武装冲突中的平民和战争受难者。

与在前南斯拉夫境内发生的国际性武装冲突相不同,在卢旺达境内发生的武装冲突属于国内性质。传统国际法的理论和实践均认为国内武装冲突属于一国的内政事务,应由国内法院管辖,而卢旺达国际刑事法庭突破了以往国际刑事法庭只管辖国际性武装冲突的限制,将战争罪不仅适用于国际武装冲突,而且也适用于国内武装冲突。具体而言,在《卢旺达国际刑事法庭规约》中,关于战争罪的内容是规定在第4条"严重违反1949年8月12日各项《日内瓦公约》的共同第3条和1977年6月8日《日内瓦公约第二附加议定书》的行为",共列举出8种具体的违法行为。根据各项《日内瓦公约》的共同第3条规定,在某一缔约国领土内发生非国际性武装冲突的场合下,冲突各方应遵守最低限度的人道标准。《日内瓦公约第二附加议定书》则是保护非国际性武装冲突受难者的综合性国际法律文件,进一步具体规定和扩展了各项《日内瓦公约》共同第3条的适用范围和人道主义处遇标准。据此可见,《卢旺达国际刑事法庭规约》在立法层面确立了国际法庭对非国际武装冲突中所犯的严重违法行为具有管辖权,扩大了传统的国际人道主义法的适用范围。

9.1.4 《罗马规约》关于战争罪的繁缛规定

在《国际刑事法院规约》的制定过程中,对于应将战争罪列入国际刑事法院所管辖的核心罪行之问题,各国代表团所持的立场基本一致。具体而言,在设立国际刑事法院问题特设委员会于1995年制定《罗马规约》时,尚未使用战争罪的称谓,而是运用"严重违反适用于武装冲突的法规和惯例的行为"之术语,不过已有代表团建议使用"战争罪"一词,以便涵盖所有有关罪行。许多代表团同意该罪符合序言部分中关于列入法院管辖权的准则,只是有部分代表团认为情节严重的概念还需要进一步澄清,以确保只有严重违反的情事才归入管辖权范

---

① 参见:*Prosecutor v. Dusko Tadic*, ICTY, Jurisdiction Appeal Decision of 2 October 1995, Case No. IT-94-1-AR72, para. 119 and para. 128—131.

围。然而,在讨论战争罪的定义时,却存在着较大的争议。若干代表团认为:一般国际法所规定的该罪不仅应涵盖严重违反海牙公约关于适用于武装冲突的法规和惯例之情事,而且还应包括严重违反1949年四项《日内瓦公约》和其他已经具有习惯法地位的有关公约之情事;一些代表团特别强调有必要界定严重违反适用于武装冲突的法规和惯例的行为之具体内容或者组成部分,以符合合法性原则的要求;还有些代表团提请注意《纽伦堡宪章》、前南和卢旺达国际刑事法庭规约的有关规定,主张将此作为拟定该罪定义的出发点,并且赞成订立此等罪行的全部清单,以确保法无明文不为罪的原则受到尊重。关于武装冲突是否应包括非国际性武装冲突在内的问题,各国代表团的意见也不一致:赞成者提请注意武装冲突的当前现实、前南和卢旺达国际刑事法庭最近作出的承认1949年四项《日内瓦公约》的共同第3条具有习惯法地位的决定;反对者则主张非国际武装冲突不应属于国际刑事法院的管辖权范围;也有一些代表团对此持极度的保留意见,并且质疑这与补充原则是否一致。①

在1996年国际刑事法院问题筹备委员会讨论战争罪时,各代表团普遍同意根据序言的管辖权标准,应将严重违反适用于武装冲突的法规和惯例的行为列入规约,但对于武装冲突的性质以及战争罪的定义,各国代表团仍未达成一致。若干代表团考虑到近年来的国内武装冲突屡见不鲜,而国内刑事司法系统一般无法处理这些违法行为,并且《卢旺达国际刑事法庭规约》以及前南国际刑事法庭对塔迪奇案所作出的裁决已表明个人可因这些违法行为被追究刑事责任,故主张战争罪应包括在非国际性武装冲突中所犯下的违法行为;另外一些代表团则持完全相反的意见,认为列入这些违法行为既不切合实际,也危及国际刑事法院的普遍或广泛的接受。关于战争罪的定义,有几个代表团认为1949年四项《日内瓦公约》列举的严重违法行为已经具有习惯法地位,建议应连同其他严重违反适用于武装冲突的法规和惯例的行为一并列入,并且提请注意《治罪法草案》与《前南国际法庭规约》对"严重违反适用于武装冲突的法规和惯例的行为"之定义有所不同,故提议修订该罪行的名称;也有代表团对日内瓦公约的第一和第二附加议定书的习惯法地位提出异议;还有代表团主张以不提及附加议定书的方式列入两项议定书的规定。② 综合以上代表团的意见,筹备委员会在提案汇编中,将该罪的称谓修改为"战争罪行",并且将备选案文分为两款:第1款规

---

① 参见:The Ad Hoc Committee on the Establishment of an International Criminal Court, *Report of the Ad Hoc Committee on the Establishment of an International Criminal Court*, G. A., Fiftieth Sess., Supp. No.22, A/50/22(1995), para.72—76.

② 参见:The Preparatory Committee on the Establishment of an International Criminal Court, *Report of the Preparatory Committee on the Establishment of an International Criminal Court*, Vol. I, G. A., 51st Sess., Supp. No.22, A/51/22(1996), para.74—81.

定的战争罪是指"1949年8月12日《日内瓦公约》[和1977年6月8日《第一附加议定书》]所指的严重违反罪行",共列出16项具体的行为方式;第2款规定的战争罪是指"其他严重违反[适用于武装冲突的][战争]法规和惯例的行为,[不论具有国际或非国际性质,][包括但不限于][即]1907年《海牙第四公约》所指的违反行为,[和严重违反1949年8月12日《日内瓦公约》共同的第3条][及其1977年6月8日《第二附加议定书》]的行为",共列出21项具体的行为方式。① 此外,为了便于进一步讨论,提案汇编还列出国际法委员会所起草的《治罪法草案》二读时审议的关于战争罪的修正条款。

经过协商讨论,在筹备委员会于1998年提交给罗马大会审议的《国际刑事法院规约(草案)》中,关于战争罪的重点是用以下四款内容拟定战争罪的定义,其中最后两个条款被划入备选条文之中:(A)严重破坏1949年8月12日《日内瓦公约》的行为,即对有关《日内瓦公约》规定保护的人或财产实施的行为,具体列出8种行为;(B)严重违反国际法范围内已经确立的适用于国际武装冲突的法规和惯例的其他行为,具体包列出20种行为,但在有的具体行为方式中又列出若干备选案文;(C)在非国际性武装冲突中,严重违反1949年8月12日四项日内瓦公约共同第3条的行为,即对并未积极参加敌对行动的人,包括已放下武器的和因病、伤、拘留或任何其他原因而丧失战斗力的武装部队人员所实施的行为,具体包括4种行为;(D)严重违反国际法规定范围内的、适用于非国际性武装冲突的法规和惯例的其他行为,具体包括12种行为,其中某些行为方式又列出若干备选案文。② 由此可见,该草案对国际性武装冲突中的战争罪行基本达成共识,但对非国际性武装冲突中的严重违反行为是否应列入战争罪的范畴依然存有争议,故将其列入备选条文,留待罗马大会讨论决定。

在1998年罗马外交大会召开期间,各国代表团讨论和协商战争罪的核心问题是关于战争罪的定义。对于草案(A)款和(B)款所拟定的关于国际性武装冲突中战争罪的内容,各国代表团基本上没有异议,全文保留(A)款的草案内容,只是将(B)款所列出的20种具体行为与备选案文中的行为相组合或拆分,从而形成26种行为方式。经过充分协商,与会代表团同意在留出例外情形的前提下,战争罪可以包括在非国际性武装冲突中所犯下的严重违法行为,并且在此认

---

① 参见:The Preparatory Committee on the Establishment of an International Criminal Court, *Report of the Preparatory Committee on the Establishment of an International Criminal Court*, Vol. II, G. A., 51st Sess., Supp. No. 22, A/51/22(1996),第三部分"法院的管辖权",第20条"法院管辖权内的罪行","C. 战争罪行"。

② 参见:The Preparatory Committee on the Establishment of an International Criminal Court, *Report of the Preparatory Committee on the Establishment of an International Criminal Court*, Addendum, U. N. Doc. A/CONF.183/2/Add.1(14 April 1998),第二部分"管辖权、受理问题和适用的法律",第5条"法院管辖权内的罪行","战争罪"。

识的基础上,完全保留草案(C)款所拟定的内容,在(D)款中新增加一项内容,即关于故意指令攻击依照《联合国宪章》执行的人道主义援助或维持和平行动的所涉人员、设施、物资、单位或车辆,同时重新挑选和组合草案中(D)款所列的行为。此外,还吸纳某些代表团在大会期间关于战争罪的新提案,最终形成《罗马规约》第8条关于战争罪的规定。

在内容上,《罗马规约》第8条以浓重的笔墨对战争罪予以规定,共分为三款,重中之重是第2款关于战争罪的定义,细分为6项。从形式上看,《罗马规约》在规定战争罪的定义时,将战争罪划分为以下两种类型:第一,国际性武装冲突中的战争罪行,规定在第2款中的第1项和第2项;第二,非国际性武装冲突中的战争罪行,体现在第2款中的第3项和第5项。同时,《罗马规约》详尽地囊括各种涉及战争犯罪的国际公约、国际法理论和国际审判战犯的经验,进而详细列举50种具体的行为态样,这显得颇为冗长,不符合概念本身的精练要求。然而,在国际社会中多元国家、多种法系并存,以及各国刑事司法活动各不相同的大背景下,这种规定方式有利于突出可操作性,便于国际或国内的刑事审判机构直接援引相应的规定。从国际犯罪角度看,灭绝种族罪、危害人类罪、侵略罪等国际核心罪行的行为特征,与战争罪具有一定的重合性。《罗马规约》对战争罪的繁缛规定,则是辨别这些相近犯罪的最好方式,这有利于准确地适用国际刑事法律规范。[①]

此外,《罗马规约》将非国际性的武装冲突作为战争罪的一种表现类型予以明确的规定,突破传统国际法将战争罪仅限定为国际性武装冲突中的实施行为,将非国际性武装冲突纳入管辖范围,从而在国际刑法的领域内扩大战争法规的适用范围,这是基于国际人道主义原则以及着眼于减轻战争或武装冲突带来的灾难,有利于全面保护战争受难者。当然,这一规定是否会给干涉他国的内政提供国际法上的借口,仍是一些国家所考虑的问题。例如,我国就对此提出保留意见,认为在国内武装冲突中的战争罪适合国内法院管辖,并且有关国内武装冲突中的战争罪的定义,超出习惯国际法,甚至超出《日内瓦公约第二附加议定书》的规定。[②] 为此,《罗马规约》第8条第2款中的第4项和第6项均强调:第2款中的第3项和第5项所规定的战争罪形态只"适用于非国际性武装冲突,因此不适用于内部动乱和紧张局势,如暴动、孤立和零星的暴力行为或其他性质相同的行为"。同时,《罗马规约》第8条第3款还明确规定:规约中关于非国际性武装冲突中所犯下严重违法行为的任何规定,"均不影响一国政府以一切合法手段维持或恢复国内法律和秩序,或保卫国家统一和领土完整的责任"。这说明《罗

---

① 参见赵秉志、王秀梅:《论战争罪之内涵及其刑事责任主体》,载于《河北法学》2001年第2期。
② 中国代表团在第53届联大第六委员会关于建立国际刑事法院的发言。

马规约》在规定有关战争罪条款适用于非国际性武装冲突时,也规定例外情形,将在一国发生内部动乱和紧张局势而采取的合法手段排除在适用范围之外,以便《罗马规约》所规定的战争罪被广泛地接受。

在客观方面,战争罪的表现形态不同于其他国际犯罪。根据《罗马规约》第8条第1款的规定,战争罪属于一种作为一项计划或政策的一部分所实施的行为,或作为在大规模实施这些犯罪中所实施的行为。同时,《罗马规约》第8条第2款以武装冲突的种类为标准,将50种具体的战争罪形态划分为四种类型。其中,前两类是在国际武装冲突中的战争罪行,后两类是关于非国际武装冲突中的战争罪行。为了帮助法官解释并适用规约中的战争罪,在由国际刑事法院缔约国大会成员2/3多数通过的《犯罪要件》中,分别从犯罪对象、主客观要件等方面对50种战争罪形态的构成要件予以界定。对此,有国外学者认为这在一定程度上隐藏着各种犯罪之间的关系,而且随着可适用于国际和非国际武装冲突的法律不断趋于一致,依据冲突的种类进行区分的做法已变得非常陈旧,故提出以日内瓦公约和海牙公约这两个法律体系所保护的利益为标准,对所保护的人员和财产、所禁止的战争方法和手段之间进行区分,从而将战争罪划分为以下五种学理类型:侵犯人员的战争罪;侵犯财产和其他权利的战争罪;涉及使用禁止性战争方法的战争罪;涉及使用禁止性战争手段的战争罪;侵犯人道主义行动的战争罪。① 从法律效力的角度出发,本章依然采用《罗马规约》第8条以及《犯罪要件》关于战争罪的分类和解释规定,以武装冲突的种类为底蕴,从四种类型来论述战争罪的表现形态。

9.2 国际武装冲突中的战争罪形态(一)

在全盘吸纳《前南国际法庭规约》第2条关于"严重违反1949年各项《日内瓦公约》的情事"所列出的8种行为方式之基础上,《罗马规约》第8条第2款第1项规定了国际武装冲突中的第一类战争罪形态:战争罪是指"严重破坏1949年8月12日《日内瓦公约》的行为",即对有关的各项《日内瓦公约》规定保护的人或财产实施8种行为中的任何一种行为。

依据《犯罪要件》的界定,行为人所实施的该类战争罪行的8种具体行为,在时空特征上必须发生在国际武装冲突中,并且与该冲突有关。军事占领也属于国际武装冲突的一种情形;至于是否存在武装冲突,或者武装冲突是国际性质抑或非国际性质,则不要求行为人作出断定或法律评价;关于犯罪对象,行为人仅需知道被害人的国籍为冲突敌对方的人员;在主观心理方面,则要求行为人知

---

① 参见〔德〕格哈德·韦勒:《国际刑法学原理》,王世洲译,商务印书馆2009年版,第335页。

道被害人或财产根据有关武装冲突国际法规具有受保护地位的事实情况。

9.2.1 故意杀害

根据《日内瓦第一公约》第50条、《日内瓦第二公约》第51条、《日内瓦第三公约》第130条以及《日内瓦第四公约》第147条的规定,故意杀害均是一种严重破坏公约的行为。所谓"故意杀害",是指在国际武装冲突发生的情况下,行为人针对受到一项或多项《日内瓦公约》保护的人员,故意杀害一人或多人的行为。

依据《犯罪要件》的规定,在客观方面,"杀害"一词与"致死"一词通用,即要求杀害行为致使被害人死亡,并没有对行为人杀害被害人的数量作出要求。至于行为人实施杀害的行为是出于作为或者不作为,则在所不问,只要行为人的行为是导致被害人死亡的实质原因。① 关于主观方面,行为人是出于故意,即在知道被害人根据有关武装冲突国际法规具有受保护地位的事实情况下,依然实施杀害行为。

9.2.2 酷刑、不人道待遇和生物学实验

《世界人权宣言》第5条和《公民权利和政治权利国际公约》第7条均规定不容对任何人加以酷刑或施以残忍的、不人道的或侮辱性的待遇或刑罚。在其他国际人权的法律文件和区域性人权公约中,也均含有禁止酷刑、不人道待遇的条款。《日内瓦第三公约》第130条和《日内瓦第四公约》第147条规定:酷刑及不人道待遇,包括生物学实验是一种严重破坏公约的行为。可以说,反酷刑、不人道待遇已成为成文国际法和习惯国际法所禁止的内容。

9.2.2.1 酷刑

在1975年12月联合国大会通过的《保护人人不受酷刑和其他残忍、不人道或有辱人格待遇或处罚宣言》(简称《反酷刑宣言》)的基础上,1984年12月10日,为了促进对人权和基本自由的普遍尊重和遵守,有效地开展反对酷刑和其他残忍、不人道或有辱人格的待遇或处罚的斗争,联合国大会通过了《禁止酷刑和其他残忍、不人道或有辱人格的待遇或处罚公约》(简称为《反酷刑公约》),其中第1条第1款规定:

> 酷刑系指为了向某人或第三者取得情报或供状,为了他或第三者所作或被怀疑所作的行为对他加以处罚,或为了恐吓或威胁他或第三者,或为了基于任何一种歧视的任何理由,蓄意使某人在肉体或精神上遭受剧烈疼痛

---

① 参见:*Prosecutor v. Delalic et al.*, ICTY, Judgment of 16 November 1998, Case No. IT-96-21-T, para. 424.

或痛苦的任何行为,而这种疼痛或痛苦又是在公职人员或以官方身份行使职权的其他人所造成或在其唆使、同意或默许下造成的。纯因法律制裁而引起或法律制裁所固有或随附的疼痛或痛苦则不包括在内。

以上述定义为基础,《罗马规约》所规定的战争罪下的酷刑,是指在国际武装冲突发生的情况下,行为人为了取得情报或供状、处罚、恐吓或胁迫,或者为了任何歧视性理由,针对受到一项或多项《日内瓦公约》保护的人员,实施使一人或多人的身体或精神遭受重大痛苦的行为。

在各项《日内瓦公约》未就酷刑的定义予以规定的情形下,在塞利比希案中,前南国际法庭通过对习惯国际法下酷刑构成要件的论证,认为酷刑的实施方式包括作为和不作为,它是由官员或在其唆使、同意或默认之下,为了实现特定的被禁止的目的,对被害人的精神或生理造成严重痛苦或折磨的行为。[1] 据此,认定其中的三被告因符合酷刑的要件而构成战争罪,其中穆季奇和戴利奇对于在集中营发生的酷刑、非人道的待遇等行为应负上级责任,同时还应对亲自参与的酷刑承担刑事责任,兰卓对亲自实施的酷刑承担直接的刑事责任。关于酷刑的主观方面,行为人必须出于故意,并且具有特定的目的,即为了取得情报或供状、处罚、恐吓或胁迫,或者为了任何歧视性理由,这是区分酷刑作为战争罪形态抑或构成危害人类罪的标准。在审理塞利比希案中,前南国际法庭认为:《反酷刑公约》并没有穷尽一切的禁止性目的,故通过"为了任何歧视性理由"的术语予以扩大。为了满足酷刑的心理要素,不必要求犯罪行为完全是为了某一禁止性目的而实施。禁止性目的应当只作为行为动机的一部分,而不必是决定性或者唯一的目的。[2] 由此可见,《反酷刑公约》采用列举式的立法技术,具体规定构成酷刑的特定目的,并且为《犯罪要件》所吸纳,但是前南国际法庭对此作出一定程度的扩大解释。

9.2.2.2 不人道待遇

在《日内瓦第三公约》第13条第1款中,明确规定:

> 战俘在任何时候须受人道之待遇。拘留国任何不法行为或不行为可致其看管中之战俘死亡或严重危害其健康者须予禁止,并当视为严重破坏本公约之行为。

关于不人道待遇,在塞利比希案中,前南国际法庭认为:不人道待遇是故意对被害人的精神或生理造成严重痛苦或折磨,或者严重损害人身尊严的作为和

---

[1] 参见:*Prosecutor v. Delalic et al.*, ICTY, Judgment of 16 November 1998, Case No. IT-96-21-T, para. 441—442.

[2] 同上, para. 470.

不作为,它是严重破坏各项《日内瓦公约》行为类型中的兜底形态。① 依据《犯罪要件》的规定,除了不需要具备目的要素之外,不人道待遇的构成要件与酷刑完全一致,即行为人只需针对受到一项或多项《日内瓦公约》保护的人员,实施使一人或多人身体或精神遭受重大痛苦的行为。此外,不人道待遇与酷刑的区分标志还在于行为引发的痛苦程度不同,两者之间具有递进关系,最重的是酷刑。② 在1975年《反酷刑宣言》第1条第2款中,规定:

  酷刑是过分严厉的、故意施加的、残忍、不人道或有辱人格的待遇或处罚。

由此可见,不人道待遇与酷刑是一般与特殊的关系。

9.2.2.3 生物学实验

在《日内瓦第三公约》第13条、《日内瓦第四公约》第32条以及《日内瓦公约第一附加议定书》第11条第2款第2项中,均禁止对战俘和被保护人进行任何医学和科学实验。依据《犯罪要件》的规定,所谓"生物学实验",是指行为人针对受到一项或多项《日内瓦公约》保护的人员,在缺乏医学理由、不是为了治疗目的或者为了这些人利益的情形下,使一人或多人成为某项生物学实验的对象,严重危及这些人的身体或精神健康或完整性的行为。

9.2.3 故意造成重大痛苦

所谓"故意造成重大痛苦",是指在国际武装冲突发生的情况下,行为人针对受到一项或多项《日内瓦公约》保护的人员,故意使一人或多人的身体或精神遭受重大痛苦,或严重伤害这些人的身体或健康的行为。

从法律渊源看,该行为源于《日内瓦第三公约》第130条和《日内瓦第四公约》第147条的规定。关于战争罪下的故意造成重大痛苦,在塞利比希案中,前南国际法庭认为该行为的实施方式包括作为和不作为。作为战争罪的表现形态,酷刑也具有故意造成重大痛苦的内容,只要伤害行为不具备酷刑所要求的禁止性目的标准,就均可以归类于此行为类型,这也是区分该行为与酷刑之间的首要界限。③ 对比可见,对被害人的身体或精神遭受重大痛苦的伤害行为,是战争罪下故意造成重大痛苦和酷刑这两种形态均拥有的客观行为方式,两者之间存在竞合的关系,归类和区分两者的标准就在于:行为人实施该行为时是否具有酷刑的禁止性目的。从

---

 ① 参见:*Prosecutor v. Delalic et al.*, ICTY, Judgment of 16 November 1998, Case No. IT-96-21-T, para. 543。

 ② 参见高铭暄、〔法〕米海依尔·戴尔玛斯·马蒂主编:《刑法国际指导原则研究》,中国人民公安大学出版社1998年版,第31页。

 ③ 参见:*Prosecutor v. Delalic et al.*, ICTY, Judgment of 16 November 1998, Case No. IT-96-21-T, para. 442。

一定意义上讲,战争罪下故意造成重大痛苦的形态带有兜底的性质,而以故意造成重大痛苦的方式构成酷刑的形态则是一种特别法的规定。

9.2.4 破坏和侵占财产

所谓"破坏和侵占财产",是指在国际武装冲突发生的情况下,行为人针对受到一项或多项《日内瓦公约》保护的财产,在无军事必要的情形下,广泛和恣意地破坏或侵占某些财产的行为。

从法律渊源看,该行为源自《日内瓦第一公约》第 50 条、《日内瓦第二公约》第 51 条以及《日内瓦第四公约》第 147 条均设置的关于"无军事上之必要而以非法与暴乱之方式对财产之大规模的破坏与征收"的规定、《日内瓦第四公约》第 33 条第 2 款关于"禁止掠夺"的规定。

依据《犯罪要件》的规定,在客观方面,"广泛的"(extensive)破坏或侵占是构成该战争罪形态的关键因素。在塞利比希案中,前南国际法庭认为:禁止非法侵占敌对国的公私财产之范围是广泛的,不仅包括个别士兵为了个人目的所实施的掠夺,也包含在有系统的经济剥削之框架下有组织地劫掠被占领国领土的公私财产。关于在武装冲突中非法侵占财产的方式,不仅包括在传统意义上蕴含暴力要素的抢劫(pillage),还包括不一定具有暴力要素的掠夺(plunder),故无需界定抢劫与掠夺的含义在现代国际法中是否完全相同。① 在主观方面,行为人知道某些财产根据有关武装冲突国际法规具有受保护地位的事实情况,依然恣意地(wantonly)实施广泛的破坏或侵占行为。另外,行为人破坏或侵占财产的行为是否构成战争罪,还必须考察行为人的行为是否具有"军事上的必要"(military necessity),该要件源于《日内瓦第四公约》第 53 条的规定,即

> 占领国对个别或集体属于私人,或国家,或其他公共机关,或社会或合作组织所有之动产或不动产之任何破坏均所禁止,但为军事行动所绝对必要者则为例外。

有鉴于此,如果行为人出于有军事必要的破坏或侵占,则不构成该行为所体现的战争罪。

9.2.5 强迫在敌方部队中服役

所谓"强迫在敌方部队中服役",是指在国际武装冲突发生的情况下,行为人针对受到一项或多项《日内瓦公约》保护的人员,以行为或者威胁方式,强迫

---

① 参见:*Prosecutor v. Delalic et al.*, ICTY, Judgment of 16 November 1998, Case No. IT-96-21-T, para. 590—591。

一人或多人在敌国部队中服役的行为。

从法律渊源看,该行为源于《日内瓦第三公约》第 130 条和《日内瓦第四公约》第 147 条的规定,即强迫战俘和被保护人在敌国部队中服务是一种严重破坏公约的行为。依据《犯罪要件》的规定,"强迫"是构成该罪的关键因素,表现为以行为或者威胁的方式。至于"强迫"的对象,不仅仅局限于战俘,已经有所扩大,其包括冲突方控制领土上的所有敌对方的人员。

9.2.6 剥夺公允审判的权利

所谓"剥夺公允审判的权利",是指在国际武装冲突发生的情况下,行为人对于受到一项或多项《日内瓦公约》保护的人员,拒绝给予特别是《日内瓦第三公约》和《日内瓦第四公约》所规定的司法保障,剥夺一人或多人应享有的公允及合法审判的权利之行为。

从法律渊源看,该行为直接源自《日内瓦第三公约》第 130 条和《日内瓦第四公约》第 147 条的规定。在以上两项《日内瓦公约》中,规定了一系列被告人应享有公允及合法审判的权利,例如被告人应受到一个独立和公正的法庭审判的权利、被告人迅速知晓被指控罪行的权利、禁止集体惩罚以及一切恫吓恐怖手段的权利、受合法性原则保护的权利、不得因同一行为或同一罪名受一次以上处罚的权利、享有上诉的权利、提出辩护和自行选定合格辩护人或律师协助的权利、及时获得指控和其他审判文书并且使用可以理解的语言之权利、获有译员协助的权利并且有权随时反对译员和要求撤换等。如果行为人拒绝给予被告人以国际公认的确保公允和合法审判的权利,特别是规定在《日内瓦第三公约》和《日内瓦第四公约》中的基本诉讼权利,从而剥夺被告人应享有的公允合法审判的权利,则符合《罗马规约》第 8 条第 2 款第 1 项第 6 目所规定的战争罪形态之客观要件。

9.2.7 非法驱逐出境、迁徙或非法禁闭

所谓"非法驱逐出境、迁徙或非法禁闭",是指在国际武装冲突发生的情况下,针对受到一项或多项《日内瓦公约》保护的人员,行为人将一人或多人非法驱逐出境或迁移到他国或他地,或者非法禁闭或继续禁闭在某地的行为。

《罗马规约》的该规定直接源自《日内瓦第四公约》的相关内容。该公约第 147 条明确规定"将被保护人非法驱逐出境或移送,或非法禁闭"是一种严重破坏公约的行为。在《日内瓦第四公约》中,有一些具体规定该内容的条款。例如,该公约第 42 条第 1 款规定:

> 对被保护人之拘禁或安置于指定居所,仅于拘留国之安全有绝对需要时方可施行。

《日内瓦第四公约》第 45 条第 1 款和第 4 款还规定：

> 被保护人不得移送于非本公约缔约国之国家。……男女被保护人在任何情况下不得移送于因其政治意见或宗教信仰有恐惧迫害之理由之国家。

此外，《日内瓦第四公约》第 49 条第 1 款和第 2 款规定：

> 凡自占领地将被保护人个别或集体强制移送及驱逐往占领国之领土或任何其他被占领或未被占领之国家之领土，不论其动机如何，均所禁止。但如因居民安全或迫切的军事理由，有此必要，占领国得在一定区域施行全部或部分之撤退。上述撤退不得致使被保护人在占领地境外流离失所，但因物质原因不能避免上述流离失所则为例外。依此被撤退之人，一俟该区域内战事停止，应立即移送回家。

若行为人在国际武装冲突发生的情况下，违反上述相关的规定，则其行为符合该战争罪形态的客观构成要件。例如，关于对非法禁闭的认定，前南国际法庭在塞利比希案中认为：不能仅凭一个人的国籍、结盟、所属敌对阵营等事实情况，就视其为威胁对方安全的因素，这并不能成为将其拘禁或安置于指定场所的合法理由。行为人必须根据有关人员的活动、知识或身份，有充足的理由认定其会对自己现在和将来的安全形成真正的威胁时，才可以诉诸拘禁的措施。至于性别和兵役年龄的事实，也不能成为采取拘禁措施的正当事由。① 关于非法驱逐和迁徙，均是指在受保护人非自愿的情形下将他们转移出居住地。② 如果被保护人实质性地同意转移，则不构成这种战争罪的形态。

9.2.8 劫持人质

所谓"劫持人质"，是指在国际武装冲突发生的情况下，行为人为了迫使某一国家、国际组织、自然人或法人或一组人采取行动或不采取行动，以此作为这些人的安全或释放的明示或默示条件，劫持或拘禁受到一项或多项《日内瓦公约》保护的一人或多人，或以这些人为人质，并且威胁杀害、伤害或继续拘禁这些人的行为。

在《纽伦堡宪章》第 6 条第 2 款第 2 项中，将"杀害人质"作为战争罪的一种形式。随着国际人道主义法的发展，认为即使行为人没有杀害人质，劫持人质本身就构成战争罪。例如，前南国际法庭在"布拉斯季奇"案中，当认定被告人为

---

① 参见：Prosecutor v. Delalic et al., ICTY, Judgment of 16 November 1998, Case No. IT-96-21-T, para. 577。

② 参见：Prosecutor v. Krstic, ICTY (Trial Chamber), Judgment of 2 August 2001, Case No. IT-98-33-T, para. 521。

了交换战俘和迫使敌对方停止军事行动而劫持人质的行为是否构成战争罪时，只是侧重审查被告人是否具有劫持人质的行为，而没有考虑人质是否被杀害的事实。[①]《日内瓦第四公约》第34条禁止将被保护人作为人质，并且第147条明确规定劫持人质是一种严重破坏公约的行为。

在1979年12月18日，考虑到劫持人质是引起国际社会严重关切的罪行，为了防止作为国际恐怖主义的表现的一切劫持人质行为，并对犯有此项罪行者予以起诉和惩罚，联合国通过《反对劫持人质国际公约》，其中第1条第1款规定：

> 任何人如劫持或扣押并以杀死、伤害或继续扣押另一个人为威胁，以强迫第三方，即某个国家、某个国际政府间组织、某个自然人或法人或某一群人，作或不作某种行为，作为释放人质的明示或暗示条件，即为犯本公约意义范围内的劫持人质罪行。

对比可见，《犯罪要件》关于劫持人质的定义主要源于以上公约的规定。

9.3 国际武装冲突中的战争罪形态（二）

对于在国际武装冲突中的战争罪行，除了《罗马规约》第8条第2款第1项所规定的8种行为类型之外，同一条款的第2项规定了国际武装冲突中的第二类战争罪形态：战争罪是指"严重违反国际法既定范围内适用于国际武装冲突的法规和惯例的其他行为"，这具体包括26种行为形态。从法律渊源看，这些战争罪的形态基本上源自《日内瓦公约第一附加议定书》、《海牙陆战法规和惯例章程》、四项《日内瓦公约》以及有关国际公约中已经成为习惯国际法的内容。例如，《日内瓦公约第一附加议定书》第48条规定：

> 为了保证对平民居民和民用物体的尊重和保护，冲突各方无论何时均应在平民居民和战斗员之间和在民用物体和军事目标之间加以区别，因此，冲突一方的军事行动仅应以军事目标为对象。

据此，对于在国际武装冲突中攻击平民、民用物体以及类似非军事目标等多种行为，《罗马规约》第8条第2款第2项将其均设置为战争罪的表现形态。

依据《犯罪要件》的界定，行为人所实施的该类战争罪行的26种具体行为，必须发生在国际武装冲突中，并且与该冲突存在联系。在判断行为是否与武装冲突相联系时，并不要求该行为发生在战场上，也不要求该行为发生时必须有军事行动

---

① 参见：*Prosecutor v. Blaskic*, ICTY, Judgment of 3 March 2000, Case No. IT-95-14-T, para.701。

正在进行。另外,在主观心理方面,要求行为人知道存在武装冲突的事实情况。

9.3.1 指令攻击平民

所谓"指令攻击平民",是指行为人故意指令攻击平民人口本身或未直接参加敌对行动的个别平民之行为。该规定直接源自《日内瓦公约第一附加议定书》第 51 条第 2 款和第 3 款的规定,即

> 平民居民本身以及平民个人,不应成为攻击的对象。
>
> 平民除直接参加敌对行动并在直接参加敌对行动时外,应享受本编所给予的保护。

同时,《日内瓦公约第一附加议定书》第 85 条第 3 款第 1 项规定:对于故意使平民居民或平民个人成为攻击对象的行为,并造成死亡或对身体健康的严重伤害时,应视为严重破坏本议定书的行为。

在客观方面,依据《日内瓦公约第一附加议定书》第 49 条第 1 款关于"攻击"的定义,"攻击"是指不论在进攻或防御中对敌人的暴力行为。行为人无须亲自参与攻击平民行为的具体实施,只要其下达了攻击命令,即可符合该行为在客观方面的构成特征。关于该行为的攻击对象,必须是未直接参加敌对行动的平民。根据《日内瓦公约第一附加议定书》第 50 条第 3 款的规定,在平民居民中存在不属于平民的人,并不使该平民居民失去其平民的性质。在主观方面,行为人是出于故意,即明知攻击目标是平民人口本身或未直接参加敌对行动的个别平民,依然实施指令攻击行为。

9.3.2 指令攻击民用物体

在《日内瓦公约第一附加议定书》第 52 条"对民用物体的一般保护"中,明确规定:民用物体不应成为攻击或报复的对象;攻击应严格限于军事目标。据此,所谓"指令攻击民用物体",是指行为人故意指令攻击作为非军事目标的民用物体之行为。

除了犯罪对象有所不同,该行为类型与《罗马规约》上一条目规定的"指令攻击平民"的主客观要件一致。关于该行为的犯罪对象,必须是民用物体,即非军事目标的物体。依据《日内瓦公约第一附加议定书》第 52 条第 2 款和第 3 款的规定,关于军事目标的物体,"只限于由于其性质、位置、目的或用途对军事行动有实际贡献,而且在当时情况下其全部或部分毁坏、缴获或失去效用提供明确的军事利益的物体"。若对通常用于民用目的的物体是否被有效地用于军事行动有所怀疑时,该物体应推定为未被利用为军事行动。以上述规定为底蕴,通过排除法,就可以认定"指令攻击民用物体"的犯罪对象。

9.3.3 指令攻击与人道主义援助或维持和平行动有关的人员和物体

为了防止对联合国人员和有关人员的攻击行为,并惩罚犯下此种攻击行为者,联合国大会在1994年12月通过《保护联合国和有关人员安全公约》,其中第7条第1款规定:

> 联合国人员和有关人员、其装备和驻地不得成为攻击目标或阻止他们履行其任务的任何行动的目标。

同时,该公约第9条第1款规定:

> 各缔约国应将蓄意犯下的下列行为定为其国内法上的犯罪行为:(1)对任何联合国人员或有关人员进行谋杀、绑架或其他侵害其人身或自由的行为;(2)对任何联合国人员或有关人员的公用驻地、私人寓所或交通工具进行暴力攻击因而可能危及其人身或自由的行为。

在罗马外交大会上,各国代表一致认为应非常重视和保护人道主义援助或维持和平行动,同意将危害联合国人员和有关人员、物体的罪行确立为国际刑事法院所管辖的范围,故《罗马规约》针对两种不同性质的武装冲突,分别在第8条第2款第2项第3目、第5项第3目中,将"指令攻击与人道主义援助或维持和平行动有关的人员和物体"的行为列入战争罪的表现形态。

依据《犯罪要件》的界定,该行为是指行为人在知道依照《联合国宪章》执行的人道主义援助或维持和平行动的所涉人员、设施、物资、单位或车辆等人员和物体有权得到保护的情况下,故意指令攻击该人员和物体的行为。

与《罗马规约》规定的"指令攻击平民"以及"指令攻击民用物体"的行为类型相比较,构成该行为的要件更为严格,要求行为人必须知道被攻击对象有权得到武装冲突国际法规给予平民和民用物体的保护之事实情况,而且被攻击的人员与物体没有因卷入敌对行动而失去受保护的地位。如果提供人道主义援助或维持和平行动的人员参加了敌对行动,他们则不属于被保护的人员。

9.3.4 攻击造成过分的附带伤亡或破坏

所谓"攻击造成过分的附带伤亡或破坏",是指行为人在明知攻击将附带造成平民伤亡或破坏民用物体或致使自然环境遭受广泛、长期和严重的破坏,而且伤亡或破坏的程度与预期得到的具体和直接的整体军事利益相比显然是过分的情形下,故意发动攻击的行为。

从法律渊源看,该行为类型综合地反映《日内瓦公约第一附加议定书》的相关内容。例如,对于作战方法和手段的基本原则,该议定书第35条第3款规定:

禁止使用旨在或可能对自然环境引起广泛、长期而严重损害的作战方法或手段。

对于可能附带使平民生命受损失、平民受伤害、平民物体受损害，或者三种情形均具有而且与预期的具体和直接军事利益相比损害过分的攻击行为，《日内瓦公约第一附加议定书》第51条第4款和第5款第2项规定应视为不分皂白的攻击，并且予以禁止。此外，该议定书第55条第1款规定：

> 在作战中，应注意保护自然环境不受广泛、长期和严重的损害。这种保护包括禁止使用旨在或可能对自然环境造成这种损害从而妨害居民的健康和生存的作战方法或手段。

最后，《日内瓦公约第一附加议定书》第85条第3款第2项规定：知悉攻击将造成过分的平民生命损失、平民伤害或民用物体损害，却故意发动使平民居民或民用物体受影响的不分青红皂白的攻击，并造成死亡或对身体健康的严重伤害时，应视为严重破坏本议定书的行为。

关于作战时实施攻击的预防措施，《日内瓦公约第一附加议定书》第57条第2款第1项第3目规定：计划或决定攻击的人应"不决定发动任何可能附带使平民生命受损失、平民受伤害、民用物体受损害，或三种情形均有而且与预期的具体和直接军事利益相比损害过分的攻击"。这实质上是界定实施攻击行为的限度条件，因此，是否超过必要限度，就成为认定该行为是否构成战争罪的一个关键问题。根据《犯罪要件》的规定，认定该行为是否过限的参照系是"具体和直接的整体军事优势"，该术语反映对武装冲突背景下进行军事行动的合法性作出判断必须考虑的相称性问题，是指行为人在有关时刻可以预见的军事优势。就时空特征而言，这种优势与攻击目标可能有关，也可能无关，也不涉及发动战争的理由或诉诸战争权的其他相关规则。需要注意的是，与《日内瓦公约第一附加议定书》的规定相比较，《罗马规约》在程度方面增加了"整体"和"显然"的限定词，这提高了攻击行为限度条件的门槛标准，以便收缩该行为是否构成犯罪的范围，但在可操作性方面会面临着问题，从而直接影响到在其国际刑事审判实践中的适用。

9.3.5 攻击不设防地方

所谓"攻击不设防地方"，是指行为人以任何手段攻击或者轰击一个或多个非军事目标的、不设防的城镇、村庄、住所或建筑物之行为。

从法律渊源看，该行为源自《海牙陆战法规和惯例章程》第25条的规定，即

> 禁止以任何手段攻击或轰击不设防的城镇、村庄、住所和建筑物。

《日内瓦公约第一附加议定书》第59条第1款禁止冲突各方以任何手段攻击不设防地方。同时,第85条第3款第4项规定:对于故意使不设防地方和非军事化地带成为攻击对象的行为,并造成死亡或对身体健康的严重伤害时,应视为严重破坏本议定书的行为。在《前南国际法庭规约》第3条第3款中,也规定了近似的内容。

关于该行为的犯罪对象"不设防地方",《日内瓦公约第一附加议定书》第59条第2款明确地设置以下四个条件:

> (1)所有战斗员以及机动武器和机动军事设备必须已经撤出;(2)固定军事装置或设施应不用于敌对目的;(3)当局或居民均不应从事任何敌对行为;(4)不应从事支持军事行动的任何活动。

与以上国际法律规范的规定相比较,《罗马规约》对"不设防地方"的范围增加了限定术语"非军事目标的",这说明行为人攻击作为军事目标的不设防地方,则不构成该形态所体现的战争罪。

9.3.6 杀伤失去战斗力的人员

所谓"杀伤失去战斗力的人员",是指行为人明知战斗员已经放下武器或丧失自卫能力并已无条件投降,依然杀害、伤害一人或多人的行为。

该行为直接源自《海牙陆战法规和惯例章程》第23条第1款第3项特别禁止"杀、伤已经放下武器或丧失自卫能力并已无条件投降的敌人"的规定。《日内瓦公约第一附加议定书》第41条第1款规定:

> 被认为失去战斗力或按照情况应被承认为失去战斗力的人,不应成为攻击的对象。

同时,该议定书第85条第3款第5项规定:知悉为失去战斗力的人而使其成为攻击的对象,并造成死亡或对身体健康的严重伤害时,应视为严重破坏本议定书的行为。

关于该行为的犯罪对象"失去战斗力的人员",《日内瓦公约第一附加议定书》第41条第2款列出以下三种类型:

> (1)在敌方权力下的人;(2)明示投降意图的人;或(3)因伤或病而失去知觉,或发生其他无能力的情形,因而不能自卫的人;但在上述任何情形下,均须不从事任何敌对行为,并不企图脱逃。

9.3.7 不当使用旗帜、制服或特殊标志

该行为是指行为人知道或应当知道不当使用休战旗、敌方或联合国旗帜或

军事标志、制服以及《日内瓦公约》所订特殊标志的违禁性质,却不当使用这些特殊标志,致使人员死亡或重伤的行为。

从法律渊源看,该行为源自《海牙陆战法规和惯例章程》第 23 条第 1 款第 6 项特别禁止"滥用休战旗、国旗或敌军军徽和制服以及日内瓦公约所规定的标记"的规定。《日内瓦公约第一附加议定书》第 37 条和第 38 条禁止背信弃义和不正当地使用公认标志,并且第 85 条第 3 款第 6 项规定:背信弃义地使用特殊标志或各公约或本议定书所承认的其他保护记号,并造成死亡或对身体健康的严重伤害时,应视为严重破坏本议定书的行为。

关于不当使用的对象,《罗马规约》将其限定为四类:(1) 休战旗。(2) 敌方旗帜、标志或制服。(3) 联合国旗帜、标志或制服。这是《罗马规约》新增加的不当使用的对象,是基于不当地适用联合国的标志会特别影响国际社会的利益。然而,《罗马规约》不适当地将国际标志与敌人的标志结合地规定在同一战争罪的形态中,这可以被视为一种编辑上的错误。① (4)《日内瓦公约》所订特殊标志,例如《日内瓦公约第一附加议定书》第 38 条第 1 款规定的红十字、红新月或红狮与太阳的特殊标志或各公约或本议定书所规定的其他标志、记号或信号。

至于对不当使用的行为认定,《犯罪要件》针对使用对象的不同属性而确定各异的标准,例如,以假装有意谈判而使用休战旗;在从事攻击时以国际法禁止的方式使用敌方的旗帜、标志或制服;以武装冲突国际法规禁止的方式使用联合国的旗帜、标志或制服;为了与敌对行动直接有关的战斗为目的而以武装冲突国际法规禁止的方式使用《日内瓦公约》所订特殊标志。从危害结果上看,只有行为人不当使用旗帜、制服或特殊标志的行为致使人员死亡或重伤,该行为才构成其所体现的战争罪。在主观要件方面,则要求行为人知道或应当知道不当使用手段的违禁性质。

9.3.8 驱逐或迁移平民人口

《日内瓦第四公约》第 49 条第 1 款和第 6 款分别规定:

> 凡自占领地将被保护人个别或集体强制移送及驱逐往占领国之领土或任何其他被占领或未被占领之国家之领土,不论其动机如何,均所禁止。
> 占领国不得将其本国平民之一部分驱逐或移送至其所占领之领土。

同时,《日内瓦公约第一附加议定书》第 85 条第 4 款第 1 项规定:占领国故意违反规定,将其本国平民居民的一部分迁往其所占领的领土,或将被占领领土

---

① 参见〔德〕格哈德·韦勒:《国际刑法学原理》,王世洲译,商务印书馆 2009 年版,第 416 页。

的全部或部分居民驱逐或移送到被占领领土内的地方或将其驱逐或移送到被占领领土以外时,应视为严重破坏本议定书的行为。

为了保护冲突一方,避免通过在对方领土上安置自己的人口以改变被占领地的人口统计和政治现实、建立和强化对被占领地的政治或领土要求,《罗马规约》在轻微地修改以上禁止性规范的基础上,将"驱逐或迁移平民人口"列为战争罪的一种表现形态。① 该行为是指占领国将部分本国平民人口间接或直接地迁移到其占领的领土,或将被占领领土的全部或部分人口驱逐或迁移到被占领领土以内或以外的地方。值得注意的是,《罗马规约》在规定迁移本国平民人口时,增设了"间接或直接地"的术语。

9.3.9 指令攻击受保护物体

《海牙陆战法规和惯例章程》第27条规定:

> 在包围和轰击中,应采取一切必要的措施,尽可能保全专用于宗教、艺术、科学和慈善事业的建筑物、历史纪念物、医院和病者、伤者的集中场所,但以当时不作军事用途为条件。

该章程第56条还规定:

> 市政当局的财产,包括宗教、慈善和教育、艺术和科学机构的财产,即使是国家所有,也应作为私有财产对待。对这些机构、历史性建筑物、艺术和科学作品的任何没收、毁灭和有意的损害均应予以禁止并受法律追究。

另外,根据《日内瓦第一公约》第3章"医疗队及医疗所"、《日内瓦第二公约》第3章"医院船"、《日内瓦第四公约》第18条和第19条关于保护民用医院的规定、《日内瓦公约第一附加议定书》第12条和第53条关于保护医疗队和历史纪念物、艺术品或礼拜场所的规定,以上物体均为受保护物体,在任何情况下禁止作为攻击的目标。最后,《日内瓦公约第一附加议定书》第85条第4款第4项规定:对于不是用于军事行动、不紧靠军事目标的历史纪念物、艺术品或礼拜场,若行为人故意攻击并且造成广泛毁坏时,应视为严重破坏本议定书的行为。

以上述适用于国际武装冲突的法规和惯例为法律渊源,《罗马规约》将"指令攻击受保护物体"列为战争罪的一种表现形态,该行为是指行为人故意指令攻击作为非军事目标而专用于宗教、教育、艺术、科学或慈善事业的建筑物、历史纪念物、医院和伤病人员收容所等受保护物体的行为。

在该行为的犯罪对象上,《罗马规约》增设了"专用于教育"的建筑物。需要

---

① 参见〔德〕格哈德·韦勒:《国际刑法学原理》,王世洲译,商务印书馆2009年版,第383页。

指出的是,该行为的设置彰显出对具有特别价值的物体之特殊保护,其与《罗马规约》第 8 条第 2 款第 2 项第 2 目所规定的"指令攻击民用物体"的战争罪形态相比较,两者属于特殊法与普通法之关系。

9.3.10 残伤肢体、非法医学或科学实验

该行为是指行为人致使处于敌方权力下的一人或多人的肢体遭受残伤,或者在既不具有医学、牙医学或住院治疗有关人员的理由,也不是为了该人员利益的情形下,对其进行任何种类的医学或科学实验,并且导致这些人员死亡或严重危及其健康的行为。

从法律渊源看,该行为源自《日内瓦公约第一附加议定书》第 11 条关于"对人身的保护"的规定,特别禁止即使是在经本人同意的情形下,对落于敌方权力下的人员进行残伤肢体、医疗或科学实验,否则应是严重破坏本议定书的行为。

关于残伤肢体,是指行为人在国际武装冲突中,致使处于敌方权力之下的一人或多人肢体遭受残伤,特别是永久毁损这些人的容貌,或者永久毁伤或割除其器官或附器,致使这些人死亡或严重危及其身体或精神健康。该行为综合反映了《日内瓦公约》体系的许多条款。例如,《日内瓦第三公约》第 13 条第 1 款规定:

> 不得对战俘加以肢体残伤,或供任何医学或科学实验而非为有关战俘之医疗、治牙或住院诊疗所应有且为其本身利益而施行者。

在《日内瓦第四公约》第 32 条中,禁止对被保护人实施残伤肢体及非为治疗被保护人所必需之医学或科学实验。《日内瓦公约第一附加议定书》第 11 条第 2 款第 1 项以及第 75 条第 2 款禁止在任何时候和地方,对平民或军人实施残伤肢体的行为。

依据《犯罪要件》的界定,该行为所侵害的被害人的健康权,包括身体和精神健康两个方面。从立法原意考察,残伤肢体被列为战争罪的一种形态,是基于禁止对有关人的健康状况进行不必要的任何医疗程序,因此,被害人是否同意被残伤肢体、医学或科学实验的承诺,不能成为辩护理由。

9.3.11 背信弃义的杀伤

所谓"背信弃义的杀伤",是指行为人以背信弃义的方式杀、伤属于敌国或敌军的人员之行为。

禁止背信弃义的杀伤,体现着习惯国际法的内容。① 从法律渊源看,该行为直接源于《海牙陆战法规和惯例章程》第23条第1款第2项特别禁止"以背信弃义的方式杀、伤属于敌国或敌军的人员"的规定。此外,《日内瓦公约第一附加议定书》第37条第1款规定:

> 禁止诉诸背信弃义行为以杀死、伤害或俘获敌人。

关于该行为的构成,关键要素是对于"背信弃义"(treacherously)的界定。对此,《日内瓦公约第一附加议定书》第37条第1款规定:

> 以背弃敌人的信任为目的而诱取敌人的信任,使敌人相信其有权享受或有义务给予适用于武装冲突的国际法规则所规定的保护的行为,应构成背信弃义行为。下列行为是背信弃义行为的事例:(1)假装有在休战旗下谈判或投降的意图;(2)假装因伤或因病而无能力;(3)假装具有平民、非战斗员的身份;和(4)使用联合国或中立国家或其他非冲突各方的国家的记号、标志或制服而假装享有被保护的地位。

同时,该议定书第37条第2款还规定:为了迷惑敌人或诱使敌人作出轻率行为,在不违反适用于武装冲突的国际法规则的情形下,使用伪装、假目标、假行动、假情报等战争诈术是允许的,这不构成背信弃义的行为。

在以上规定的基础上,《犯罪要件》涵盖性地设置背信弃义的构成条件:行为人使敌方人员的一人或多人确信或相信,他们应享有或有义务给予适用于武装冲突的国际法规则所规定的保护,实质上是有意背信。另外,背信弃义仅仅是构成"背信弃义的杀伤"的手段行为,只有行为人在假借取信手段之后杀害、伤害属于敌国或敌军的人员时,才具备该行为在客观方面的构成条件。如果行为人只是使用背信弃义的行为,却没有实施杀伤行为时,则不构成该形态所体现的战争罪。

为了促进对平民居民的保护不受敌对行动的影响,依据《日内瓦公约第一附加议定书》第44条第3款的规定,战斗员在从事军事准备行动时,应使自己与平民居民相区别。在武装冲突的一些情况下,战斗员因敌对行动的性质而不能与平民居民相区别时,例如游击队员在军事交火和在军事部署时为敌人所看得见的期间,公开携带武器,则其不属于该行为的犯罪对象,对其的杀伤行为不应视为背信弃义行为。

---

① 参见:*Prosecutor v. Dusko Tadic*, ICTY, Jurisdiction Appeal Decision of 2 October 1995, Case No. IT-94-1-AR72, para. 125。

9.3.12 宣告决不纳降

所谓"宣告决不纳降",是指行为人宣告或者下令决不纳降的行为。

从法律渊源看,该行为直接源于《海牙陆战法规和惯例章程》第 23 条第 1 款第 4 项特别禁止"宣告决不纳降"的规定。此外,《日内瓦公约第一附加议定书》第 40 条规定:

> 禁止下令杀无赦,禁止以此威胁敌人,或在此基础上进行敌对行动。

依据《犯罪要件》的规定,实施该行为的主体必须是指挥官,即能够有效指挥或控制下属部队听其宣告或命令的人员。在主观方面,行为人是出于故意,即为了威胁敌方而宣告或下令杀无赦,或者在杀无赦基础上进行敌对行动。

9.3.13 摧毁或没收敌方财产

所谓"摧毁或没收敌方财产",是指行为人基于无战争上的必要,摧毁或没收敌方财产的行为。

该行为直接源自《海牙陆战法规和惯例章程》第 23 条第 1 款第 7 项特别禁止"毁灭或没收敌人财产,除非此项毁灭和没收是出于不得已的战争需要"的规定。

从犯罪对象看,该行为侵犯的财产限定为敌方的财产,而不能是中立方或者第三方的财产。在主观方面,行为人是出于故意,即在知道敌方财产属于受武装冲突国际法规的保护、不得予以摧毁或没收的情形下,依然予以摧毁或者没收。此外,如果行为人出于有战争必要的摧毁或没收,则不构成该行为所体现的战争罪。

9.3.14 剥夺敌方国民的权利和诉讼权

该行为是指行为人宣布取消、停止敌方国民的权利和诉讼权,或在法院不予执行的行为。

从法律渊源看,该行为直接源于《海牙陆战法规和惯例章程》第 23 条第 1 款第 8 项特别禁止"宣布取消、停止敌方国民的权利和诉讼权,或在法院中不予执行"的规定。《日内瓦公约第一附加议定书》第 85 条第 4 款第 5 项规定:对于故意剥夺各公约所保护人受公正和正规审判权利的行为,应视为严重破坏本议定书的行为。

依据《犯罪要件》的界定,该行为侵害的是敌方国民的权利,而不是第三国或中立国的国民,剥夺的行为可以在本国和被占领国实施。至于被剥夺的权利范围,并未作出明确的界定,可以理解为依法享有的权利以及通过诉诸法庭而行使的法律权利。

9.3.15 强迫参加军事行动

所谓"强迫参加军事行动",是指行为人以行为或威胁方式,强迫敌方国民的一人或多人参加反对他们本国或本方部队的军事行动之行为。

该行为直接源自《海牙陆战法规和惯例章程》第23条第2款的规定,即

> 应禁止交战国强迫敌方国民参加反对他们祖国的作战行动,即使他们在战争开始前,已为该交战国服役。

从立法原意看,设置该禁止性规范是为了保障被强迫人对本国的忠诚度。据此,在客观方面,行为人强迫敌方国民参加军事行动的打击对象只限于"反对他们本国或本方部队"。如果行为人强迫敌方国民参加反对第三国的军事行动,则不能构成本行为所体现的战争罪。至于被强迫人在战争开始前是否已为该交战国服役,则在所不问。

需要指出的是,该行为与《罗马规约》第8条第2款第1项第5目将"强迫在敌方部队中服役"列为战争罪的表现形态相比较,两者在构成要件上基本相同,也均发生在国际武装冲突中,只是该行为的强迫对象是敌方国民,而后者是受到《日内瓦公约》保护的人员。

9.3.16 抢劫城镇或地方

《海牙陆战法规和惯例章程》第28条规定:

> 禁止抢劫即使是以突击攻下的城镇或地方。

在《日内瓦第一公约》第15条、《日内瓦第二公约》第18条、《日内瓦第三公约》第18条以及《日内瓦第四公约》第33条中,均有要求冲突各方应保护战争受难者免受抢劫以及禁止抢劫的相关规定。在援用以上国际法律规范,特别是在照搬《海牙陆战法规和惯例章程》第28条原文的基础上,《罗马规约》将"抢劫城镇或地方"列为战争罪的一种表现形态。

依据《犯罪要件》的界定,在客观方面,该行为表现为未经物主同意,侵占物主的财产。行为人是否采用暴力、胁迫的方式,不影响本行为的客观构成。在主观方面,行为人是为了供私人或个人使用,有意剥夺和侵占物主的财产。这是本行为与《罗马规约》第8条第2款第1项第4目所规定的"破坏和侵占财产"的不同之处。另外,行为人出于有军事必要的侵占,不构成该行为所体现的战争罪。

9.3.17 使用毒物或有毒武器

禁止使用毒物或有毒武器,这是国际法中最早禁止的作战手段之一。在《海牙陆战法规和惯例章程》第23条第1款第1项中,特别禁止"使用毒物或有毒武器"。在《前南国际法庭规约》第3条第1款中,也规定类似的内容。

在援用以上原文的基础上,《罗马规约》将该行为列为战争罪的一种形态。在认定该行为时,关键是考察行为人使用一种物质,或一种导致释放某种物质的武器之属性。对此,《犯罪要件》将其限制性地界定为:这种物质凭借其毒性,在一般情况下会致死或严重损害健康,不包括对人体健康造成较轻损害的物质。在主观方面,行为人是出于故意。至于行为人出于军事必要而使用,不影响该行为所体现的战争罪之构成。

9.3.18 使用违禁气体、液体、物质或器件

鉴于在战争中使用窒息性、毒性或其他气体,以及使用一切类似的液体、物体或器件,受到文明世界的正当谴责,而且世界上大多数国家在缔结的条约中已经宣布禁止使用这些违禁物质,1925年6月17日,多国在日内瓦签署《禁止在战争中使用窒息性、毒性或其他气体和细菌作战方法的议定书》,要求各缔约国如果尚未缔结禁止这种使用的条约,均须接受这项禁令,并且同意将这项禁令扩大到禁止使用细菌作战方法。考虑到该议定书已被普遍接受为国际法的一部分,《罗马规约》在援用该议定书的基础上,将"使用违禁气体、液体、物质或器件"列为战争罪的一种形态。

在认定该行为时,关键是考察行为人使用违禁物质的范围和属性。关于对象范围,从物体属性看,包括气体以及一切类似的液体、物质或器件。虽然《罗马规约》在规定该行为时援用以上议定书的内容,但没有将细菌和其他生物武器列入该行为体现的战争罪名目下,而是将其归入到第8条第2款第2项第20目中。至于违禁物质的属性,《犯罪要件》将其限制性界定为:这种违禁物质以其窒息性或毒性,在一般情况下会致死或严重损害健康,并且要求"绝不应将此要件解释为限制或妨害关于发展、生产、储存和使用化学武器的现有或正在发展中的国际法规则"。

9.3.19 使用违禁子弹

所谓"使用违禁子弹",是指行为人在国际武装冲突情况下,使用在人体内易于膨胀或变扁的子弹之行为。

从法律渊源看,该行为直接源于1899年《禁止使用在人体内易于膨胀或变形的投射物,如外壳坚硬而未全部包住弹心或外壳上刻有裂纹的子弹的宣言》

(海牙第三宣言)。

关于该罪的犯罪对象,是指违禁子弹,即在人体内易于膨胀或变扁的子弹,例如外壳坚硬而不完全包裹弹芯或外壳经切穿的子弹(即"达姆弹")。在战争中,使用违禁子弹会不必要地加重伤者的痛苦,或者导致其不可避免地死亡,这超出作战的基本目的,因此该行为被视为违反武装冲突国际法规的行为。在主观方面,行为人出于故意,即在知道基于子弹的性质,其使用将会不必要地加重痛苦或致伤效应的情形下,却依然使用该子弹。

9.3.20 使用其他违禁的武器、射弹、装备或战争方法

对于禁止使用毒物、有毒武器、违禁的气体、液体、物质、器件以及违禁子弹等武器,在国际社会中已经达成共识,并且反映在《日内瓦公约》等武装冲突国际法规以及《罗马规约》之中。然而,在国际武装冲突中,行为人可能使用被列入禁止使用的清单之外的其他武器,基于这些武器的性质,一旦使用就会造成过分伤害或不必要痛苦,可以列为滥杀和滥伤的武器范畴,也已经为有关国际性法律文件所禁止使用。例如,在1980年10月10日,基于国际法关于武装冲突各方选择战争方法和手段的权利并非毫无限制的原则,以及禁止在武装冲突中使用可能引起过分杀伤或不必要痛苦的武器、弹药、材料和作战方法的原则,联合国通过《禁止或限制使用某些可被认为具有过分伤害力或滥杀滥伤作用的常规武器公约》。该公约由一个总框架公约和各项附加议定书组成,在已经制定的四项议定书中,禁止或限制使用无法检测的碎片武器、地雷、诱杀装置和其他装置、燃烧武器、激光致盲武器等。

从属性上看,核武器、生化武器等大规模毁灭性武器具有造成过分伤害或不必要痛苦的性质,理应纳入禁止使用的武器清单。但是,在制定《罗马规约》的过程中,各代表团对此问题进行激烈的争论,无法达成共识。在这种情形下,为了使得《罗马规约》具有普遍性和权威性,只能采取折中妥协的方案:目前暂时先不将核武器以及生化武器列入禁止使用的武器清单,但也不封死将来条件成熟时,根据法定程序而列入清单的可能性,据此形成如下《罗马规约》第8条第2款第2项第20目所规定的一般性条款:

> 违反武装冲突国际法规,使用具有造成过分伤害或不必要痛苦的性质,或基本上为滥杀滥伤的武器、射弹、装备和作战方法,但这些武器、射弹、装备和作战方法应当已被全面禁止,并已依照第121条和第123条的有关规定以一项修正案的形式列入本规约的一项附件内。

从国际法律政策的立场来看,尽管使用大规模毁灭性的生物或者化学武器

是习惯国际法中的犯罪,这个妥协结果是令人遗憾,也是不可避免的。①

9.3.21 损害个人尊严

所谓"损害个人尊严",是指在国际武装冲突中,行为人侮辱一人或多人、实施有辱人格的待遇或者以其他方式侵犯这些人尊严的行为。

从法律渊源看,该行为类型综合地反映《日内瓦公约第一附加议定书》的相关内容。例如,该议定书第 75 条第 2 款第 2 项规定:在任何时候和任何地方,禁止侵犯不论是平民或军人的人身尊严,特别是侮辱性和降低身份的待遇。同时,第 85 条第 4 款第 3 项规定:对于故意实施其他不人道和侮辱性办法的行为,应视为严重破坏本议定书的行为。同时,《日内瓦第四公约》第 27 条第 1 款规定:被保护人的人身、荣誉、家庭权利、宗教信仰与仪式、风俗与习惯,在一切情形下均应予以尊重。

在《罗马规约》中,以"特别是"的术语突出强调该行为的客观方式"侮辱性和有辱人格的待遇",这是两种典型意义上的损害个人尊严的方式,实质上并不局限于此,因此,《犯罪要件》在界定该行为的客观方面时,列入兜底式的行为方式"以其他方式损害尊严"。同时,在危害结果上,损害个人尊严行为的严重性须达到公认为损害个人尊严的程度。关于犯罪对象,不仅仅局限为活着的人员,也包括死去的人员在内。至于被害人本人是否知道存在侮辱、有辱人格待遇或其他侵犯行为,则在所不问,只是应考虑被害人文化背景的相关要素。

9.3.22 性暴力

在国际武装冲突中,强奸、强迫卖淫等性暴力行为是多发的,但在有关国际性法律文件中并没有将其列为严重违反《日内瓦公约》的战争罪行,只是视其为对被害人荣誉和人身尊严的侵害,例如《日内瓦第四公约》第 27 条第 2 款规定:

> 妇女应受特别保护以免其荣誉受辱,尤须防止强奸、强迫为娼或任何形式的非礼之侵犯。

《日内瓦公约第一附加议定书》第 75 条第 2 款第 2 项规定:禁止对人身尊严的侵犯,特别是侮辱性和降低身份的待遇、强迫卖淫和任何形式的非礼侵犯。在《卢旺达国际刑事法庭规约》中,对强奸的认识则发生了变化,不仅将其规定为危害人类罪的形态,而且在第 4 条第 5 款中将强奸、逼良为娼列为残害人性尊严的表现形式,并据此而划为违反四项《日内瓦公约》的共同第 3 条和《日内瓦公约第二附加议定书》的表现形态。在此基础上,《罗马规约》针对两种不同性质

---

① 参见〔德〕格哈德·韦勒:《国际刑法学原理》,王世洲译,商务印书馆 2009 年版,第 430 页。

的武装冲突类型,分别在第 8 条第 2 款第 2 项第 22 目以及第 5 项第 6 目中,将性暴力纳入战争罪的表现形态,这具体包括强奸、性奴役、强迫卖淫、强迫怀孕、强迫绝育、其他形式的严重性暴力。从与战争罪的构成联系来看,这些具体的性暴力行为是在武装冲突情况下发生,并且与该冲突有关,同时行为人知道据以确定存在武装冲突的事实情况。

关于强奸,依据《犯罪要件》的界定,表现为行为人采用武力,或者以实行武力为威胁或强制手段,侵入某人身体的行为。所谓"侵入",不涉及性别问题,是指行为人以性器官进入被害人身体的任一部位,或以任何物体或身体其他任何部位进入被害人的肛门或生殖器官。至于以实行武力为威胁或强制手段,表现为对被害人施以暴力的恐惧、胁迫、羁押、心理压迫或滥用权力造成的强制性情况,或者利用强制性环境,或者是针对无能力给予真正同意的人。

性奴役是指行为人行使权力,使得一人或多人进行一项或多项性行为。关于该行为构成的关键要素,是行为人行使了附属于所有权的权力,剥夺被害人的自由,将其买卖、出租或者互易,并且强迫被害人从事某种性行为。

所谓强迫卖淫,是指行为人或另一人在已经或者预期以性行为换取金钱或其他利益的情形下,采用武力,或者以实行武力为威胁或强制手段,迫使一人或多人进行一项或多项性行为。

强迫怀孕是指行为人为了影响某一人口的族裔构成,或者进行其他严重违反国际法的行为,禁闭一名或多名妇女使其被迫怀孕的行为。

至于强迫绝育,是指行为人在缺乏医学或住院治疗的理由,而且未得到被害人真正同意的情形下,剥夺一人或多人的自然生殖能力之行为。

关于其他形式的严重性暴力,是构成战争罪的性暴力形态之兜底形式,是指行为人采用武力,或者以实行武力为威胁或强制手段,对一人或多人实施一项性行为,或者迫使这些人进行一项性行为。从构成要件来看,该行为的严重程度必须与已列举的 5 种具体性暴力行为具有"相当性",从而构成对《日内瓦公约》的严重破坏。

9.3.23 利用被保护人作为掩护

平民居民等受保护人员应享受免受军事行动所产生危险的一般保护,因此,《日内瓦第三公约》第 23 条第 1 款禁止为了使某地免受军事行动而将战俘置于该地。同时,《日内瓦第四公约》第 28 条规定:

> 对于被保护人不得利用其安置于某点或某地区以使该处免受军事攻击。

《日内瓦公约第一附加议定书》第 51 条第 7 款也规定:

平民居民或平民个人的存在或移动不应用于使某些地点或地区免于军事行动,特别是不应用以企图掩护军事目标不受攻击,或掩护、便利或阻碍军事行动。冲突各方不应指使平民居民或平民个人移动,以便企图掩护军事目标不受攻击,或掩护军事行动。

在以上禁止性规范的基础上,《罗马规约》将"利用被保护人作为掩护"列为战争罪的一种表现形态,它是指行为人将平民或其他被保护人置于某些地点、地区或军事部队,利用其存在使该地点、地区或军事部队免受军事攻击的行为,俗称"人体盾牌"。

在布拉斯季奇案中,前南国际法庭认为:利用被保护人作为掩护是不人道和残忍待遇的,属于习惯国际法中的犯罪。① 在犯罪对象上,该行为不仅仅局限于平民和战俘,而是扩大到一切被保护的人员。至于主观方面,行为人是出于故意,并且具有掩护、支持或阻挠军事行动的目的。需要指出的是,《罗马规约》将故意的内容规定为"免受军事攻击",而在《犯罪要件》中,则将"掩护、支持或阻挠军事行动"纳入故意的内容之中。

9.3.24　指令攻击使用《日内瓦公约》所订特殊标志的物体和人员

关于依照国际法使用所订特殊标志的建筑物、装备、医疗单位、运输工具以及人员,在《日内瓦公约》以及附加议定书均有许多条款涉及对其保护的问题。例如,《日内瓦第一公约》第 36 条规定不得袭击标有特殊标志的医务飞机以及第七章关于"特殊标志"的专门规定;《日内瓦第二公约》第六章关于保护标有特殊标志的医院船之规定;《日内瓦第四公约》第 18 条至第 22 条关于保护标有特殊标志的民用医院、专门从事民用医院工作及管理之人、用于运送的陆地运输队、陆地医院列车、海上特备船只、飞机等规定;《日内瓦公约第一附加议定书》第 12 条关于对医疗队的保护、第 15 条关于对平民医务人员的保护、第 18 条于识别使用特殊标志和特殊信号的医疗队和运输工具、第 23 条和第 24 条关于保护医务船艇和医务飞机的规定等。由此可见,受《日内瓦公约》保护的标有特殊标志或其他识别方法的范围比较广泛,包括人员以及运输工具、装备等物件。如果行为人故意攻击受保护的医务人员、医疗队或医务运输工具,根据《日内瓦公约第一附加议定书》第 85 条第 2 款规定,即为严重破坏本议定书的行为。

在以上国际性法律文件的基础上,《罗马规约》将"指令攻击使用《日内瓦公约》所订特殊标志的物体或人员"列为战争罪的一种表现形态。

---

① 参见:*Prosecutor v. Blaskic*, ICTY, Judgment of 3 March 2000, Case No. IT-95-14-T, para.709.

9.3.25 以断绝粮食作为战争方法

以使平民陷于饥饿作为作战方法,是一种极不道德和违反国际人道主义原则的行为,一直为战争法规所禁止。这明确地反映在《日内瓦公约第一附加议定书》第54条第1款中。同时,该条第2款规定:

> 不论是什么动机,也不论是为了使平民饥饿、使其迁移、还是为了任何其他动机,基于使对平民居民生存所不可缺少的物体,如粮食、生产粮食的农业区、农作物、牲畜、饮水装置和饮水供应和灌溉工程,对平民居民失去供养价值的特定目的,而进行的攻击、毁坏、移动或使其失去效用,都是禁止的。

在以上禁止性规范的基础上,《罗马规约》将"以断绝粮食作为战争方法"列为战争罪的一种表现形态,它是指行为人故意以断绝平民粮食作为战争方法,使平民无法取得其生存所必需物品的行为。

在客观方面,该行为表现为行为人断绝平民取得其生存所必需物品的行为,包括毁坏粮食、农业区、农作物、牲畜、饮水装置、饮水供应、灌溉工程等平民居民生存所不可缺少的物品。如果行为人断绝的物品是仅供武装部队人员的供养之用,或者用以直接支持军事行动的必需物品,则不能构成该行为所体现的战争罪。在国际武装冲突中,由于提供国际人道主义救济物品已是非常普遍的现象,《日内瓦第四公约》第59条至第62条对占领国关于保护向占领地居民提供救济物质的义务予以规定,《日内瓦公约第一附加议定书》第二编的第68条至第71条也对关于平民居民的救济保护作出规范要求。有鉴于此,故意阻碍根据《日内瓦公约》规定提供救济物品也是"以断绝粮食作为战争方法"的一种客观形式。关于主观方面,行为人是出于故意,并且具有以断绝平民粮食作为战争方法的目的。

9.3.26 征募或利用儿童

所谓"征募或利用儿童",是指行为人在国际武装冲突情况下,征募一个或数个不满15岁的儿童加入国家武装部队,或者利用他们积极参与敌对行动的行为。

根据国际性法律文件的规定,儿童应是特别尊重的对象,并应受保护,以防止任何形式的侵犯。在习惯国际法上,征募不满15岁的儿童加入国家武装部队是一种战争罪行,该行为被《日内瓦公约第一附加议定书》第77条第2款明确禁止,即

> 冲突各方应采取一切可能措施,使15岁以下的儿童不直接参加敌对行动,特别是不应征募其参加武装部队。

另外,为了保护儿童权益,为世界各国儿童创建良好的成长环境,在 1989 年 11 月 20 日,联合国大会通过《儿童权利公约》,其中第 38 条第 2 款和第 3 款明确规定:

> 缔约国应采取一切可行措施确保未满 15 岁的人不直接参加敌对行动。
> 缔约国应避免招募任何未满 15 岁的人加入武装部队。

该公约是有史以来得到最广泛接受的国际人权条约,已经具有习惯国际法的地位。在以上禁止性规范的基础上,针对两种不同性质的武装冲突类型,《罗马规约》在第 8 条第 2 款第 2 项第 26 目以及第 5 项第 7 目中,分别将征募儿童列入战争罪的表现形态。同时,在客观方面,"利用儿童积极参与敌对行动"也是该行为的一种形式,这不仅包括利用儿童直接从事军事行动,也表现为利用儿童从事与军事行动直接相关的一些活动,例如侦察、间谍、传令、后勤等活动。在犯罪对象上,必须是不满 15 岁的儿童。关于主观方面,行为人是出于故意,即在知道或者应当知道这些人不满 15 岁的情形下,依然予以征募或者利用。

9.4　非国际武装冲突中的战争罪形态(一)

为了保护在非国际武装冲突中的战争受难者,在四项《日内瓦公约》的适用范围限定在国际性武装冲突的大背景下,1949 年 8 月 12 日四项《日内瓦公约》的共同第 3 条第 1 款规定:在一缔约国的领土内发生非国际性武装冲突的场合下,对于不实际参加战事的人员,包括放下武器的武装部队人员以及因病、伤、拘留或其他原因而失去战斗力的人员在内,冲突各方应最低限度地在一切情况下,应予以人道待遇。

> 对于上述人员,不论何时何地,不得有下列行为:(1) 对生命与人身施以暴力,特别如各种谋杀、残伤肢体、虐待及酷刑;(2) 作为人质;(3) 损害个人尊严,特别如侮辱与降低身份的待遇;(4) 未经具有文明人类所认为必需的司法保障的正规组织之法庭之宣判,而遽行判罪及执行死刑。

在 1986 年 6 月 27 日,国际法院指出:四项《日内瓦公约》的共同第 3 条是必须适用于所有武装冲突的最基本的条款,反映着对国际人道主义的最基本的考虑,并且已经具有习惯国际法的地位。在以上禁止性规范的基础上,《罗马规约》第 8 条第 2 款第 3 项规定了在非国际武装冲突中的第一类战争罪形态:战争罪是指在非国际性武装冲突中,对不实际参加敌对行动的人,包括已经放下武器的武装部队人员,以及因病、伤、拘留或任何其他原因而失去战斗力的人员,实施严重违反 1949 年 8 月 12 日四项《日内瓦公约》共同第 3 条的行为,这具体包括所全盘吸纳的四项《日内瓦公约》共同第 3 条规定的四种行为形态,只是在排序时予以一定的调整。

在《犯罪要件》中,对行为人实施该类战争罪行的四种形态规定如下的共同构成要素:必须发生在非国际武装冲突中,并且与该冲突存在联系;在主观心理方面,要求行为人知道存在武装冲突的事实情况,并且知道被害对象是不实际参加敌对行动的人员。需要指出的是,关于该类战争罪行的犯罪对象,《罗马规约》第8条第2款第3项吸纳的是四项《日内瓦公约》的共同第3条之规定,其所保护的人员是宽泛的不实际参加敌对行动的人员,《犯罪要件》则细化为"或为无战斗力人员,或为不实际参与敌对行动的平民、医务人员或神职人员",这相对地收缩了被保护人员的范围。

9.4.1 对生命与人身施以暴力

无论是在国际武装冲突的场合,还是在非国际武装冲突的情形下,不实际参加敌对行动的人员均是应受保护的对象,因此,四项《日内瓦公约》的共同第3条第1款第1项规定不得对生命与人身施以暴力,特别是各种谋杀、残伤肢体、虐待及酷刑。以此禁止性规范为基础,《罗马规约》将该行为列为非国际武装冲突中的战争罪的第一种形态。

对生命与人身施以暴力,直接侵犯着被保护人的最基本的生命权和健康权,其表现方式是比较宽泛的,尤其以谋杀、残伤肢体、虐待和酷刑最为典型,故四项《日内瓦公约》的共同第3条和《罗马规约》使用"特别是"的术语将它们单列出来,以彰显出对实施该行为人员的惩治。

(1)"谋杀":是指在非国际武装冲突发生的场合,行为人在知道被害对象是不实际参加敌对行动的人员的情形下,杀害一人或多人的行为;

(2)"残伤肢体":是指行为人在既不具有医学、牙医学或住院治疗不实际参加敌对行动的人员之理由,也不是为了该人员利益的情形下,致使一人或多人肢体遭受残伤,特别是永久毁损这些人的容貌,或者永久毁伤或割除其器官或附器的行为;

(3)"虐待":是指行为人使一人或多人身体或精神遭受重大痛苦的行为;

(4)"酷刑":是指行为人为了取得情报、供状、处罚、恐吓、胁迫或者任何歧视性理由,使一人或多人身体或精神遭受重大痛苦的行为。

需要指出的是,尽管使用的术语有所不同,以上单列的四种对生命与人身以暴力的行为,也分别被《罗马规约》第8条第1款第1项第1目和第2目、第2款第2项第10目列为战争罪的对应表现形态,但后者必须发生在国际武装冲突中,这是区分它们作为不同战争罪形态的界限。

9.4.2 损害个人尊严

所谓"损害个人尊严",是指在非国际武装冲突发生的场合,行为人在知道被害对象是不实际参加敌对行动的人员的情形下,侮辱一人或多人、实施有辱人格的待遇或以其他方式损害侵犯这些人的尊严之行为。

从法律渊源看,该行为源自四项《日内瓦公约》的共同第 3 条第 1 款第 3 项的规定,只是《罗马规约》将其排序从第 3 项调整为战争罪形态中的第 2 项。

该行为与《罗马规约》第 8 条第 2 款第 2 项第 21 目将"损害个人尊严"列为战争罪的对应表现形态相比较,两者在构成要件上基本相同,只是该行为要求发生在非国际武装冲突中,而后者必须发生在国际武装冲突中。

9.4.3 劫持人质

所谓"劫持人质",是指在非国际武装冲突发生的情况下,对于不实际参加敌对行动的人员,行为人为了迫使某一国家、国际组织、自然人或法人或一组人采取行动或不采取行动,以此作为这些人的安全或释放的明示或默示条件,劫持或拘禁一人或多人,或以这些人为人质,并且威胁杀害、伤害或继续拘禁这些人的行为。

该规定源自四项《日内瓦公约》的共同第 3 条第 1 款第 2 项以及《日内瓦公约第二附加议定书》第 4 条第 2 款第 3 项。与《罗马规约》第 8 条第 2 款第 1 项第 8 目将"劫持人质"列为战争罪的对应表现形态相比较,该行为在构成要件上基本相同,只是发生的武装冲突类型有所不同。

9.4.4 未经正当程序径行判刑或处决

所谓"未经正当程序径行判刑或处决",是指在非国际武装冲突发生的情况下,对于不实际参与敌对行动的人员,行为人在未经具有公认为必需的司法保障的正规组织的法庭宣判之情形下,对一人或多人作出判刑或执行处决之行为。从法律渊源看,该规定源自四项《日内瓦公约》的共同第 3 条第 1 款第 4 项。

在该行为的构成要件中,"未经正当程序"是关键性的要素,是指未经具有以下两个特定属性的法庭之宣判,即:第一,法庭属于正规组织,即法庭具有独立和公正的必要保障;第二,作出判决的法庭能够提供公认为必需的司法保障。关于"必需的司法保障"的限定术语,在四项《日内瓦公约》的共同第 3 条中使用"具有文明人类所认为"的措辞,而《罗马规约》第 8 条第 2 款第 3 项则修改为"具有公认为"。至于"必需的司法保障"的含义,在《日内瓦公约第二附加议定书》第 6 条"刑事追诉"的第 2 款中,详尽列举了最低限度的司法保障要求,即:

对犯有罪行的人,除遵照具备独立和公正的主要保证的法院定罪宣告外,不应判刑和处罚。特别是:(1)程序应规定使被告立即被告知其被控犯罪的细节,并应使被告在审判前和审判期间享有一切必要的辩护权利和手段;(2)对任何人,除以个人刑事责任为依据外,均不应对其判罪;(3)对任何人,均不应因其在从事行为或不作为时依据法律不构成犯罪的任何行为或不作为而判决有罪;也不应处以重于其犯罪时可适用的刑罚;如果在犯罪后法律规定较轻的刑罚,犯罪人应享受该规定的利益;(4)任何被控犯罪的人,在按照法律证明其有罪前,均推定为无罪;(5)任何被控犯罪的人均应享有在受审时在场的权利;(6)对任何人,均不应迫其提供对自己不利的证据或自认犯罪。

此外,在主观方面,行为人必须出于故意,即在知道未经定罪或未得到有关必需的司法保障的情况下,依然实施判刑或执行处决的行为。

9.5 非国际武装冲突中的战争罪形态(二)

为了保证在非国际性武装冲突的受难者得到更好的保护,国际社会在1977年通过《日内瓦公约第二附加议定书》。根据该议定书第1条第1款的规定,其性质和适用范围是为了发展和补充1949年四项《日内瓦公约》共同第3条而不改变其现有的适用条件,适用于《日内瓦公约第一附加议定书》所未包括的、而在缔约一方领土内发生的该方武装部队和在负责统率下对该方一部分领土行使控制权,从而使其能进行持久而协调的军事行动并执行本议定书的持不同政见的武装部队或其他有组织的武装集团之间的一切武装冲突。关于对一切未直接参加或已停止参加敌对行动的人员之保护,该议定书第4条第2款规定:

在任何时候和在任何地方均应禁止:(1)对人的生命、健康和身体上或精神上幸福的暴行,特别是谋杀以及虐待,如酷刑、残伤肢体或任何形式的体罚;(2)集体惩罚;(3)扣留人质;(4)恐怖主义行为;(5)对人身尊严的侵犯,特别是侮辱性和降低身份的待遇、强奸、强迫卖淫和任何形式的非礼侵犯;(6)各种形式的奴隶制度和奴隶贩卖;(7)抢劫;(8)以从事任何上述行为相威胁。

由于许多国家尚不是该议定书的缔约国,因此,《罗马规约》第8条第2款第5项在规定非国际武装冲突中的第二类战争罪形态时,并没有完全照搬其内容,并且吸纳各项《日内瓦公约》和《海牙陆战法规和惯例章程》中已经成为习惯国际法的内容,从而将战争罪界定为:"严重违反国际法既定范围内适用于非国际性武装冲突的法规和惯例的其他行为",这具体包括12种行为形态。

关于该类战争罪形态的适用范围,依据《罗马规约》第 8 条第 2 款第 6 项的规定,只"适用于在一国境内发生的武装冲突,如果政府当局与有组织武装集团之间,或这种集团相互之间长期进行武装冲突"。依据《犯罪要件》的界定,行为人所实施的该类战争罪的 12 种具体行为,必须发生在非国际武装冲突中,并且与该冲突存在联系。在主观心理方面,则要求行为人知道存在武装冲突的事实情况。

9.5.1 指令攻击平民

所谓"指令攻击平民",是指在非国际武装冲突发生的情况下,行为人故意指令攻击平民人口本身或未直接参加敌对行动的个别平民之行为。

从法律渊源看,该行为直接源于《日内瓦公约第二附加议定书》第 13 条第 2 款的规定,即

> 平民居民本身以及平民个人,不应成为攻击的对象。

与《罗马规约》第 8 条第 2 款第 2 项第 1 目也将"指令攻击平民"列为战争罪的对应表现形态相比较,该行为在构成要件上基本相同,只是发生的武装冲突类型有所不同。

9.5.2 指令攻击使用《日内瓦公约》所订特殊标志的物体或人员

该行为源于《日内瓦公约第二附加议定书》第 9 条"对医务和宗教人员的保护"以及第 11 条"对医疗队和医务运输工具的保护"的规定。

与《罗马规约》第 8 条第 2 款第 2 项第 24 目所规定的对应表现形态相比较,该行为在构成要件上完全相同,只是要求其发生在非国际武装冲突中。

9.5.3 指令攻击与人道主义援助或维持和平行动有关的人员或物体

由于指令攻击与人道主义援助或维持和平行动有关的人员或物体之行为会削弱国际援助的意愿,严重危害国际社会的共同利益,为了保护人道主义援助或维持和平行动,反映习惯国际法的内容,《罗马规约》针对两种不同性质的武装冲突,不仅在第 8 条第 2 款第 2 项第 3 目中将该行为规定为战争罪的表现形态,而且相对应地在第 8 条第 2 款第 5 项第 3 目中,也将发生在非国际武装冲突中的该行为列为战争罪的形式之一。

9.5.4 指令攻击受保护物体

所谓"指令攻击受保护物体",是指在非国际武装冲突发生的情况下,行为人故意指令攻击作为非军事目标而专用于宗教、教育、艺术、科学或慈善事业的

建筑物、历史纪念物、医院和伤病人员收容所的行为。

该行为直接源自《日内瓦公约第二附加议定书》第11条关于"对医疗队和医务运输工具的保护"以及第16条关于"对文物和礼拜场所的保护"的有关规定,即医疗队和医务运输工具无论何时均不应成为攻击的对象;禁止对构成各国人民文化或精神遗产的历史纪念物、艺术品或礼拜场所从事任何敌对行为,以及利用这些物体以支持军事努力。

与《罗马规约》第8条第2款第2项第9目所规定的对应表现形态相比较,除了发生的武装冲突类型不同之外,该行为在构成要件上基本相同。

9.5.5 抢劫城镇或地方

所谓"抢劫城镇或地方",是指在非国际武装冲突发生的情况下,行为人出于非军事必要,为了供私人或个人使用,未经物主同意,故意剥夺和侵占物主的财产之行为。

与《罗马规约》第8条第2款第2项第16目所规定的对应表现形态相比较,该行为在构成要件上完全相同,只是要求其发生在非国际武装冲突中。

9.5.6 性暴力

强奸等性暴力行为不仅发生在国际武装冲突的场合,也会经常出现在非国际武装冲突中,从而严重侵犯被害人的人身尊严,因此,《日内瓦公约第二附加议定书》第4条第2款第5项规定:禁止对人身尊严的侵犯,特别是侮辱性和降低身份的待遇、强奸、强迫卖淫和任何形式的非礼侵犯。在《卢旺达国际刑事法庭规约》第4条第5款中,将强奸、逼良为娼等损害人性尊严的行为规定为违反四项《日内瓦公约》的共同第3条和《日内瓦公约第二附加议定书》的表现形态。

以上述禁止性规范为基础,《罗马规约》第8条第2款第5项第6目将性暴力列为战争罪的表现形态,具体包括强奸、性奴役、强迫卖淫、强迫怀孕、强迫绝育以及构成严重违反四项《日内瓦公约》共同第3条的任何其他形式的性暴力。

该行为与《罗马规约》第8条第2款第2项第22目所规定的对应表现形态相比较,在构成要件上基本相同,只是要求其发生在非国际武装冲突中,故在规定兜底的性暴力形式时使用"严重违反四项《日内瓦公约》共同第3条"的限定术语,而没有运用后者的"严重破坏《日内瓦公约》"的措辞。

9.5.7 征募或利用儿童

所谓"征募或利用儿童",是指行为人在非国际武装冲突情况下,征募一个或数个不满15岁的儿童加入国家武装部队或集团,或者利用他们积极参与敌对行动的行为。

从法律渊源看,该行为直接源于《日内瓦公约第二附加议定书》第 4 条第 3 款第 3 项的规定,即

> 对未满 15 岁的儿童不应征募其参加武装部队或集团,也不应准许其参加敌对行动。

与《罗马规约》第 8 条第 2 款第 2 项第 26 目也将"征募或利用儿童"列为战争罪的对应表现形态相比较,该行为在构成要件上基本相同,只是发生的武装冲突类型有所不同,而且对该行为征募儿童加入的团体范围有所扩大,还包括武装部队之外的集团在内。

9.5.8 下令迁移平民

所谓"下令迁移平民",是指在非国际武装冲突发生的情况下,行为人缺乏与所涉平民的安全或者与军事必要性有关的理由,基于与冲突有关的理由下令平民人口迁移的行为。

从法律渊源看,该规定直接源于《日内瓦公约第二附加议定书》第 17 条第 1 款规定,即

> 除为有关平民的安全或迫切的军事理由所要求外,不应基于有关冲突的理由下令平民居民迁移。如果必须进行迁移,则应采取一切可能的措施,使平民居民能在满意的住宿、卫生、健康、安全和营养的条件下被收留。

同时,该议定书第 17 条第 2 款规定:不应基于有关冲突的理由而迫使平民离开其本国领土。

与《罗马规约》第 8 条第 2 款第 1 项第 7 目和第 2 款第 2 项第 8 目均将非法驱逐或迁移人口列为战争罪的对应表现形态相比较,该行为是发生在非国际武装冲突中,而且在客观方面限定为下令平民人口迁移的行为,而不是迁移行为本身,这也表明实施该行为的主体必须是有权发出命令实行这种迁移的人员。另外,在认定该行为是否构成战争罪时,还必须考虑下令迁移平民的除却规定,即若基于所涉平民的安全,或者因迫切的军事理由而有需要迁移平民时,则行为人的下令迁移行为就不能构成犯罪。

9.5.9 背信弃义的杀伤

该行为是指在非国际武装冲突发生的情况下,行为人以背信弃义的方式杀、伤敌方人员的行为。

与《罗马规约》第 8 条第 2 款第 2 项第 11 目将"背信弃义的杀伤"列为战争罪的对应表现形态相比较,该行为是发生在非国际武装冲突中,而且在所保护的对象方面扩展到平民。

9.5.10 宣告决不纳降

作为战争罪的表现形态,宣告决不纳降不仅反映在《罗马规约》第 8 条第 2 款第 2 项第 12 目所规定的国际武装冲突中,也对应地表现在非国际武装冲突中。

9.5.11 残伤肢体、非法医学或科学实验

该行为是指在非国际武装冲突发生的情况下,行为人致使在冲突另一方权力下的一人或多人的肢体遭受残伤,或者在既不具有医学、牙医学或住院治疗有关人员的理由,也不是为了该人员利益的情形下,对其进行任何种类的医学或科学实验,并且导致这些人员死亡或严重危及其健康的行为。

需要指出的是,该行为与《罗马规约》第 8 条第 2 款第 2 项第 10 目将"残伤肢体、非法医学或科学实验"列为战争罪的对应表现形态相比较,两者在构成要件上基本相同,只是发生的时空特征不同:该行为是发生在非国际武装冲突中,而后者必须发生在国际武装冲突中。正是基于此不同点,对于残伤肢体的对象,该行为以"在冲突另一方权力下"的限定词替代后者的"在敌方权力下"之术语。

9.5.12 摧毁或没收敌方财产

所谓"摧毁或没收敌方财产",是指在非国际武装冲突发生的情况下,行为人基于无冲突上的必要,摧毁或没收敌方财产的行为。

该行为与《罗马规约》第 8 条第 2 款第 2 项第 13 目将"摧毁或没收敌方财产"列为战争罪的对应表现形态相比较,两者在构成要件上基本相同,只是后者必须发生在国际武装冲突中,而该行为要求发生在非国际武装冲突中,故相应地将"除却规定"中的关键词由"战争"修改为"冲突"。

参考文献

一、中文著作

1. 白桂梅、李红云:《国际法参考资料》,北京大学出版社 2002 年版。
2. 陈兴良:《刑法的价值构造》,中国人民大学出版社 1998 年版。
3. 储槐植:《刑事一体化与关系刑法论》,北京大学出版社 1997 年版。
4. 杜启新:《国际刑法中的危害人类罪》,知识产权出版社 2008 年版。
5. 甘雨沛、高格:《国际刑法学新体系》,北京大学出版社 2000 年版。
6. 高铭暄、〔法〕米海依尔·戴尔玛斯·马蒂主编:《刑法国际指导原则研究》,中国人民公安大学出版社 1998 年版。
7. 高铭暄、赵秉志主编:《国际刑事法院:中国面临的抉择》,中国人民公安大学出版社 2005 年版。
8. 高燕平:《国际刑事法院》,世界知识出版社 1999 年版。
9. 黄芳:《国际犯罪国内立法研究》,中国方正出版社 2001 年版。
10. 黄风、凌岩、王秀梅:《国际刑法学》,中国人民大学出版社 2007 年版。
11. 黄肇炯:《国际刑法概论》,四川大学出版社 1992 年版。
12. 贾宇:《国际刑法学》,中国政法大学出版社 2004 年版。
13. 李世光、刘大群、凌岩主编:《国际刑事法院罗马规约评释》(上、下),北京大学出版社 2006 年版。
14. 林欣:《国际刑法问题研究》,中国人民大学出版社 2000 年版。
15. 林欣、李琼英:《国际刑法新论》,中国人民公安大学出版社 2005 年版。
16. 凌岩:《跨世纪的海牙审判》,法律出版社 2002 年版。
17. 凌岩:《卢旺达国际刑事法庭的理论与实践》,世界知识出版社 2010 年版。
18. 刘亚平:《国际刑法与国际犯罪》,群众出版社 1986 年版。
19. 刘亚平:《国际刑法学》,中国政法大学出版社 1992 年版。
20. 陆晓光主编:《国际刑法概论》,中国政法大学出版社 1991 年版。
21. 马呈元:《国际刑法论》,中国政法大学出版社 2008 年版。
22. 马克昌主编:《近代西方刑法学说史》,中国人民公安大学出版社 2008 年版。
23. 梅汝璈:《远东国际军事法庭》,法律出版社 1988 年版。
24. 齐文远、刘代华:《国际犯罪与跨国犯罪研究》,北京大学出版社 2004 年版。
25. 日本国际法学会编:《国际法辞典》,世界知识出版社 1985 年版。
26. 邵沙平:《现代国际刑法教程》,武汉大学出版社 1993 年版。
27. 沈宗灵主编:《法理学》,高等教育出版社 1994 年版。
28. 苏彩霞:《中国刑法国际化研究》,北京大学出版社 2006 年版。
29. 王世洲主编:《现代国际刑法学原理》,中国人民公安大学出版社 2009 年版。
30. 王铁崖主编、魏敏副主编:《国际法》,法律出版社 1981 年版。
31. 王铁崖、田如萱编:《国际法资料选编》,法律出版社 1982 年版。

32. 王铁崖主编:《国际法》,法律出版社 1995 年版。
33. 王铁崖主编:《中华法学大词典:国际法卷》,中国检察出版社 1996 年版。
34. 王献枢主编:《国际法》,中国政法大学出版社 1984 年版。
35. 王秀梅:《国际刑事法院研究》,中国人民大学出版社 2002 年版。
36. 王秀梅:《刑事法理论的多维视角》,中国人民公安大学出版社 2003 年版。
37. 王秀梅等:《国际刑事审判案例与学理分析》(第 1 卷),中国法制出版社 2007 年版。
38. 王秀梅主编:《国际刑法学研究述评(1978—2008)》,北京师范大学出版社 2009 年版。
39. 张景:《国际刑法综述》,人民法院出版社 2004 年版。
40. 张明楷:《外国刑法纲要》,清华大学出版社 1999 年版。
41. 张潇剑:《国际强行法论》,北京大学出版社 1995 年版。
42. 张旭:《国际刑法论要》,吉林大学出版社 2000 年版。
43. 张旭主编:《国际刑法:现状与展望》,清华大学出版社 2005 年版。
44. 张智辉:《国际刑法通论》(增补本),中国政法大学出版社 1999 年版。
45. 赵秉志等:《跨国跨地区犯罪的惩治与防范》,中国方正出版社 1996 年版。
46. 赵秉志主编:《刑法论丛》(第 3 卷),法律出版社 1999 年版。
47. 赵秉志、陈弘毅主编:《国际刑法与国际犯罪专题探索》,中国人民公安大学出版社 2003 年版。
48. 赵秉志主编:《新编国际刑法学》,中国人民大学出版社 2004 年版。
49. 赵永琛:《国际刑法与司法协助》,法律出版社 1994 年版。
50. 周露露:《当代国际刑法基本原则研究》,中国人民公安大学出版社 2009 年版。
51. 周忠海主编:《皮诺切特案析》,中国政法大学出版社 1999 年版。
52. 朱文奇:《国际刑法》,中国人民大学出版社 2007 年版。
53. 朱文奇:《国际刑事法院与中国》,中国人民大学出版社 2009 年版。
54. 〔美〕M. 谢里夫·巴西奥尼:《国际刑法的渊源与内涵——理论体系》,王秀梅译,法律出版社 2003 年版。
55. 〔美〕M. 谢里夫·巴西奥尼:《国际刑法导论》,赵秉志、王文华等译,法律出版社 2006 年版。
56. 〔英〕J. C. 史密斯、B. 霍根:《英国刑法》,李贵方等译,法律出版社 2000 年版。
57. 〔英〕詹宁斯、瓦茨修订:《奥本海国际法》(第一卷,第 1 分册),王铁崖等译,中国大百科全书出版社 1995 年版。
58. 〔英〕詹宁斯、瓦茨修订:《奥本海国际法》(第一卷,第 2 分册),王铁崖等译,中国大百科全书出版社 1998 年版。
59. 〔德〕格哈德·韦勒:《国际刑法学原理》,王世洲译,商务印书馆 2009 年版。
60. 〔德〕P. A. 施泰尼格尔:《纽伦堡审判》,王昭仁等译,商务印书馆 1985 年版。
61. 〔日〕森下忠:《国际刑法入门》,阮齐林译,中国人民公安大学出版社 2004 年版。
62. 〔日〕野村稔:《刑法总论》,全理其、何力译,法律出版社 2001 年版。
63. 〔意〕杜里奥·帕多瓦尼:《意大利刑法原理》,陈忠林译,法律出版社 1998 年版。

二、外文著作

64. Antonio Cassese, *International Criminal Law*, Oxford University Press, 2003.
65. Gabrielle Kirk McDonald & Olivia Swaak-Goldman ed., *Substantive and Procedural As-*

pects of *International Criminal Law*: *the Experience of International and National Courts* (Volume Ⅱ, Part 1, Documents and Cases), Kluwer Law International, 2000.

66. Jordan J. Paust *et al.*, *International Criminal Law*: *Cases and Materials*, Second Edition, Carolina Academic Press, 2000.

67. M. Cherif Bassiouni *et al.*, *International Criminal Law*, Transnational Publishers, 1986.

68. M. Cherif Bassiouni, *Crimes against Humanity in International Criminal Law*, Martinus Nijhoff Publishers, 1992.

69. M. Cherif Bassiouni *et al.*, *International Criminal Law*, Second Edition, Transnational Publishers, 1999.

70. M. Cherif Bassiouni, *Crimes against Humanity in International Criminal Law*, Second Edition, Kluwer Law International, 1999.

71. M. Cherif Bassiouni, *Introduction to International Criminal Law*, Transnational Publishers, 2003.

72. Robert H. Jackson, *The Nurnberg Case* 82—83, 88—89 (1971).

73. William A. Schabas, *An Introduction to the International Criminal Court*, Cambridge University Press, 2001.

74. William. A. Schabas, *An Introduction to the International Criminal Court*, Cambridge University Press, Second Edition, 2004.

三、联合国与其他国际性法律文献

75. U. N. Doc. A/RES/95(Ⅰ)(1946).
76. U. N. Doc. A/RES/96(Ⅰ)(1946).
77. U. N. Doc. A/RES/177(Ⅱ)(1947).
78. U. N. Doc. A/RES/519(Ⅱ)(1947).
79. U. N. Doc. A/RES/260(Ⅲ)(1948).
80. U. N. Doc. A/RES/895(Ⅸ)(1954).
81. U. N. Doc. A/RES/897(Ⅸ)(1954).
82. U. N. Doc. A/RES/898(Ⅸ)(1954).
83. U. N. Doc. A/RES/1181(Ⅻ)(1957).
84. U. N. Doc. A/RES/1186(Ⅻ)(1957).
85. U. N. Doc. A/RES/1187(Ⅻ)(1957).
86. U. N. Doc. A/RES/2391(ⅩⅩⅢ)(1968).
87. U. N. Doc. A/RES/3314(ⅩⅩⅨ)(1974).
88. U. N. Doc. A/RES/36/106(1981).
89. U. N. Doc. A/RES/44/39(1989).
90. U. N. Doc. A/RES/45/10(1990).
91. U. N. Doc. S/RES/771(1992).
92. U. N. Doc. S/RES/780(1992).
93. U. N. Doc. A/RES/47/33(1992).
94. U. N. Doc. S/RES/808(1993).
95. U. N. Doc. S/RES/827(1993).
96. U. N. Doc. A/RES/48/31(1993).

97. U. N. Doc. A/RES/49/53(1994).

98. U. N. Doc. S/RES/935(1994).

99. U. N. Doc. S/RES/955(1994).

100. U. N. Doc. A/RES/50/46(1995).

101. U. N. Doc. A/RES/51/207(1996).

102. U. N. Doc. A/RES/52/160(1997).

103. U. N. Doc. A/Conf.183/9(1998).

104. U. N. Doc. A/RES/58/234(2003).

105. *Principles of International Law Recognized in the Charter of the Nuremberg Tribunal and in the Judgment of the Tribunal*, in Report of the International Law Commission Covering Its Second Session, 5 June-29 July 1950, 5 U. N. GAOR Supp. (No.12), U. N. Doc. A/1316(1950).

106. International Law Commission, *Report of the International Law Commission on Question of International Criminal Jurisdiction*, U. N. GAOR, 5th Sess., U. N. Doc. A/CN.4/15(1950)。

107. International Law Commission, *Report of the International Law Commission*, U. N. GAOR, 5th Sess., U. N. A/CN.4/20(1950)。

108. International Law Commission, *Report of the International Law Commission*, U. N. Doc. A/CNA/25(1950)。

109. International Law Commission, *Report of the Committee on International Criminal Court Jurisdiction*, U. N. GAOR, 7th Sess., Supp. No.11, U. N. Doc. A/2136(1952)。

110. International Law Commission, *Report of the Committee on International Criminal Jurisdiction*, U. N. GAOR, 7th Sess., Supp. No.12, U. N. Doc. A/26645(1954)。

111. International Law Commission, *Third Report Relating to a Draft Code of Offenses against the Peace and Security of Mankind*, U. N. GAOR, 6th Sess., U. N. Doc. A/CN.4/85(1954)。

112. International Law Commission, *Report of the International Law Commission on the Work of its 35th Session*, U. N. GAOR, 38th Sess., Supp. No.10, U. N. Doc. A/38/10(1983)。

113. International Law Commission, *Report of the International Law Commission*, U. N. GAOR, 40th Sess., Supp. No.10, U. N. Doc. A/43/10(1988)。

114. International Law Commission, *Report of the International Law Commission on the Work of its 44th Session*, 4 May-24 July 1992, U. N. GAOR, 47th Sess., Supp. No.10, U. N. Doc. A/47/10(1992)。

115. International Law Commission, *Revised Report of the Working Group on the Draft Statute for an International Criminal Court*, ILC, 45th Sess., May 3—July 23, 1993, A/CN.4/L.490 (1993)。

116. International Law Commission, *Report of the International Law Commission on the Work of its Forty-sixth Session, Draft Statute for an International Criminal Court*, 2 May-22 July 1994, U. N. Doc. A/49/10(1994)。

117. The Ad Hoc Committee on the Establishment of an International Criminal Court, *Report of the Ad Hoc Committee on the Establishment of an International Criminal Court*, G. A., 50th Sess., Supp. No.22, A/50/22(1995)。

118. The Preparatory Committee on the Establishment of an International Criminal Court, *Report of the Preparatory Committee on the Establishment of an International Criminal Court*, Vol. I & II, G. A., 51st Sess., Supp. No.22, A/51/22(1996)。

119. International Law Commission, *Report of the International Law Commission on the Work of its Forty-ninth Session*, 12 May-18 July 1997, U. N. Doc. A/52/10(1997)。

120. The Preparatory Committee on the Establishment of an International Criminal Court, *Report of the Preparatory Committee on the Establishment of an International Criminal Court, Addendum*, U. N. Doc. A/CONF.183/2/Add.1(14 April 1998)。

121. *Contemporary Forms of Slavery, Systematic Rape, Sexual Slavery, and Slavery-Like Practices During Armed Conflict*, U. N. Doc. E/CN. 4/Sub. 2/1998/13, 22 June 1998。

122. Erik Møse, President of the ICTR: *Completion Strategy of the International Criminal Tribunal for Rwanda*, U. N. Doc. S/2003/946, 6 October 2003。

123. Theodor Meron, President of the ICTFY: *Letter dated 21 May 2004 from the President of the International Tribunal for the Prosecution of Persons Responsible for Serious Violations of International Humanitarian Law Committed in the Territory of the Former Yugoslavia since 1991, addressed to the President of the Security Council*, U. N. Doc. S/2004/420, 24 May 2004。

124. Dennis Byron, President of the ICTR: *Letter dated 14 May 2009 from the President of the International Criminal Tribunal for Rwanda addressed to the President of the Security Council*, U. N. Doc. S/2009/247, 14 May 2009。

125. 《前南斯拉夫问题国际法庭庭长帕特里克·鲁滨逊法官根据安全理事会第1534(2004)号决议第6段提交安理会的评估意见和报告》,U. N. Doc. S/2009/252,2009年5月18日。

126. *Report of the Secretary-General Pursuant to Paragraph 2 of Security Council Resolution 808 (1993)*, U. N. Doc. S/25704(1993)。

127. *Report of the Secretary-General Pursuant to Paragraph 5 of Security Council Resolution 955 (1994)*, U. N. Doc. S/1995/134(1995)。

128. 《凡尔赛条约》,载于《国际条约集》(1917—1923),世界知识出版社1961年版。

129. League of Nations, *Convention for the Creation of an International Criminal Court*, opened for signature at Geneva, Nov. 16, 1937, League of Nations O. J. Spec. in Supp. No. 156 (1938)。

130. 《纽伦堡国际军事法庭宪章》(1945年)。

131. 《远东国际军事法庭宪章》(1946年)。

132. 《远东国际军事法庭判决书》,张效林译,群众出版社1986年版。

133. International Tribunal for the Prosecution of Persons Responsible for Serious Violations of International Humanitarian Law Committed in the Territory of the Former Yugoslavia since 1991: Updated Statute of the International Criminal Tribunal for the Former Yugoslavia, September 2008.

134. 《前南斯拉夫国际刑事法庭规约》(1993年)。

135. 《卢旺达国际刑事法庭规约》(1994年)。

136. 《国际刑事法院罗马规约》(1998年)。

137. 《国际刑事法院犯罪要件》(ICC-ASP/1/3)。

138. 《国际刑事法院程序和证据规则》(ICC-ASP/1/3)。

四、国际刑事审判案例

139. *Prosecutor v. Akayesu*, ICTR (Trial Chamber), Judgment of 2 September 1998, Case No. ICTR-96-4-T.

140. *Prosecutor v. Akayesu*, ICTR (Appeals Chamber), Judgment of 1 June 2001, Case No. ICTR-96-4-A.

141. *Prosecutor v. Blaskic*, ICTY (Trial Chamber), Judgment of 3 March 2000, Case No. IT-95-14-T.

142. *Prosecutor v. Delalic et al.*, (Case Čelebići), ICTY (Trial Chamber), Judgment of 16 November 1998, Case No. IT-96-21-T.

143. *Prosecutor v. Delalic et al.*, (Case Čelebići), ICTY (Appeals Chamber), Judgment of 20 February 2001, Case No. IT-96-21-A.

144. *Prosecutor v. Erdemovic*, ICTY (Trial Chamber), Sentencing Judgment of 29 November 1996, Case No. IT-96-22-T.

145. *Prosecutor v. Erdemovic*, ICTY (Appeals Chamber), Judgment of 5 March 1998, Case No. IT-96-22-A.

146. *Prosecutor v. Furundžija*, ICTY (Trial Chamber), Judgment of 10 December 1998, Case No. IT-95-17/1-T.

147. *Prosecutor v. Jelisic*, ICTY (Trial Chamber), Judgment of 14 December 1999, Case No. IT-95-10-T.

148. *Prosecutor v. Kajelijeli*, ICTR (Appeals Chamber), Judgment of 23 May 2005, Case No. ICTR-98-44A-A.

149. *Prosecutor v. Kambanda*, ICTR, Judgment of 4 September 1998, Case No. ICTR 97-23-S.

150. *Prosecutor v. Kayishema and Ruzindana*, ICTR (Trial Chamber), Judgment of 21 May 1999, Case No. ICTR-95-1-T.

151. *Prosecutor v. Kordic and Cerkez*, ICTY (Trial Chamber), Judgment of 26 February 2001, Case No. IT-95-14/2-T.

152. *Prosecutor v. Krstic*, ICTY (Trial Chamber), Judgment of 2 August 2001, Case No. IT-98-33-T.

153. *Prosecutor v. Kunarac et al.*, ICTY (Trial Chamber), Judgment of 22 February 2001, Case No. IT-96-23-T.

154. *Prosecutor v. Kupreskic et al.*, ICTY (Trial Chamber), Judgment of 14 January 2000, Case No. IT-95-16-T.

155. *Prosecutor v. Kvocka et al.*, ICTY (Trial Chamber), Judgment of 2 November 2001, Case No. IT-98-30/1-T.

156. *Prosecutor v. Rutaganira*, ICTR (Trial Chamber), Judgment of 14 March 2005, Case No. ICTR-95-1C-T.

157. *Prosecutor v. Tadic*, ICTY, Jurisdiction Appeal Decision of 2 October 1995, Case No. IT-94-1-AR72.

158. *Prosecutor v. Tadic*, ICTY (Trial Chamber), Judgment of 7 May 1997, Case No. IT-94-1-T.

159. *Prosecutor v. Tadic*, ICTY (Appeals Chamber), Judgment of 26 January 2000, Case No. IT-94-1-AS.

160. *Prosecutor v. Todorovic*, ICTY, Sentencing Judgment of 31 July 2001, Case No. IT-95-9/1-S.

附录 1

国际刑事法院罗马规约[*]

序 言

本规约缔约国，

意识到各国人民唇齿相依，休戚与共，他们的文化拼合组成人类共同财产，但是担心这种并不牢固的拼合随时可能分裂瓦解，

注意到在本世纪内，难以想象的暴行残害了无数儿童、妇女和男子的生命，使全人类的良知深受震动，

认识到这种严重犯罪危及世界的和平、安全与福祉，

申明对于整个国际社会关注的最严重犯罪，绝不能听之任之不予处罚，为有效惩治罪犯，必须通过国家一级采取措施并加强国际合作，

决心使上述犯罪的罪犯不再逍遥法外，从而有助于预防这种犯罪，

忆及各国有义务对犯有国际罪行的人行使刑事管辖权，

重申《联合国宪章》的宗旨及原则，特别是各国不得以武力相威胁或使用武力，或以与联合国宗旨不符的任何其他方法，侵犯任何国家的领土完整或政治独立，

强调本规约的任何规定不得解释为允许任何缔约国插手他国的武装冲突或内政，

决心为此目的并为了今世后代设立一个独立的常设国际刑事法院，与联合国系统建立关系，对整个国际社会关注的最严重犯罪具有管辖权，

强调根据本规约设立的国际刑事法院对国内刑事管辖权起补充作用，

决心保证永远尊重并执行国际正义，

议定如下：

第一编 法院的设立

第一条 法院

兹设立国际刑事法院（"本法院"）。本法院为常设机构，有权就本规约所提到的、受到国际关注的最严重犯罪对个人行使其管辖权，并对国家刑事管辖权起补充作用。本法院的管辖

---

[*] 本规约的内容收录了 1998 年 7 月 17 日以 A/CONF.183/9 号文件印发并经 1998 年 11 月 10 日、1999 年 7 月 12 日、1999 年 11 月 30 日、2000 年 5 月 8 日、2001 年 1 月 17 日和 2002 年 1 月 16 日议事录修正的《罗马规约》。规约于 2002 年 7 月 1 日正式生效。

权和运作由本规约的条款加以规定。

第二条　法院与联合国的关系

本法院应当以本规约缔约国大会批准后,由院长代表本法院缔结的协定与联合国建立关系。

第三条　法院所在地

(一) 本法院设在荷兰("东道国")海牙。

(二) 本法院应当在缔约国大会批准后,由院长代表本法院与东道国缔结总部协定。

(三) 本法院根据本规约规定,在其认为适宜时,可以在其他地方开庭。

第四条　法院的法律地位和权力

(一) 本法院具有国际法律人格,并享有为行使其职能和实现其宗旨所必需的法律行为能力。

(二) 本法院根据本规约规定,可以在任何缔约国境内,或以特别协定在任何其他国家境内,行使其职能和权力。

第二编　管辖权、可受理性和适用的法律

第五条　法院管辖权内的犯罪

(一) 本法院的管辖权限于整个国际社会关注的最严重犯罪。本法院根据本规约,对下列犯罪具有管辖权:

1. 灭绝种族罪;
2. 危害人类罪;
3. 战争罪;
4. 侵略罪。

(二) 在依照第一百二十一条和第一百二十三条制定条款,界定侵略罪的定义,及规定本法院对这一犯罪行使管辖权的条件后,本法院即对侵略罪行使管辖权。这一条款应符合《联合国宪章》有关规定。

第六条　灭绝种族罪

为了本规约的目的,"灭绝种族罪"是指蓄意全部或局部消灭某一民族、族裔、种族或宗教团体而实施的下列任何一种行为:

1. 杀害该团体的成员;
2. 致使该团体的成员在身体上或精神上遭受严重伤害;
3. 故意使该团体处于某种生活状况下,毁灭其全部或局部的生命;
4. 强制施行办法,意图防止该团体内的生育;
5. 强迫转移该团体的儿童至另一团体。

第七条　危害人类罪

(一) 为了本规约的目的,"危害人类罪"是指在广泛或有系统地针对任何平民人口进行的攻击中,在明知这一攻击的情况下,作为攻击的一部分而实施的下列任何一种行为:

1. 谋杀；

2. 灭绝；

3. 奴役；

4. 驱逐出境或强行迁移人口；

5. 违反国际法基本规则，监禁或以其他方式严重剥夺人身自由；

6. 酷刑；

7. 强奸、性奴役、强迫卖淫、强迫怀孕、强迫绝育或严重程度相当的任何其他形式的性暴力；

8. 基于政治、种族、民族、族裔、文化、宗教、第三款所界定的性别，或根据公认为国际法不容的其他理由，对任何可以识别的团体或集体进行迫害，而且与任何一种本款提及的行为或任何一种本法院管辖权内的犯罪结合发生；

9. 强迫人员失踪；

10. 种族隔离罪；

11. 故意造成重大痛苦，或对人体或身心健康造成严重伤害的其他性质相同的不人道行为。

（二）为了第一款的目的：

1. "针对任何平民人口进行的攻击"是指根据国家或组织攻击平民人口的政策，或为了推行这种政策，针对任何平民人口多次实施第一款所述行为的行为过程；

2. "灭绝"包括故意施加某种生活状况，如断绝粮食和药品来源，目的是毁灭部分的人口；

3. "奴役"是指对一人行使附属于所有权的任何或一切权力，包括在贩卖人口，特别是贩卖妇女和儿童的过程中行使这种权力；

4. "驱逐出境或强行迁移人口"是指在缺乏国际法容许的理由的情况下，以驱逐或其他胁迫行为，强迫有关的人迁离其合法留在的地区；

5. "酷刑"是指故意致使在被告人羁押或控制下的人的身体或精神遭受重大痛苦；但酷刑不应包括纯因合法制裁而引起的，或这种制裁所固有或附带的痛苦；

6. "强迫怀孕"是指以影响任何人口的族裔构成的目的，或以进行其他严重违反国际法的行为的目的，非法禁闭被强迫怀孕的妇女。本定义不得以任何方式解释为影响国内关于妊娠的法律；

7. "迫害"是指违反国际法规定，针对某一团体或集体的特性，故意和严重地剥夺基本权利；

8. "种族隔离罪"是指一个种族团体对任何其他一个或多个种族团体，在一个有计划地实行压迫和统治的体制化制度下，实施性质与第一款所述行为相同的不人道行为，目的是维持该制度的存在；

9. "强迫人员失踪"是指国家或政治组织直接地，或在其同意、支持或默许下，逮捕、羁押或绑架人员，继而拒绝承认这种剥夺自由的行为，或拒绝透露有关人员的命运或下落，目的是将其长期置于法律保护之外。

（三）为了本规约的目的，"性别"一词应被理解为是指社会上的男女两性。"性别"一词仅反映上述意思。

第八条 战争罪

（一）本法院对战争罪具有管辖权，特别是对于作为一项计划或政策的一部分所实施的行为，或作为在大规模实施这些犯罪中所实施的行为。

（二）为了本规约的目的，"战争罪"是指：

1. 严重破坏 1949 年 8 月 12 日《日内瓦公约》的行为，即对有关的《日内瓦公约》规定保护的人或财产实施下列任何一种行为：

（1）故意杀害；

（2）酷刑或不人道待遇，包括生物学实验；

（3）故意使身体或健康遭受重大痛苦或严重伤害；

（4）无军事上的必要，非法和恣意地广泛破坏和侵占财产；

（5）强迫战俘或其他被保护人在敌国部队中服役；

（6）故意剥夺战俘或其他被保护人应享的公允及合法审判的权利；

（7）非法驱逐出境或迁移或非法禁闭；

（8）劫持人质。

2. 严重违反国际法既定范围内适用于国际武装冲突的法规和惯例的其他行为，即下列任何一种行为：

（1）故意指令攻击平民人口本身或未直接参加敌对行动的个别平民；

（2）故意指令攻击民用物体，即非军事目标的物体；

（3）故意指令攻击依照《联合国宪章》执行的人道主义援助或维持和平行动的所涉人员、设施、物资、单位或车辆，如果这些人员和物体有权得到武装冲突国际法规给予平民和民用物体的保护；

（4）故意发动攻击，明知这种攻击将附带造成平民伤亡或破坏民用物体或致使自然环境遭受广泛、长期和严重的破坏，其程度与预期得到的具体和直接的整体军事利益相比显然是过分的；

（5）以任何手段攻击或轰击非军事目标的不设防城镇、村庄、住所或建筑物；

（6）杀、伤已经放下武器或丧失自卫能力并已无条件投降的战斗员；

（7）不当使用休战旗、敌方或联合国旗帜或军事标志和制服，以及《日内瓦公约》所订特殊标志，致使人员死亡或重伤；

（8）占领国将部分本国平民人口间接或直接迁移到其占领的领土，或将被占领领土的全部或部分人口驱逐或迁移到被占领领土内或外的地方；

（9）故意指令攻击专用于宗教、教育、艺术、科学或慈善事业的建筑物、历史纪念物、医院和伤病人员收容所，除非这些地方是军事目标；

（10）致使在敌方权力下的人员肢体遭受残伤，或对其进行任何种类的医学或科学实验，而这些实验既不具有医学、牙医学或住院治疗有关人员的理由，也不是为了该人员的利益而进行的，并且导致这些人员死亡或严重危及其健康；

（11）以背信弃义的方式杀、伤属于敌国或敌军的人员；

（12）宣告决不纳降；

（13）摧毁或没收敌方财产，除非是基于战争的必要；

（14）宣布取消、停止敌方国民的权利和诉讼权，或在法院中不予执行；

（15）强迫敌方国民参加反对他们本国的作战行动，即使这些人在战争开始前，已为该交战国服役；

（16）抢劫即使是突击攻下的城镇或地方；

（17）使用毒物或有毒武器；

（18）使用窒息性、有毒或其他气体，以及所有类似的液体、物质或器件；

（19）使用在人体内易于膨胀或变扁的子弹，如外壳坚硬而不完全包裹弹芯或外壳经切穿的子弹；

（20）违反武装冲突国际法规，使用具有造成过分伤害或不必要痛苦的性质，或基本上为滥杀滥伤的武器、射弹、装备和作战方法，但这些武器、射弹、装备和作战方法应当已被全面禁止，并已依照第一百二十一条和第一百二十三条的有关规定以一项修正案的形式列入本规约的一项附件内；

（21）损害个人尊严，特别是侮辱性和有辱人格的待遇；

（22）强奸、性奴役、强迫卖淫、第七条第二款第6项所界定的强迫怀孕、强迫绝育或构成严重破坏《日内瓦公约》的任何其他形式的性暴力；

（23）将平民或其他被保护人置于某些地点、地区或军事部队，利用其存在使该地点、地区或军事部队免受军事攻击；

（24）故意指令攻击依照国际法使用《日内瓦公约》所订特殊标志的建筑物、装备、医疗单位和运输工具及人员；

（25）故意以断绝平民粮食作为战争方法，使平民无法取得其生存所必需的物品，包括故意阻碍根据《日内瓦公约》规定提供救济物品；

（26）征募不满十五岁的儿童加入国家武装部队，或利用他们积极参与敌对行动。

3. 在非国际性武装冲突中，严重违反1949年8月12日四项《日内瓦公约》共同第三条的行为，即对不实际参加敌对行动的人，包括已经放下武器的武装部队人员，及因病、伤、拘留或任何其他原因而失去战斗力的人员，实施下列任何一种行为：

（1）对生命与人身施以暴力，特别是各种谋杀、残伤肢体、虐待及酷刑；

（2）损害个人尊严，特别是侮辱性和有辱人格的待遇；

（3）劫持人质；

（4）未经具有公认为必需的司法保障的正规组织的法庭宣判，径行判罪和处决。

4. 第二款第3项适用于非国际性武装冲突，因此不适用于内部动乱和紧张局势，如暴动、孤立和零星的暴力行为或其他性质相同的行为。

5. 严重违反国际法既定范围内适用于非国际性武装冲突的法规和惯例的其他行为，即下列任何一种行为：

（1）故意指令攻击平民人口本身或未直接参加敌对行动的个别平民；

（2）故意指令攻击按照国际法使用《日内瓦公约》所订特殊标志的建筑物、装备、医疗单位和运输工具及人员；

（3）故意指令攻击依照《联合国宪章》执行的人道主义援助或维持和平行动的所涉人

员、设施、物资、单位或车辆,如果这些人员和物体有权得到武装冲突国际法规给予平民和民用物体的保护;

(4)故意指令攻击专用于宗教、教育、艺术、科学或慈善事业的建筑物、历史纪念物、医院和伤病人员收容所,除非这些地方是军事目标;

(5)抢劫即使是突击攻下的城镇或地方;

(6)强奸、性奴役、强迫卖淫、第七条第二款第6项所界定的强迫怀孕、强迫绝育以及构成严重违反四项《日内瓦公约》共同第三条的任何其他形式的性暴力;

(7)征募不满十五岁的儿童加入武装部队或集团,或利用他们积极参加敌对行动;

(8)基于与冲突有关的理由下令平民人口迁移,但因所涉平民的安全或因迫切的军事理由而有需要的除外;

(9)以背信弃义的方式杀、伤属敌对方战斗员;

(10)宣告决不纳降;

(11)致使在冲突另一方权力下的人员肢体遭受残伤,或对其进行任何种类的医学或科学实验,而这些实验既不具有医学、牙医学或住院治疗有关人员的理由,也不是为了该人员的利益而进行的,并且导致这些人员死亡或严重危及其健康;

(12)摧毁或没收敌对方的财产,除非是基于冲突的必要;

6.第二款第5项适用于非国际性武装冲突,因此不适用于内部动乱和紧张局势,如暴动、孤立和零星的暴力行为或其他性质相同的行为。该项规定适用于在一国境内发生的武装冲突,如果政府当局与有组织武装集团之间,或这种集团相互之间长期进行武装冲突。

(三)第二款第3项和第5项的任何规定,均不影响一国政府以一切合法手段维持或恢复国内法律和秩序,或保卫国家统一和领土完整的责任。

第九条 犯罪要件

(一)本法院在解释和适用第六条、第七条和第八条时,应由《犯罪要件》辅助。《犯罪要件》应由缔约国大会成员三分之二多数通过。

(二)下列各方可以对《犯罪要件》提出修正案:

1.任何缔约国;

2.以绝对多数行事的法官;

3.检察官。

修正案应由缔约国大会成员三分之二多数通过。

(三)《犯罪要件》及其修正应符合本规约。

第十条

除为了本规约的目的以外,本编的任何规定不得解释为限制或损害现有或发展中的国际法规则。

第十一条 属时管辖权

(一)本法院仅对本规约生效后实施的犯罪具有管辖权。

(二)对于在本规约生效后成为缔约国的国家,本法院只能对在本规约对该国生效后实施的犯罪行使管辖权,除非该国已根据第十二条第三款提交声明。

第十二条 行使管辖权的先决条件

(一)一国成为本规约缔约国,即接受本法院对第五条所述犯罪的管辖权。

(二) 对于第十三条第1项或第3项的情况,如果下列一个或多个国家是本规约缔约国或依照第三款接受了本法院管辖权,本法院即可以行使管辖权:

1. 有关行为在其境内发生的国家;如果犯罪发生在船舶或飞行器上,该船舶或飞行器的注册国;

2. 犯罪被告人的国籍国。

(三) 如果根据第二款的规定,需要得到一个非本规约缔约国的国家接受本法院的管辖权,该国可以向书记官长提交声明,接受本法院对有关犯罪行使管辖权。该接受国应依照本规约第九编规定,不拖延并无例外地与本法院合作。

第十三条 行使管辖权

在下列情况下,本法院可以依照本规约的规定,就第五条所述犯罪行使管辖权:

1. 缔约国依照第十四条规定,向检察官提交显示一项或多项犯罪已经发生的情势;

2. 安全理事会根据《联合国宪章》第七章行事,向检察官提交显示一项或多项犯罪已经发生的情势;或

3. 检察官依照第十五条开始调查一项犯罪。

第十四条 缔约国提交情势

(一) 缔约国可以向检察官提交显示一项或多项本法院管辖权内的犯罪已经发生的情势,请检察官调查该情势,以便确定是否应指控某个人或某些人实施了这些犯罪。

(二) 提交情势时,应尽可能具体说明相关情节,并附上提交情势的国家所掌握的任何辅助文件。

第十五条 检察官

(一) 检察官可以自行根据有关本法院管辖权内的犯罪的资料开始调查。

(二) 检察官应分析所收到的资料的严肃性。为此目的,检察官可以要求国家、联合国机构、政府间组织或非政府组织,或检察官认为适当的其他可靠来源提供进一步资料,并可以在本法院所在地接受书面或口头证言。

(三) 检察官如果认为有合理根据进行调查,应请求预审分庭授权调查,并附上收集到的任何辅助材料。被害人可以依照《程序和证据规则》向预审分庭作出陈述。

(四) 预审分庭在审查请求及辅助材料后,如果认为有合理根据进行调查,并认为案件显然属于本法院管辖权内的案件,应授权开始调查。这并不妨碍本法院其后就案件的管辖权和可受理性问题作出断定。

(五) 预审分庭拒绝授权调查,并不排除检察官以后根据新的事实或证据就同一情势再次提出请求。

(六) 检察官在进行了第一款和第二款所述的初步审查后,如果认为所提供的资料不构成进行调查的合理根据,即应通知提供资料的人。这并不排除检察官审查根据新的事实或证据,就同一情势提交的进一步资料。

第十六条 推迟调查或起诉

如果安全理事会根据《联合国宪章》第七章通过决议,向本法院提出要求,在其后十二个月内,本法院不得根据本规约开始或进行调查或起诉;安全理事会可以根据同样条件延长该项请求。

第十七条 可受理性问题

(一) 考虑到序言第十段及第一条,在下列情况下,本法院应断定案件不可受理:

1. 对案件具有管辖权的国家正在对该案件进行调查或起诉,除非该国不愿意或不能够切实进行调查或起诉;

2. 对案件具有管辖权的国家已经对该案进行调查,而且该国已决定不对有关的人进行起诉,除非作出这项决定是由于该国不愿意或不能够切实进行起诉;

3. 有关的人已经由于作为控告理由的行为受到审判,根据第二十条第三款,本法院不得进行审判;

4. 案件缺乏足够的严重程度,本法院无采取进一步行动的充分理由。

(二) 为了确定某一案件中是否有不愿意的问题,本法院应根据国际法承认的正当程序原则,酌情考虑是否存在下列一种或多种情况:

1. 已经或正在进行的诉讼程序,或一国所作出的决定,是为了包庇有关的人,使其免负第五条所述的本法院管辖权内的犯罪的刑事责任;

2. 诉讼程序发生不当延误,而根据实际情况,这种延误不符合将有关的人绳之以法的目的;

3. 已经或正在进行的诉讼程序,没有以独立或公正的方式进行,而根据实际情况,采用的方式不符合将有关的人绳之以法的目的。

(三) 为了确定某一案件中是否有不能够的问题,本法院应考虑,一国是否由于本国司法系统完全瓦解,或实际上瓦解或者并不存在,因而无法拘捕被告人或取得必要的证据和证言,或在其他方面不能进行本国的诉讼程序。

第十八条 关于可受理性的初步裁定

(一) 在一项情势已依照第十三条第1项提交本法院,而且检察官认为有合理根据开始调查时,或在检察官根据第十三条第3项和第十五条开始调查时,检察官应通报所有缔约国,及通报根据所得到的资料考虑,通常对有关犯罪行使管辖权的国家。

检察官可以在保密的基础上通报上述国家。如果检察官认为有必要保护个人、防止毁灭证据或防止潜逃,可以限制向国家提供的资料的范围。

(二) 在收到上述通报一个月内,有关国家可以通知本法院,对于可能构成第五条所述犯罪,而且与国家通报所提供的资料有关的犯罪行为,该国正在或已经对本国国民或在其管辖权内的其他人进行调查。根据该国的要求,检察官应等候该国对有关的人的调查,除非预审分庭根据检察官的申请,决定授权进行调查。

(三) 检察官等候一国调查的决定,在决定等候之日起六个月后,或在由于该国不愿意或不能够切实进行调查,情况发生重大变化的任何时候,可以由检察官复议。

(四) 对预审分庭作出的裁定,有关国家或检察官可以根据第八十二条向上诉分庭提出上诉。上诉得予从速审理。

(五) 如果检察官根据第二款等候调查,检察官可以要求有关国家定期向检察官通报其调查的进展和其后的任何起诉。缔约国应无不当拖延地对这方面的要求作出答复。

(六) 在预审分庭作出裁定以前,或在检察官根据本条等候调查后的任何时间,如果出现取得重要证据的独特机会,或者面对证据日后极可能无法获得的情况,检察官可以请预审分庭作为例外,授权采取必要调查步骤,保全这种证据。

(七) 质疑预审分庭根据本条作出的裁定的国家,可以根据第十九条,以掌握进一步的重要事实或情况发生重大变化的理由,对案件的可受理性提出质疑。

第十九条 质疑法院的管辖权或案件的可受理性

(一) 本法院应确定对收到的任何案件具有管辖权。本法院可以依照第十七条,自行断定案件的可受理性。

(二) 下列各方可以根据第十七条所述理由,对案件的可受理性提出质疑,也可以对本法院的管辖权提出质疑:

1. 被告人或根据第五十八条已对其发出逮捕证或出庭传票的人;
2. 对案件具有管辖权的国家,以正在或已经调查或起诉该案件为理由提出质疑;或
3. 根据第十二条需要其接受本法院管辖权的国家。

(三) 检察官可以请本法院就管辖权或可受理性问题作出裁定。在关于管辖权或可受理性问题的程序中,根据第十三条提交情势的各方及被害人均可以向本法院提出意见。

(四) 第二款所述任何人或国家,只可以对某一案件的可受理性或本法院的管辖权提出一次质疑。这项质疑应在审判开始前或开始时提出。在特殊情况下,本法院可以允许多次提出质疑,或在审判开始后提出质疑。在审判开始时,或经本法院同意,在其后对某一案件的可受理性提出的质疑,只可以根据第十七条第一款第3项提出。

(五) 第二款第2项和第3项所述国家应尽早提出质疑。

(六) 在确认指控以前,对某一案件的可受理性的质疑或对本法院管辖权的质疑,应提交预审分庭。在确认指控以后,应提交审判分庭。对于就管辖权或可受理性问题作出的裁判,可以依照第八十二条向上诉分庭提出上诉。

(七) 如果质疑系由第二款第2项或第3项所述国家提出,在本法院依照第十七条作出断定以前,检察官应暂停调查。

(八) 在本法院作出裁定以前,检察官可以请求本法院授权:

1. 采取第十八条第六款所述一类的必要调查步骤;
2. 录取证人的陈述或证言,或完成在质疑提出前已开始的证据收集和审查工作;和
3. 与有关各国合作,防止已被检察官根据第五十八条请求对其发出逮捕证的人潜逃。

(九) 提出质疑不影响检察官在此以前采取的任何行动,或本法院在此以前发出的任何命令或逮捕证的有效性。

(十) 如果本法院根据第十七条决定某一案件不可受理,检察官在确信发现的新事实否定原来根据第十七条认定案件不可受理的依据时,可以请求复议上述决定。

(十一) 如果检察官考虑到第十七条所述的事项,等候一项调查,检察官可以请有关国家向其提供关于调查程序的资料。根据有关国家的请求,这些资料应予保密。检察官其后决定进行调查时,应通知检察官曾等候其调查的国家。

第二十条 一罪不二审

(一) 除本规约规定的情况外,本法院不得就本法院已经据以判定某人有罪或无罪的行为审判该人。

(二) 对于第五条所述犯罪,已经被本法院判定有罪或无罪的人,不得因该犯罪再由另一

法院审判。

（三）对于第六条、第七条或第八条所列的行为,已经由另一法院审判的人,不得因同一行为受本法院审判,除非该另一法院的诉讼程序有下列情形之一：

1. 是为了包庇有关的人,使其免负本法院管辖权内的犯罪的刑事责任;或

2. 没有依照国际法承认的正当程序原则,以独立或公正的方式进行,而且根据实际情况,采用的方式不符合将有关的人绳之以法的目的。

第二十一条　适用的法律

（一）本法院应适用的法律依次为：

1. 首先,适用本规约、《犯罪要件》和本法院的《程序和证据规则》;

2. 其次,视情况适用可予适用的条约及国际法原则和规则,包括武装冲突国际法规确定的原则;

3. 无法适用上述法律时,适用本法院从世界各法系的国内法,包括适当时从通常对该犯罪行使管辖权的国家的国内法中得出的一般法律原则,但这些原则不得违反本规约、国际法和国际承认的规范和标准。

（二）本法院可以适用其以前的裁判所阐释的法律原则和规则。

（三）依照本条适用和解释法律,必须符合国际承认的人权,而且不得根据第七条第三款所界定的性别、年龄、种族、肤色、语言、宗教或信仰、政见或其他见解、民族本源、族裔、社会出身、财富、出生或其他身份等作出任何不利区别。

第三编　刑法的一般原则

第二十二条　法无明文不为罪

（一）只有当某人的有关行为在发生时构成本法院管辖权内的犯罪,该人才根据本规约负刑事责任。

（二）犯罪定义应予以严格解释,不得类推延伸。涵义不明时,对定义作出的解释应有利于被调查、被起诉或被定罪的人。

（三）本条不影响依照本规约以外的国际法将任何行为定性为犯罪行为。

第二十三条　法无明文者不罚

被本法院定罪的人,只可以依照本规约受处罚。

第二十四条　对人不溯及既往

（一）个人不对本规约生效以前发生的行为负本规约规定的刑事责任。

（二）如果在最终判决以前,适用于某一案件的法律发生改变,应当适用对被调查、被起诉或被定罪的人较为有利的法律。

第二十五条　个人刑事责任

（一）本法院根据本规约对自然人具有管辖权。

（二）实施本法院管辖权内的犯罪的人,应依照本规约的规定负个人责任,并受到处罚。

（三）有下列情形之一的人,应依照本规约的规定,对一项本法院管辖权内的犯罪负刑事责任,并受到处罚：

1. 单独、伙同他人、通过不论是否负刑事责任的另一人,实施这一犯罪;

2. 命令、唆使、引诱实施这一犯罪,而该犯罪事实上是既遂或未遂的;

3. 为了便利实施这一犯罪,帮助、教唆或以其他方式协助实施或企图实施这一犯罪,包括提供犯罪手段;

4. 以任何其他方式支助以共同目的行事的团伙实施或企图实施这一犯罪。这种支助应当是故意的,并且符合下列情况之一:

（1）是为了促进这一团伙的犯罪活动或犯罪目的,而这种活动或目的涉及实施本法院管辖权内的犯罪;

（2）明知这一团伙实施该犯罪的意图;

5. 就灭绝种族罪而言,直接公然煽动他人灭绝种族;

6. 已经以实际步骤着手采取行动,意图实施犯罪,但由于其意志以外的情况,犯罪没有发生。但放弃实施犯罪或防止犯罪完成的人,如果完全和自愿地放弃其犯罪目的,不按犯罪未遂根据本规约受处罚。

（四）本规约关于个人刑事责任的任何规定,不影响国家依照国际法所负的责任。

第二十六条　对不满十八周岁的人不具有管辖权

对于实施被控告犯罪时不满十八周岁的人,本法院不具有管辖权。

第二十七条　官方身份的无关性

（一）本规约对任何人一律平等适用,不得因官方身份而差别适用。特别是作为国家元首或政府首脑、政府成员或议会议员、选任代表或政府官员的官方身份,在任何情况下都不得免除个人根据本规约所负的刑事责任,其本身也不得构成减轻刑罚的理由。

（二）根据国内法或国际法可能赋予某人官方身份的豁免或特别程序规则,不妨碍本法院对该人行使管辖权。

第二十八条　指挥官和其他上级的责任

除根据本规约规定须对本法院管辖权内的犯罪负刑事责任的其他理由以外:

1. 军事指挥官或以军事指挥官身份有效行事的人,如果未对在其有效指挥和控制下的部队,或在其有效管辖和控制下的部队适当行使控制,在下列情况下,应对这些部队实施的本法院管辖权内的犯罪负刑事责任:

（1）该军事指挥官或该人知道,或者由于当时的情况理应知道,部队正在实施或即将实施这些犯罪;和

（2）该军事指挥官或该人未采取在其权力范围内的一切必要而合理的措施,防止或制止这些犯罪的实施,或报请主管当局就此事进行调查和起诉。

2. 对于第1项未述及的上下级关系,上级人员如果未对在其有效管辖或控制下的下级人员适当行使控制,在下列情况下,应对这些下级人员实施的本法院管辖权内的犯罪负刑事责任:

（1）该上级人员知道下级人员正在实施或即将实施这些犯罪,或故意不理会明确反映这一情况的情报;

（2）犯罪涉及该上级人员有效负责和控制的活动;和

（3）该上级人员未采取在其权力范围内的一切必要而合理的措施,防止或制止这些犯罪

的实施,或报请主管当局就此事进行调查和起诉。

第二十九条　不适用时效

本法院管辖权内的犯罪不适用任何时效。

第三十条　心理要件

(一)除另有规定外,只有当某人在故意和明知的情况下实施犯罪的物质要件,该人才对本法院管辖权内的犯罪负刑事责任,并受到处罚。

(二)为了本条的目的,有下列情形之一的,即可以认定某人具有故意:

1. 就行为而言,该人有意从事该行为;

2. 就结果而言,该人有意造成该结果,或者意识到事态的一般发展会产生该结果。

(三)为了本条的目的,"明知"是指意识到存在某种情况,或者事态的一般发展会产生某种结果。"知道"和"明知地"应当作相应的解释。

第三十一条　排除刑事责任的理由

(一)除本规约规定的其他排除刑事责任的理由外,实施行为时处于下列状况的人不负刑事责任:

1. 该人患有精神病或精神不健全,因而丧失判断其行为的不法性或性质的能力,或控制其行为以符合法律规定的能力;

2. 该人处于醉态,因而丧失判断其行为的不法性或性质的能力,或控制其行为以符合法律规定的能力,除非该人在某种情况下有意识地进入醉态,明知自己进入醉态后,有可能从事构成本法院管辖权内的犯罪的行为,或者该人不顾可能发生这种情形的危险;

3. 该人以合理行为防卫本人或他人,或者在战争罪方面,防卫本人或他人生存所必需的财产,或防卫完成一项军事任务所必需的财产,以避免即将不法使用的武力,而且采用的防卫方式与被保护的本人或他人或财产所面对的危险程度是相称的。该人参与部队进行的防御行动的事实,本身并不构成本项规定的排除刑事责任的理由;

4. 被控告构成本法院管辖权内的犯罪的行为是该人或他人面临即将死亡的威胁或面临继续或即将遭受严重人身伤害的威胁而被迫实施的,该人为避免这一威胁采取必要而合理的行动,但必须无意造成比设法避免的伤害更为严重的伤害。上述威胁可以是:

(1)他人造成的;或

(2)该人无法控制的其他情况所构成的。

(二)对于审理中的案件,本法院应确定本规约规定的排除刑事责任的理由的可适用性。

(三)审判时,除可以考虑第一款所列的排除刑事责任的理由外,本法院还可以考虑其他排除刑事责任的理由,但这些理由必须以第二十一条规定的适用的法律为依据。《程序和证据规则》应规定考虑这种理由的程序。

第三十二条　事实错误或法律错误

(一)事实错误只在否定构成犯罪所需的心理要件时,才可以作为排除刑事责任的理由。

(二)关于某一类行为是否属于本法院管辖权内的犯罪的法律错误,不得作为排除刑事责任的理由。法律错误如果否定构成犯罪所需的心理要件,或根据第三十三条的规定,可以作为排除刑事责任的理由。

第三十三条　上级命令和法律规定

（一）某人奉政府命令或军职或文职上级命令行事而实施本法院管辖权内的犯罪的事实，并不免除该人的刑事责任，但下列情况除外：

1. 该人有服从有关政府或上级命令的法律义务；

2. 该人不知道命令为不法的；和

3. 命令的不法性不明显。

（二）为了本条的目的，实施灭绝种族罪或危害人类罪的命令是明显不法的。

第四编　法院的组成和行政管理

第三十四条　法院的机关

本法院由下列机关组成：

1. 院长会议；

2. 上诉庭、审判庭和预审庭；

3. 检察官办公室；

4. 书记官处。

第三十五条　法官的任职

（一）全体法官应选举产生，担任本法院的全时专职法官，并应能够自任期开始时全时任职。

（二）组成院长会议的法官一经当选，即应全时任职。

（三）院长会议不时可以根据本法院的工作量，与本法院成员磋商，决定在何种程度上需要其他法官全时任职。任何这种安排不得妨碍第四十条的规定。

（四）不必全时任职的法官的薪酬，应依照第四十九条确定。

第三十六条　法官的资格、提名和选举

（一）除第二款规定外，本法院应有法官十八名。

（二）1. 院长会议可以代表本法院，提议增加第一款规定的法官人数，并说明其认为这一提议为必要和适当的理由。书记官长应从速将任何这种提案分送所有缔约国。

2. 任何这种提案应在依照第一百一十二条召开的缔约国大会会议上审议。提案如果在会议上得到缔约国大会成员三分之二多数赞成，即应视为通过，并应自缔约国大会决定的日期生效。

3.（1）增加法官人数的提案依照第 2 项获得通过后，即应在下一届缔约国大会上根据第三款至第八款及第三十七条第二款增选法官；

（2）增加法官人数的提案依照第 2 项和第 3 项第 1 目获得通过并予以实施后，院长会议在以后的任何时候，可以根据本法院的工作量提议减少法官人数，但法官人数不得减至第一款规定的人数以下。提案应依照第 1 项和第 2 项规定的程序处理。如果提案获得通过，法官的人数应随着在职法官的任期届满而逐步减少，直至达到所需的人数为止。

（三）1. 本法院法官应选自品格高尚、清正廉明，具有本国最高司法职位的任命资格的人。

2. 参加本法院选举的每一候选人应具有下列资格:

(1) 在刑法和刑事诉讼领域具有公认能力,并因曾担任法官、检察官、律师或其他同类职务,而具有刑事诉讼方面的必要相关经验;或

(2) 在相关的国际法领域,例如国际人道主义法和人权法等领域,具有公认能力,并且具有与本法院司法工作相关的丰富法律专业经验;

3. 参加本法院选举的每一候选人应精通并能流畅使用本法院的至少一种工作语文。

(四) 1. 本规约缔约国均可以提名候选人参加本法院的选举。提名应根据下列程序之一进行:

(1) 有关国家最高司法职位候选人的提名程序;或

(2)《国际法院规约》规定的国际法院法官候选人的提名程序。

提名应附必要的详细资料,说明候选人的资格符合第三款的要求。

2. 每一缔约国可以为任何一次选举提名候选人一人,该候选人不必为该国国民,但必须为缔约国国民。

3. 缔约国大会可以酌情决定成立提名咨询委员会。在这种情况下,该委员会的组成和职权由缔约国大会确定。

(五) 为了选举的目的,应拟定两份候选人名单:

名单 A 所列候选人须具有第三款第 2 项第 1 目所述资格;

名单 B 所列候选人须具有第三款第 2 项第 2 目所述资格。

候选人如果具备充分资格,足以同时列入上述两份名单,可以选择列入任何一份名单。本法院的第一次选举,应从名单 A 中选出至少九名法官,从名单 B 中选出至少五名法官。其后的选举应适当安排,使有资格列入上述两份名单的法官在本法院中保持相当的比例。

(六) 1. 应在根据第一百一十二条为选举召开的缔约国大会会议上,以无记名投票选举法官。在第七款限制下,得到出席并参加表决的缔约国三分之二多数票的十八名票数最高的候选人,当选为本法院法官。

2. 第一轮投票没有选出足够数目的法官时,应依照第 1 项规定的程序连续进行投票,直至补足余缺为止。

(七) 不得有二名法官为同一国家的国民。就充任本法院法官而言,可视为一个国家以上国民的人,应被视为其通常行使公民及政治权利所在国家的国民。

(八) 1. 缔约国在推选法官时,应考虑到本法院法官的组成需具有:

(1) 世界各主要法系的代表性;

(2) 公平地域代表性;和

(3) 适当数目的男女法官。

2. 缔约国还应考虑到必须包括对具体问题,如对妇女的暴力或对儿童的暴力等问题具有专门知识的法官。

(九) 1. 除第 2 项规定外,法官任期九年,而且除第 3 项和第三十七条第二款规定的情况外,法官不得连选。

2. 第一次选举时,在当选的法官中,应抽签决定,三分之一任期三年,三分之一任期六年,其余任期九年。

3. 根据第 2 项抽签决定,任期三年的法官,可以连选连任一次,任期九年。

(十)虽有第九款规定,依照第三十九条被指派到审判分庭或上诉分庭的法官应继续任职,以完成有关分庭已经开始听讯的任何审判或上诉。

第三十七条 法官职位的出缺

(一)出现空缺时,应依照第三十六条进行选举,以补出缺。

(二)当选补缺的法官应完成其前任的剩余任期,剩余任期三年或不满三年的,可以根据第三十六条连选连任一次,任期九年。

第三十八条 院长会议

(一)院长和第一及第二副院长由法官绝对多数选出,各人任期三年,或者直至其法官任期届满为止,并以较早到期者为准。他们可以连选一次。

(二)院长不在或者回避时,由第一副院长代行院长职务。院长和第一副院长都不在或者回避时,由第二副院长代行院长职务。

(三)院长会议由院长和第一及第二副院长组成,其职能如下:

1. 适当管理本法院除检察官办公室以外的工作;和
2. 履行依照本规约赋予院长会议的其他职能。

(四)院长会议根据第三款第 1 项履行职能时,应就一切共同关注的事项与检察官进行协调,寻求一致。

第三十九条 分庭

(一)本法院应在选举法官后,尽快组建第三十四条第 2 项所规定的三个庭。上诉庭由院长和四名其他法官组成,审判庭由至少六名法官组成,预审庭也应由至少六名法官组成。指派各庭的法官时,应以各庭所需履行的职能的性质,以及本法院当选法官的资格和经验为根据,使各庭在刑法和刑事诉讼以及在国际法方面的专长的搭配得当。审判庭和预审庭应主要由具有刑事审判经验的法官组成。

(二)1. 本法院的司法职能由各庭的分庭履行。

2.(1)上诉分庭由上诉庭全体法官组成;

(2)审判分庭的职能由审判庭三名法官履行;

(3)预审分庭的职能应依照本规约和《程序和证据规则》的规定,由预审庭的三名法官履行或由该庭的一名法官单独履行。

3. 为有效处理本法院的工作,本款不排除在必要时同时组成多个审判分庭或预审分庭。

(三)1. 被指派到审判庭或预审庭的法官在各庭的任期三年,或在有关法庭已开始某一案件的听讯时,留任至案件审结为止。

2. 被指派到上诉庭的法官,任期内应一直在该庭任职。

(四)被指派到上诉庭的法官,只应在上诉庭任职。但本条不排除审判庭和预审庭之间,在院长会议认为必要的时候,互相暂时借调法官,以有效处理本法院的工作,但参与某一案件的预审阶段的法官,无论如何不得在审判分庭参与审理同一案件。

第四十条 法官的独立性

(一)法官应独立履行职责。

(二)法官不得从事任何可能妨碍其司法职责,或者使其独立性受到怀疑的活动。

（三）需要在本法院所在地全时任职的法官不得从事任何其他专业性职业。

（四）关于适用第二款和第三款的任何问题，应当由法官绝对多数决定。任何这类问题涉及个别法官时，该法官不得参与作出决定。

第四十一条　法官职责的免除和回避

（一）院长会议可以依照《程序和证据规则》，根据某一法官的请求，准其不履行本规约规定的某项职责。

（二）1. 法官不得参加审理其公正性可能因任何理由而受到合理怀疑的案件。如果法官除其他外，过去曾以任何身份参与本法院审理中的某一案件，或在国家一级参与涉及被调查或被起诉的人的相关刑事案件，该法官应依照本款规定，回避该案件的审理。法官也应当因《程序和证据规则》规定的其他理由而回避案件的审理。

2. 检察官或被调查或被起诉的人可以根据本款要求法官回避。

3. 关于法官回避的任何问题，应当由法官绝对多数决定。受到置疑的法官有权就该事项作出评论，但不得参与作出决定。

第四十二条　检察官办公室

（一）检察官办公室应作为本法院的一个单独机关独立行事，负责接受和审查提交的情势以及关于本法院管辖权内的犯罪的任何有事实根据的资料，进行调查并在本法院进行起诉。检察官办公室成员不得寻求任何外来指示，或按任何外来指示行事。

（二）检察官办公室由检察官领导。检察官全权负责检察官办公室，包括办公室工作人员、设施及其他资源的管理和行政事务。检察官应由一名或多名副检察官协助，副检察官有权采取本规约规定检察官应采取的任何行动。检察官和副检察官的国籍应当不同。他们应全时任职。

（三）检察官和副检察官应为品格高尚，在刑事案件的起诉或审判方面具有卓越能力和丰富实际经验的人。他们应精通并能流畅使用本法院的至少一种工作语文。

（四）检察官应由缔约国大会成员进行无记名投票，以绝对多数选出。副检察官应以同样方式，从检察官提出的候选人名单中选出。检察官应为每一个待补的副检察官职位提名三名候选人。除非选举时另行确定较短任期，检察官和副检察官任期九年，不得连选。

（五）检察官和副检察官不得从事任何可能妨碍其检察职责，或者使其独立性受到怀疑的活动，也不得从事任何其他专业性职业。

（六）检察官或副检察官可以向院长会议提出请求，准其不参与处理某一案件。

（七）检察官和副检察官不得参加处理其公正性可能因任何理由而受到合理怀疑的事项。除其他外，过去曾以任何身份参与本法院审理中的某一案件，或在国家一级参与涉及被调查或被起诉的人的相关刑事案件的检察官和副检察官，应当该依照本款规定，回避该案件的处理。

（八）检察官或副检察官的回避问题，应当由上诉分庭决定。

1. 被调查或被起诉的人可以在任何时候根据本条规定的理由，要求检察官或副检察官回避；

2. 检察官或副检察官本人有权就该事项作出评论。

（九）检察官应任命若干对具体问题，如性暴力、性别暴力和对儿童的暴力等问题具有法律专门知识的顾问。

第四十三条　书记官处

（一）在不妨碍第四十二条规定的检察官职责和权力的情况下，书记官处负责本法院非司法方面的行政管理和服务。

（二）书记官长为本法院主要行政官员，领导书记官处的工作。书记官长在本法院院长的权力下行事。

（三）书记官长和副书记官长应为品格高尚，能力卓越的人，且精通并能流畅使用本法院的至少一种工作语文。

（四）法官应参考缔约国大会的任何建议，进行无记名投票，以绝对多数选出书记官长。在必要的时候，经书记官长建议，法官得以同样方式选出副书记官长一名。

（五）书记官长任期五年，可以连选一次，并应全时任职。副书记官长任期五年，或可能由法官绝对多数另行决定的较短任期。可以按在需要时到任服务的条件选举副书记官长。

（六）书记官长应在书记官处内成立被害人和证人股。该股应与检察官办公室协商，向证人、出庭作证的被害人，以及由于这些证人作证而面临危险的其他人提供保护办法和安全措施、辅导咨询和其他适当援助。该股应有专于精神创伤，包括与性暴力犯罪有关的精神创伤方面的专业工作人员。

第四十四条　工作人员

（一）检察官和书记官长应视需要，任命其处、室的合格工作人员。就检察官而言，这包括调查员的任命。

（二）检察官和书记官长在雇用工作人员时，应确保效率、才干和忠诚达到最高标准，并应适当顾及第三十六条第八款所定的标准。

（三）书记官长应在院长会议和检察官同意下，拟定《工作人员条例》，规定本法院工作人员的任用、薪酬和解雇等条件。《工作人员条例》应由缔约国大会批准。

（四）在特殊情况下，本法院可以利用缔约国、政府间组织或非政府组织免费提供的人员的专门知识，协助本法院任何机关的工作。检察官可以接受向检察官办公室提供的这些协助。应依照缔约国大会制定的准则任用免费提供的人员。

第四十五条　宣誓

法官、检察官、副检察官、书记官长和副书记官长在根据本规约就职前，应逐一在公开庭上宣誓，保证秉公竭诚履行各自的职责。

第四十六条　免职

（一）法官、检察官、副检察官、书记官长或副书记官长，有下列情形之一的，应在依照第二款作出决定后予以免职：

1. 经查明有《程序和证据规则》所指的严重不当行为，或严重违反本规约的渎职行为；或

2. 无法履行本规约规定的职责。

（二）根据第一款免除法官、检察官或副检察官职务的决定，由缔约国大会以下列无记名投票方式作出：

1. 关于法官的决定，根据本法院其他法官三分之二多数通过的建议，由缔约国三分之二多数作出；

2. 关于检察官的决定,由缔约国绝对多数作出;

3. 关于副检察官的决定,根据检察官的建议,由缔约国绝对多数作出。

(三) 关于书记官长或副书记官长的免职决定,由法官绝对多数作出。

(四) 法官、检察官、副检察官、书记官长或副书记官长,其行为或履行本规约所规定职责的能力根据本条受到置疑的,应有充分机会依照《程序和证据规则》提出证据、获告知证据和作出陈述。有关的人不得以其他方式参与审议问题。

第四十七条 纪律措施

法官、检察官、副检察官、书记官长或副书记官长,如果有不当行为,其严重程度轻于第四十六条第一款所述的,应依照《程序和证据规则》给予纪律处分。

第四十八条 特权和豁免

(一) 本法院在每一缔约国境内,应享有为实现其宗旨所需的特权和豁免。

(二) 法官、检察官、副检察官、书记官长在执行本法院职务时,或在其涉及本法院的职务方面,应享受外交使团团长所享有的同样特权和豁免,而且在其任期结束后,应继续享有豁免,与其执行公务有关的言论、文书和行为,不受任何形式的法律诉讼。

(三) 副书记官长、检察官办公室工作人员和书记官处工作人员,应根据本法院的特权和豁免协定,享有履行其职责所需的特权、豁免和便利。

(四) 律师、鉴定人、证人或被要求到本法院所在地的任何其他人,应根据本法院的特权和豁免协定,获得本法院正常运作所需的待遇。

(五) 特权和豁免的放弃方式如下:

1. 法官或检察官的特权和豁免,可以由法官绝对多数放弃;

2. 书记官长的特权和豁免,可以由院长会议放弃;

3. 副检察官和检察官办公室工作人员的特权和豁免,可以由检察官放弃;

4. 副书记官长和书记官处工作人员的特权和豁免,可以由书记官长放弃。

第四十九条 薪金、津贴和费用

法官、检察官、副检察官、书记官长和副书记官长领取缔约国大会所确定的薪金、津贴和费用。薪金和津贴在各人任期内不得减少。

第五十条 正式语文和工作语文

(一) 本法院的正式语文为阿拉伯文、中文、英文、法文、俄文和西班牙文。本法院的判决以及为解决本法院审理的重大问题而作出的其他裁判,应以正式语文公布。院长会议应依照《程序和证据规则》所定标准,确定为本款的目的,可以视为解决重大问题的裁判。

(二) 本法院的工作语文为英文和法文。《程序和证据规则》应规定在何种情况下可以采用其他正式语文作为工作语文。

(三) 本法院应诉讼当事方或获准参与诉讼的国家的请求,如果认为所提理由充分,应准许该当事方或国家使用英文或法文以外的一种语文。

第五十一条 程序和证据规则

(一)《程序和证据规则》在缔约国大会成员三分之二多数通过后生效。

(二) 下列各方可以提出《程序和证据规则》的修正案:

1. 任何缔约国;

2. 以绝对多数行事的法官;或

3. 检察官。

修正案在缔约国大会成员三分之二多数通过后立即生效。

(三)在《程序和证据规则》通过后,遇《规则》未对本法院面对的具体情况作出规定的紧急情况,法官得以三分之二多数制定暂行规则,在缔约国大会下一次常会或特别会议通过、修正或否决该规则以前暂予适用。

(四)《程序和证据规则》、其修正案和任何暂行规则,应与本规约保持一致。《程序和证据规则》的修正案及暂行规则,不应追溯适用,损及被调查、被起诉或已被定罪的人。

(五)本规约与《程序和证据规则》冲突之处,以本规约为准。

第五十二条 法院条例

(一)法官应依照本规约和《程序和证据规则》,为本法院日常运作的需要,以绝对多数制定《法院条例》。

(二)拟订该《条例》及其任何修正案时,应咨询检察官和书记官长的意见。

(三)该《条例》及其任何修正案应一经通过,立即生效,法官另有决定的,不在此列。这些文书通过后,应立即分送缔约国征求意见,六个月内没有过半数缔约国提出异议的,继续有效。

第五编 调查和起诉

第五十三条 开始调查

(一)检察官在评估向其提供的资料后,即应开始调查,除非其本人确定没有依照本规约进行调查的合理根据。在决定是否开始调查时,检察官应考虑下列各点:

1. 检察官掌握的资料是否提供了合理根据,可据以认为有人已经实施或正在实施本法院管辖权内的犯罪;

2. 根据第十七条,该案件是否为可予受理或将可予受理的;和

3. 考虑到犯罪的严重程度和被害人的利益,是否仍有实质理由认为调查无助于实现公正。

如果检察官确定没有进行调查的合理根据,而且其决定是完全基于上述第3项作出的,则应通知预审分庭。

(二)检察官进行调查后,可以根据下列理由断定没有进行起诉的充分根据:

1. 没有充分的法律或事实根据,可据以依照第五十八条请求发出逮捕证或传票;

2. 该案件根据第十七条不可受理;或

3. 考虑到所有情况,包括犯罪的严重程度、被害人的利益、被控告的行为人的年龄或疾患,及其在被控告的犯罪中的作用,起诉无助于实现公正;

在这种情况下,检察官应将作出的结论及其理由通知预审分庭,及根据第十四条提交情势的国家,或根据第十三条第2项提交情势的安全理事会。

(三)1. 如果根据第十四条提交情势的国家或根据第十三条第2项提交情势的安全理事会提出请求,预审分庭可以复核检察官根据第一款或第二款作出的不起诉决定,并可以要

求检察官复议该决定。

2. 此外,如果检察官的不调查或不起诉决定是完全基于第一款第 3 项或第二款第 3 项作出的,预审分庭可以主动复核该决定。在这种情况下,检察官的决定必须得到预审分庭的确认方为有效。

(四)检察官可以随时根据新的事实或资料,复议就是否开始调查或进行起诉所作的决定。

第五十四条　检察官在调查方面的义务和权力

(一)检察官应当:

1. 为查明真相,调查一切有关的事实和证据,以评估是否存在本规约规定的刑事责任。进行调查时,应同等地调查证明有罪和证明无罪的情节;

2. 采取适当措施,确保有效地对本法院管辖权内的犯罪进行调查和起诉。进行调查时,应尊重被害人和证人的利益和个人情况,包括年龄、第七条第三款所界定的性别、健康状况,并应考虑犯罪的性质,特别是在涉及性暴力、性别暴力或对儿童的暴力的犯罪方面;和

3. 充分尊重本规约规定的个人权利。

(二)检察官可以根据下列规定,在一国境内进行调查:

1. 第九编的规定;或

2. 第五十七条第三款第 4 项的规定,由预审分庭授权进行调查。

(三)检察官可以:

1. 收集和审查证据;

2. 要求被调查的人、被害人和证人到庭,并对其进行讯问;

3. 请求任何国家合作,或请求政府间组织或安排依照各自的职权和(或)任务规定给予合作;

4. 达成有利于国家、政府间组织或个人提供合作的必要安排或协议,但这种安排或协议不得与本规约相抵触;

5. 同意不在诉讼的任何阶段披露检察官在保密条件下取得的、只用于产生新证据的文件或资料,除非提供这些资料的一方同意予以披露;和

6. 采取必要措施,或要求采取必要措施,以确保资料的机密性、保护人员或保全证据。

第五十五条　调查期间的个人权利

(一)根据本规约进行调查时,个人享有下列权利:

1. 不被强迫证明自己有罪或认罪;

2. 不受任何形式的强迫、胁迫或威胁,不受酷刑,或任何其他形式的残忍、不人道或有辱人格的待遇或处罚;

3. 在讯问语言不是该人所通晓和使用的语言时,免费获得合格口译员的协助,以及为求公正而需要的文件译本;和

4. 不得被任意逮捕或羁押,也不得基于本规约规定以外的理由和根据其规定以外的程序被剥夺自由。

(二)如果有理由相信某人实施了本法院管辖权内的犯罪,在该人行将被检察官进行讯问,或行将被国家当局根据按第九编提出的请求进行讯问时,该人还享有下列各项权利,并应

在进行讯问前被告知这些权利:

1. 被讯问以前,被告知有理由相信他或她实施了本法院管辖权内的犯罪;

2. 保持沉默,而且这种沉默不作为判定有罪或无罪的考虑因素;

3. 获得该人选择的法律援助,或在其没有法律援助的情况下,为了实现公正而有必要时,为其指定法律援助,如果无力支付,则免费提供;和

4. 被讯问时律师在场,除非该人自愿放弃获得律师协助的权利。

第五十六条 预审分庭在独特调查机会方面的作用

(一)1. 如果检察官认为,就审判而言,进行某项调查,以录取证人证言或陈述,审查、收集或检验证据,可能是日后无法获得的独特机会,检察官应将这一情形通知预审分庭。

2. 在这种情况下,预审分庭可以应检察官的请求,采取必要措施,确保程序的效率及完整性,特别是保障辩护方的权利。

3. 除预审分庭另有决定外,检察官还应向因为第1项所述的调查而被逮捕或被传唤到庭的人提供相关资料,使该人可以就此事提出意见。

(二)第一款第2项所述的措施可以包括:

1. 作出关于应遵循的程序的建议或命令;

2. 指示为该程序制作记录;

3. 指派鉴定人协助;

4. 授权被逮捕人或被传唤到庭的人的律师参与,或在尚未逮捕、到庭、指定律师时,指派另一名律师到场代表辩护方的利益;

5. 指派一名预审分庭法官,或必要时指派另一名可予调遣的预审庭或审判庭法官,监督证据的收集和保全及对人员的讯问,并就此作出建议或命令;

6. 采取其他可能必要的行动,以收集或保全证据。

(三)1. 如果检察官未依本条要求采取措施,但预审分庭认为需要采取这些措施,以保全其认为审判中对辩护方具有重大意义的证据,则应向检察官了解,检察官未要求采取上述措施是否有充分理由。经了解后,如果预审分庭判断,检察官没有理由不要求采取上述措施,则预审分庭可以自行采取这些措施。

2. 对于预审分庭依照本款自行采取行动的决定,检察官可以提出上诉。上诉应予从速审理。

(四)根据本条为审判而保全或收集的证据或其记录,在审判中,应根据第六十九条决定其可采性,并由审判分庭确定其证明力。

第五十七条 预审分庭的职能和权力

(一)除本规约另有规定外,预审分庭应依照本条规定行使职能。

(二)1. 预审分庭根据第十五条、第十八条、第十九条、第五十四条第二款、第六十一条第七款和第七十二条发出的命令或作出的裁定,必须得到预审分庭法官过半数的同意。

2. 在所有其他情况下,预审分庭的一名法官可以单独行使本规约规定的职能,但《程序和证据规则》另有规定,或者预审分庭法官过半数另有决定的除外。

(三)除本规约规定的其他职能以外,预审分庭还具有下列权力:

1. 应检察官请求,发出进行调查所需的命令和授权令;

2. 应根据第五十八条被逮捕或被传唤到庭的人的请求,发出必要的命令,包括采取第五十六条所述的措施,或依照第九编寻求必要的合作,以协助该人准备辩护;

3. 在必要的时候,下令保护被害人和证人及其隐私,保全证据,保护被逮捕或被传唤到庭的人,及保护国家安全资料;

4. 如果预审分庭在尽可能考虑到有关缔约国的意见后根据情况断定,该缔约国不存在有权执行第九编规定的合作请求的任何当局或司法体制中的任何部门,显然无法执行合作请求,则可以授权检察官在未根据第九编取得该国合作的情况下,在该国境内采取特定调查步骤;

5. 如果已根据第五十八条发出逮捕证或传票,在根据本规约及《程序和证据规则》的规定,适当考虑到证据的证明力和有关当事方的权利的情况下,根据第九十三条第一款第11项寻求国家合作,要求为没收财物,特别是为了被害人的最终利益,采取保护性措施。

第五十八条 预审分庭发出逮捕证或出庭传票

(一)调查开始后,根据检察官的申请,预审分庭在审查检察官提交的申请书和证据或其他资料后,如果认为存在下列情况,应对某人发出逮捕证:

1. 有合理理由相信该人实施了本法院管辖权内的犯罪;和

2. 为了下列理由,显然有必要将该人逮捕:

(1) 确保该人在审判时到庭;

(2) 确保该人不妨碍或危害调查工作或法庭诉讼程序;或

(3) 在必要的时候,为了防止该人继续实施该犯罪或实施本法院管辖权内产生于同一情况的有关犯罪。

(二)检察官的申请书应包括下列内容:

1. 该人的姓名及有关其身份的任何其他资料;

2. 该人被控告实施的本法院管辖权内的犯罪的具体说明;

3. 被控告构成这些犯罪的事实的摘要;

4. 证据和任何其他资料的摘要,这些证据和资料构成合理理由,足以相信该人实施了这些犯罪;和

5. 检察官认为必须逮捕该人的理由。

(三)逮捕证应包括下列内容:

1. 该人的姓名及有关其身份的任何其他资料;

2. 要求据以逮捕该人的本法院管辖权内的犯罪的具体说明;和

3. 被控告构成这些犯罪的事实的摘要。

(四)在本法院另有决定以前,逮捕证一直有效。

(五)本法院可以根据逮捕证,请求依照第九编的规定,临时逮捕或逮捕并移交该人。

(六)检察官可以请求预审分庭修改逮捕证,变更或增加其中所列的犯罪。如果预审分庭认为,有合理理由相信该人实施了经变更或增列的犯罪,则应照此修改逮捕证。

(七)检察官除可以请求发出逮捕证外,也可以申请预审分庭发出传票,传唤该人出庭。如果预审分庭认为,有合理理由相信该人实施了被控告的犯罪,而且传票足以确保该人出庭,则应发出传票,按国内法规定附带或不附带限制自由(羁押除外)的条件,传唤该人出庭。传

票应包括下列内容：

1. 该人的姓名及有关其身份的任何其他资料；
2. 指定该人出庭的日期；
3. 该人被控告实施的本法院管辖权内的犯罪的具体说明；和
4. 被控告构成这些犯罪的事实的摘要。

传票应送达该人。

第五十九条　羁押国内的逮捕程序

（一）缔约国在接到临时逮捕或逮捕并移交的请求时，应依照本国法律和第九编规定，立即采取措施逮捕有关的人。

（二）应将被逮捕的人迅速提送羁押国的主管司法当局。该主管司法当局应依照本国法律确定：

1. 逮捕证适用于该人；
2. 该人是依照适当程序被逮捕的；和
3. 该人的权利得到尊重。

（三）被逮捕的人有权向羁押国主管当局申请在移交前暂时释放。

（四）在对任何上述申请作出决定以前，羁押国主管当局应考虑，鉴于被控告的犯罪的严重程度，是否存在暂时释放的迫切及特殊情况，以及是否已有必要的防范措施，确保羁押国能够履行其向本法院移交该人的义务。羁押国主管当局无权审议逮捕证是否依照第五十八条第一款第1项和第2项适当发出的问题。

（五）应将任何暂时释放的请求通知预审分庭，预审分庭应就此向羁押国主管当局提出建议。羁押国主管当局在作出决定前应充分考虑这些建议，包括任何关于防止该人逃脱的措施的建议。

（六）如果该人获得暂时释放，预审分庭可以要求定期报告暂时释放的情况。

（七）在羁押国命令移交该人后，应尽快向本法院递解该人。

第六十条　在法院提起的初步程序

（一）在向本法院移交该人，或在该人自愿或被传唤到庭后，预审分庭应查明该人已被告知其被控告实施的犯罪，及其根据本规约所享有的权利，包括申请在候审期间暂时释放的权利。

（二）根据逮捕证被逮捕的人可以申请在候审期间暂时释放。预审分庭认为存在第五十八条第一款所述的情况时，应继续羁押该人。认为不存在这些情况时，预审分庭应有条件或无条件地释放该人。

（三）预审分庭应定期复议其有关释放或羁押该人的裁定，并可以随时根据检察官或该人的请求进行复议。经复议后，预审分庭如果确认情况有变，可以酌情修改其羁押、释放或释放条件的裁定。

（四）预审分庭应确保任何人不因检察官无端拖延，在审判前受到不合理的长期羁押。发生这种拖延时，本法院应考虑有条件或无条件地释放该人。

（五）在必要的时候，预审分庭可以发出逮捕证，确保被释放的人到案。

第六十一条　审判前确认指控

（一）除第二款规定外，在某人被移交或自动到本法院出庭后的一段合理时间内，预审分庭应举行听讯,确认检察官准备提请审判的指控。听讯应在检察官和被指控的人及其律师在场的情况下举行。

(二)有下列情形之一的,预审分庭可以根据检察官的请求或自行决定,在被指控的人不在场的情况下举行听讯,确认检察官准备提请审判的指控:

1．该人已放弃出庭权利;或

2．该人已逃逸或下落不明,而且已采取一切合理步骤使其出庭,将指控通知该人,并使其知道即将举行听讯确认指控。

在这种情况下,如果预审分庭认为有助于实现公正,被告人应由律师代理。

(三)在听讯前的一段合理期间内,该人应:

1．收到载有检察官准备将该人交付审判所依据的指控的文件副本;和

2．被告知检察官在听讯时准备采用的证据。

预审分庭可以为听讯的目的发出披露资料的命令。

(四)听讯前,检察官可以继续进行调查,并可以修改或撤销任何指控。指控的任何修改或撤销,应在听讯前合理地通知该人。撤销指控时,检察官应将撤销理由通知预审分庭。

(五)听讯时,检察官应就每一项指控提出充足证据,证明有实质理由相信该人实施了所指控的犯罪。检察官可以采用书面证据或证据摘要,而无需传唤预期在审判时作证的证人。

(六)听讯时,该人可以:

1．对指控提出异议;

2．质疑检察官提出的证据;和

3．提出证据。

(七)预审分庭应根据听讯,确定是否有充足证据,证明有实质理由相信该人实施了各项被指控的犯罪。预审分庭应根据其确定的情况:

1．确认预审分庭认为证据充足的各项指控,并将该人交付审判分庭,按经确认的指控进行审判;

2．拒绝确认预审分庭认为证据不足的各项指控;

3．暂停听讯并要求检察官考虑:

(1)就某项指控提出进一步证据或作进一步调查;或

(2)修改一项指控,因为所提出的证据显然构成另一项本法院管辖权内的犯罪。

(八)预审分庭拒绝确认一项指控,不排除检察官以后在有其他证据支持的情况下再次要求确认该项指控。

(九)在指控经确认后,但在审判开始前,经预审分庭同意,在通知被告人后,检察官可以修改指控。如果检察官要求追加指控或代之以较严重的指控,则必须根据本条规定举行听讯确认这些指控。审判开始后,经审判分庭同意,检察官可以撤销指控。

(十)对于预审分庭未予确认或检察官撤销的任何指控,先前发出的任何逮捕证停止生效。

(十一)根据本条确认指控后,院长会议即应组成审判分庭,在第八款和第六十四条第四款的限制下,负责进行以后的诉讼程序,并可以行使任何相关的和适用于这些诉讼程序的预审分庭职能。

第六编 审　　判

第六十二条　审判地点
除另有决定外,审判地点为本法院所在地。

第六十三条　被告人出席审判
(一)审判时被告人应当在场。

(二)如果在本法院出庭的被告人不断扰乱审判,审判分庭可以将被告人带出法庭,安排被告人从庭外观看审判和指示律师,并在必要时为此利用通讯技术。只应在情况特殊,其他合理措施不足以解决问题的情况下,在确有必要的时间内,才采取这种措施。

第六十四条　审判分庭的职能和权力
(一)审判分庭应依照本规约和《程序和证据规则》行使本条所列的职能和权力。

(二)审判分庭应确保审判公平从速进行,充分尊重被告人的权利,并适当顾及对被害人和证人的保护。

(三)在根据本规约将案件交付审判后,被指定审理案件的审判分庭应当:

1. 与当事各方商议,采取必要程序,以利诉讼公平从速进行;

2. 确定审判使用的一种或多种语文;并

3. 根据本规约任何其他有关规定,指令在审判开始以前及早披露此前未曾披露的文件或资料,以便可以为审判作出充分的准备。

(四)为了有效和公平行使其职能,审判分庭可以在必要时将初步问题送交预审分庭,或在必要时送交另一名可予调遣的预审庭法官。

(五)在通知当事各方后,审判分庭可以酌情指示合并审理或分开审理对多名被告人提出的指控。

(六)在审判前或审判期间,审判分庭可以酌情为行使其职能采取下列行动:

1. 行使第六十一条第十一款所述的任何一种预审分庭职能;

2. 传唤证人到庭和作证,及要求提供文件和其他证据,必要时根据本规约的规定取得各国协助;

3. 指令保护机密资料;

4. 命令提供除当事各方已经审判前收集,或在审判期间提出的证据以外的其他证据;

5. 指令保护被告人、证人和被害人;并

6. 裁定任何其他有关事项。

(七)审判应公开进行。但审判分庭可以确定,因情况特殊,为了第六十八条所述的目的,或为了保护作为证据提供的机密或敏感资料,某些诉讼程序不公开进行。

(八)1. 审判开始时,应在审判分庭上向被告人宣读业经预审分庭确认的指控书。审判分庭应确定被告人明白指控的性质,并应给被告人根据第六十五条表示认罪,或表示不认罪的机会。

2. 审判时,庭长可以就诉讼的进行作出指示,包括为了确保以公平和公正的方式进行诉讼而作出指示。在不违反庭长的任何指示的情况下,当事各方可以依照本规约的规定提出证据。

（九）审判分庭除其他外，有权应当事一方的请求或自行决定：

1. 裁定证据的可采性或相关性；并

2. 在审理过程中采取一切必要措施维持秩序。

（十）审判分庭应确保制作如实反映诉讼过程的完整审判记录，并由书记官长备有和保存。

第六十五条 关于认罪的程序

（一）如果被告人根据第六十四条第八款第1项认罪，审判分庭应确定以下各点：

1. 被告人明白认罪的性质和后果；

2. 被告人是在充分咨询辩护律师后自愿认罪的；和

3. 承认的犯罪为案件事实所证实，这些事实载于：

（1）检察官提出并为被告人承认的指控；

（2）检察官连同指控提出并为被告人接受的任何补充材料；和

（3）检察官或被告人提出的任何其他证据，如证人证言。

（二）如果审判分庭认为第一款所述事项经予确定，审判分庭应将认罪连同提出的任何进一步证据，视为已确定构成所认之罪成立所需的全部基本事实，并可以判定被告人犯下该罪。

（三）如果审判分庭认为第一款所述事项未能予以确定，审判分庭应按未认罪处理，在这种情况下，审判分庭应命令依照本规约所规定的普通审判程序继续进行审判，并可以将案件移交另一审判分庭审理。

（四）如果审判分庭认为为了实现公正，特别是为了被害人的利益，应当更全面地查明案情，审判分庭可以采取下列行动之一：

1. 要求检察官提出进一步证据，包括证人证言；或

2. 命令依照本规约所规定的普通审判程序继续进行审判，在这种情况下，应按未认罪处理，并可以将案件移交另一审判分庭审理。

（五）检察官和辩护方之间就修改指控、认罪或判刑所进行的任何商议，对本法院不具任何约束力。

第六十六条 无罪推定

（一）任何人在本法院被依照适用的法律证明有罪以前，应推定无罪。

（二）证明被告人有罪是检察官的责任。

（三）判定被告人有罪，本法院必须确信被告人有罪已无合理疑点。

第六十七条 被告人的权利

（一）在确定任何指控时，被告人有权获得符合本规约各项规定的公开审讯，获得公正进行的公平审讯，及在人人平等的基础上获得下列最低限度的保证：

1. 以被告人通晓和使用的语文，迅速被详细告知指控的性质、原因和内容；

2. 有充分时间和便利准备答辩，并在保密情况下自由地同被告人所选择的律师联系；

3. 没有不当拖延地受到审判；

4. 除第六十三条第二款规定外，审判时本人在场，亲自进行辩护或者通过被告人所选择

的法律援助进行辩护,在被告人没有法律援助时,获告知这一权利,并在为了实现公正而有必要的时候,由本法院指定法律援助,如果无力支付,则免费提供;

5. 讯问或者请他人代为讯问对方证人,并根据对方传讯证人的相同条件要求传讯被告人的证人。被告人还应有权进行答辩和提出根据本规约可予采纳的其他证据;

6. 如果本法院的任何诉讼程序或者提交本法院的任何文件所用的语文,不是被告人所通晓和使用的语文,免费获得合格的口译员的协助,以及为求公正而需要的文件的译本;

7. 不被强迫作证或认罪,保持沉默,而且这种沉默不作为判定有罪或无罪的考虑因素;

8. 作出未经宣誓的口头或书面陈述为自己辩护;和

9. 不承担任何反置的举证责任或任何反驳责任。

(二)除依照本规约规定披露任何其他资料以外,如果检察官认为其掌握或控制的证据表明或趋于表明被告人无罪,或可能减轻被告人罪责,或可能影响控方证据可信性,检察官应在实际可行时,尽快向辩护方披露这些证据。适用本款遇有疑义,应由本法院作出裁判。

第六十八条 被害人和证人的保护及参与诉讼

(一)本法院应采取适当措施,保护被害人和证人的安全、身心健康、尊严和隐私。在采取这些措施时,本法院应考虑一切有关因素,包括年龄、第七条第三款所界定的性别、健康状况,及犯罪性质,特别是在涉及性暴力或性别暴力或对儿童的暴力等犯罪方面。在对这种犯罪进行调查和起诉期间,检察官尤应采取这种措施。这些措施不应损害或违反被告人的权利和公平公正审判原则。

(二)作为第六十七条所规定的公开审讯原则的例外,为了保护被害人和证人或被告人,本法院的分庭可以不公开任何部分的诉讼程序,或者允许以电子方式或其他特别方式提出证据。涉及性暴力被害人或儿童作为被害人或证人时尤应执行这些措施,除非本法院在考虑所有情节,特别是被害人和证人的意见后,作出其他决定。

(三)本法院应当准许被害人在其个人利益受到影响时,在本法院认为适当的诉讼阶段提出其意见和关注供审议。被害人提出意见和关注的方式不得损害或违反被告人的权利和公平公正审判原则。在本法院认为适当的情况下,被害人的法律代理人可以依照《程序和证据规则》提出上述意见和关注。

(四)被害人和证人股可以就第四十三条第六款所述的适当保护办法、安全措施、辅导咨询和援助向检察官和本法院提出咨询意见。

(五)对于在审判开始前进行的任何诉讼程序,如果依照本规约规定披露证据或资料,可能使证人或其家属的安全受到严重威胁,检察官可以不公开这种证据或资料,而提交这些证据或资料的摘要。采取上述措施不应损害或违反被告人的权利和公平公正审判原则。

(六)一国可以为保护其公务人员或代表和保护机密和敏感资料申请采取必要措施。

第六十九条 证据

(一)每一证人在作证前,均应依照《程序和证据规则》宣誓,保证其将提供的证据的真实性。

(二)审判时证人应亲自出庭作证,但第六十八条或《程序和证据规则》所规定的措施除外。本法院也可以根据本规约和依照《程序和证据规则》的规定,准许借助音像技术提供证人的口头或录音证言,以及提出文件或笔录。这些措施不应损害或违反被告人的权利。

（三）当事各方可以依照第六十四条提交与案件相关的证据。本法院有权要求提交一切其认为必要的证据以查明真相。

（四）本法院可以依照《程序和证据规则》，考虑各项因素，包括证据的证明价值，以及这种证据对公平审判或公平评估证人证言可能造成的任何不利影响，裁定证据的相关性或可采性。

（五）本法院应尊重和遵守《程序和证据规则》规定的保密特权。

（六）本法院不应要求对人所共知的事实提出证明，但可以对这些事实作出司法认知。

（七）在下列情况下，以违反本规约或国际公认人权的手段获得的证据应不予采纳：

1. 违反的情节显示该证据的可靠性极为可疑；或

2. 如果准予采纳该证据将违反和严重损害程序的完整性。

（八）本法院在裁判一国所收集的证据的相关性或可采性时，不得裁断该国国内法的适用情况。

第七十条 妨害司法罪

（一）本法院对故意实施的下列妨害司法罪具有管辖权：

1. 在依照第六十九条第一款承担说明真相的义务时提供伪证；

2. 提出自己明知是不实的或伪造的证据；

3. 不当影响证人，阻碍或干扰证人出庭或作证，对作证的证人进行报复，或毁灭、伪造证据或干扰证据的收集；

4. 妨碍、恐吓或不当影响本法院官员，以强迫或诱使该官员不执行或不正当地执行其职务；

5. 因本法院一名或另一名官员执行职务而对该一名官员进行报复；

6. 作为本法院的官员，利用其职权索取或收受贿赂。

（二）本法院对本条所述的不法行为行使管辖权的原则和程序，应在《程序和证据规则》中加以规定。就有关本条的诉讼程序向本法院提供国际合作的条件，以被请求国的国内法为依据。

（三）被判有罪的，本法院可以判处五年以下有期徒刑，或根据《程序和证据规则》单处罚金，或并处罚金。

（四）1. 对于本条所述的妨害司法罪，如果犯罪在一缔约国境内发生或为其国民所实施，该缔约国应将本国处罚破坏国内调查或司法程序完整性的不法行为的刑事法规扩展适用于这些犯罪；

2. 根据本法院的请求，缔约国在其认为适当时，应将有关案件提交本国主管当局，以便进行起诉。有关当局应认真处理这些案件，并提供充分资源，以便能够作出有效的处理。

第七十一条 对在法院的不当行为的制裁

（一）对在本法院出庭的人所实施的不当行为，包括破坏本法院的诉讼程序，或故意拒不遵守本法院的指令，本法院可以通过监禁以外的行政措施，如暂时或永久地逐出法庭、罚金或《程序和证据规则》所规定的其他类似措施，予以处罚。

（二）第一款所定措施，应依照《程序和证据规则》规定的程序执行。

第七十二条 保护国家安全资料

（一）本条适用于一国认为披露该国的资料或文件将损害其国家安全利益的任何情况，

包括涉及下列各条款的情况：第五十六条第二款和第三款、第六十一条第三款、第六十四条第三款、第六十七条第二款、第六十八条第六款、第八十七条第六款和第九十三条，以及在诉讼任何其他阶段因发生这种披露问题而产生的情况。

（二）如果某人以披露会损害某一国家的国家安全利益为由，拒绝根据要求提供资料或证据，或将此事提交国家，而且有关国家证实，该国认为这种披露会损害其国家安全利益，本条规定也应予适用。

（三）本条的规定不妨碍根据第五十四条第三款第 5 项和第 6 项适用的保密要求，也不妨碍第七十三条的适用。

（四）如果一国知悉该国的资料或文件在诉讼的某个阶段正在被披露或可能被披露，而该国认为这种披露会损害其国家安全利益，该国应有权进行干预，依照本条解决问题。

（五）如果一国认为披露资料会损害该国的国家安全利益，该国应酌情会同检察官、辩护方、预审分庭或审判分庭，采取一切合理步骤，寻求通过合作的方式解决问题。这些步骤可以包括：

1. 修改或澄清有关请求；

2. 由本法院断定要求提供的资料或证据的相关性，或对于相关的证据，断定是否可以或已经从被请求国以外的来源获得；

3. 从其他来源或以其他形式获得资料或证据；或

4. 议定提供协助的条件，除其他外，包括提供摘要或节录，限制披露范围，采用不公开或诉讼单一方参与的程序，或采用本规约和《程序和取证规则》允许的其他保护性措施。

（六）在采取了一切合理步骤，寻求通过合作方式解决问题后，如果该国认为没有任何办法或条件，可以使资料或文件的提供或披露不致损害其国家安全利益，该国应将这一情况及其作出的决定的具体理由通知检察官或本法院，除非具体说明这些理由也必然导致损害该国的国家安全利益。

（七）此后，如果本法院断定证据是相关的，而且是确定被告人有罪或无罪所必需的，本法院可以采取下列行动：

1. 如果披露该资料或文件的要求系根据第九编的合作请求提出，或因第二款所述情况而提出，且该国援引了第九十三条第四款所列的拒绝理由：

（1）本法院可以在作出第七款第 1 项第 2 目所述任何结论以前，请求进一步协商，听取有关国家的意见，包括在适当时进行不公开和诉讼单一方参与的听讯；

（2）如果本法院断定，根据实际情况，被请求国援引第九十三条第四款所列拒绝理由，即未履行本规约规定的义务，本法院可以根据第八十七条第七款提交该事项，并说明其结论所依据的理由；和

（3）本法院可以在对被告人的审判中酌情推定某一事实存在或不存在；或

2. 在所有其他情况下：

（1）命令披露；或

（2）如果不命令披露，可以在对被告人的审判中酌情推定某一事实存在或不存在。

第七十三条　第三方的资料或文件

如果本法院请求一缔约国提供某一国家、政府间组织或国际组织在保密基础上向其披

露,现处于其保管、据有或控制之下的文件或资料,该缔约国应就披露该文件或资料征求其来源方的同意。如果来源方为缔约国,则来源方应同意披露该资料或文件,或着手根据第七十二条的规定与本法院解决披露问题。如果来源方不是缔约国,而且拒绝同意披露,被请求国应通知本法院,说明该国事前已对来源方承担保密义务,因此无法提供有关文件或资料。

第七十四条　作出裁判的条件

（一）审判分庭的全体法官应出席审判的每一阶段,并出席整个评议过程。院长会议可以在逐案的基础上,从可予调遣的法官中指定一位或多位候补法官,出席审判的每一阶段,并在审判分庭的任何法官无法继续出席时替代该法官。

（二）审判分庭的裁判应以审判分庭对证据和整个诉讼程序的评估为基础。裁判不应超出指控或其任何修正所述的事实和情节的范围。本法院作出裁判的唯一根据,是在审判中向其提出并经过辩论的证据。

（三）法官应设法作出一致裁判,如果无法达成一致意见,应由法官的过半数作出裁判。

（四）审判分庭的评议应永予保密。

（五）裁判应书面作出,并应叙明理由,充分说明审判分庭对证据作出的裁定及其结论。审判分庭应只作出一项裁判。在不能取得一致意见的情况下,审判分庭的裁判应包括多数意见和少数意见。裁判或其摘要应在公开庭上宣布。

第七十五条　对被害人的赔偿

（一）本法院应当制定赔偿被害人或赔偿被害人方面的原则。赔偿包括归还、补偿和恢复原状。在这个基础上,本法院可以应请求,或在特殊情况下自行决定,在裁判中确定被害人或被害人方面所受的损害、损失和伤害的范围和程度,并说明其所依据的原则。

（二）本法院可以直接向被定罪人发布命令,具体列明应向被害人或向被害人方面作出的适当赔偿,包括归还、补偿和恢复原状。本法院可以酌情命令向第七十九条所规定的信托基金交付判定的赔偿金。

（三）本法院根据本条发出命令前,可以征求并应当考虑被定罪人、被害人、其他利害关系人或利害关系国或上述各方的代表的意见。

（四）本法院行使本条规定的权力时,可以在判定某人实施本法院管辖权内的犯罪后,确定为了执行其可能根据本条发出的任何命令,是否有必要请求采取第九十三条第一款规定的措施。

（五）缔约国应执行依照本条作出的裁判,视第一百零九条的规定适用于本条。

（六）对本条的解释,不得损害被害人根据国内法或国际法享有的权利。

第七十六条　判刑

（一）审判分庭作出有罪判决时,应当考虑在审判期间提出的与判刑相关的证据和意见,议定应判处的适当刑罚。

（二）除适用第六十五条的情况以外,审判结束前,审判分庭可以自行决定,并应在检察官或被告人提出请求时,依照《程序和证据规则》再次举行听讯,听取与判刑相关的任何进一步证据或意见。

（三）在第二款适用的情况下,应在根据第二款再次举行听讯时,及在任何必要的进一步听讯上,听取根据第七十五条提出的任何陈述。

（四）刑罚应公开并尽可能在被告人在场的情况下宣告。

第七编　刑　　罚

第七十七条　适用的刑罚

（一）除第一百一十条规定外，对于被判实施本规约第五条所述某项犯罪的人，本法院可以判处下列刑罚之一：

1. 有期徒刑，最高刑期不能超过三十年；或
2. 无期徒刑，以犯罪极为严重和被定罪人的个人情况而证明有此必要的情形为限。

（二）除监禁外，本法院还可以命令：

1. 处以罚金，处罚标准由《程序和证据规则》规定；
2. 没收直接或间接通过该犯罪行为得到的收益、财产和资产，但不妨害善意第三方的权利。

第七十八条　量刑

（一）量刑时，本法院应依照《程序和证据规则》，考虑犯罪的严重程度和被定罪人的个人情况等因素。

（二）判处徒刑时，本法院应扣减先前依照本法院的命令受到羁押的任何时间。本法院可以扣减因构成该犯罪的行为而受到羁押的任何其他时间。

（三）一人被判犯数罪时，本法院应宣告每一项犯罪的刑期，再宣告合并执行的总刑期。总刑期应在数刑中最高刑期以上，但不能超过三十年，或根据第七十七条第一款第2项判处的无期徒刑。

第七十九条　信托基金

（一）应根据缔约国大会的决定，设立一个信托基金，用于援助本法院管辖权内的犯罪的被害人及其家属。

（二）本法院可以命令，根据本法院的指令将通过罚金或没收取得的财物转入信托基金。

（三）信托基金应根据缔约国大会决定的标准进行管理。

第八十条　不妨碍国家适用刑罚和国内法

本编的规定不影响国家适用其国内法规定的刑罚，也不影响未规定本编所定刑罚的国家的法律。

第八编　上诉和改判

第八十一条　对无罪或有罪判决或判刑的上诉

（一）对根据第七十四条作出的裁判，可以依照《程序和证据规则》提出上诉：

1. 检察官可以基于下列任何一种理由提出上诉：

（1）程序错误；

（2）认定事实错误；或

(3) 适用法律错误；

2. 被定罪人或检察官代表被定罪人，可以基于下列任何一种理由提出上诉：

(1) 程序错误；

(2) 认定事实错误；

(3) 适用法律错误，或

(4) 影响到诉讼程序或裁判的公正性或可靠性的任何其他理由。

(二) 1. 检察官或被定罪人可以依照《程序和证据规则》，以罪刑不相称为由对判刑提出上诉。

2. 对于就判刑提出的上诉，如果本法院认为有理由撤销全部或部分有罪判决，本法院可以请检察官和被定罪人根据第八十一条第一款第 1 项或第 2 项提出理由，并可以依照第八十三条对定罪作出裁判。

3. 对于只是就定罪提出的上诉，如果本法院认为根据第二款第 1 项有理由减轻刑罚时，应当适用同样的程序。

(三) 1. 除审判分庭另有决定外，上诉期间应继续羁押被定罪人。

2. 羁押期超过刑期时，应释放被定罪人，但如果检察官同时正在提出上诉，则被定罪人的释放应受下列第 3 项的条件约束。

3. 被判无罪时，应立即释放被告人，但是：

(1) 在特殊情况下，考虑到潜逃的实际可能性、被指控犯罪的严重程度以及上诉的成功机会等因素，审判分庭应检察官的要求，可以在上诉期间继续羁押该人；

(2) 可以依照《程序和证据规则》对审判分庭根据第 3 项第 1 目作出的裁判提出上诉。

(四) 除第三款第 1 项和第 2 项规定外，在上诉受理期间和上诉审理期间，裁判或刑罚应暂停执行。

第八十二条　对其他裁判的上诉

(一) 当事双方均可以依照《程序和证据规则》对下列裁判提出上诉：

1. 关于管辖权或可受理性的裁判；

2. 准许或拒绝释放被调查或被起诉的人的裁判；

3. 预审分庭根据第五十六条第三款自行采取行动的决定；

4. 涉及严重影响诉讼的公正和从速进行或审判结果的问题的裁判，而且预审分庭或审判分庭认为，上诉分庭立即解决这一问题可能大大推进诉讼的进行。

(二) 预审分庭根据第五十七条第三款第 4 项作出的裁判，经预审分庭同意，有关国家或检察官可以提出上诉。上诉应予从速审理。

(三) 上诉本身无中止效力，除非上诉分庭应要求根据《程序和证据规则》作出这种决定。

(四) 被害人的法律代理人、被定罪人或因一项有关第七十五条的命令而受到不利影响的财产善意所有人，可以根据《程序和证据规则》，对赔偿命令提出上诉。

第八十三条　上诉的审理程序

(一) 为了第八十一条和本条规定的审理程序的目的，上诉分庭具有审判分庭的全部权力。

（二）如果上诉分庭认定上诉所针对的审判程序有失公正，影响到裁判或判刑的可靠性，或者上诉所针对的裁判或判刑因为有认定事实错误、适用法律错误或程序错误而受到重大影响，上诉分庭可以：

1. 推翻或修改有关的裁判或判刑；或

2. 命令由另一审判分庭重新审判。

为了上述目的，上诉分庭可以将事实问题发回原审判分庭重新认定，由该分庭向其提出报告，上诉分庭也可以自行提取证据以认定该问题。如果该项裁判或判刑仅由被定罪人或由检察官代该人提出上诉，则不能作出对该人不利的改判。

（三）对于不服判刑的上诉，如果上诉分庭认定罪刑不相称，可以依照第七编变更判刑。

（四）上诉分庭的判决应由法官的过半数作出，在公开庭上宣告。判决书应说明根据的理由。在不能取得一致意见的情况下，上诉分庭的判决书应包括多数意见和少数意见，但法官可以就法律问题发表个别意见或反对意见。

（五）上诉分庭可以在被判无罪的人或被定罪的人缺席的情况下宣告判决。

第八十四条　变更定罪判决或判刑

（一）被定罪人，或在其亡故后，其配偶、子女、父母或被告人死亡时在生并获被告人书面明确指示为其提出这种请求的人，或检察官代表被定罪人，可以基于下列理由，向上诉分庭申请变更最终定罪判决或判刑：

1. 发现新证据，该新证据：

（1）是审判时无法得到的，而且无法得到该证据的责任不应全部或部分归咎于提出申请的当事方；而且

（2）是足够重要的，如果在审判时获得证明，很可能导致不同的判决；

2. 在审判期间被采纳并作为定罪根据的决定性证据，在最近被发现是不实的、伪造的或虚假的；

3. 参与定罪或确认指控的一名或多名法官在该案中有严重不当行为或严重渎职行为，其严重程度足以根据第四十六条将有关法官免职。

（二）上诉分庭如果认为申请理由不成立，应将申请驳回。上诉分庭如果确定申请是有理由的，可以根据情况：

1. 重组原审判分庭；

2. 组成新的审判分庭；或

3. 保留对此事的管辖权，

以期在依照《程序和证据规则》所规定的方式听取当事各方的陈述后，确定是否应变更判决。

第八十五条　对被逮捕人或被定罪人的赔偿

（一）任何遭受非法逮捕或羁押的人，应有可以执行的得到赔偿的权利。

（二）经最后裁判被判犯下刑事犯罪的人，如果对其作出的有罪判决其后因新事实或新发现的事实决定性地证明存在司法失当情况而被推翻，则该因有罪判决而受到处罚的人应依法获得赔偿，除非可以证明，未及时披露该项未为人知的事实的责任可以全部或部分归咎于该人。

（三）在特殊情况下，如果本法院发现决定性事实，证明存在严重、明显的司法失当情事，本法院可以酌情根据《程序和证据规则》规定的标准，裁定赔偿已经因最后被判无罪，或因上述理由终止诉讼而获释放的人。

第九编　国际合作和司法协助

第八十六条　一般合作义务

缔约国应依照本规约的规定，在本法院调查和起诉本法院管辖权内的犯罪方面同本法院充分合作。

第八十七条　合作请求：一般规定

（一）1. 本法院有权向缔约国提出合作请求。请求书应通过外交途径或各缔约国在批准、接受、核准或加入时可能指定的任何其他适当途径转递。

各缔约国其后更改这种指定，应依照《程序和证据规则》作出。

2. 在不妨碍第1项规定的情况下，适当时也可以通过国际刑事警察组织或任何适当的区域组织转递请求书。

（二）根据被请求国在批准、接受、核准或加入时作出的选择，合作请求书及其辅助文件应以被请求国的一种法定语文制作，或附上这种语文的译本，也得以本法院工作语文之一制作。

其后更改这一选择，应依照《程序和证据规则》作出。

（三）被请求国应对合作请求书及其辅助文件保密，但为执行请求而必须披露的除外。

（四）对于根据本编提出的任何协助请求，本法院可以采取必要措施，包括保护资料方面的措施，以确保任何被害人、可能证人及其家属的安全及身心健康。对于根据本编提供的任何资料，本法院可以要求其提供和处理方式务必保护被害人、可能证人及其家属的安全及身心健康。

（五）1. 本法院可以邀请任何非本规约缔约国的国家，根据特别安排、与该国达成的协议或任何其他适当的基础，按本编规定提供协助。

2. 如果非本规约缔约国的国家已同本法院达成特别安排或协议，但没有对根据任何这种安排或协议提出的请求给予合作，本法院可以通知缔约国大会，或在有关情势系由安全理事会提交本法院的情况下，通知安全理事会。

（六）本法院可以请求任何政府间组织提供资料或文件。本法院也可以请求有关组织依照本法院与其达成的协议，按其主管或职权范围提供其他形式的合作和协助。

（七）如果缔约国未按本规约的规定行事，不执行本法院的合作请求，致使本法院无法行使本规约规定的职能和权力，本法院可以在认定存在这一情况后将此事项提交缔约国大会，或在有关情势系由安全理事会提交本法院的情况下，提交安全理事会。

第八十八条　国内法中可供采用的程序

缔约国应确保其国内法中已有可供采用的程序，以执行本编规定的各种形式的合作。

第八十九条　向法院移交有关的人

（一）本法院可以将逮捕并移交某人的请求书，连同第九十一条所列的请求书辅助材料，递交给该人可能在其境内的任何国家,请求该国合作,逮捕并移交该人。缔约国应依照本编规定及其国内法所定程序,执行逮捕并移交的请求。

(二)如果被要求移交的人依照第二十条规定,根据一罪不二审原则向国内法院提出质疑,被请求国应立即与本法院协商,以确定本法院是否已就可受理性问题作出相关裁定。案件可予受理的,被请求国应着手执行请求。可受理性问题尚未裁定的,被请求国可以推迟执行移交该人的请求,直至本法院就可受理性问题作出断定。

(三)1. 缔约国应根据国内程序法,批准另一国通过其国境递解被移交给本法院的人,除非从该国过境将妨碍或延缓移交;

2. 本法院的过境请求书应依照第八十七条的规定转递。过境请求书应包括下列内容:
(1)说明所递解的人的身份;
(2)简述案件的事实及这些事实的法律性质;并
(3)附上逮捕并移交授权令;

3. 被递解的人在过境期间应受羁押;

4. 如果使用空中交通工具递解该人,而且未计划在过境国境内降落,则无需申请批准。

5. 如果在过境国境内发生计划外的降落,该国可以要求依照第2项规定提出过境请求。过境国应羁押被递解的人,直至收到过境请求书并完成过境为止,但与本项有关的羁押,从计划外降落起计算,不得超过九十六小时,除非在这一时限内收到请求书。

(四)如果被要求移交的人,因本法院要求移交所依据的某项犯罪以外的另一项犯罪在被请求国内被起诉或服刑,被请求国在决定准予移交后应与本法院协商。

第九十条　竞合请求

(一)缔约国在接到本法院根据第八十九条提出的关于移交某人的请求时,如果另外接到任何其他国家的请求,针对构成本法院要求移交该人所依据的犯罪之基础的同一行为要求引渡同一人,该缔约国应将此情况通知本法院和请求国。

(二)如果请求国是缔约国,在下列情况下,被请求国应优先考虑本法院的请求:

1. 本法院依照第十八条或第十九条断定,移交请求所涉及的案件可予受理,而且这一断定考虑到请求国已就其引渡请求进行的调查或起诉;或

2. 本法院接到被请求国依照第一款发出的通知后作出第1项所述的断定。

(三)如果未有第二款第1项所述的断定,在等候本法院根据第二款第2项作出断定以前,被请求国可以酌情着手处理请求国提出的引渡请求,但在本法院断定案件不可受理以前,不得引渡该人。本法院应从速作出断定。

(四)如果请求国是非本规约缔约国的国家,被请求国又没有向请求国引渡该人的国际义务,则在本法院断定案件可予受理的情况下,被请求国应优先考虑本法院提出的移交请求。

(五)如果本法院断定第四款所述的案件不可受理,被请求国可以酌情着手处理请求国提出的引渡请求。

(六)在适用第四款的情况下,如果被请求国有向非本规约缔约国的请求国引渡该人的现行国际义务,被请求国应决定向本法院移交该人,还是向请求国引渡该人。作出决定时,被请求国应考虑所有相关因素,除其他外,包括:

1. 各项请求的日期;

2. 请求国的权益,根据情况包括犯罪是否在其境内实施、被害人的国籍和被要求引渡的人的国籍;和

3. 本法院与请求国此后相互移交该人的可能性。

(七) 缔约国接到本法院的移交请求时,如果另外接到任何其他国家的请求,针对构成本法院要求移交该人所依据的犯罪之基础的行为以外的其他行为要求引渡同一人:

1. 在被请求国没有向请求国引渡该人的现行国际义务时,被请求国应优先考虑本法院的请求;

2. 在被请求国有向请求国引渡该人的现行国际义务时,被请求国应决定向本法院移交该人,还是向请求国引渡该人。作出决定时,被请求国应考虑所有相关因素,除其他外,包括第六款列明的各项因素,但应特别考虑所涉行为的相对性质和严重程度。

(八) 如果本法院接到本条所指的通知后断定某案件不可受理,向请求国引渡的请求随后又被拒绝,被请求国应将此决定通知本法院。

第九十一条 逮捕并移交的请求的内容

(一) 逮捕并移交的请求应以书面形式提出。在紧急情况下,请求可以通过任何能够发送书面记录的方式提出,但其后应通过第八十七条第一款第1项规定的途径予以确认。

(二) 为了请求逮捕并移交预审分庭根据第五十八条对其发出逮捕证的人,请求书应载有或附有下列资料:

1. 足以确定被要求的人的身份的资料,以及关于该人的可能下落的资料;

2. 逮捕证副本;和

3. 被请求国的移交程序所要求的一切必要文件、声明或资料,但这些要求不得比该国根据同其他国家订立的条约或安排而适用于引渡请求的条件更为苛刻,而且考虑到本法院的特殊性质,应在可能的情况下减少这些要求。

(三) 为了请求逮捕并移交已被定罪的人,请求书应载有或附有下列资料:

1. 要求逮捕该人的逮捕证副本;

2. 有罪判决书副本;

3. 证明被要求的人是有罪判决书所指的人的资料;和

4. 在被要求的人已被判刑的情况下,提供判刑书副本,如果判刑为徒刑,应说明已服刑期和剩余刑期。

(四) 经本法院请求,缔约国应就根据第二款第3项可能适用的国内法的要求,同本法院进行一般性协商,或对具体事项进行协商。协商过程中,缔约国应将其国内法的具体要求告知本法院。

第九十二条 临时逮捕

(一) 在紧急情况下,本法院可以在依照第九十一条规定提出移交请求书及其辅助文件以前,请求临时逮捕被要求的人。

(二) 临时逮捕的请求应以任何能够发送书面记录的方式发出,并应载有下列资料:

1. 足以确定被要求的人的身份的资料,以及关于该人的可能下落的资料;

2. 关于要求以逮捕该人的犯罪的简要说明,以及被控告构成这些犯罪的事实的简要说明,并尽可能包括犯罪的时间和地点;

3. 已对被要求的人发出逮捕证或作出有罪判决的声明;和

4. 移交被要求的人的请求书将随后送交的声明。

(三) 如果被请求国未在《程序和证据规则》规定的时限内收到第九十一条规定的移交请求书及其辅助文件,可以释放在押的被临时逮捕的人。但在被请求国法律允许的情况下,在这一期间届满前,该人可以同意被移交。在这种情况下,被请求国应尽快着手将该人移交给本法院。

(四) 如果移交请求书及其辅助文件在较后日期送交,已根据第三款释放在押的被要求的人的事实,不妨碍在其后逮捕并移交该人。

第九十三条　其他形式的合作

(一) 缔约国应依照本编及其国内法程序的规定,执行本法院的请求,在调查和起诉方面提供下列协助:

1. 查明某人的身份和下落或物品的所在地;

2. 取证,包括宣誓证言,及提供证据,包括本法院需要的鉴定意见和报告;

3. 讯问任何被调查或被起诉的人;

4. 送达文书,包括司法文书;

5. 为有关人员作为证人或鉴定人自愿到本法院出庭提供便利;

6. 根据第七款规定临时移送人员;

7. 勘验有关地点或场所,包括掘尸检验和检查墓穴;

8. 执行搜查和扣押;

9. 提供记录和文件,包括官方记录和文件;

10. 保护被害人和证人,及保全证据;

11. 查明、追寻和冻结或扣押犯罪收益、财产和资产及犯罪工具,以便最终予以没收,但不损害善意第三方的权利;和

12. 被请求国法律不禁止的其他形式的协助,以便利调查和起诉本法院管辖权内的犯罪。

(二) 本法院有权向在本法院出庭的证人或鉴定人作出保证,该人不会因为其在离开被请求国以前的任何作为或不作为,在本法院受到起诉、羁押或对其人身自由的任何限制。

(三) 对于根据第一款提出的请求,如果基于一项普遍适用的现行基本法律原则,被请求国不能执行请求中详述的一项协助措施,被请求国应从速与本法院协商,力求解决问题。协商过程中,应考虑是否能以其他方式或有条件地提供协助。如果协商后仍然无法解决问题,本法院应视需要修改请求。

(四) 根据第七十二条规定,只有在要求提供的文件或披露的证据涉及其国家安全的情况下,缔约国才可以全部或部分拒绝协助请求。

(五) 在拒绝一项根据第一款第12项提出的协助请求以前,被请求国应考虑是否可以在特定条件下提供协助,或是否可以延后或以其他方式提供协助。如果本法院或检察官接受了有条件的协助,本法院或检察官必须遵守这些条件。

(六) 被请求的缔约国如果拒绝协助请求,应从速将拒绝理由通知本法院或检察官。

(七) 1. 本法院可以请求临时移送被羁押的人,以便进行辨认、录取证言或获得其他协

助。移送该人须满足下列条件：

（1）该人在被告知后自愿表示同意被移送；和

（2）被请求国根据该国与本法院可能商定的条件，同意移送该人。

2. 被移送的人应继续受到羁押。在移送的目的完成后，本法院应尽快将该人交回被请求国。

（八）1. 除请求书所述的调查或诉讼程序所需要的以外，本法院应确保文件和资料的机密性。

2. 被请求国在必要时，可以在保密的基础上将文件或资料递送检察官。检察官其后只可以将其用于收集新证据的目的。

3. 被请求国其后可以自行决定或应检察官的请求，同意披露这些文件或资料。经披露后，可以根据第五编和第六编及依照《程序和证据规则》的规定，利用这些文件和资料作为证据。

（九）1.（1）如果一缔约国收到本法院和与之有国际义务的另一国提出的移交或引渡以外的竞合请求，该缔约国应与本法院和该另一国协商，设法同时满足双方请求，必要时可以推迟执行其中一项请求或对请求附加条件。

（2）无法如上解决问题时，应依照第九十条所定原则解决竞合请求。

2. 如果本法院的请求涉及因一项国际协定而在第三国或一国际组织控制下的资料、财产或人员，被请求国应将此情况告知本法院，由本法院向该第三国或国际组织提出请求。

（十）1. 如果一缔约国正在就构成本法院管辖权内的犯罪的行为，或就构成其国内法定为严重犯罪的行为进行调查或审判，本法院可以根据该缔约国的请求，同该国合作，提供协助。

2.（1）根据第1项提供的协助除其他外，应包括：

① 递送本法院在调查或审判期间获得的陈述、文件或其他种类的证据；和

② 讯问本法院下令羁押的人；

（2）对于根据第2项第1目第1分目提供的协助：

① 如果文件或其他种类的证据是在一国协助下获得的，这种递送须得到该国的同意；

② 如果陈述、文件或其他种类的证据是由证人或鉴定人提供的，这种递送受第六十八条限制。

3. 本法院可以根据本款规定的条件，同意非本规约缔约国的国家根据本款提出的协助请求。

第九十四条　因进行中的调查或起诉而推迟执行请求

（一）如果立即执行请求会妨碍正在对请求所涉案件以外的案件进行的调查或起诉，被请求国可以在同本法院商定的期限内推迟执行请求。但推迟的期限不应超出被请求国完成有关调查或起诉所必需的时间。在决定推迟执行请求以前，被请求国应当考虑是否可以依照某些条件立即提供协助。

（二）如果被请求国根据第一款作出推迟执行请求的决定，检察官可以根据第九十三条第一款第10项请求保全证据。

第九十五条　因可受理性的质疑而推迟执行请求

如果本法院正在根据第十八条或第十九条审理关于可受理性的质疑，被请求国可以在

本法院作出断定以前,推迟执行根据本编提出的请求,除非本法院明确下令检察官可以根据第十八条或第十九条收集证据。

第九十六条 第九十三条规定的其他形式协助的请求的内容

(一)第九十三条所指的其他形式协助的请求应以书面形式提出。在紧急情况下,请求可以通过任何能够发送书面记录的方式提出,但其后应通过第八十七条第一款第1项规定的途径予以确认。

(二)根据具体情况,请求书应载有或附有下列资料:

1. 关于请求的目的和要求得到的协助,包括请求的法律根据和理由的简要说明;

2. 关于为提供所要求的协助而必须找到或查明的任何人物或地点的所在或特征的尽可能详细的资料;

3. 与请求有关的基本事实的简要说明;

4. 须遵行任何程序或要求的理由及其细节;

5. 根据被请求国法律的要求,须为执行请求提供的资料;

6. 提供要求得到的协助所需的任何其他资料。

(三)经本法院请求,缔约国就根据第二款第5项可能适用的国内法的要求,同本法院进行一般性协商,或对具体事项进行协商。协商过程中,缔约国应将其国内法的具体要求告知本法院。

(四)本条的规定也比照适用于向本法院提出的协助请求。

第九十七条 磋商

缔约国收到根据本编提出的请求,但发现请求中存在问题,可能妨碍或阻止请求的执行,应立即与本法院磋商,解决问题。除其他外,这些问题可以包括:

1. 执行请求所需的资料不足;

2. 在请求移交的情况下,尽管作出了最大努力,仍然无法找到要求移交的人,或进行的调查确定,在被请求国的有关个人显然不是逮捕证所指的人;或

3. 执行目前形式的请求,将使被请求国违反已对另一国承担的条约义务。

第九十八条 在放弃豁免权和同意移交方面的合作

(一)如果被请求国执行本法院的一项移交或协助请求,该国将违背对第三国的个人或财产的国家或外交豁免权所承担的国际法义务,则本法院不得提出该项请求,除非本法院能够首先取得该第三国的合作,由该第三国放弃豁免权。

(二)如果被请求国执行本法院的一项移交请求,该国将违背依国际协定承担的义务,而根据这些义务,向本法院移交人员须得到该人派遣国的同意,则本法院不得提出该项移交请求,除非本法院能够首先取得该人派遣国的合作,由该派遣国同意移交。

第九十九条 根据第九十三条和第九十六条提出的请求的执行

(一)提供协助的请求,应依照被请求国的法律所规定的有关程序,在该国法律不禁止的情况下,以请求书指明的方式执行,包括按照请求书列出的任何程序执行,或允许请求书所指定的人在执行程序中到场并提供协助。

(二)遇紧急请求,经本法院要求,答复的文件或证据应紧急发送。

(三)被请求国的答复应以其原始语文和格式转递。

（四）在不妨碍本编其他条款的情况下，为了顺利执行一项无需采取任何强制性措施即可以执行的请求，尤其是在自愿基础上与某人面谈或向该人取证，包括为执行请求而确有必要时，在被请求缔约国当局不在场的情况下进行上述活动，以及为了在未经变动的条件下检查公共现场或其他公共场所，检察官在必要时可以依照下列规定直接在一国境内执行这种请求：

1．如果被请求缔约国是被控告的犯罪在其境内发生的国家，而且已有根据第十八条或第十九条作出的可予受理断定，检察官可以在与被请求缔约国进行了一切可能的协商后直接执行这种请求；

2．在其他情况下，检察官可以在与被请求缔约国协商后，按照该缔约国提出的任何合理条件或关注执行这种请求。如果被请求缔约国发现根据本项规定执行请求存在问题，该缔约国应立即与本法院磋商，解决问题。

（五）根据第七十二条规定在本法院出庭作证或接受讯问的人为防止披露与国家安全有关的机密资料而可以援引的各项限制条件，也适用于执行本条所指的协助请求。

第一百条　费用

（一）在被请求国境内执行请求的一般费用由该国承担，但下列各项费用由本法院承担：

1．与证人和鉴定人的旅费和安全有关的费用，或与根据第九十三条移送被羁押人有关的费用；

2．笔译、口译和笔录费用；

3．法官、检察官、副检察官、书记官长、副书记官长及本法院任何机关的工作人员的旅费和生活津贴；

4．本法院要求的任何鉴定意见或报告的费用；

5．与羁押国向本法院递解被移交的人有关的费用；和

6．经协商确定的任何与执行请求有关的特殊费用。

（二）第一款的规定应比照适用于缔约国向本法院提出的请求。在这种情况下，本法院承担执行请求的一般费用。

第一百零一条　特定规则

（一）根据本规约移交给本法院的人，不得因移交以前实施的、构成移交该人所依据的犯罪之基础的行为以外的任何其他行为或行为过程而受追诉、处罚或羁押。

（二）本法院可以请求向本法院移交人员的国家放弃第一款规定的要求，并应在必要时依照第九十一条提供补充资料。缔约国有权并应努力向本法院表示放弃。

第一百零二条　用语

为了本规约的目的：

1．"移交"是指一国依照本规约向本法院递解人员；

2．"引渡"是指一国根据条约、公约或国内立法向另一国递解人员。

第十编 执 行

第一百零三条 国家在执行徒刑方面的作用

（一）1. 本法院应当从向本法院表示愿意接受被判刑人的国家名单中指定一个国家，在该国执行徒刑。

2. 一国宣布愿意接受被判刑人时，可以对这种接受附加本法院同意并符合本编规定的条件。

3. 具体指定的国家应从速就其是否接受本法院的指定通知本法院。

（二）1. 执行国应将可能严重影响徒刑执行条件或程度的任何情况，包括根据第一款商定的任何条件的实施，通知本法院。本法院应至少提前四十五天得到任何这种已知或预知情况的通知。在此期间，执行国不得采取任何可能违反该国根据第一百一十条所承担的义务的行动。

2. 如果本法院不同意第1项所述的情况，则应通知执行国，并依照第一百零四条第一款的规定处理。

（三）本法院在依照第一款行使指定国家的酌定权时，应考虑下列因素：

1. 缔约国分担执行徒刑责任的原则，即缔约国应依照《程序和证据规则》的规定，根据公平分配原则分担这一责任；

2. 适用囚犯待遇方面广为接受的国际条约标准；

3. 被判刑人的意见；

4. 被判刑人的国籍；

5. 指定执行国时应酌情考虑的其他因素，包括有关犯罪情节、被判刑人情况，或判刑的有效执行的因素。

（四）如果没有根据第一款指定任何国家，应依照第三条第二款所述的《总部协定》规定的条件，在东道国提供的监狱设施执行徒刑。在这种情况下，本法院应承担执行徒刑所需的费用。

第一百零四条 改变指定的执行国

（一）本法院可以随时决定将被判刑人转移到另一国的监狱。

（二）被判刑人可以随时申请本法院将其转移出执行国。

第一百零五条 判刑的执行

（一）除一国可能根据第一百零三条第一款第2项附加的条件外，徒刑判决对缔约国具有约束力，缔约国不得作任何修改。

（二）只有本法院有权对上诉和改判的任何申请作出裁判。执行国不得阻碍被判刑人提出任何这种申请。

第一百零六条 执行判刑的监督和监禁的条件

（一）徒刑的执行应受本法院的监督，并应符合囚犯待遇方面广为接受的国际条约标准。

（二）监禁条件由执行国的法律规定，并应符合囚犯待遇方面广为接受的国际条约标准，但条件的宽严不得有别于执行国同类犯罪囚犯的监禁条件。

(三) 被判刑人与本法院之间的通讯应不受阻碍,并应予保密。

第一百零七条　服刑人在刑期满后的移送

(一) 非执行国国民的人在刑期满后,除非执行国准许该人留在该国境内,根据执行国法律,该人可以被移送到有义务接受该人的国家,或被移送到同意接受该人的另一国家,但应考虑该人是否愿意被移送到该国。

(二) 根据第一款将该人移送到另一国所需的费用,如果没有任何国家承担,应由本法院承担。

(三) 在不违反第一百零八条的规定的情况下,执行国也可以依照本国国内法,将该人引渡或移交给为了审判或执行一项判刑而要求引渡或移交该人的一个国家。

第一百零八条　对因其他犯罪被起诉或受处罚的限制

(一) 在执行国受到羁押的被判刑人,不得因该人在被移送到执行国以前实施的任何行为而被起诉或受处罚或被引渡给第三国,除非本法院应执行国的请求,同意这种起诉、处罚或引渡。

(二) 本法院应在听取被判刑人的意见后就此事作出决定。

(三) 如果被判刑人在本法院所判刑期全部执行后,自愿留在执行国境内超过三十天,或在离境后又返回执行国境内,第一款不再适用。

第一百零九条　罚金和没收措施的执行

(一) 缔约国应根据其国内法程序,执行本法院根据第七编命令的罚金或没收,但不应损害善意第三方的权利。

(二) 缔约国无法执行没收命令时,应采取措施,收缴价值相当于本法院命令没收的收益、财产或资产的财物,但不应损害善意第三方的权利。

(三) 缔约国因执行本法院的判决而获得的财产,或出售执行所得的不动产的收益,或酌情出售其他执行所得的财产的收益,应转交本法院。

第一百一十条　法院对减刑的复查

(一) 在本法院宣判的刑期届满以前,执行国不得释放被判刑人。

(二) 只有本法院有权作出减刑决定,并应在听取了该人的意见后就此事作出裁定。

(三) 对于已执行刑期三分之二的人,或被判处无期徒刑但已服刑二十五年的人,本法院应当对其判刑进行复查,以确定是否应当减刑。这种复查不得在上述时间之前进行。

(四) 本法院在依照第三款进行复查时,如果认为存在下列一个或多个因素,可以减刑:

1. 该人较早而且一直愿意在本法院的调查和起诉方面同本法院合作;

2. 该人在其他方面自愿提供协助,使本法院得以执行判决和命令,尤其是协助查明与罚金、没收或赔偿命令有关的,可以用于被害人利益的资产的下落;或

3. 根据《程序和证据规则》的规定,其他因素证明,情况发生明显、重大的变化,足以构成减刑的理由。

(五) 如果本法院在依照第三款进行初次复查后断定不宜减刑,其后应根据《程序和证据规则》规定的的时间间隔和适用标准,对减刑问题进行复查。

第一百一十一条　越狱

如果被定罪人越狱并逃离执行国,该国可以在同本法院协商后,请求该人所在的国家依

照现行双边或多边协议移交该人,或者请求本法院依照第九编要求移交该人。本法院可以指示将该人递解原服刑地国家或本法院指定的另一国家。

第十一编　缔约国大会

第一百一十二条　缔约国大会

(一) 兹设立本规约缔约国大会。每一缔约国在大会中应有一名代表,并可以有若干名副代表和顾问。本规约或《最后文件》的其他签署国可以作为大会观察员。

(二) 大会应:

1. 审议和酌情通过预备委员会的建议;
2. 向院长会议、检察官和书记官长提供关于本法院行政工作的管理监督;
3. 审议第三款所设的主席团的报告和活动,并就此采取适当行动;
4. 审议和决定本法院的预算;
5. 决定应否依照第三十六条调整法官人数;
6. 依照第八十七条第五款和第七款审议任何不合作问题;
7. 履行符合本规约和《程序和证据规则》的任何其他职能。

(三) 1. 大会应设主席团,由大会选举一名主席、二名副主席和十八名成员组成,任期三年。

2. 主席团应具有代表性,特别应顾及公平地域分配原则,及充分代表世界各主要法系。

3. 主席团视需要随时召开会议,但至少应每年开会一次。主席团协助大会履行其职责。

(四) 大会还可以视需要设立附属机关,包括设立一个负责检查、评价和调查本法院的独立监督机制,以提高本法院的工作效率和节省开支。

(五) 本法院院长、检察官和书记官长或其代表适当时可以参加大会或主席团的会议。

(六) 大会应在本法院所在地或在联合国总部每年举行一次会议,并根据情况需要举行特别会议。除本规约具体规定的情况外,特别会议应由主席团自行决定或根据缔约国三分之一要求召开。

(七) 每一缔约国应有一票表决权。大会及主席团应尽力以协商一致作出决定。无法达成协商一致时,除非本规约另有规定,应以下列方式作出决定:

1. 有关实质性事项的决定,必须由出席并参加表决的缔约国三分之二多数通过,但进行表决的法定人数,必须是缔约国的绝对多数;
2. 有关程序事项的决定,应由出席并参加表决的缔约国简单多数作出。

(八) 任何缔约国如果拖欠对本法院费用的摊款,其拖欠数额相当于或超过其以往整两年的应缴摊款时,将丧失在大会和主席团的表决权。如果大会认为拖欠是该缔约国所无法控制的情况所致,大会仍可以允许该缔约国参加大会和主席团的表决。

(九) 大会应自行制定议事规则。

(十) 大会以联合国大会的正式语文和工作语文为其正式语文和工作语文。

第十二编 财务事项

第一百一十三条 财务条例

除另有具体规定外,本法院和缔约国大会的会议,包括其主席团和附属机构的会议的一切有关财务事项,均应依照本规约和缔约国大会通过的《财务条例和细则》的规定处理。

第一百一十四条 费用的支付方式

本法院和缔约国大会,包括其主席团和附属机构的费用,由本法院的经费支付。

第一百一十五条 法院和缔约国大会的经费

缔约国大会确定的预算编列本法院和缔约国大会,包括其主席团和附属机构所需经费,由下列来源提供:

1. 缔约国的摊款;
2. 联合国经大会核准提供的经费,尤其是安全理事会提交情势所涉的费用。

第一百一十六条 自愿捐助

在不妨碍第一百一十五条的情况下,本法院可以依照缔约国大会通过的有关标准,作为额外经费,接受和利用各国政府、国际组织、个人、企业和其他实体的自愿捐助。

第一百一十七条 摊款

应依照议定的分摊比额表摊派缔约国的缴款。该比额表应以联合国为其经常预算制定的比额表为基础,并依照该比额表所采用的原则予以调整。

第一百一十八条 年度审核

本法院的记录、账册和账目,包括其年度财务报表,每年由独立审计员审核。

第十三编 最后条款

第一百一十九条 争端的解决

(一)关于本法院司法职能的任何争端,由本法院的决定解决。

(二)两个或两个以上缔约国之间有关本规约的解释或适用的任何其他争端,未能通过谈判在谈判开始后三个月内解决的,应提交缔约国大会。大会可以自行设法解决争端,也可以建议其他办法解决争端,包括依照《国际法院规约》将争端提交国际法院。

第一百二十条 保留

不得对本规约作出保留。

第一百二十一条 修正

(一)本规约生效七年后,任何缔约国均可以对本规约提出修正案。任何提议修正案的案文应提交联合国秘书长,由秘书长从速将其分送所有缔约国。

(二)在通知之日起三个月后任何时间举行的缔约国大会下一次会议,应由出席并参加表决的缔约国过半数决定是否处理这一提案。大会可以直接处理该提案,或者根据所涉问题视需要召开审查会议。

(三)修正案不能在缔约国大会会议,或者在审查会议上取得协商一致的,必须由缔约国三分之二多数通过。

(四)除第五款规定外,修正案在缔约国八分之七向联合国秘书长交存批准书或接受书一年后,对所有缔约国生效。

(五)本规约第五条、第六条、第七条和第八条的任何修正案,在接受该修正案的缔约国交存批准书或接受书一年后对其生效。对于未接受修正案的缔约国,本法院对该缔约国国民实施的或在其境内实施的修正案所述犯罪,不得行使管辖权。

(六)如果修正案根据第四款获得缔约国八分之七接受,未接受修正案的任何缔约国可以在该修正案生效后一年内发出通知,退出本规约,立即生效,不受第一百二十七条第一款限制,但须依照第一百二十七条第二款规定行事。

(七)联合国秘书长应将缔约国大会会议或审查会议通过的修正案分送所有缔约国。

第一百二十二条　对体制性规定的修正

(一)虽有第一百二十一条第一款规定,任何缔约国随时可以对本规约中仅涉及体制问题的规定提出修正案。这些规定为第三十五条、第三十六条第八款和第九款、第三十七条、第三十八条、第三十九条第一款(首二句)及第二款和第四款、第四十二条第四款至第九款、第四十三条第二款和第三款、第四十四条、第四十六条、第四十七条和第四十九条。提议修正案的案文应提交联合国秘书长或缔约国大会指定的其他人,由其从速分送所有缔约国和参加大会的其他各方。

(二)根据本条提出的修正案,不能取得协商一致的,必须由缔约国大会或审查会议以缔约国三分之二多数通过。这种修正案在大会或审查会议通过六个月后,对所有缔约国生效。

第一百二十三条　规约的审查

(一)本规约生效七年后,联合国秘书长应召开一次审查会议,审查对本规约的任何修正案。审查范围除其他外,可以包括第五条所列的犯罪清单。会议应任由参加缔约国大会的国家按同一条件参加。

(二)其后任何时间,应一缔约国要求,为了第一款所述的目的,经缔约国过半数赞成,联合国秘书长应召开审查会议。

(三)审查会议审议的任何本规约修正案,其通过和生效办法,应适用第一百二十一条第三款至第七款的规定。

第一百二十四条　过渡条款

虽有第十二条第一款和第二款规定,一国成为本规约缔约国时可以声明,在本规约对该国生效后七年内,如果其国民被指控实施一项犯罪,或者有人被指控在其境内实施一项犯罪,该国不接受本法院对第八条所述一类犯罪的管辖权。根据本条作出的声明可以随时撤回。依照第一百二十三条第一款召开的审查会,应审查本条规定。

第一百二十五条　签署、批准、接受、核准或加入

(一)本规约于1998年7月17日在罗马联合国粮食及农业组织总部开放供所有国家签署。此后,本规约在罗马意大利外交部继续开放供签署,直至1998年10月17日为止。其后,本规约在纽约联合国总部继续开放供签署,直至2000年12月31日为止。

(二)本规约须经签署国批准、接受或核准。批准书、接受书或核准书应交存联合国秘书长。

（三）本规约应对所有国家开放供加入。加入书应交存联合国秘书长。

第一百二十六条　生效

（一）本规约应在第六十份批准书、接受书、核准书或加入书交存联合国秘书长之日起六十天后的第一个月份第一天开始生效。

（二）对于在第六十份批准书、接受书、核准书或加入书交存后批准、接受、核准或加入本规约的每一个国家，本规约应在该国交存其批准书、接受书、核准书或加入书之日起六十天后的第一个月份第一天对该国开始生效。

第一百二十七条　退约

（一）缔约国得以书面通知联合国秘书长退出本规约。退约在通知收到之日起一年后生效，除非通知指明另一较晚日期。

（二）一国在作为本规约缔约国期间根据本规约所承担的义务，包括可能承担的任何财政义务，不因退约而解除。退约不影响退约国原有的合作义务，就退约生效之日以前开始的刑事调查与诉讼同本法院进行合作，也不妨碍本法院继续审理退约生效之日以前，本法院已在审理中的任何事项。

第一百二十八条　作准文本

本规约正本交存联合国秘书长，其阿拉伯文、中文、英文、法文、俄文和西班牙文文本同等作准。联合国秘书长应将本规约经证明无误的副本分送所有国家。

下列签署人经各自政府正式授权在本规约上签字，以昭信守。

1998年7月17日订于罗马。

附录 2

犯 罪 要 件[*]

一般性导言

1. 根据第九条,应以下列《犯罪要件》协助本法院在符合《规约》的情况下,解释和适用第六条、第七条和第八条。《规约》的规定,包括第二十一条及第三编规定的一般原则,适用于《犯罪要件》。

2. 第三十条已经指出,除另有规定外,只有当某人在故意和明知的情况下实施犯罪的物质要件,该人才对本法院管辖权内的犯罪负有刑事责任。在《犯罪要件》内,所列某种行为、后果或情况没有提到心理要件的,应理解为第三十条规定的相关心理要件,即明知、故意或明知和故意,应予适用。对于根据《规约》及其有关条文规定的适用法律,不应适用第三十条标准的例外情况,下文另予说明。

3. 明知和故意的存在,可以从相关事实和情节推断。

4. 在心理要件方面,涉及价值判断的要件,如使用"不人道"或"严重"等用语的要件,除另有规定外,不要求行为人亲自完成有关的价值判断。

5. 在每项犯罪下开列的犯罪要件中,通常不具体列出排除刑事责任的理由,或不负刑事责任的理由。①

6. 《规约》或国际法其他方面所规定的,特别是国际人道主义法所规定的"违法性"要素,通常不在犯罪要件中具体列出。

7. 犯罪要件一般按照下列原则组织:
- 犯罪要件强调与每种犯罪相关的行为、后果和情况,因此一般按此顺序开列;
- 必要的心理要件,在受影响的行为、后果或情况之后列出;
- 相关的背景情况在最后列出。

8. 在《犯罪要件》中,"行为人"一词为中性用语,不表示有罪或无罪。各项要件,包括适当的心理要件,比照适用于可能根据《规约》第二十五条和第二十八条追究其刑事责任的人。

---

* 说明:灭绝种族罪、危害人类罪和战争罪的犯罪要件结构,以《罗马规约》第六条、第七条和第八条有关规定的结构为基础。上述《罗马规约》条款有的一款列出多项犯罪。在这种情况下,每项犯罪的犯罪要件以单独一款列出,以方便确定各罪的要件。

【根据《罗马规约》第 9 条的规定,国际刑事法院在解释和适用灭绝种族罪、危害人类罪和战争罪时,应由《犯罪要件》辅助。依据罗马外交大会最后文件附件一和《罗马规约》第 112 条第 7 款第 1 项的规定,《犯罪要件》由"建立国际刑事法院预备委员会"起草,并由出席和参加表决的缔约国 2/3 多数通过。在 2002 年 9 月 3 日至 10 日召开的第一次罗马规约缔约国大会上,《犯罪要件》以协调一致的方式通过。此外,本文件中的所有注释均为官方文件的注释。——本书作者注】

① 此段不影响检察官根据《规约》第五十四条第一款承担的义务。

9. 一项行为可构成一罪或数罪。
10. 使用各项犯罪的简称,无任何法律后果。

第六条 灭绝种族罪

导言

关于每项犯罪的最后一个要件:
- "在……情况下"包括新出现的行为模式的初始行为;
- "明显"是一项客观条件;
- 尽管一般需要第三十条规定的心理要件,而且认识到在证明灭绝种族罪的犯罪意图时,一般会涉及知道情况的问题,但是否需要关于知道情况的心理要件,及这项要件的适用条件,应由本法院逐案决定。

第六条第1项 灭绝种族罪——杀害
要件

1. 行为人杀害①一人或多人。
2. 这些人为某一特定民族、族裔、种族或宗教团体的成员。
3. 行为人意图全部或局部消灭该民族、族裔、种族或宗教团体。
4. 行为是在明显针对该团体采取一系列类似行为的情况下发生的,或者是本身足以造成这种消灭的行为。

第六条第2项 灭绝种族罪——致使身体上或精神上遭受严重伤害
要件

1. 行为人致使一人或多人身体上或精神上遭受严重伤害。②
2. 这些人为某一特定民族、族裔、种族或宗教团体的成员。
3. 行为人意图全部或局部消灭该民族、族裔、种族或宗教团体。
4. 行为是在明显针对该团体采取一系列类似行为的情况下发生的,或者是本身足以造成这种消灭的行为。

第六条第3项 灭绝种族罪——故意以某种生活状况毁灭生命
要件

1. 行为人使一人或多人处于某种生活状况。
2. 这些人为某一特定民族、族裔、种族或宗教团体的成员。
3. 行为人意图全部或局部消灭该民族、族裔、种族或宗教团体。
4. 该种生活状况旨在全部或局部毁灭该团体的生命。③
5. 行为是在明显针对该团体采取一系列类似行为的情况下发生的,或者是本身足以造

---

① "杀害"一词与"致死"一词通用。
② 行为可以包括但不一定限于酷刑、强奸、性暴力或不人道或有辱人格待遇。
③ "生活状况"一词可以包括但不一定限于故意断绝生存必需的资源,如粮食或医疗服务,或有系统地驱逐离开家园。

成这种消灭的行为。

第六条第4项　灭绝种族罪——强制施行办法意图防止生育
要件
1. 行为人对一人或多人强制施行某些办法。
2. 这些人为某一特定民族、族裔、种族或宗教团体的成员。
3. 行为人意图全部或局部消灭该民族、族裔、种族或宗教团体。
4. 强制施行的办法是意图防止该团体内的生育。
5. 行为是在明显针对该团体采取一系列类似行为的情况下发生的，或者是本身足以造成这种消灭的行为。

第六条第5项　灭绝种族罪——强迫转移儿童
要件
1. 行为人强行转移一人或多人。①
2. 这些人为某一特定民族、族裔、种族或宗教团体的成员。
3. 行为人意图全部或局部消灭该民族、族裔、种族或宗教团体。
4. 转移是从该团体转移到另一团体。
5. 这些人不满18岁。
6. 行为人知道或应该知道这些人不满18岁。
7. 行为是在明显针对该团体采取一系列类似行为的情况下发生的，或者是本身足以造成这种消灭的行为。

第七条　危害人类罪

导言
1. 鉴于第七条涉及国际刑法，根据第二十二条规定，必须对其规定作严格解释，并应就此考虑到第七条界定的危害人类罪为整个国际社会关注的一些最严重犯罪，应当追究其个人刑事责任，而且所涉行为应当是世界各大法系承认的普遍适用国际法所不容许的行为。
2. 每项危害人类罪的最后二项要件描述行为发生时的必要背景情况。二项要件明确规定参加且明知系广泛或有系统地针对平民人口进行的攻击为构成要件。但最后一项要件不应被解释为必须证明行为人知道攻击的所有特征，或国家、组织的计划或政策的细节。如果广泛或有系统地针对平民人口进行攻击为新出现的情况，最后一项要件的故意要素是指，行为人有意推行这种攻击的，即具备这一心理要件的该当性。
3. 在这些背景情况要件中，"针对平民人口进行的攻击"意指，根据国家或组织攻击平民人口的政策，或为了推行这种政策，针对任何平民人口多次实施《规约》第七条第一款所述行为的行为过程。这些行为不必构成军事攻击。"攻击平民人口的政策"意指国家或组织积极

---

① "强行"一词不限于针对人身的武力，也可以包括针对这些人或另一人实施武力威胁或强制手段，例如以对暴力的恐惧、胁迫、羁押、心理压迫或滥用权力造成强制性情况，或利用强制性环境。

推动或鼓励这种攻击平民人口的行为。①

第七条第一款第 1 项　危害人类罪——谋杀
要件

1. 行为人杀害②一人或多人。
2. 实施的行为属于广泛或有系统地针对平民人口进行的攻击的一部分。
3. 行为人知道或有意使该行为属于广泛或有系统地针对平民人口进行的攻击的一部分。

第七条第一款第 2 项　危害人类罪——灭绝
要件

1. 行为人杀害③一人或多人，包括施加某种生活状况，目的是毁灭部分的人口。④
2. 行为构成大规模杀害平民人口的成员，或作为这种杀害的一部分⑤发生。
3. 实施的行为属于广泛或有系统地针对平民人口进行的攻击的一部分。
4. 行为人知道或有意使该行为属于广泛或有系统地针对平民人口进行的攻击的一部分。

第七条第一款第 3 项　危害人类罪——奴役
要件

1. 行为人对一人或多人行使附属于所有权的任何或一切权力，如买卖、出租或互易这些人，或以类似方式剥夺其自由。⑥
2. 实施的行为属于广泛或有系统地针对平民人口进行的攻击的一部分。
3. 行为人知道或有意使该行为属于广泛或有系统地针对平民人口进行的攻击的一部分。

第七条第一款第 4 项　危害人类罪——驱逐出境或强行迁移人口
要件

1. 行为人在缺乏国际法容许的理由的情况下，以驱逐或其他强制性行为，将一人或多人驱逐出境或强行⑦迁移⑧到他国或他地。
2. 这些人合法留在被驱逐或迁移离开的地区。
3. 行为人知道确定这些人留在有关地区的合法性的事实情况。

---

① 以平民人口为攻击对象的政策一般由国家或组织的行动实施。在特殊情况下，这种政策的实施方式可以是故意不采取行动，刻意以此助长这种攻击。不能仅以缺乏政府或组织的行动推断存在这种政策。
② "杀害"一词与"致死"一词通用。本脚注适用于所有使用这两个概念之一的要件。
③ 可以利用不同的直接或间接杀害方法实施行为。
④ 施加这种状况可以包括断绝粮食和药品来源。
⑤ "一部分"一词包括大规模杀害的初始行为。
⑥ 这种剥夺自由在某些情况下，应理解为可能包括强迫劳动或使一人沦为《1956 年废止奴隶制、奴隶贩卖及类似奴隶制的制度与习俗补充公约》所界定的奴役地位。同时，这一要件所述的行为应理解为包括贩运人口，特别是妇女和儿童。
⑦ "强行"一词不限于针对人身的武力，也可以包括针对这些人或另一人实施武力威胁或强制手段，例如以对暴力的恐惧、胁迫、羁押、心理压迫或滥用权力造成强制性情况，或利用强制性环境。
⑧ "驱逐出境或强行迁移"与"强迫迁离"通用。

4. 实施的行为属于广泛或有系统地针对平民人口进行的攻击的一部分。

5. 行为人知道或有意使该行为属于广泛或有系统地针对平民人口进行的攻击的一部分。

第七条第一款第 5 项　危害人类罪——监禁或以其他方式严重剥夺人身自由

要件

1. 行为人监禁一人或多人或严重剥夺一人或多人的人身自由。

2. 行为达到违反国际法基本规则的严重程度。

3. 行为人知道确定行为严重程度的事实情况。

4. 实施的行为属于广泛或有系统地针对平民人口进行的攻击的一部分。

5. 行为人知道或有意使该行为属于广泛或有系统地针对平民人口进行的攻击的一部分。

第七条第一款第 6 项　危害人类罪——酷刑①

要件

1. 行为人使一人或多人身体或精神遭受重大痛苦。

2. 这些人在行为人羁押或控制之下。

3. 这种痛苦并非纯因合法制裁而引起，也非合法制裁所固有或附带产生的。

4. 实施的行为属于广泛或有系统地针对平民人口进行的攻击的一部分。

5. 行为人知道或有意使该行为属于广泛或有系统地针对平民人口进行的攻击的一部分。

第七条第一款第 7 项—1　危害人类罪——强奸

要件

1. 行为人侵入②某人身体，其行为导致不论如何轻微地以性器官进入被害人或行为人身体任一部位，或以任何物体或身体其他任何部位进入被害人的肛门或生殖器官。

2. 侵入以武力实施，或以针对该人或另一人实施武力威胁或强制手段，例如以对暴力的恐惧、胁迫、羁押、心理压迫或滥用权力造成强制性情况的方式实施，或利用强制性环境实施，或者是对无能力给予真正同意③的人实施的。

3. 实施的行为属于广泛或有系统地针对平民人口进行的攻击的一部分。

4. 行为人知道或有意使该行为属于广泛或有系统地针对平民人口进行的攻击的一部分。

第七条第一款第 7 项—2　危害人类罪——性奴役④

要件

1. 行为人对一人或多人行使附属于所有权的任何或一切权力，如买卖、出租或互易这些人，或以类似方式剥夺其自由。⑤

---

① 无需为本罪证明犯罪具体目的。

② "侵入"一词概念含义广泛，不涉及性别问题。

③ 有关的人可以因自然、诱发或与年龄有关的因素而无能力给予真正同意。本脚注也适用于第七条第一款第 7 项—3、5 和 6 的相应要件。

④ 基于本罪的复杂性，认识到犯罪可能涉及多个行为人，为一个共同犯罪目的的一部分。

⑤ 这种剥夺自由在某些情况下，应理解为可能包括强迫劳动或使一人沦为《1956 年废止奴隶制、奴隶贩卖及类似奴隶制的制度与习俗补充公约》所界定的奴役地位。同时，这一要件所述的行为应理解为包括贩运人口，特别是妇女和儿童。

2. 行为人使一人或多人进行一项或多项性行为。
3. 实施的行为属于广泛或有系统地针对平民人口进行的攻击的一部分。
4. 行为人知道或有意使该行为属于广泛或有系统地针对平民人口进行的攻击的一部分。

第七条第一款第 7 项—3　危害人类罪——强迫卖淫

要件

1. 行为人迫使一人或多人进行一项或多项性行为,为此采用武力,或针对这些人或另一人实行武力威胁或强制手段,例如以对暴力的恐惧、胁迫、羁押、心理压迫或滥用权力造成强制性情况,或利用强制性环境或这些人无能力给予真正同意的情况。
2. 行为人或另一人已经以或预期以这种性行为换取,或因这种性行为得到金钱或其他利益。
3. 实施的行为属于广泛或有系统地针对平民人口进行的攻击的一部分。
4. 行为人知道或有意使该行为属于广泛或有系统地针对平民人口进行的攻击的一部分。

第七条第一款第 7 项—4　危害人类罪——强迫怀孕

要件

1. 行为人禁闭一名或多名被强迫怀孕的妇女,目的是影响某一人口的族裔构成,或进行其他严重违反国际法的行为。
2. 实施的行为属于广泛或有系统地针对平民人口进行的攻击的一部分。
3. 行为人知道或有意使该行为属于广泛或有系统地针对平民人口进行的攻击的一部分。

第七条第一款第 7 项—5　危害人类罪——强迫绝育

要件

1. 行为人剥夺一人或多人的自然生殖能力。①
2. 行为缺乏医学或住院治疗这些人的理由,而且未得到本人的真正同意。②
3. 实施的行为属于广泛或有系统地针对平民人口进行的攻击的一部分。
4. 行为人知道或有意使该行为属于广泛或有系统地针对平民人口进行的攻击的一部分。

第七条第一款第 7 项—6　危害人类罪——性暴力

要件

1. 行为人对一人或多人实施一项性行为,或迫使这些人进行一项性行为,为此采用武力,或针对这些人或另一人实施武力威胁或强制手段,例如以对暴力的恐惧、胁迫、羁押、心理压迫或滥用权力造成强制性情况,或利用强制性环境或这些人无能力给予真正同意的情况。
2. 行为的严重程度与《规约》第七条第一款第 7 项所述的其他犯罪相若。

---

① 剥夺行为不包括实际上不具有长期作用的节育措施。
② "真正同意"应理解为不包括以欺骗手段取得的同意。

3. 行为人知道确定行为严重程度的事实情况。

4. 实施的行为属于广泛或有系统地针对平民人口进行的攻击的一部分。

5. 行为人知道或有意使该行为属于广泛或有系统地针对平民人口进行的攻击的一部分。

第七条第一款第 8 项　危害人类罪——迫害

要件

1. 行为人违反国际法,①严重剥夺一人或多人的基本权利。

2. 行为人因某一团体或集体的特性而以这些人为目标,或以该团体或集体为目标。

3. 选定目标的根据,是政治、种族、民族、族裔、文化、宗教、《规约》第七条第三款所界定的性别方面的理由,或公认为国际法所不容的其他理由。

4. 行为与任何一种《规约》第七条第一款提及的行为或任何一种本法院管辖权内的犯罪结合发生。②

5. 实施的行为属于广泛或有系统地针对平民人口进行的攻击的一部分。

6. 行为人知道或有意使该行为属于广泛或有系统地针对平民人口进行的攻击的一部分。

第七条第一款第 9 项　危害人类罪——强迫人员失踪③④

要件

1. 行为人:

(a) 逮捕、羁押⑤⑥或绑架一人或多人;或

(b) 拒绝承认这种逮捕、羁押或绑架行为,或透露有关的人的命运或下落。

2. (a) 在逮捕、羁押或绑架期间或在其后,拒绝承认这种剥夺自由的行为,或透露有关的人的命运或下落;或

(b) 上述拒绝承认或透露的行为,在剥夺自由期间或在其后发生。

3. 行为人知道:⑦

(a) 在一般情况下,逮捕、羁押或绑架后,将拒绝承认这种剥夺自由的行为,或透露有关的人的命运或下落;⑧或

(b) 上述拒绝承认或透露的行为,在剥夺自由期间或在其后发生。

4. 这种逮捕、羁押或绑架是国家或政治组织进行的,或是在其同意、支持或默许下进行的。

5. 拒绝承认这种剥夺自由的行为,或透露有关的人的命运或下落,是上述国家或政治组

---

① 此项规定不妨害《犯罪要件》一般性导言第 6 段的规定。
② 除要件 6 所含有的心理要素外,本要件不要求其他心理要素。
③ 基于本罪的复杂性,认识到犯罪可能涉及多个行为人,为一个共同犯罪目的的一部分。
④ 要件 7 和 8 所提到的攻击在《规约》生效后发生,本罪才为本法院管辖权内的犯罪。
⑤ "羁押"一词包括行为人维持现有羁押状态的行为。
⑥ 在某些情况下,逮捕或羁押可能是合法的。
⑦ 此要件因本罪的复杂性而加上,不妨害《犯罪要件》的一般性导言。
⑧ 对于维持现有羁押状态的行为人,知道已拒绝承认或透露的,即具有本要件的该当性。

织进行的,或是在其同意或支持下进行的。

6. 行为人打算将有关的人长期置于法律保护之外。

7. 实施的行为属于广泛或有系统地针对平民人口进行的攻击的一部分。

8. 行为人知道或有意使该行为属于广泛或有系统地针对平民人口进行的攻击的一部分。

第七条第一款第 10 项　危害人类罪——种族隔离

要件

1. 行为人对一人或多人实施不人道行为。

2. 这种行为是《规约》第七条第一款提及的行为之一,或者是性质与其相同的行为。①

3. 行为人知道确定行为的性质的事实情况。

4. 行为是一个种族团体对任何其他一个或多个种族团体,在一个有计划地实行压迫和统治的体制化制度下实施的。

5. 行为人打算以这种行为维持这一制度。

6. 实施的行为属于广泛或有系统地针对平民人口进行的攻击的一部分。

7. 行为人知道或有意使该行为属于广泛或有系统地针对平民人口进行的攻击的一部分。

第七条第一款第 11 项　危害人类罪——其他不人道行为

要件

1. 行为人以不人道行为造成重大痛苦,或对人体或精神或身体健康造成严重伤害。

2. 行为的性质与《规约》第七条第一款提及的任何其他行为相同。②

3. 行为人知道确定行为的性质的事实情况。

4. 实施的行为属于广泛或有系统地针对平民人口进行的攻击的一部分。

5. 行为人知道或有意使该行为属于广泛或有系统地针对平民人口进行的攻击的一部分。

第八条　战　争　罪

导言

第八条第二款第 3 项和第 5 项所列战争罪要件,受不属于犯罪要件的第八条第二款第 4 项和第 6 项的规定限制。

《规约》第八条第二款所列战争罪要件,应当按照武装冲突国际法规,酌情包括适用于海上武装冲突的武装冲突国际法规的既定框架解释。

对于为每项犯罪开列的最后二个要件:

• 不要求行为人作出法律评价,断定是否存在武装冲突,或断定冲突的国际性质或非国际性质;

---

① "性质"是指行为的本质和严重程度。
② "性质"是指行为的本质和严重程度。

- 在这方面,不要求行为人知道据以确定冲突的国际性质或非国际性质的事实;
- "在……情况下发生并且与该冲突有关"一语意指,仅需知道据以确定存在武装冲突的事实情况。

第八条第二款第 1 项

第八条第二款第 1 项第 1 目　战争罪——故意杀害

要件

1. 行为人杀害一人或多人。①
2. 这些人受到一项或多项 1949 年《日内瓦公约》的保护。
3. 行为人知道确定该受保护地位的事实情况。②③
4. 行为在国际武装冲突情况下发生并且与该冲突有关。④
5. 行为人知道据以确定存在武装冲突的事实情况。

第八条第二款第 1 项第 2 目—1　战争罪——酷刑

要件⑤

1. 行为人使一人或多人身体或精神遭受重大痛苦。
2. 行为人造成这种痛苦是为了:取得情报或供状、处罚、恐吓或胁迫,或为了任何歧视性理由。
3. 这些人受到一项或多项 1949 年《日内瓦公约》的保护。
4. 行为人知道确定该受保护地位的事实情况。
5. 行为在国际武装冲突情况下发生并且与该冲突有关。
6. 行为人知道据以确定存在武装冲突的事实情况。

第八条第二款第 1 项第 2 目—2　战争罪——不人道待遇

要件

1. 行为人使一人或多人身体或精神遭受重大痛苦。
2. 这些人受到一项或多项 1949 年《日内瓦公约》的保护。
3. 行为人知道确定该受保护地位的事实情况。
4. 行为在国际武装冲突情况下发生并且与该冲突有关。
5. 行为人知道据以确定存在武装冲突的事实情况。

---

① "杀害"一词与"致死"一词通用,本脚注适用于所有使用这两个概念之一的要件。
② 此一心理要件确认第三十条与第三十二条的相互作用。本脚注也适用于第八条第二款第 1 项所列每一犯罪的相应要件,并适用于第八条第二款其他犯罪的有关要件,即知道确定某些人或某些财产根据有关武装冲突国际法规具有受保护地位的事实情况。
③ 在国籍方面,行为人仅需知道被害人为冲突敌对方的人员。本脚注也适用于第八条第二款第 1 项所列每一犯罪的相应要件。
④ "国际武装冲突"一词包括军事占领。本脚注也适用于第八条第二款第 1 项所列每一犯罪的相应要件。
⑤ 由于要件 3 要求所有被害人必须是一项或多项 1949 年《日内瓦公约》的"被保护人",这些要件没有列入第七条第一款第 6 项的要件所规定的羁押或控制要素。

第八条第二款第 1 项第 2 目—3　战争罪——生物学实验
要件

1. 行为人使一人或多人成为某项生物学实验的对象。
2. 实验严重危及这些人的身体或精神健康或完整性。
3. 实验目的不在于治疗,而且缺乏医学理由,也不是为了这些人的利益而进行的。
4. 这些人受到一项或多项 1949 年《日内瓦公约》的保护。
5. 行为人知道确定该受保护地位的事实情况。
6. 行为在国际武装冲突情况下发生并且与该冲突有关。
7. 行为人知道据以确定存在武装冲突的事实情况。

第八条第二款第 1 项第 3 目　战争罪——故意造成重大痛苦
要件

1. 行为人使一人或多人身体或精神遭受重大痛苦,或严重伤害这些人的身体或健康。
2. 这些人受到一项或多项 1949 年《日内瓦公约》的保护。
3. 行为人知道确定该受保护地位的事实情况。
4. 行为在国际武装冲突情况下发生并且与该冲突有关。
5. 行为人知道据以确定存在武装冲突的事实情况。

第八条第二款第 1 项第 4 目　战争罪——破坏和侵占财产
要件

1. 行为人破坏或侵占某些财产。
2. 破坏或侵占无军事上的必要。
3. 破坏或侵占是广泛的和恣意进行的。
4. 这些财产受到一项或多项 1949 年《日内瓦公约》的保护。
5. 行为人知道确定该受保护地位的事实情况。
6. 行为在国际武装冲突情况下发生并且与该冲突有关。
7. 行为人知道据以确定存在武装冲突的事实情况。

第八条第二款第 1 项第 5 目　战争罪——强迫在敌方部队中服役
要件

1. 行为人以行为或威胁方式,强迫一人或多人参加反对他们本国或本方部队的军事行动,或者在敌国部队中服役。
2. 这些人受到一项或多项 1949 年《日内瓦公约》的保护。
3. 行为人知道确定该受保护地位的事实情况。
4. 行为在国际武装冲突情况下发生并且与该冲突有关。
5. 行为人知道据以确定存在武装冲突的事实情况。

第八条第二款第 1 项第 6 目　战争罪——剥夺公允审判的权利
要件

1. 行为人拒绝给予特别是 1949 年《日内瓦第三公约》和《日内瓦第四公约》所规定的司法保障,剥夺一人或多人应享的公允及合法审判的权利。

2. 这些人受到一项或多项1949年《日内瓦公约》的保护。
3. 行为人知道确定该受保护地位的事实情况。
4. 行为在国际武装冲突情况下发生并且与该冲突有关。
5. 行为人知道据以确定存在武装冲突的事实情况。

第八条第二款第1项第7目—1 战争罪——非法驱逐出境和迁移

要件

1. 行为人将一人或多人驱逐出境或迁移到他国或他地。
2. 这些人受到一项或多项1949年《日内瓦公约》的保护。
3. 行为人知道确定该受保护地位的事实情况。
4. 行为在国际武装冲突情况下发生并且与该冲突有关。
5. 行为人知道据以确定存在武装冲突的事实情况。

第八条第二款第1项第7目—2 战争罪——非法禁闭

要件

1. 行为人将一人或多人禁闭或继续禁闭在某地。
2. 这些人受到一项或多项1949年《日内瓦公约》的保护。
3. 行为人知道确定该受保护地位的事实情况。
4. 行为在国际武装冲突情况下发生并且与该冲突有关。
5. 行为人知道据以确定存在武装冲突的事实情况。

第八条第二款第1项第8目 战争——劫持人质

要件

1. 行为人劫持或拘禁一人或多人,或以这些人为人质。
2. 行为人威胁杀害、伤害或继续拘禁这些人。
3. 行为人意图迫使某一国家、国际组织、自然人或法人或一组人采取行动或不采取行动,以此作为这些人的安全或释放的明示或默示条件。
4. 这些人受到一项或多项1949年《日内瓦公约》的保护。
5. 行为人知道确定该受保护地位的事实情况。
6. 行为在国际武装冲突情况下发生并且与该冲突有关。
7. 行为人知道据以确定存在武装冲突的事实情况。

第八条第二款第2项

第八条第二款第2项第1目 战争罪——攻击平民

要件

1. 行为人指令攻击。
2. 攻击目标是平民人口本身或未直接参加敌对行动的个别平民。
3. 行为人故意以平民人口本身或未直接参加敌对行动的个别平民为攻击目标。
4. 行为在国际武装冲突情况下发生并且与该冲突有关。
5. 行为人知道据以确定存在武装冲突的事实情况。

第八条第二款第 2 项第 2 目　战争罪——攻击民用物体

要件

1. 行为人指令攻击。
2. 攻击目标是民用物体，即非军事目标的物体。
3. 行为人意图以这种民用物体为攻击目标。
4. 行为在国际武装冲突情况下发生并且与该冲突有关。
5. 行为人知道据以确定存在武装冲突的事实情况。

第八条第二款第 2 项第 3 目　战争罪——攻击与人道主义援助或维持和平行动有关的人员或物体

要件

1. 行为人指令攻击。
2. 攻击目标是依照《联合国宪章》执行的人道主义援助或维持和平行动的所涉人员、设施、物资、单位或车辆。
3. 行为人故意以这些人员、设施、物资、单位或车辆为攻击目标。
4. 这些人员、设施、物资、单位或车辆有权得到武装冲突国际法规给予平民和民用物体的保护。
5. 行为人知道确定这种保护的事实情况。
6. 行为在国际武装冲突情况下发生并且与该冲突有关。
7. 行为人知道据以确定存在武装冲突的事实情况。

第八条第二款第 2 项第 4 目　战争罪——造成过分的附带伤亡或破坏

要件

1. 行为人发动攻击。
2. 这种攻击会附带造成平民伤亡或破坏民用物体或致使自然环境遭受广泛、长期和严重的破坏，而且伤亡或破坏的程度与预期得到的具体和直接的整体军事优势相比显然是过分的。①
3. 行为人明知这种攻击会附带造成平民伤亡或破坏民用物体或致使自然环境遭受广泛、长期和严重的破坏，而且伤亡或破坏的程度与预期得到的具体和直接的整体军事优势相比显然是过分的。②
4. 行为在国际武装冲突情况下发生并且与该冲突有关。
5. 行为人知道据以确定存在武装冲突的事实情况。

---

① "具体和直接的整体军事优势"一语指行为人在有关时刻可以预见的军事优势。就时间或地理而言，这种优势与攻击目标可能有关，也可能无关。虽然这一犯罪考虑到可能会造成合法的附带伤害和间接破坏，但这决不能作为违反武装冲突适用法规的理由。这里不涉及发动战争的理由或诉诸战争权的其他相关规则。此要件反映对武装冲突背景下进行的军事行动的合法性作出判断必须考虑到的相称性问题。

② 与一般性导言第 4 段中的一般规则不同，这一明知要件要求行为人作出其中所述的价值判断。对这一价值判断的评价必须以行为人在当时能够得到的必要信息为依据。

第八条第二款第 2 项第 5 目　战争罪——攻击不设防地方①
要件
1. 行为人攻击一个或多个城镇、村庄、住所或建筑物。
2. 这些城镇、村庄、住所或建筑物没有抵御,可以随时占领。
3. 有关城镇、村庄、住所或建筑物不构成军事目标。
4. 行为在国际武装冲突情况下发生并且与该冲突有关。
5. 行为人知道据以确定存在武装冲突的事实情况。

第八条第二款第 2 项第 6 目　战争罪——杀害、伤害失去战斗力的人员
要件
1. 行为人杀害、伤害一人或多人。
2. 这些人失去战斗力。
3. 行为人知道确定这一地位的事实情况。
4. 行为在国际武装冲突情况下发生并且与该冲突有关。
5. 行为人知道据以确定存在武装冲突的事实情况。

第八条第二款第 2 项第 7 目—1　战争罪——不当使用休战旗
要件
1. 行为人使用休战旗。
2. 行为人使用休战旗以假装有意谈判,而实际并无此意。
3. 行为人知道或应当知道这种使用手段的违禁性质。②
4. 行为致使人员死亡或重伤。
5. 行为人知道该行为会致使人员死亡或重伤。
6. 行为在国际武装冲突情况下发生并且与该冲突有关。
7. 行为人知道据以确定存在武装冲突的事实情况。

第八条第二款第 2 项第 7 目—2　战争罪——不当使用敌方旗帜、标志或制服
要件
1. 行为人使用敌方旗帜、标志或制服。
2. 行为人在从事攻击时,以国际法禁止的方式使用这些旗帜、标志或制服。
3. 行为人知道或应当知道这种手段的违禁性质。③
4. 行为致使人员死亡或重伤。
5. 行为人知道该行为会致使人员死亡或重伤。
6. 行为在国际武装冲突情况下发生并且与该冲突有关。
7. 行为人知道据以确定存在武装冲突的事实情况。

---

① 一个地方有特别受到 1949 年《日内瓦公约》保护的人或为了维持治安的唯一目的而留下的警察部队,并不使该地方成为军事目标。
② 这一心理要件确认第三十条和第三十二条的相互作用。"违禁性质"一语指违法性。
③ 这一心理要件确认第三十条和第三十二条的相互作用。"违禁性质"一语指违法性。

第八条第二款第 2 项第 7 目—3 战争罪——不当使用联合国旗帜、标志或制服

要件

1. 行为人使用联合国旗帜、标志或制服。
2. 行为人以武装冲突国际法规禁止的方式使用这些旗帜、标志或制服。
3. 行为人知道这种手段的违禁性质。①
4. 行为致使人员死亡或重伤。
5. 行为人知道该行为可能致使人员死亡或重伤。
6. 行为在国际武装冲突情况下发生并且与该冲突有关。
7. 行为人知道据以确定存在武装冲突的事实情况。

第八条第二款第 2 项第 7 目—4 战争罪——不当使用《日内瓦公约》所订特殊标志

要件

1. 行为人使用《日内瓦公约》所订特殊标志。
2. 行为人以武装冲突国际法规禁止的方式为战斗目的②使用这种标志。
3. 行为人知道或应当知道这种手段的违禁性质。③
4. 行为致使人员死亡或重伤。
5. 行为人知道该行为会致使人员死亡或重伤。
6. 行为在国际武装冲突情况下发生并且与该冲突有关。
7. 行为人知道据以确定存在武装冲突的事实情况。

第八条第二款第 2 项第 8 目 占领国将部分本国平民人口直接或间接迁移到其占领的领土,或将被占领领土的全部或部分人口驱逐或迁移到被占领领土内或外的地方

要件

1. 行为人:
(a) 将部分本国人口直接或间接迁移④到其占领的领土;或
(b) 将被占领领土的全部或部分人口驱逐或迁移到被占领领土内或外的地方。
2. 行为在国际武装冲突情况下发生并且与该冲突有关。
3. 行为人知道据以确定存在武装冲突的事实情况。

第八条第二款第 2 项第 9 目 战争罪——攻击受保护物体⑤

要件

1. 行为人指令攻击。

---

① 这一心理要件确认第三十条和第三十二条的相互作用。第八条第二款第 2 项第 7 目下的其他犯罪所需的"应当知道"检验标准在此不适用,因为有关禁令内容不一且具有规范性质。
② 这些情况下,"战斗目的"是指与敌对行动直接有关的目的,不包括医疗、宗教或类似活动。
③ 这一心理要件确认第三十条和第三十二条的相互作用。"违禁性质"一语指违法性。
④ "迁移"一词须依照国际人道主义法相关规定解释。
⑤ 一个地方有特别受到1949 年《日内瓦公约》保护的人和为了维持治安的唯一目的而留下的警察部队,并不使该地方成为军事目标。

2. 攻击目标是一座或多座专用于宗教、教育、艺术、科学或慈善事业的建筑物、历史纪念物、医院或伤病人员收容所,而这些地方不是军事目标。

3. 行为人故意以一座或多座专用于宗教、教育、艺术、科学或慈善事业的建筑物、历史纪念物、医院或伤病人员收容所为攻击目标,而这些地方不是军事目标。

4. 行为在国际武装冲突情况下发生并且与该冲突有关。

5. 行为人知道确据以定存在武装冲突的事实情况。

第八条第二款第 2 项第 10 目—1　战争罪——残伤肢体

要件

1. 行为人致使一人或多人肢体遭受残伤,特别是永久毁损这些人的容貌,或者永久毁伤或割除其器官或附器。

2. 行为致使这些人死亡或严重危及其身体或精神健康。

3. 行为不具有医学、牙医学或住院治疗这些人的理由,也不是为了其利益而进行的。①

4. 这些人在敌方权力之下。

5. 行为在国际武装冲突情况下发生并且与该冲突有关。

6. 行为人知道据以确定存在武装冲突的事实情况。

第八条第二款第 2 项第 10 目—2　战争罪——医学或科学实验

要件

1. 行为人致使一人或多人成为医学或科学实验对象。

2. 实验致使这些人死亡或严重危及其身体或精神健康或完整性。

3. 行为不具有医学、牙医学或住院治疗这些人的理由,也不是为了其利益而进行的。

4. 这些人在敌方权力之下。

5. 行为在国际武装冲突情况下发生并且与该冲突有关。

6. 行为人知道据以确定存在武装冲突的事实情况。

第八条第二款第 2 项第 11 目　战争罪——背信弃义的杀害、伤害

要件

1. 行为人使一人或多人确信或相信,他们应享有或有义务给予适用于武装冲突的国际法规则所规定的保护。

2. 行为人有意背信。

3. 行为人杀害、伤害这些人。

4. 行为人假借取信手段杀害、伤害这些人。

5. 这些人是敌方人员。

6. 行为在国际武装冲突情况下发生并且与该冲突有关。

7. 行为人知道据以确定存在武装冲突的事实情况。

---

①　不得以同意为本罪辩护理由。本罪禁止进行有关的人的健康状况所不需的任何医疗程序;这些程序不符合进行程序一方在同样医学情况下适用于未被剥夺自由的公民的公认医疗标准。本脚注也适用于第八条第二款第 2 项第 10 目—2 的同一要件。

第八条第二款第 2 项第 12 目　战争罪——决不纳降

要件

1. 行为人宣告或下令杀无赦。
2. 宣告或下令杀无赦是为了威胁敌方，或在杀无赦基础上进行敌对行动。
3. 行为人所居地位能有效指挥或控制听其宣告或命令的下属部队。
4. 行为在国际武装冲突情况下发生并且与该冲突有关。
5. 行为人知道据以确定存在武装冲突的事实情况。

第八条第二款第 2 项第 13 目　战争罪——摧毁或没收敌方财产

要件

1. 行为人摧毁或没收某些财产。
2. 这些财产是敌方财产。
3. 这些财产受武装冲突国际法规的保护，不得予以摧毁或没收。
4. 行为人知道确定财产的地位的事实情况。
5. 摧毁或没收无军事上的必要。
6. 行为在国际武装冲突情况下发生并且与该冲突有关。
7. 行为人知道据以确定存在武装冲突的事实情况。

第八条第二款第 2 项第 14 目　战争罪——剥夺敌方国民的权利或诉讼权

要件

1. 行为人取消、停止某些权利或诉讼权，或在法院中终止执行。
2. 这种取消、停止或终止行动针对敌方国民。
3. 行为人有意针对敌方国民实施这种取消、停止或终止行动。
4. 行为在国际武装冲突情况下发生并且与该冲突有关。
5. 行为人知道据以确定存在武装冲突的事实情况。

第八条第二款第 2 项第 15 目　战争罪——强迫参加军事行动

要件

1. 行为人以行为或威胁方式，强迫一人或多人参加反对他们本国或本方部队的军事行动。
2. 这些人是敌方国民。
3. 行为在国际武装冲突情况下发生并且与该冲突有关。
4. 行为人知道据以确定存在武装冲突的事实情况。

第八条第二款第 2 项第 16 目　战争罪——抢劫

要件

1. 行为人侵占某些财产。
2. 行为人有意剥夺和侵占物主的财产，以供私人或个人使用。①
3. 侵占未经物主同意。

---

① "私人或个人使用"一词表明，有军事必要的侵占，不构成抢劫罪。

4. 行为在国际武装冲突情况下发生并且与该冲突有关。

5. 行为人知道据以确定存在武装冲突的事实情况。

第八条第二款第2项第17目　战争罪——使用毒物或有毒武器
要件

1. 行为人使用一种物质,或一种导致释放某种物质的武器。

2. 这种物质凭借其毒性,在一般情况下会致死或严重损害健康。

3. 行为在国际武装冲突情况下发生并且与该冲突有关。

4. 行为人知道据以确定存在武装冲突的事实情况。

第八条第二款第2项第18目　战争罪——使用违禁气体、液体、物质或器件
要件

1. 行为人使用一种气体或其他类似物质或器件。

2. 这种气体、物质或器件凭借其窒息性或毒性,在一般情况下会致死或严重损害健康。①

3. 行为在国际武装冲突情况下发生并且与该冲突有关。

4. 犯罪行为人知道据以确定存在武装冲突的事实情况。

第八条第二款第2项第19目　战争罪——使用违禁子弹
要件

1. 行为人使用某种子弹。

2. 使用这种子弹违反武装冲突国际法规,因为这种子弹在人体内易于膨胀或变扁。

3. 行为人知道,由于子弹的性质,其使用将不必要地加重痛苦或致伤效应。

4. 行为在国际武装冲突情况下发生并且与该冲突有关。

5. 行为人知道据以确定存在武装冲突的事实情况。

第八条第二款第2项第20目　战争罪——使用《规约》附件所列武器、射弹、装备或战争方法
要件

[以《规约》附件方式列出各种武器、射弹、装备、战争方法后,即须拟订要件。]

第八条第二款第2项第21目　战争罪——损害个人尊严
要件

1. 行为人侮辱一人或多人、实施有辱人格的待遇或以其他方式侵犯这些人的尊严。②

2. 侮辱、有辱人格待遇或其他侵犯行为的严重性达到公认为损害个人尊严的程度。

3. 行为在国际武装冲突情况下发生并且与该冲突有关。

4. 行为人知道据以确定存在武装冲突的事实情况。

---

① 绝不应将此要件解释为限制或妨害关于发展、生产、储存和使用化学武器的现有或正在发展中的国际法规则。

② 就本罪而言,"人"可以包括死人。被害人本人不必知道存在侮辱或有辱人格待遇或其他侵犯行为。这一要件考虑到被害人文化背景的相关方面。

第八条第二款第 2 项第 22 目—1 战争罪——强奸
要件

1．行为人侵入①某人身体，其行为导致不论如何轻微地以性器官进入被害人或行为人身体任一部位，或以任何物体或身体任何其他部位进入被害人的肛门或生殖器官。

2．侵入以武力实施，或以针对该人或另一人实施武力威胁或强制手段，例如以对暴力的恐惧、胁迫、羁押、心理压迫或滥用权力造成强制性情况的方式实施，或利用强制性环境实施，或者是对无能力给予真正②的人实施的。

3．行为在国际武装冲突情况下发生并且与该冲突有关。

4．行为人知道据以确定存在武装冲突的事实情况。

第八条第二款第 2 项第 22 目—2 战争罪——性奴役③
要件

1．行为人对一人或多人行使附属于所有权的任何或一切权力，如买卖、出租或互易这些人，或以类似方式剥夺其自由。④

2．行为人使一人或多人进行一项或多项性行为。

3．行为在国际武装冲突情况下发生并且与该冲突有关。

4．行为人知道据以确定存在武装冲突的事实情况。

第八条第二款第 2 项第 22 目—3 战争罪——强迫卖淫
要件

1．行为人迫使一人或多人进行一项或多项性行为，为此采用武力，或针对这些人或另一人实施武力威胁或强制手段，例如以对暴力的恐惧、胁迫、羁押、心理压迫或滥用权力造成强制性情况，或利用强制性环境或这些人无能力给予真正同意的情况。

2．行为人或另一人已经以或预期以这种性行为换取，或因这种性行为取得金钱或其他利益。

3．行为在国际武装冲突情况下发生并且与该冲突有关。

4．行为人知道据以确定存在武装冲突的事实情况。

第八条第二款第 2 项第 22 目—4 战争罪——强迫怀孕
要件

1．行为人禁闭一名或多名被强迫怀孕的妇女，目的是影响某一人口的族裔组成，或进行其他严重违反国际法的行为。

2．行为在国际武装冲突情况下发生并且与该冲突有关。

3．行为人知道据以确定存在武装冲突的事实情况。

---

① "侵入"一词概念含义广泛，不涉及性别问题。

② 有关的人可以因自然、诱发或与年龄有关的因素而无能力给予真正同意。本脚注也适用于第八条第二款第 2 项第 22 目—3、5 和 6 的相应要件。

③ 基于本罪的复杂性，认识到犯罪可能涉及多个行为人，为一个共同犯罪目的的一部分。

④ 这种剥夺自由在某些情况下，应理解为可能包括强迫劳动或使一人沦为《1956 年废止奴隶制、奴隶贩卖及类似奴隶制的制度与习俗补充公约》所界定的奴役地位。同时，这一要件所述的行为应理解为包括贩运人口，特别是妇女和儿童。

第八条第二款第 2 项第 22 目—5　战争罪——强迫绝育
要件

1. 行为人剥夺一人或多人的自然生殖能力。①
2. 行为缺乏医学或住院治疗这些人的理由，而且未得到本人的真正同意。②
3. 行为在国际武装冲突情况下发生并且与该冲突有关。
4. 行为人知道据以确定存在武装冲突的事实情况。

第八条第二款第 2 项第 22 目—6　战争罪——性暴力
要件

1. 行为人对一人或多人实施一项性行为，或迫使这些人进行一项性行为，为此采用武力，或针对这些人或另一人实施武力威胁或强制手段，例如以对暴力的恐惧、胁迫、羁押、心理压迫或滥用权力造成强制性情况，或利用强制性环境或这些人无能力给予真正同意的情况。
2. 行为的严重程度与严重违反《日内瓦公约》的行为相若。
3. 行为人知道确定行为严重程度的事实情况。
4. 行为在国际武装冲突情况下发生并且与该冲突有关。
5. 行为人知道据以确定存在武装冲突的事实情况。

第八条第二款第 2 项第 23 目　战争罪——利用被保护人作为掩护
要件

1. 行为人移动一名或多名平民或受武装冲突国际法规保护的其他人，或以其他方式利用这些人所处位置。
2. 行为人故意使军事目标免受攻击，或掩护、支持或阻挠军事行动。
3. 行为在国际武装冲突情况下发生并且与该冲突有关。
4. 行为人知道据以确定存在武装冲突的事实情况。

第 8 条第二款第 2 项第 24 目　战争罪——攻击使用《日内瓦公约》所订特殊标志的物体或人员
要件

1. 行为人攻击依照国际法使用特殊标志或其他识别方法以表示受《日内瓦公约》保护的一人或多人、建筑物、医疗单位或运输工具或其他物体。
2. 行为人故意以为了上述理由使用这种标记的人、建筑物、单位或运输工具或其他物体为攻击目标。
3. 行为在国际武装冲突情况下发生并且与该冲突有关。
4. 行为人知道据以确定存在武装冲突的事实情况。

第八条第二款第 2 项第 25 目　战争罪——以断绝粮食作为战争方法
要件

1. 行为人使平民无法取得其生存所必需的物品。

---

① 剥夺行为不包括实际上不具有长期作用的节育措施。
② "真正同意"应理解为不包括以欺骗手段取得的同意。

2. 行为人故意以断绝平民粮食作为战争方法。

3. 行为在国际武装冲突情况下发生并且与该冲突有关。

4. 行为人知道据以确定存在武装冲突的事实情况。

第八条第二款第 2 项第 26 目　战争罪——利用或征募儿童

要件

1. 行为人征募一人或多人加入国家武装部队,或利用一人或多人积极参加敌对行动。

2. 这些人不满 15 岁。

3. 行为人知道或应当知道这些人不满 15 岁。

4. 行为在国际武装冲突情况下发生并且与该冲突有关。

5. 行为人知道据以确定存在武装冲突的事实情况。

第八条第二款第 3 项

第八条第二款第 3 项第 1 目—1　战争罪——谋杀

要件

1. 行为人杀害一人或多人。

2. 这些人或为无战斗力人员,或为不实际参与敌对行动的平民、医务人员或神职人员。①

3. 行为人知道确定这一地位的事实情况。

4. 行为在非国际性武装冲突情况下发生并且与该冲突有关。

5. 行为人知道据以确定存在武装冲突的事实情况。

第八条第二款第 3 项第 1 目—2　战争罪——残伤肢体

要件

1. 行为人致使一人或多人肢体遭受残伤,特别是永久毁损这些人的容貌,或者永久毁伤或割除其器官或附器。

2. 行为不具有医学、牙医学和住院治疗这些人员的理由,也不是为了其利益而进行的。

3. 这些人或为无战斗力人员,或为不实际参与敌对行动的平民、医务人员或神职人员。

4. 行为人知道确定这一地位的事实情况。

5. 行为在非国际性武装冲突情况下发生并且与该冲突有关。

6. 行为人知道据以确定存在武装冲突的事实情况。

第八条第二款第 3 项第 1 目—3　战争罪——虐待

要件

1. 行为人使一人或多人身体或精神遭受重大痛苦。

2. 这些人或为无战斗力人员,或为不实际参与敌对行动的平民,医务人员或神职人员。

3. 行为人知道确定这一地位的事实情况。

4. 行为在非国际性武装冲突情况下发生并且与该冲突有关。

---

① "神职人员"一词包括不办告解但执行同一职能的非战斗军事人员。

5. 行为人知道据以确定存在武装冲突的事实情况。

第八条第二款第 3 项第 1 目—4　战争罪——酷刑

要件

1. 行为人使一人或多人身体或精神遭受重大痛苦。

2. 行为人造成这种痛苦是为了：取得情报和供状、处罚、恐吓和胁迫，或为了任何歧视性理由。

3. 这些人或为无战斗力人员，或为不实际参与敌对行动的平民、医务人员或神职人员。

4. 行为人知道确定这一地位的事实情况。

5. 行为在非国际性武装冲突情况下发生并且与该冲突有关。

6. 行为人知道据以确定存在武装冲突的事实情况。

第八条第二款第 3 项第 2 目　战争罪——损害个人尊严

要件

1. 行为人侮辱一人或多人、实施有辱人格的待遇或以其他方式损害侵犯这些人的尊严。①

2. 侮辱、有辱人格待遇或其他侵犯行为的严重性达到公认为损害个人尊严的程度。

3. 这些人或为无战斗力人员，或为不实际参与敌对行动的平民、医务人员或神职人员。

4. 行为人知道确定这一地位的事实情况。

5. 行为在非国际性武装冲突情况下发生并且与该冲突有关。

6. 行为人知道据以确定存在武装冲突的事实情况。

第八条第二款第 3 项第 3 目　战争罪——劫持人质

要件

1. 行为人劫持或拘禁一人或多人，或以这些人为人质。

2. 行为人威胁杀害、伤害或继续拘禁这些人。

3. 行为人意图迫使某一国家、国际组织、自然人或法人或一组人采取行动或不采取行动，以此作为这些人的安全或释放的明示或默示条件。

4. 这些人或为无战斗力人员，或为不实际参与敌对行动的平民、医务人员或神职人员。

5. 行为人知道确定这一地位的事实情况。

6. 行为在非国际性武装冲突情况下发生并且与该冲突有关。

7. 行为人知道据以确定存在武装冲突的事实情况。

第八条第二款第 3 项第 4 目　战争罪——未经正当程序径行判刑或处决

要件

1. 行为人对一人或多人作出判刑或执行处决。②

2. 这些人或为无战斗力人员，或为不实际参与敌对行动的平民、医务人员或神职人员。

---

① 就本罪而言，"人"可以包括死人。被害人本人不必知道存在侮辱或有辱人格待遇或其他侵犯行为。这一要件考虑到被害人文化背景的相关方面。

② 各文件所列的要件没有涉及《规约》第二十五条和第二十八条所规定的各种不同的个人刑事责任。

3. 行为人知道确定这一地位的事实情况。

4. 未经任何法庭定罪,或者作出判决的法庭并非"正规组织"的,即未有独立和公正的必要保障,或者作出判决的法庭未提供公认为国际法规定的所有其他必需的司法保障。①

5. 行为人知道未经定罪或未得到有关保障的情况,而且知道这些保障是公允审判所必要或必需的。

6. 行为在非国际性武装冲突情况下发生并且与该冲突有关。

7. 行为人知道据以确定存在武装冲突的事实情况。

第八条第二款第 5 项

第八条第二款第 5 项第 1 目　战争罪——攻击平民

要件

1. 行为人指令攻击。

2. 攻击目标是平民人口本身或未直接参加敌对行动的个别平民。

3. 行为人故意以平民人口本身或未直接参加敌对行动的个别平民为攻击目标。

4. 行为在非国际性武装冲突情况下发生并且与该冲突有关。

5. 行为人知道据以确定存在武装冲突的事实情况。

第八条第二款第 5 项第 2 目　战争罪——攻击使用《日内瓦公约》所订特殊标志的物体或人员

要件

1. 行为人攻击依照国际法使用特殊标志或其他识别方法以表示受《日内瓦公约》保护的一人或多人、建筑物、医疗单位或运输工具或其他物体。

2. 行为人故意以为了上述理由使用这种识别标志的人员、建筑物、单位或运输工具或其他物体为攻击目标。

3. 行为在非国际性武装冲突情况下发生并且与该冲突有关。

4. 行为人知道据以确定存在武装冲突的事实情况。

第八条第二款第 5 项第 3 目　战争罪——攻击与人道主义援助或维持和平行动有关的人员或物体

要件

1. 行为人指令攻击。

2. 攻击目标是依照《联合国宪章》执行的人道主义援助或维持和平行动的所涉人员、设施、物资、单位或车辆。

3. 行为人故意以这些人员、设施、物资、单位或车辆为攻击目标。

4. 这些人员、设施、物资、单位或车辆有权得到武装冲突国际法给予平民和民用物体的保护。

5. 行为人知道确定这种保护的事实情况。

---

① 关于要件 4 和 5,本法院应根据一切相关情节,考虑与保障有关的各种因素最终是否导致有关的人没有获得公允审判。

6. 行为在非国际性武装冲突情况下发生并且与该冲突有关。

7. 行为人知道据以确定存在武装冲突的事实情况。

第八条第二款第5项第4目　战争罪——攻击受保护物体①
要件

1. 行为人指令攻击。

2. 攻击目标是一座或多座专用于宗教、教育、艺术、科学或慈善事业的建筑物、历史纪念物、医院或伤病人员收容所,而这些地方不是军事目标。

3. 行为人故意以一座或多座专用于宗教、教育、艺术、科学或慈善事业的建筑物、历史纪念物、医院或伤病人员收容所为攻击目标,而这些地方不是军事目标。

4. 行为在非国际性武装冲突情况下发生并且与该冲突有关。

5. 行为人知道据以确定存在武装冲突的事实情况。

第八条第二款第5项第5目　战争罪——抢劫
要件

1. 行为人侵占某些财产。

2. 行为人有意剥夺和侵占物主的财产,以供私人或个人使用。②

3. 侵占未经物主同意。

4. 行为在非国际性武装冲突情况下发生并且与该冲突有关。

5. 行为人知道据以确定存在武装冲突的事实情况。

第八条第二款第5项第6目—1　战争罪——强奸
要件

1. 行为人侵入③某人身体,其行为导致不论如何轻微地以性器官进入被害人或行为人身体任一部位,或以任何物体或身体其他任何部位进入被害人的肛门或生殖器官。

2. 侵入以武力实施,或以针对该人或另一人实施武力威胁或强制手段,例如以对暴力的恐惧、胁迫、羁押、心理压迫或滥用权力造成强制性情况的方式实施,或利用强制性环境实施,或者是对无能力给予真正同意④的人实施的。

3. 行为在非国际性武装冲突情况下发生并且与该冲突有关。

4. 行为人知道据以确定存在武装冲突的事实情况。

第八条第二款第5项第6目—2　战争罪——性奴役⑤
要件

1. 行为人对一人或多人行使附属于所有权的任何或一切权力,如买卖、出租或互易这些

---

① 一个地方有特别受到1949年《日内瓦公约》保护的人和为了维持治安的唯一目的而留下的警察部队,并不使该地方成为军事目标。

② "私人或个人使用"一词表明,有军事必要的侵占,不构成抢劫罪。

③ "侵入"一词概念含义广泛,不涉及性别问题。

④ 有关的人可以因自然、诱发或与年龄有关的因素而无能力给予真正同意。本脚注也适用于第八条第二款第5项第6目—3、5和6的相应要件。

⑤ 基于本罪行的复杂性,认识到犯罪可能涉及多个行为人,为一个共同犯罪目的的一部分。

人,或以类似方式剥夺其自由。①

2. 行为人使一人或多人进行一项或多项性行为。

3. 行为在非国际性武装冲突情况下发生并且与该冲突有关。

4. 行为人知道据以确定存在武装冲突的事实情况。

第八条第二款第5项第6目—3 战争罪——强迫卖淫

要件

1. 行为人迫使一人或多人进行一项或多项性行为,为此采用武力,或针对这些人或另一人实施武力威胁或强制手段,例如以对暴力的恐惧、胁迫、羁押、心理压迫或滥用权力造成强制性情况,或利用强制性环境或这些人无能力给予真正同意的情况。

2. 行为人或另一人已经以或预期以这种性行为换取,或因这种性行为取得金钱或其他利益。

3. 行为在非国际性武装冲突情况下发生并且与该冲突有关。

4. 行为人知道据以确定存在武装冲突的事实情况。

第八条第二款第5项第6目—4 战争罪——强迫怀孕

要件

1. 行为人禁闭一名或多名被强迫怀孕的妇女,目的是影响某一人口的族裔组成,或进行其他严重违反国际法的行为。

2. 行为在非国际性武装冲突情况下发生并且与该冲突有关。

3. 行为人知道据以确定存在武装冲突的事实情况。

第八条第二款第5项第6目—5 战争罪——强迫绝育

要件

1. 行为人剥夺一人或多人的自然生殖能力。②

2. 行为缺乏医学或住院治疗这些人的理由,而且未得到本人的真正同意。③

3. 行为在非国际性武装冲突情况下发生并且与该冲突有关。

4. 行为人知道据以确定存在武装冲突的事实情况。

第八条第二款第5项第6目—6 战争罪——性暴力

要件

1. 行为人对一人或多人实施一项性行为,或迫使这些人进行一项性行为,为此采用武力,或针对这些人或另一人实施武力威胁或强制手段,例如以对暴力的恐惧、胁迫、羁押、心理压迫或滥用权力造成强制性情况,或利用强制性环境或这些人无能力给予真正同意的情况。

2. 行为的严重程度与严重违反四项《日内瓦公约》共同第三条的行为相若。

3. 行为人知道确定行为严重程度的事实情况。

---

① 这种剥夺自由在某些情况下,应理解为可能包括强迫劳动或使一人沦为《1956年废止奴隶制、奴隶贩卖及类似奴隶制的制度与习俗补充公司》所界定的奴役地位。同时,这一要件所述的行为应理解为包括贩运人口,特别是妇女和儿童。

② 剥夺行为不包括实际上不具有长期作用的节育措施。

③ "真正同意"应理解为不包括以欺骗手段取得的同意。

4. 行为在非国际性武装冲突情况下发生并且与该冲突有关。

5. 行为人知道据以确定存在武装冲突的事实情况。

第八条第二款第 5 项第 7 目　战争罪——利用或征募儿童

要件

1. 行为人征募一人或多人加入武装部队或集团,或利用一人或多人积极参加敌对行动。

2. 这些人不满 15 岁。

3. 行为人知道或应当知道这些人不满 15 岁。

4. 行为在非国际性武装冲突情况下发生并且与该冲突有关。

5. 行为人知道据以确定存在武装冲突的事实情况。

第八条第二款第 5 项第 8 目　战争罪——迁移平民

要件

1. 行为人命令迁移平民人口。

2. 命令缺乏与所涉平民的安全有关或与军事必要性有关的理由。

3. 行为人有权发出命令实行这种迁移。

4. 行为在非国际性武装冲突情况下发生并且与该冲突有关。

5. 行为人知道据以确定存在武装冲突的事实情况。

第八条第二款第 5 项第 9 目　战争罪——背信弃义的杀害、伤害

要件

1. 行为人使一名或多名敌方战斗员确信或相信,他们应享有或有义务给予适用于武装冲突的国际法规则所规定的保护。

2. 行为人有意背信。

3. 行为人杀害、伤害这些人。

4. 行为人假借取信手段杀害、伤害这些人。

5. 这些人是敌方人员。

6. 行为在非国际性武装冲突情况下发生并且与该冲突有关。

7. 行为人知道据以确定存在武装冲突的事实情况。

第八条第二款第 5 项第 10 目　战争罪——决不纳降

要件

1. 行为人宣告或下令杀无赦。

2. 宣告或下令杀无赦是为了威胁敌方,或在杀无赦基础上进行敌对行动。

3. 行为人所居地位能有效指挥或控制听其宣告或命令的下属部队。

4. 行为在非国际性武装冲突情况下发生并且与该冲突有关。

5. 行为人知道据以确定存在武装冲突的事实情况。

第八条第二款第 5 项第 11 目—1　战争罪——残伤肢体

要件

1. 行为人致使一人或多人肢体遭受残伤,特别是永久毁损这些人的容貌,或者永久毁伤或割除其器官或附器。

2. 行为致使这些人死亡或严重危及其身体或精神健康。
3. 行为不具有医学、牙医学或住院治疗这些人的理由,也不是为了其利益而进行的。①
4. 这些人在冲突另一方权力之下。
5. 行为在非国际性武装冲突情况下发生并且与该冲突有关。
6. 行为人知道据以确定存在武装冲突的事实情况。

第八条第二款第5项第11目—2　战争罪——医学或科学实验

要件

1. 行为人致使一人或多人成为医学或科学实验对象。
2. 实验致使这些人死亡或严重危及其身体或精神健康或完整性。
3. 行为不具有医学、牙医学或住院治疗这些人的理由,也不是为了其利益而进行的。
4. 这些人在冲突另一方权力之下。
5. 行为在非国际性武装冲突情况下发生并且与该冲突有关。
6. 行为人知道据以确定存在武装冲突的事实情况。

第八条第二款第5项第12目　战争罪——摧毁或没收敌方财产

要件

1. 行为人摧毁或没收某些财产。
2. 这些财产是敌对方的财产。
3. 这些财产受到武装冲突国际法规的保护,不得予以摧毁或没收。
4. 行为人知道确定这些财产的地位的事实情况。
5. 摧毁或没收无军事上的必要。
6. 行为在非国际性武装冲突情况下发生并且与该冲突有关。
7. 行为人知道据以确定存在武装冲突的事实情况。

---

① 不得以同意为本罪辩护理由。本罪禁止进行有关的人的健康状况所不需的任何医疗程序;这些程序不符合进行程序一方在同样医学情况下适用于未被剥夺自由的公民的公认医疗标准。本脚注也适用于第八条第二款第5项第11目—2的相同要件。

索　　引

A

阿卡耶苏　77,80,144—152,166,167
阿鲁沙　16
埃尔戴莫维奇　107

B

巴黎非战公约　61,184
巴西奥尼教授　33,40,53,130,133
被胁迫　107,117,122
辩护事由　117,122
布拉斯季奇　164,166,198,214
不人道行为　12,14,158,161,174,181—183,188
不作为　63,77,91,99,102—104,168,193—195

C

残伤肢体　14,217,223
程序和证据规则　32,34,36,81

D

大陆法系　42,52,53,59,69—71,122,148
戴拉季奇　65,98
戴利奇　98,194
第10号法案　157,160,172—174
东京审判　7—9,17,30,42,58,60,62,70,72—74,89,92,96,135,157,174,186

F

法律部门　44,53
法律不溯及既往　67,69
法律错误　109,117,124—126
法律关系　44—46,52
法律规范　28,32—34,43,51,53,68,71,111,127—129,134,139,185,203
法律体系　36,40,51,59,71,91,184
法律渊源　28—31,36,53,55,67,128,134,139,195—197,201,202,204—208,210,212,218,220,222
法律责任　45,46,130
法律制裁　46,173,194
法人刑事责任　81—84
凡尔赛条约　3,4,60,72,85,88,92,186
反酷刑公约　173,193
犯罪要件　32,34,43,151—153,165—171,173—176,178,180,182,183,192—197,199,201,202,204,206—210,212—214,217,220
防止及惩治灭绝种族罪公约　18,34,64,73,86,135,139—144,146—151
非国际武装冲突　188,192,216—223
富伦基亚　36,78

G

高级指挥官案　97
个人刑事责任　4,12,16,42,45,58,71—81,91—93,105,117,149,163
公民权利和政治权利国际公约　63,117,170,172,173,193
官方身份不免责　58,84—90,105
广泛性　165
广田弘毅　100
国际法委员会　8,18—24,73,85,106,127,136,142,166
国际法院规约　28—30
国际犯罪　1—3,9,28—30,39—42,44—48,111,127—135,137—139,156,184
国际公法家学说　29,37—39
国际核心罪行　135,137,184
国际联盟　17,56,184
国际强行法　35,141,156,184

国际人道主义法 9—14,22,48,84,105,112,139,184—188
国际条约 2—4,18,28,31—36,50,72,134,184
国际武装冲突 15,186,192—199,209—212,215,217,218
国际习惯 1,28,31—36,50,130
国际刑法渊源 29—33,37—39,55
国际刑事法律关系 39,44—47
国际刑事法院规约 17—26,37
国际刑事责任 8,21,41,92,111,117,127
国家豁免原则 84—86,89
国内刑法 29,30,40,44,50,52—54,58,67—71,117,124,128,134

H

海盗罪 1,29,131—134,138
海牙公约 61,184—186
合法性原则 58—71,111,114,182,189
胡图族 13,146,148

J

间接执行制度 31,68
监禁 7,8,71,89,90,96,98,99,107,112,116
劫持人质 15,131—134,198,218
紧急避险 122,123
绝对责任 105,106,108—110

K

卡姆班达 90,114
卡萨瑟教授 52,128,130,131
科斯蒂奇 144
恐怖主义 9,17,56,131—135,137
酷刑 12,14,98,131—136,152,158,159,162,173,193—196,216,217,219

L

莱比锡审判 4,51,96
兰卓 98,99,194
类推解释 60,67—69

联合国安理会 10,11,14—16,37,38,48
卢旺达国际刑事法庭 13—17,39,64,72,74,77,78,80,90,101,112—114,140,142,144—148,150—152,160,163,164,166—169,175,177,183,184,187—189
卢旺达国际刑事法庭规约 10,14—16,30,42,74,80,86,93,100,102,104,107,112,113,135,139,142,146—149,156,159,161,165,172—174,177,179,182,187—189,212,221
陆战法规和惯例章程 92,185,199,202—205,207—210,219
陆战法规与惯例公约 3,156,185
伦敦协定 5,6
罗马规约 26,27,30—32,34—36,43—48,51,58,65—72,74—81,83—88,95,96,100,102—104,108—110,114,116—126,135,137—139,142,144,149—151,156,160,162—166,168—185,188,191,192
罗马外交会议 25,26

M

马尔顿条款 157
米洛舍维奇 13,90
灭绝种族罪 12,14,15,43,47,80,90,108—110,131—155,169
民族 12—15,139—141,143—154,159—162,177,178
明确性 59,60,66,68,71,111
谋杀 2,12,14,99,107,145,157—159,162,168,187,216,217,219
穆季奇 98,99,194

N

纽伦堡国际军事法庭 5,7,17,61,70,82,89,112
纽伦堡审判 4—9,17,30,47,60—62,70—74,82,89,96—98,135,157,169,171
纽伦堡宪章 5—8,30,42,72—74,80—82,85,89,92,105—107,109—113,135,140,156—161,168,171—174,177,179,182,

186,189,198
奴役 6,12,14,131—133,158—162,170

P

排除事由 111,117,125
平民人口 156,158—169,200,204,220,222
迫害 6,12,14,152,154,158—163,177
普通法系 39,42,52,79

Q

前南国际法庭规约 11,15,30,42,65,74,
　80,86,93,100,102,104,107,112,135,
　142,149,156,159,169,172—174,187,
　192,203,210
前南斯拉夫国际刑事法庭 11
强奸 12,14,15,36,99,148,152,158,159,
　162,171,174,177,212,219,221
强迫怀孕 153,162,176,213,221
强迫绝育 153,162,176,213,221
强迫卖淫 157,162,174—177,213,219,221
强迫人员失踪 162,178—180
强迫转移儿童 153
侵略罪 21,26,43,47,110,131—138,191

R

日内瓦公约 10—12,15,35,61,92,136,
　184—190,192—199,204,206,209,
　211—221
日内瓦公约第二附加议定书 171,188,
　191,212,218—222
日内瓦公约第一附加议定书 92,102,104,
　171,195,199—208,212—215,219

S

塞利比希 36,77,98,101,113,194—
　196,198
山下奉文 96,101
上级责任 58,77,91,93—103,105,194
上下级关系 95,99—101
设立国际刑事法院问题筹备委员会 24,
　66,74,83,87,94,108,114

设立国际刑事法院问题特设委员会 23,
　108,114,142,188
世界人权宣言 63,147,170,172,173,193
事实错误 117,122,124,125
施瓦曾伯格 47,50
受保护团体 141,144—146,149,153,169
属物事由 29,46,127
司法判例 28,32,37—39
死刑 2,7,71,82,89,112—116

T

塔迪奇 17,65,187—189
特殊故意 148,153,169
提案汇编 24,76—79,83,136,143,161,189
图西族 13,145—149
托多罗维奇 113

W

危害和平罪 6—9,30,61,70,106,135
危害人类和平与安全治罪法 9,18
危害人类罪 3,6—9,12,14,30,47,61,65,
　90,106—110,131—138,145,156—174,
　177—179,181—184
威廉二世 3,60,72,85,88,186
无刑事责任能力人 117

X

习惯国际法 1,7,28—30,35,70—72,84,
　91,105,120,134,138,141—143,156,163,
　177,184,193,199,219
性暴力 148,152,162,174,212,221
刑罚 6,12,15,29,40—43,48,71,82,84—
　86,111—117,156
性奴役 162,174—177,213,221
刑事程序法 50,53
刑事国际法 53
刑事实体法 39,41
宣告决不纳降 208

Y

耶里希奇 144,154

一般法律原则　28—33,36,41,68
一体化　41,44
有系统性　163,165
预防和惩治恐怖主义公约　17,56
远东国际军事法庭　7,42,62,73,89,112,186
远东国际军事法庭宪章　5,7,42,73,80,82,85,89,106,112,135,140,156—158,172—174,186

Z

战争罪　1—3,5—9,30,54,61,70,90,106,121,131—138,184—192,194—199,201—210,212—223
真正同意　175—177,213
指挥官责任　91—94,99
直接执行制度　31,69
指令攻击民用物体　200,206
指令攻击平民　200,220
执行命令不免责　58,105
种族　6,12—15,139—146,148—155
种族隔离罪　131—134,136,162,180—182
种族清洗　10,142
自我防卫　117,120—122
综合案文　23—25,83
宗教团体　12,14,139,141,144,146—154
族裔　139,144,149—154,162,169
醉态　117,119
罪刑法定　58—60,67,70

21 世纪法学系列教材书目

"21世纪法学系列教材"是北京大学出版社继"面向21世纪课程教材"(即"大红皮"系列)之后,出版的又一精品法学系列教科书。本系列丛书以白色为封面底色,并冠以"未名·法律"的图标,因此也被称为"大白皮"系列教材。"大白皮"系列是法学全系列教材,目前有15个子系列。本系列教材延续"大红皮"图书的精良品质,皆由国内各大法学院优秀学者撰写,既有理论深度又贴合教学实践,是国内法学专业开展全系列课程教学的最佳选择。

- **法学基础理论系列**

  法律方法阶梯　　　　　　　　　　　　　郑永流
  英美法概论:法律文化与法律传统　　　　彭　勃

- **法律史系列**

  中国法制史　　　　　　　　　　　　　　赵昆坡
  中国法制史　　　　　　　　　　　　　　朱苏人
  中国法律思想史(第二版)　　　　李贵连　李启成
  外国法制史(第三版)　　　　　　　　　　由　嵘
  西方法律思想史(第二版)　　　　徐爱国　李桂林

- **民商法系列**

  民法总论(第二版)　　　　　　　　　　　刘凯湘
  民法分论(待出)　　　　　　　　　　　　刘凯湘
  物权法论　　　　　　　　　　　　　　　郑云瑞
  英美侵权行为法学　　　　　　　　　　　徐爱国
  商法学——原理·图解·实例(第三版)　　朱羿锟
  商法学　　　　　　　　　　　　　　　　郭　瑜
  保险法(第三版)　　　　　　　　　　　　陈　欣
  海商法　　　　　　　　　　　　　　　　郭　瑜
  票据法教程(第二版)　　　　　　　　　　王小能
  房地产法(第四版)　　　　　　　　　　　房绍坤
  破产法(待出)　　　　　　　　　　　　　许德风

- **知识产权法系列**

书名	作者
知识产权法（第四版）	吴汉东
商标法	杜颖
著作权法（待出）	刘春田
专利法（待出）	郭禾
电子商务法	李双元　王海浪

- **宪法行政法系列**

书名	作者
宪法学概论（第三版）	肖蔚云
宪法学（第三版）	甘超英　傅思明　魏定仁
行政法学（第二版）	罗豪才　湛中乐
外国宪法（待出）	甘超英
国家赔偿法学	房绍坤　毕可志

- **刑事法系列**

书名	作者
中国刑法论（第四版）	杨春洗　杨敦先　郭自力
外国刑法学概论（待出）	李春雷　张鸿巍
犯罪学（第二版）	康树华　张小虎
犯罪预防理论与实务	李春雷　靳高风
监狱法学（第二版）	杨殿升
刑法学各论（第二版）	刘艳红
刑法学总论（第二版）	刘艳红
刑事侦查学（第二版）	杨殿升
刑事政策学	李卫红
国际刑事实体法原论	王新

- **经济法系列**

书名	作者
经济法学（第五版）	杨紫烜　徐杰
经济法学（2008年版）	张守文
经济法原理（第三版）	刘瑞复
企业法学通论	刘瑞复
企业与公司法学（第五版）	甘培忠
商事组织法	董学立
金融法概论（第五版）	吴志攀

银行金融法学（第六版）	刘隆亨
证券法学（第二版）	朱锦清
金融监管学原理	丁邦开　周仲飞
会计法（第二版）	刘　燕
税法原理（第五版）	张守文
劳动法学	贾俊玲　周长征
社会保障法（待出）	林　嘉
房地产法（第二版）	程信和　刘国臻
环境法学（第二版）	金瑞林
反垄断法（待出）	孟雁北

● 财税法系列

财政法学	刘剑文
税法学（第四版）	刘剑文
国际税法学（第二版）	刘剑文
财税法专题研究（待出）	刘剑文

● 国际法系列

国际法（第二版）	白桂梅
国际经济法学（第四版）	陈　安
国际私法学（第二版）	李双元
国际贸易法	冯大同
国际贸易法	王贵国
国际贸易法	郭　瑜
国际贸易法原理	王　慧
国际投资法	王贵国
国际货币金融法（第二版）	王贵国
国际经济组织法教程（第二版）	饶戈平

● 诉讼法系列

民事诉讼法学教程（第三版）	刘家兴　潘剑峰
民事诉讼法	汤维建
刑事诉讼法学（第三版）	王国枢
外国刑事诉讼法教程（新编本）	王以真　宋英辉

民事执行法学(第二版) 　　　　　　　　　　　　谭秋桂
仲裁法学 　　　　　　　　　　　　　　　　　　蔡　虹

● 特色课系列

世界遗产法 　　　　　　　　　　　　　　　　　刘红婴
法律语言学(第二版) 　　　　　　　　　　　　　刘红婴
模拟审判:原理、剧本与技巧　　廖永安　唐东楚　陈文曲

● 双语系列

普通法系合同法与侵权法导论 　　　　　　　　　张新娟
Learning Anglo-American Law: A Thematic
　　Introduction(英美法导论)(第二版) 　　　　李国利

● 专业通选课系列

法律英语 　　　　　　　　　　　　　　　　　　郭义贵
法律文书学 　　　　　　　　　　　　卓朝君　邓晓静
法律文献检索 　　　　　　　　　　　　　　　　于丽英
英美法入门——法学资料与研究方法 　　　　　　杨　帧

● 通选课系列

法学概论(第三版) 　　　　　　　　　　　　　　张云秀
法律基础教程(第三版)(待出) 　　　　　　　　　夏利民
经济法理论与实务(第三版)　　於向平　邱　艳　赵敏燕
人权法学(待出) 　　　　　　　　　　　　　　　白桂梅

● 原理与案例系列

国家赔偿法:原理与案例 　　　　　　　　　　　沈　岿
专利法:案例、学说和原理(待出) 　　　　　　　崔国斌

2011 年 2 月更新

教师反馈及教材、课件申请表

尊敬的老师：

您好！感谢您一直以来对北大出版社图书的关爱。北京大学出版社以"教材优先、学术为本"为宗旨，主要为广大高等院校师生服务。为了更有针对性地为广大教师服务，满足教师的教学需要、提升教学质量，在您确认将本书作为教学用书后，请您填好以下表格并经系主任签字盖章后寄回，我们将免费向您提供相关的教材、思考练习题答案及教学课件。在您教学过程中，若有任何建议也都可以和我们联系。

书号/书名	
所需要的教材及教学课件	
您的姓名	
系	
院校	
您所主授课程的名称	
每学期学生人数	学时
您目前采用的教材	书名_____ 作者_____ 出版社_____
您的联系地址	
联系电话	
E-mail	
您对北大出版社及本书的建议：	系主任签字 盖章

我们的联系方式：

北京大学出版社法律事业部

地　　址：北京市海淀区成府路205号　　　联系人：李铎
电　　话：010-62752027　　　　　　　　　传　真：010-62556201
电子邮件：bjdxcbs1979@163.com
网　　址：http://www.pup.cn
北大出版社市场营销中心网站：www.pupbook.com